教育部高等学校机械类专业教学指导委员会规划教材

汽车轻量化
——材料、工艺与设计

王　刚　安玉民　刘海涛　编著

清华大学出版社
北京

内 容 简 介

本书对汽车轻量化及其国内外的最新研究进展进行了全面系统的介绍，在此基础上，围绕绿色低碳汽车车身材料、汽车板材先进成形与连接技术和轻量化的优化设计技术，通过大量的科研及实际生产案例，全面论述了汽车轻量化的实施路径和方法。

本书既可作为普通高等院校车辆工程、载运工具运用工程、汽车服务工程等相关专业的教材和教学参考书，也可作为从事汽车设计、研发和生产制造等工作的工程技术人员的参考读物，还可供从事政府决策和行业管理等相关人员阅读或参考。

版权所有，侵权必究。举报：010-62782989，beiqinquan@tup.tsinghua.edu.cn。

图书在版编目(CIP)数据

汽车轻量化：材料、工艺与设计/王刚，安玉民，刘海涛编著．—北京：清华大学出版社，2021.11（2023.8重印）
教育部高等学校机械类专业教学指导委员会规划教材
ISBN 978-7-302-59377-5

Ⅰ.①汽… Ⅱ.①王… ②安… ③刘… Ⅲ.①汽车轻量化－研究－高等学校－教材 Ⅳ.①U462.2

中国版本图书馆 CIP 数据核字(2021)第 211624 号

责任编辑：许　龙
封面设计：常雪影
责任校对：赵丽敏
责任印制：丛怀宇

出版发行：清华大学出版社
　　网　　址：http://www.tup.com.cn，http://www.wqbook.com
　　地　　址：北京清华大学学研大厦 A 座　　邮　编：100084
　　社 总 机：010-83470000　　邮　购：010-62786544
　　投稿与读者服务：010-62776969，c-service@tup.tsinghua.edu.cn
　　质量反馈：010-62772015，zhiliang@tup.tsinghua.edu.cn
印 装 者：三河市龙大印装有限公司
经　　销：全国新华书店
开　　本：185mm×260mm　　印　张：21　　字　数：510 千字
版　　次：2021 年 11 月第 1 版　　印　次：2023 年 8 月第 2 次印刷
定　　价：59.80 元

产品编号：088595-01

前言

当前,全球新一轮科技革命和产业变革蓬勃发展,电动化、网联化、智能化、共享化成为汽车产业的发展潮流和趋势。世界汽车协会报告指出,汽车重量每减轻10%,燃油消耗可降低6%~8%,车身变轻将有助于整车燃油经济性、车辆控制稳定性提升,既可实现汽车节约能源,又可减少排放,从而满足环保要求,汽车轻量化已成为当代汽车工业发展的重要方向。

随着《新能源汽车产业发展规划(2021—2035)》《节能与新能源汽车技术路线图2.0》等一系列重磅政策的发布,国内汽车产业节能减排发展趋势愈加显著,对汽车轻量化提出了更高要求。特别是在车市持续萎靡、新能源汽车竞争愈发激烈的情况下,轻量化成为汽车产业从困境中突围的重要方向。实际上,在当前全球能源危机和环保压力下,随着传统燃油转型为电驱动的汽车动力革命愈演愈烈,汽车轻量化这一汽车技术革命也是势头不减一浪盖过一浪,和汽车动力革命并肩而行。与传统燃油汽车不同的是,新能源汽车采用电池作为动力来驱动汽车运转,受动力电池重量、动力电池续航里程的限制,在严苛的节能降耗法规下,汽车轻量化成为新能源车企首先考虑的问题。

事实上,汽车轻量化技术无论对传统燃油汽车,还是新能源汽车,都是一项基础性的共性技术,关系到汽车安全、节能、环保等重要要求,涉及技术、经济、安全、环境等诸多方面,更涉及多专业、多学科、多种工艺、多种材料。使用轻量化材料、应用轻量化制造工艺及连接技术以及轻量化结构优化设计是实现汽车轻量化的三个主要途径,是传统汽车制造商和新能源汽车制造商竞相发展的重要方向。

本书首先介绍了汽车轻量化发展的背景及国内外最新研究现状,然后分别从汽车轻量化材料、汽车轻量化制造工艺及连接技术和汽车轻量化结构优化设计三个方面重点阐述了实现汽车轻量化的途径和方法。全书力求反映现代汽车轻量化过程中的新理念、新材料、新工艺、新结构、新方法和新手段,取材丰富,图文并茂,结合大量工程实例,深入浅出地指导学生学习有关汽车轻量化的基础知识。另外,书中尽可能做到物理概念准确、力学概念清晰,从发展的角度写应用,从应用的角度论发展,做到实用创新性强、理论与实践有机融合,旨在为我国汽车轻量化人才的培养提供参考,为从事汽车研发、设计、生产、制造等工作的工程技术人员提供借鉴,为政府和企业管理人员的决策提供依据。

本书由河北工业大学王刚、安玉民、刘海涛共同编著完成，具体分工如下：第 1、7、8、9、10、11 章和第 12 章由王刚编写，第 2、3、4、5 章和第 6 章由安玉民编写，第 13、14、15 章和第 16 章由刘海涛编写。全书由王刚统稿定稿。河北工业大学胡宁教授对书稿进行了详细的审校并提出了许多宝贵的意见和建议，在此表示衷心的感谢！本书参考了国内外出版的一些教材和研究文献，谨此向有关作者表示诚挚的谢意！本书出版过程中，也得到了清华大学出版社的大力支持，在此一并表示感谢！

编者在撰写过程中力求精益求精，但由于水平有限，书中难免有错漏和不妥之处，敬请业内专家、同行及广大读者批评指正。

编著者
2021 年 4 月

目 录 CONTENTS

第1章 绪论 ·········· 1
  1.1 汽车轻量化发展背景 ·········· 1
    1.1.1 汽车轻量化背景 ·········· 1
    1.1.2 汽车轻量化意义 ·········· 2
    1.1.3 汽车轻量化的安全性和可靠性 ·········· 3
  1.2 国外汽车轻量化发展状况 ·········· 4
    1.2.1 美国汽车轻量化发展现状分析 ·········· 4
    1.2.2 欧盟汽车轻量化发展现状分析 ·········· 6
    1.2.3 日本汽车轻量化发展现状分析 ·········· 9
  1.3 我国汽车轻量化发展现状及前景 ·········· 12
    1.3.1 我国汽车轻量化发展现状 ·········· 12
    1.3.2 我国汽车轻量化发展机遇 ·········· 13
    1.3.3 我国汽车轻量化发展面临的挑战 ·········· 13
    1.3.4 我国汽车发展轻量化的战略 ·········· 15
  1.4 汽车轻量化技术路径 ·········· 18
    1.4.1 汽车轻量化材料选择 ·········· 18
    1.4.2 汽车轻量化制造工艺 ·········· 21
    1.4.3 汽车轻量化设计方法 ·········· 24
  习题 ·········· 26

第一篇 汽车轻量化材料

第2章 先进高强度钢 ·········· 28
  2.1 概述 ·········· 28
  2.2 先进高强度钢的发展 ·········· 29
  2.3 先进高强度钢的分类 ·········· 32
  2.4 车用高强度钢材料及其发展趋势 ·········· 34
    2.4.1 双相钢 ·········· 34
    2.4.2 复相钢 ·········· 38

	2.4.3	相变诱发塑性钢	40
	2.4.4	马氏体钢	45
	2.4.5	孪晶诱发塑性钢	46
	2.4.6	淬火配分钢	49
	2.4.7	低温 TMCP 钢	50
	2.4.8	车用高强度钢的发展趋势	51
习题			52

第 3 章 铝合金材料及其应用 53

- 3.1 概述 53
- 3.2 铝合金材料的发展 55
- 3.3 铝合金材料的分类 57
  - 3.3.1 铸造铝合金 58
  - 3.3.2 变形铝合金 60
- 3.4 车用铝合金材料及轻量化效果 62
  - 3.4.1 动力系统用铝合金 62
  - 3.4.2 车身系统用铝合金 63
  - 3.4.3 底盘及悬架系统用铝合金 65
  - 3.4.4 应用铝合金材料的轻量化效果 65
  - 3.4.5 车用铝合金材料发展趋势及前景展望 68
- 习题 69

第 4 章 镁合金材料及其应用 70

- 4.1 概述 70
- 4.2 车用镁合金材料研发与应用现状 71
- 4.3 镁合金材料的分类 76
- 4.4 典型车用镁合金材料及发展趋势 76
  - 4.4.1 不同成分的镁合金在汽车上的应用 76
  - 4.4.2 镁合金在汽车不同部位的应用 80
  - 4.4.3 镁合金材料应用在汽车上的局限性 83
  - 4.4.4 车用镁合金材料的发展趋势 85
- 习题 86

第 5 章 工程塑料及其应用 87

- 5.1 概述 87
  - 5.1.1 工程塑料在汽车上的应用功能及特点 87
  - 5.1.2 工程塑料的应用价值 89
- 5.2 车用工程塑料的发展 90

5.2.1　国内外车用工程塑料发展现状 90
　　5.2.2　塑料在汽车上的应用研究与发展 91
　　5.2.3　塑料件的安全性 92
　　5.2.4　车用塑料制品的成型工艺 92
5.3　车用工程塑料的分类 94
　　5.3.1　工程塑料的定义及分类 94
　　5.3.2　汽车制造中的主要工程塑料种类 95
5.4　车用工程塑料应用实例及发展趋势 98
　　5.4.1　车用工程塑料的应用实例 98
　　5.4.2　车用工程塑料的发展趋势 103
习题 105

第 6 章　复合材料及其应用 106

6.1　概述 106
　　6.1.1　复合材料的种类及特点 106
　　6.1.2　复合材料的发展历程 109
　　6.1.3　复合材料应用于汽车业的价值 110
　　6.1.4　复合材料应用于汽车的发展历程 111
　　6.1.5　复合材料在汽车零部件上的应用 112
6.2　热塑性复合材料 113
　　6.2.1　热塑性材料的一般特性 113
　　6.2.2　热塑性复合材料的主要种类及特点 114
　　6.2.3　热塑性复合材料在汽车中的应用 118
　　6.2.4　热塑性复合材料应用中存在的问题 119
　　6.2.5　提高热塑性复合材料应用质量的措施 119
6.3　碳纤维复合材料 120
　　6.3.1　碳纤维复合材料在汽车上应用的优点 120
　　6.3.2　车用碳纤维复合材料发展历程 121
　　6.3.3　碳纤维复合材料在汽车上的主要应用 122
6.4　其他类型复合材料 124
　　6.4.1　热固性复合材料 124
　　6.4.2　EPP 复合材料 125
　　6.4.3　陶瓷基复合材料 127
6.5　车用复合材料应用实例及发展趋势 129
　　6.5.1　车用复合材料应用实例 129
　　6.5.2　车用复合材料在未来应用的研究方向 133
习题 134

第二篇 汽车轻量化制造工艺及连接技术

第7章 激光拼焊及变厚度板轧制技术 ······ 136
- 7.1 概述 ······ 136
- 7.2 激光拼焊技术及其应用 ······ 136
  - 7.2.1 激光拼焊的原理和方法 ······ 136
  - 7.2.2 激光拼焊焊缝组织和性能 ······ 137
  - 7.2.3 影响激光拼焊板质量的因素 ······ 139
  - 7.2.4 激光拼焊板冲压成形基本原理 ······ 140
  - 7.2.5 激光拼焊板冲压成形优势 ······ 141
  - 7.2.6 激光拼焊板冲压成形模具设计 ······ 142
  - 7.2.7 激光拼焊技术在车身中的典型应用 ······ 143
- 7.3 变厚度板轧制技术及其应用 ······ 144
  - 7.3.1 变厚度板轧制技术基本原理 ······ 144
  - 7.3.2 变厚度板应用关键技术 ······ 147
  - 7.3.3 变厚度板的检测评价 ······ 151
  - 7.3.4 变厚度板在汽车行业的典型应用 ······ 152
- 7.4 激光拼焊与变厚度板轧制技术发展趋势 ······ 153
  - 7.4.1 激光拼焊技术发展趋势 ······ 153
  - 7.4.2 变厚度板轧制技术发展趋势 ······ 154
- 习题 ······ 155

第8章 液压成形技术 ······ 156
- 8.1 概述 ······ 156
- 8.2 板料液压成形工艺 ······ 156
  - 8.2.1 板料液压成形原理及方法 ······ 157
  - 8.2.2 板料液压成形的形式 ······ 158
  - 8.2.3 板料液压成形装备发展现状 ······ 160
  - 8.2.4 板料液压成形的应用 ······ 161
- 8.3 内高压成形工艺 ······ 162
  - 8.3.1 内高压成形的原理和方法 ······ 162
  - 8.3.2 内高压成形的装备 ······ 166
  - 8.3.3 内高压成形的模具设计 ······ 168
  - 8.3.4 内高压成形的应用 ······ 170
- 8.4 液压成形技术发展趋势 ······ 171
  - 8.4.1 压力顺序成形技术 ······ 172
  - 8.4.2 热气胀成形技术 ······ 172
  - 8.4.3 冲击液压技术 ······ 173

习题 ·· 173

第9章 热冲压成形技术 ·· 174

9.1 概述 ·· 174
9.2 热冲压成形工艺 ··· 175
9.2.1 热冲压成形技术原理 ·· 175
9.2.2 热冲压成形板的镀层 ·· 176
9.2.3 加热工艺 ·· 177
9.2.4 成形和冷却 ·· 178
9.2.5 热成形零件的性能检测 ··· 179
9.2.6 热冲压成形零件的后续加工 ·· 180
9.3 热冲压生产线及模具 ··· 180
9.3.1 热冲压生产线 ··· 181
9.3.2 热冲压成形模具设计 ·· 182
9.4 汽车零部件热冲压成形实例 ··· 184
9.4.1 B柱热冲压工艺 ·· 185
9.4.2 保险杠热冲压成形 ·· 188
9.5 热冲压成形技术发展趋势 ··· 188
9.5.1 热成形材料 ·· 188
9.5.2 热成形设备 ·· 190
习题 ·· 190

第10章 辊压成形工艺 ·· 191

10.1 概述 ·· 191
10.2 辊压成形 ·· 192
10.2.1 辊压成形材料特性 ·· 192
10.2.2 等截面辊压成形技术 ·· 193
10.2.3 变截面辊压成形技术 ·· 194
10.2.4 辊压成形零件的检测与评价 ··· 195
10.2.5 辊压成形工艺设计及装备 ··· 197
10.3 汽车零部件辊压成形实例 ··· 198
10.3.1 汽车等截面纵梁及典型断面 ··· 198
10.3.2 汽车车门窗框及典型断面 ··· 198
10.3.3 某车型门槛辊压案例分析 ··· 199
10.4 辊压成形发展趋势 ·· 201
10.4.1 热辊压成形 ·· 201
10.4.2 分枝辊压成形 ·· 202
10.4.3 非等厚板辊压成形 ··· 202
习题 ·· 202

第 11 章　半固态成形与先进铸造技术 … 203

11.1　概述 … 203
11.2　半固态成形技术 … 203
- 11.2.1　半固态加工用材料及其制备方法 … 204
- 11.2.2　半固态压铸 … 205
- 11.2.3　半固态模锻 … 207
- 11.2.4　触变注射成形 … 209
- 11.2.5　半固态成形发展趋势 … 211

11.3　压力铸造技术 … 211
- 11.3.1　铸造原理和工艺过程 … 211
- 11.3.2　压力铸造特点 … 213
- 11.3.3　压铸机和压铸模 … 214
- 11.3.4　应用范围与发展趋势 … 215

11.4　反重力铸造技术 … 216
- 11.4.1　低压铸造 … 216
- 11.4.2　差压铸造 … 218
- 11.4.3　真空吸铸 … 220
- 11.4.4　调压铸造 … 222

习题 … 223

第 12 章　汽车轻量化连接技术 … 224

12.1　概述 … 224
12.2　机械连接 … 224
- 12.2.1　自穿刺铆接 … 224
- 12.2.2　无铆钉铆接 … 226
- 12.2.3　盲铆 … 228
- 12.2.4　自攻螺纹连接 … 230

12.3　熔化焊接 … 233
- 12.3.1　电阻点焊 … 233
- 12.3.2　激光焊接 … 235
- 12.3.3　气体保护焊 … 238

12.4　黏合连接 … 239
- 12.4.1　适合黏合的结构 … 240
- 12.4.2　钢板的黏合 … 241
- 12.4.3　铝板的黏合 … 241
- 12.4.4　铝压铸件的黏合 … 242
- 12.4.5　镁材的黏合 … 243
- 12.4.6　钛材的黏合 … 243

12.4.7　塑料的黏合 …………………………………………………… 244
　　　12.4.8　纤维复合材料的黏合 ………………………………………… 245
　12.5　固相连接 …………………………………………………………………… 245
　　　12.5.1　摩擦焊 ……………………………………………………………… 245
　　　12.5.2　超声焊 ……………………………………………………………… 246
　12.6　金属-非金属材料连接方法 …………………………………………………… 247
　　　12.6.1　金属-工程塑料的连接 ……………………………………………… 247
　　　12.6.2　金属-复合材料的连接 ……………………………………………… 248
　习题 ……………………………………………………………………………… 249

第三篇　汽车轻量化结构优化设计

第13章　汽车轻量化设计目标 ……………………………………………… 252

　13.1　概述 ………………………………………………………………………… 252
　13.2　设计原则 …………………………………………………………………… 257
　13.3　成本模型 …………………………………………………………………… 262
　13.4　边界与使用条件 …………………………………………………………… 265
　习题 ……………………………………………………………………………… 267

第14章　拓扑优化和形貌优化 ……………………………………………… 268

　14.1　概述 ………………………………………………………………………… 268
　　　14.1.1　拓扑优化 …………………………………………………………… 268
　　　14.1.2　尺寸优化 …………………………………………………………… 271
　　　14.1.3　形状优化 …………………………………………………………… 271
　14.2　拓扑优化 …………………………………………………………………… 271
　　　14.2.1　拓扑优化原理阐述 ………………………………………………… 271
　　　14.2.2　拓扑优化应用实例 ………………………………………………… 273
　14.3　尺寸优化 …………………………………………………………………… 276
　　　14.3.1　尺寸优化原理阐述 ………………………………………………… 276
　　　14.3.2　尺寸优化应用实例 ………………………………………………… 277
　14.4　形状优化 …………………………………………………………………… 281
　　　14.4.1　形状优化原理阐述 ………………………………………………… 281
　　　14.4.2　形状优化应用实例 ………………………………………………… 281
　习题 ……………………………………………………………………………… 285

第15章　参数化优化 …………………………………………………………… 286

　15.1　概述 ………………………………………………………………………… 286
　15.2　基于参数化几何的变形技术 ……………………………………………… 287
　　　15.2.1　几何造型 …………………………………………………………… 287

15.2.2　参数化变量化技术设计特点 ………………………………………………… 289
　　　15.2.3　参数化技术在轻型货车车身上应用 ………………………………………… 290
　　　15.2.4　连续性条件 …………………………………………………………………… 292
　　　15.2.5　参数优化实例 ………………………………………………………………… 293
　15.3　基于网格节点的变形技术 …………………………………………………………… 296
　　　15.3.1　自由变形(FFD) ……………………………………………………………… 296
　　　15.3.2　基于控制块的变形 …………………………………………………………… 301
　　　15.3.3　网格变形的优化流程 ………………………………………………………… 302
　　　15.3.4　实例分析 ……………………………………………………………………… 303
　习题 ………………………………………………………………………………………… 305

第16章　单/多目标优化 ……………………………………………………………………… 306

　16.1　概述 …………………………………………………………………………………… 306
　16.2　单目标优化技术 ……………………………………………………………………… 308
　　　16.2.1　优化参数设置 ………………………………………………………………… 308
　　　16.2.2　代理模型 ……………………………………………………………………… 309
　　　16.2.3　单目标优化案例 ……………………………………………………………… 312
　16.3　多目标优化技术 ……………………………………………………………………… 312
　　　16.3.1　基本概念 ……………………………………………………………………… 313
　　　16.3.2　向量的自然序和解的占优关系 ……………………………………………… 313
　　　16.3.3　Pareto最优解集和Pareto前沿 ……………………………………………… 314
　　　16.3.4　多目标优化求解 ……………………………………………………………… 315
　　　16.3.5　车身轻量化多目标优化设计举例 …………………………………………… 318
　习题 ………………………………………………………………………………………… 320

参考文献 ………………………………………………………………………………………… 322

第 1 章

绪 论

随着汽车工业的发展,汽车产量和保有量逐年增多,在给人们带来出行方便的同时,也产生了能耗、安全和排放三大问题,汽车工业节能减排刻不容缓。在诸多汽车节能减排的手段中,轻量化是最直接、最有效的方式;同时,轻量化也是汽车工业发展和竞争能力的体现,并将成为汽车工业今后长期的重要研发方向。《新能源汽车产业发展规划(2021—2035)》《节能与新能源汽车技术路线图 2.0》也将汽车轻量化列为汽车产业的重点发展方向,轻量化设计对汽车节能减排、改善性能、推动汽车工业技术的整体进步具有重要意义。

1.1 汽车轻量化发展背景

1.1.1 汽车轻量化背景

(1) 随着汽车产销量增加,能源安全成为汽车产业面临的重要问题。

根据世界汽车协会(Organisation Internationale des Constructeurs d'Automobiles,OICA)统计,2019 年世界汽车产量达到 9178.67 万辆,其中,中国汽车产量为 2552.8 万辆(表 1-1),占全世界新车产量的 1/4 以上,从而连续 10 年成为世界第一大汽车产销国。世界汽车产量和保有量的不断攀升,对推动全球经济发展起到了积极的作用,同时也对日益短缺的能源状况和日益恶化的环境状况产生了重大的影响和压力。

表 1-1 近年来中国及世界汽车产量

年份	世界汽车产量/万辆	中国汽车产量/万辆	中国占世界百分比/%
2012	8414	1927	22.9
2013	8725	2212	25.4
2014	8626	2372	26.4
2015	9078	2450	27.0
2016	9498	2811	29.6
2017	9730	2902	29.8
2018	9479	2781	29.3
2019	9179	2553	27.8

随着全球性能源危机的加深,各国越来越重视本国的能源安全,对于燃油需要大量进口的国家更是如此。《BP 世界能源统计年鉴 2019》数据表明:2018 年,全球石油消费增长 1.5%,达到 140 万桶/日,其中中国和美国是最主要消费增长来源,分别为 68 万桶/日和

50万桶/日。中国石油集团经济技术研究院编撰的《2019年国内外油气行业发展报告》指出，2019年中国石油对外依存度达到了70.8%。另外，英国石油（British Petroleum，BP）集团公司2019年版的《BP世界能源展望（2019年）》预测：未来，中国仍然是世界上最大的能源消费国，占全球能源消费总量的22%。

（2）节能减排成为全球汽车工业可持续发展的重要命题。

如果说能源压力在各地区还存在差异，那么环境污染，特别是由CO_2导致的环境问题则影响着全人类。在清洁能源尚未大规模普及的今天，经济发展与化石燃料消耗的增加势必导致CO_2排放量快速增长，由此引发的环境问题不仅是全球需要共同面对的发展问题，更是生存问题。根据国际能源机构（International Energy Agency，IEA）统计，全球超过15%的CO_2排放来自道路交通，尤其是汽车，发达国家和地区汽车排放的CO_2更是已占其总量的1/4。汽车产业对降低CO_2排放有不可推卸的社会责任。

（3）汽车整备质量增加。

为了进一步提升整车的各项性能，自20世纪80年代以来，汽车的平均自重在持续增加。以美国为例，1977年美国乘用车的平均自重为1651kg，1982年降低至1275kg，降幅约23%，此后汽车的自重又开始缓慢回升，到2004年已达1470kg，较1982年上升了约15%。欧洲轿车自重变化的趋势与美国十分相似，中国也是如此。导致汽车自重不断上升的因素有很多，包括为了满足安全、排放、舒适性、可靠性、智能化等要求而增加的各类附件。同时，社会购买大排量汽车的比例在增加，从而导致整备质量的上升。

1.1.2 汽车轻量化意义

1. 汽车轻量化是节能减排的有效手段

大量的研究和统计分析表明，汽车运动中油耗的75%与整车质量有关，乘用车质量每降低10%，可节约能耗6%~8%，温室气体排放也可减少6%~8%，有害气体减少4%~6%；对商用车轻量化而言，每减少100kg可节油6%。欧洲全顺车研究表明，约75%的油耗与整车质量有关，降低汽车质量可有效降低油耗以及排放。日本的实验表明，当汽车的自重从1500kg减到1000kg时，每升燃油平均行驶里程由10km上升到17.5km，相当于每减重100kg，每升油可多行驶1.5km，即在此区间内，燃油经济性提高了4.6%~10%。与此同时，CO_2排放随整车质量的增加大体呈线性增长。可见，汽车轻量化是实现节能减排的有效手段。

2. 汽车轻量化可以提升汽车及相关产业的竞争能力

汽车轻量化可以提高汽车的动力性、舒适性和竞争能力。汽车轻量化之后，在同样的发动机情况下，由于汽车行驶阻力的降低，使整车的动力性能提升、加速性能改善；同时，由于汽车轻量化可以平衡汽车中附加的与舒适性相关的附件的增重而不另外增加汽车的重量，即可在较高舒适性的前提条件下，保持节能减排。另一种情况是汽车轻量化之后，由于汽车的行驶阻力下降，汽车的加速性能得以提升或者是在同样的加速性能下可以减少发动机的功率，因而发动机可以进一步小型化，从而产生二次的减重效果。此外，汽车轻量化实施过程中将会采用一系列的新技术、新工艺、新材料，从而提升了汽车的档次和竞争力。

3. 汽车轻量化是社会发展的需要

2019年我国石油对外依存度达70.8%，石油的进口和储备已涉及我国的能源战略安全，汽车轻量化有效的节能减排不仅可以减少大量的尾气排放和大气污染，还可以降低我国石油的战略储备量和提升能源安全，从而保证汽车工业的正常发展，进而有利于我国国民经济的正常运行和社会发展。因此，汽车的节能减排也是我国社会发展的需要。

1.1.3 汽车轻量化的安全性和可靠性

汽车的安全性一直是人们关注的重点之一，对轻量化和安全性的关系，人们的认识有一定的偏颇，其起因是 Evans 1975—1998 年的统计结果，该统计结果揭示了 R（驾驶较轻汽车和较重汽车的死亡率之比）与 μ（较重汽车质量和较轻汽车质量之比）的关系，见图 1-1。

$$R = \mu^{3.58} \tag{1-1}$$

由此公式计算，车重每降低 10%～20%，其死亡的比例将分别提高 45.8% 和 122%。因此，轻量化会影响乘员的安全性。这些统计结果只是简单的减重，没有考虑优化设计的高强度钢、高吸能材料的应用。在同时满足各种碰撞安全法规的条件下，采用高强度、高吸能的材料所制造的轻量化车型的安全性一定不会逊于较重的一般用材的车型。

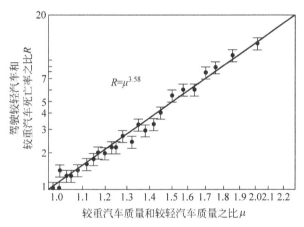

图 1-1 驾驶较重汽车和较轻汽车死亡率的比较

汽车工业发展的另一种趋势是提高汽车使用的可靠性，汽车使用的可靠性涉及汽车的电器、车身结构、汽车的制造技术、汽车电子等若干领域。就目前来讲，提升汽车可靠性是国产汽车品牌的重要课题，需要多种专业的技术人员协同配合、共同攻关，从一些基础的细节做起，并改变现有的制造模式和管理模式，采用精益生产以提升汽车整体运行的可靠性。

汽车轻量化的实施是从汽车轻量化的概念开始，通过优化设计再进行合理的选材以及运用先进的成形技术而取得的综合效果。要保证轻量化的汽车材料、零部件的延寿，就必须根据零部件的功能要求和使用的环境、零件的设计应力、受力模式等进行合理的选材，避免零部件由于选材不当、加工工艺不合理以及使用环境造成零部件使用过程中提前失效。

1.2 国外汽车轻量化发展状况

在全球气候变暖和能源危机的大环境下,节能减排已成为全球共同面对的难题。许多国家和地区的经验表明,机动车燃油经济性标准是控制交通领域石油需求和温室气体排放最有效的工具之一。轻量化汽车在燃油经济性和排放性方面的良好表现,让企业把汽车轻量化作为实现节能减排的重要手段之一。世界上工业发达的国家,如美国、日本和德国等,都十分重视轻量化材料的使用、轻量化技术的研发以及轻量化工程的实施,先后从国家层面设立了许多专项进行轻量化的相关研究,并制定了一系列创新的管理制度,为轻量化政策的推广奠定基础。国外各个国家和地区推动汽车轻量化的模式见表1-2。

表1-2 国外各个国家和地区推动汽车轻量化的模式

提高燃油经济性方案		措施/形式	国家、地区
技术标准	燃油经济性标准	数值标准,每加仑行驶英里数,每升行驶千米数或百千米油耗	美国、日本、加拿大、澳大利亚、韩国
	温室气体排放标准	g/km 或 g/mile	欧盟各国、美国
	技术要求及目标	要求销售零排放车辆	美国
财税政策	高额燃油税	至少比原有基价高50%	欧盟各国、日本
	重量税	根据车型重量不同,超出部分按比例收税	日本
	财政补贴	基于发动机尺寸、效率及CO_2排放实施税务减免	欧盟各国、日本
	经济处罚	高油耗税	美国
科研计划	研发项目	为轻量化技术提供补贴	美国、日本、欧盟各国

1.2.1 美国汽车轻量化发展现状分析

1. 汽车节能技术法规

美国是世界上第一个强制执行油耗标准的国家,对其影响最大的轻量化相关政策为《平均燃油效率标准》(CAFE)。1973年,石油危机促使美国国会通过了《能源政策和节约储备法案》(1975年),以达到削减美国对进口石油的依赖。这个法案包括了CAFE项目的建立,该项目要求汽车生产厂商在美国销售的轻型卡车和乘用车达到一定的销售额权重的平均燃油经济性标准。

CAFE项目区分了乘用车和轻型卡车,两类车型分别对应不同的标准限值。表1-3和表1-4分别列出了1978—1993年及以后美国轿车CAFE标准限值的变化和1979—1996年及以后美国小型货车CAFE标准限值的变化。从表中可以看出,该法规有利地推动了美国轿车和小型货车燃油经济性的提高。

表 1-3 美国轿车 CAFE 的标准限值变化

年份	1985	1986	1987	1988	1989	1990	1991	1992	1993 及以后
CAFE 标准/（英里/加仑）	27.5	26.0	26.0	26.0	26.5	27.5	27.5	27.5	27.5
CAFE 标准/（km/L）	11.6	11.0	11.0	11.0	11.2	11.6	11.6	11.6	11.6

表 1-4 美国小型货车 CAFE 的标准限值变化

年份	1985	1987	1989	1991	1992	1993	1994	1995	1996 及以后
CAFE 标准/（英里/加仑）	19.7	21.0	21.5	20.7	20.2	20.4	20.5	20.6	20.7
CAFE 标准/（km/L）	8.4	8.9	9.1	8.8	8.6	8.7	8.7	8.8	8.8

2. 轻量化相关税收政策

作为汽车消费大国的美国，其不仅制定了规范的汽车节能技术法规，还制定了一系列的税收政策，具体如下：

（1）消费税。对总质量在 33t 以上的载货车、26t 以上的挂车征收，税率为 12%。

（2）使用税。根据汽车总质量不同，按年征收。具体税额见表 1-5。

表 1-5 美国汽车使用税税额

分类	税额/美元
总质量≤25t	100
25t＜总质量≤34t	453
总质量＞34t	550

（3）惩罚性税收。对购买高油耗车型的消费者征收额外的税款，根据所购车型的燃油经济性分档征收，具体分类及税额见表 1-6。

表 1-6 美国汽车惩罚性税收税额

分类	税额/美元
19.5 英里/加仑≤油耗＜20.5 英里/加仑	1700
18.5 英里/加仑≤油耗＜19.5 英里/加仑	2100
17.5 英里/加仑≤油耗＜18.5 英里/加仑	2600
16.5 英里/加仑≤油耗＜17.5 英里/加仑	3000
15.5 英里/加仑≤油耗＜16.5 英里/加仑	3700
14.5 英里/加仑≤油耗＜15.5 英里/加仑	4500
13.5 英里/加仑≤油耗＜14.5 英里/加仑	5400
12.5 英里/加仑≤油耗＜13.5 英里/加仑	6400
油耗＜12.5 英里/加仑	7700

3. 美国 PNGV 计划

1）PNGV 计划概况

美国 1993 年起由克林顿政府主导了旨在制造出平均耗油 3L/100km 的新一代汽车 PNGV 计划。PNGV 计划的目标是开发环境友好型汽车，减少有害气体和 CO_2 的排放量，降低废料和废物的产生，同时将汽车燃烧效率提高 3 倍，减少对石油进口的依赖，加强美国汽车工业在汽车技术方面的领导地位。PNGV 计划联合了美国商务部、国防部、能源部、运输部、环保署、国家航空航天局(NASA)及国家科学基金会等 7 个政府机构、10 个政府的实验室及美国三大汽车公司(通用、福特和戴姆勒-克莱斯勒)。此外,还有美国的大学及一些系统供货商,美国商务部主管技术的官员代表政府负责 PNGV 计划的组织协调。

PNGV 计划开展 10 年之后,美国能源部和汽车行业合作伙伴都同意继续保持政府和企业合作开发的伙伴关系,但合作研发的方向需要调整。2002 年,美国布什政府启动 Freedom CAR(Cooperative Automotive Research,自由合作汽车研究)计划,2003 年改为 the Freedom CAR and Fuel Partnership Plan,以取代 PNGV 计划。Freedom CAR 计划的战略目标是发展可负担的氢燃料电池汽车技术及相应的氢基础设施,降低美国对国外石油的依赖性,增强美国汽车工业的国际竞争力。

2) PNGV 研究目标

PNGV 计划的 10 年目标是开发更经济的汽车,燃油经济性达到 80 英里/加仑(约 3L/100km)。研究方向为探索制造方面的新技术,在设计和制造上缩短时间和降低成本,有效地提高美国在汽车制造上的竞争力;开发新型汽车,在 10 年内使油耗比目前降低 50%,以 1994 年克莱斯勒 Concorde、福特 Taurus 和通用汽车/雪佛兰的 Lumina 作为基础车型,这三种车型当时的平均油耗为 26.6 英里/加仑(约 8.8L/100km)。

4. 轻量化发展路径

近年来,美国在轻量化技术上投入较大,尽管美系车型整备质量在平均水平上仍明显高于欧系和日系车型,但也正在逐步扭转其笨重、油耗高的形象。在轻量化方面也做了大量工作,制定出了汽车用材轻量化技术发展路线,如图 1-2 所示。

1.2.2 欧盟汽车轻量化发展现状分析

1. 汽车节能减排技术法规

欧洲控制汽车油耗的思路与美国有很大差异,主要是通过控制机动车 CO_2 排放达到控制油耗的目的。截至目前,欧洲仍没有颁布任何一部强制性的油耗法规标准。1980 年,EEC 颁布了关于燃油消耗量的指令 80/1268/EEC,1989 年、1993 年、1999 年分别通过 89/451/EEC、93/116/EC 和 99/100/EC 指令的三次修订,现在全称为《关于机动车二氧化碳排放物和燃油消耗量》,其中只有试验方法,没有限值。

80/1268/EEC 号指令是欧盟形式认证程序的一项单独指令,涉及车辆系统、部件以及单个技术总成,包括在 90km/h 及 120km/h 匀速行驶工况下进行 ECE15/04 燃料消耗量试验,是评价所有汽车燃料消耗量法规的基础。但 80/1268/EEC 号指令适用于 M1 类乘用车,对客车和货运卡车无要求。此外,作为欧盟委员会减少轻型车 CO_2 排放综合措施的一部分,有关乘用车的 CO_2 排放法规已经由欧洲议会和理事会按法规(R443/2009)的形式在 2009 年 4 月 23 日正式颁布,新认证乘用车的排放限值以此法规为标准。该法规规定到 2015 年,汽车制造商在欧盟新注册车辆的 CO_2 排放量应达到不超过 130g/km 的目标,并在 2020 年达到不超过 95g/km 的目标。

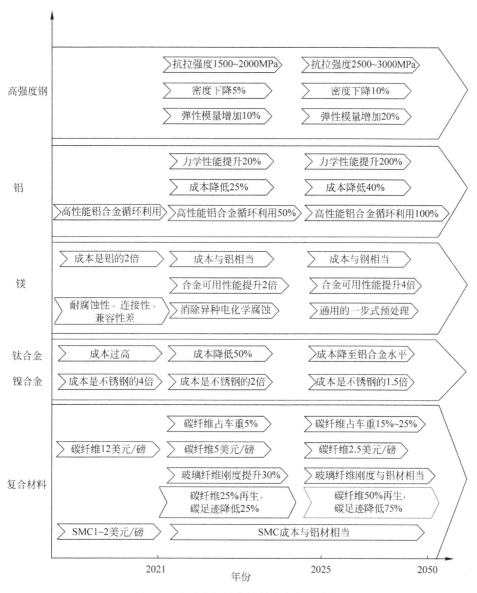

图 1-2 美系车轻量化材料技术发展路线

另外,欧盟委员会每年都会记录各个车企的有效 CO_2 排放量数据,并根据这些数据进行分析,规定超额排放的罚金。根据 EU443/2009 法规,欧盟 Ml 类车型制造商到 2015 年达到平均新车 CO_2 排放 130g/km 的标准,整车质量应降至 1372kg。超过该限值的制造商将受到处罚。同时,欧盟在汽车制造商所获得的《商用车产品强制认证一致性证书》中收集数据,计算平均 CO_2 排放量,结合各个制造商的注册车辆数目,对这些数据进行综合分析,以便制定下一阶段的 CO_2 排放标准。

2. 欧盟 SLC 计划

1)项目概况

欧洲超轻汽车计划(SLC 计划)是一项在欧盟第六框架计划之下,由欧洲 9 个国家和地区的 37 家汽车生产商、供应商与研发机构共同参与的合作研发项目。该计划的目的是降低轿车质量,节约燃油,减少 CO_2 排放。SLC 计划具有多种材料的理念,争取在质量和成本最小化的前提下,实现每个部分使用最合适的材料和制造工艺,同时提升汽车刚度、碰撞性能、疲劳和耐腐蚀性等。项目进展的第二年,项目组提出三大轻量化方案:一是普通轻量化车身概念;二是超轻量化车身概念;三是阿赛洛公司提出的新一代高强度钢车身概念。三种轻量化方案各自对应不同的减重效果及成本。

现阶段为了提高减重的效果,车身大多使用轻金属,尤其是铝合金,并采用多种连接工艺支撑多材料车身的制造,如弧焊、MIG 焊、电阻点焊、冷金属过渡弧焊、自冲铆接、抽芯铆钉等。目前已有多款量产的汽车,如宝马 5/6/7 系车身上铝合金的用量都达到了 18% 以上。通过在全钢车身中逐步引入铝、镁、复合材料等低密度材料,即开发"多材料混合车身",已经成为全球汽车车身轻量化的必然趋势。

2) 研究目标

SLC 计划主要有以下研究目标:

(1) 白车身质量降低 30% 以上;

(2) 减少制造成本和周期;

(3) 技术适合批量生产要求(约 1000 辆/天);

(4) 与轻量化前性能相当;

(5) 降低原材料消耗。

3. 轻量化发展路径

欧洲在轻量化研究方面开展的工作较为全面,从乘用车到商用车、从设计到材料再到制造工艺同步进行,制定了较为完备的技术发展路线,如图 1-3 所示。SLC 计划中也制定了详细的轻量化技术发展路线,如图 1-4 所示。

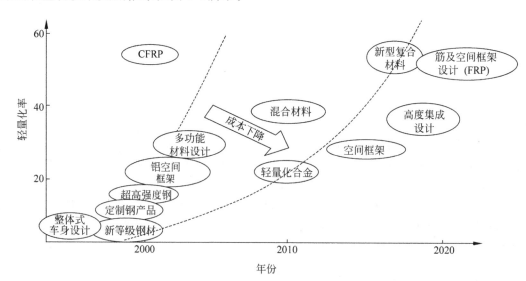

图 1-3 SLC 车身技术发展路线

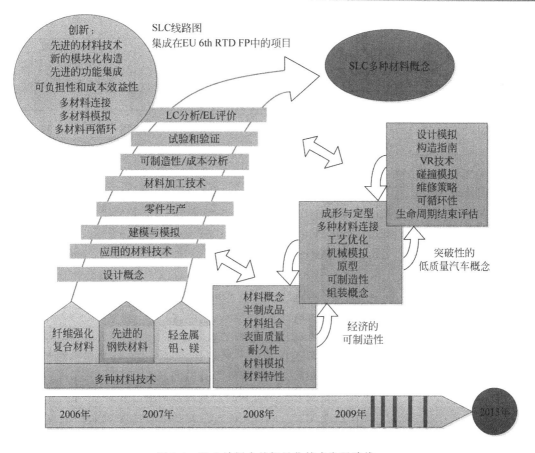

图 1-4 SLC 计划中的轻量化技术发展路线

1.2.3 日本汽车轻量化发展现状分析

1. 技术法规方面

日本政府为汽油型和柴油型的轻型乘用车和商用车制定了一系列燃油经济性标准,标准限值基于按质量分类的平均燃油经济性。表 1-7 为日本基于质量分级的汽油乘用车燃油经济性标准。

表 1-7 日本基于质量分级的汽油乘用车燃油经济性标准

基于最大净质量的机动车分级		对应级别燃油经济性车队平均目标值	
kg	lb	km/L	英里/加仑
<702	<1584	21.2	49.8
703~827	1550~1824	18.8	44.2
828~1015	1826~2238	17.9	42.1
1016~1265	2240~2789	16.0	37.6
1266~1515	2791~3341	13.0	30.6
1516~1765	3343~3892	10.5	24.7
1766~2015	3894~4443	8.9	20.9

续表

基于最大净质量的机动车分级		对应级别燃油经济性车队平均目标值	
kg	lb	km/L	英里/加仑
2016~2265	4445~4994	7.8	19.3
>2266	>4997	6.4	15.0

此外,日本还实施了如下相关奖惩措施:

(1) 在实施汽车产品认证制度时,要求制造商申报认证车辆的燃油经济性水平,由国土交通省对申请值进行审查和认可。

(2) 针对达不到法规要求的企业采取劝告、公布企业名单、罚款等惩罚措施;对达到油耗限值要求的汽车采取相应的优惠政策,即对取得"低排放车"认可证书的汽车,购买者可获得 1.5 万日元的购置税和第一年 50% 的汽车税减免。

(3) 汽车燃油消耗量由国土交通省在其网站主页上公布,并于每年 12 月底发行《汽车油耗一览》手册。

2. 轻量化相关财税政策

在日本,汽车税费是国家财政收入的重要来源之一。与德国、英国、法国、美国相比,日本的汽车税费最高,其税收政策在世界范围内具有典型性。表 1-8 为日本相关汽车税收标准,这些税费与车体质量和排放量大小有关,车体越重,排放量越大,税费越多。

在日本所有的税费中,汽车质量税对汽车轻量化产业发展有直接推动作用。根据规定,日本的车主购车后,要按期缴纳汽车质量税,征收的目的是道路的建设和维修。汽车越重,对路面的伤害就越大,因此要缴纳的税费就越多。汽车质量税规定:乘用车根据自身质量不同,按 6300 日元/(0.5t·年)征税;卡车总质量 2.5t(含)以下按 4400 日元/(t·年)征税,超过 2.5t 则按 6300 日元/(t·年)征税;客车则统一根据总质量,按 6300 日元/(t·年)征税。汽车质量税属于国税,表 1-9 为日本汽车质量税。

表 1-8 日本相关汽车税收标准

税 目	比例/%
汽车税	20
轻型汽车税	1.49
消费税	9.07
汽车质量税	12.3
取得税	5.1
地方道路税	3.35
石油燃气税	0.3
柴油税	13.02
挥发油税(汽油)	31.27
消费税(燃料课税)	4.07

表 1-9 日本汽车质量税

质 量	税额/(日元/年)
乘用车(按总质量每 0.5t)	6300
货车(按总质量每 1t)	
超过 2.5t	6300
2.5t 以下	4400
客车(按总质量每 1t)	6300
微型汽车(定额)	4000

3. 轻量化发展路径

日系车型在小型化方面具有一定优势,其工作目前主要集中在轻量化材料和工艺的研究上,并且各个车企也同步制定了轻量化战略目标,如图 1-5 所示。

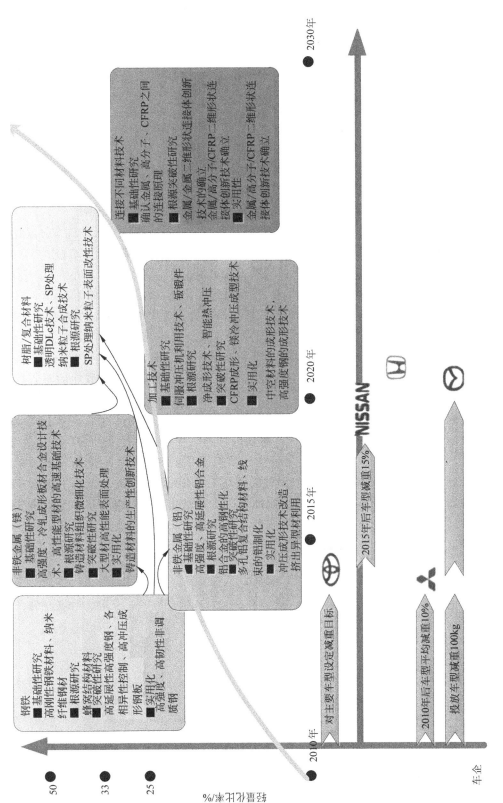

图 1-5 日系车轻量化技术发展路线

1.3 我国汽车轻量化发展现状及前景

1.3.1 我国汽车轻量化发展现状

近年来,随着我国汽车产销量和保有量的不断增长,能源短缺及环境污染问题已成为制约我国汽车产业可持续发展的突出问题。根据国家公安部的统计数据,在2019年,我国汽车保有量达到2.6亿辆,其中乘用车占83%,商用车占17%。无论是从社会效益还是经济效益来考虑,低油耗、低排放的汽车都是节约型社会发展的需要。

对于乘用车来说,提高安全性、降低油耗是提高产品竞争力的必然要求。汽车轻量化技术是汽车节油的重要手段。研究表明,当整车质量减轻10%时,加速时间可缩短8%,CO_2排放量可减少4.5%,制动距离可减少5%,轮胎寿命可提高7%,转向力可减小6%。目前,我国乘用车轻量化技术虽得到了长足的发展,但与国外相比还存在一定的差距。

商用车有着质量大、油耗高、行驶里程长的特点。中国石化集团经济技术研究院的统计数据表明,我国商用车油耗占汽车产品总油耗的60%,其节能问题更应受到全社会的关注。研究表明,商用车平均减重10%,可以实现节油4.8%。目前,我国商用车整车质量平均比国外同类车型重10%以上。所以商用车的轻量化应作为我国汽车产业节能的重点措施之一。

对于新能源汽车来说,其动力系统质量占整车比例远大于传统燃油汽车,例如纯电动轿车其动力电池质量占整备质量的1/5左右,驱动电机和电控部分占整备质量的1/4左右。因此新能源汽车面临更为严峻的轻量化压力。研究表明,新能源汽车整备质量每减重100kg,在无制动能量回收的情况下,新欧洲驾驶循环工况下的百公里耗电量将下降5.5%,续航里程增加5.5%。正因如此,当前国家层面更关注轻量化技术在新能源汽车产业领域内的发展,将轻量化技术作为我国未来新能源汽车产业技术发展的重要方向之一。

汽车轻量化可以从车身、内外饰、底盘、动力总成四个部分入手,如图1-6所示。

| 车身
高强度钢的应用
变形铝合金
(型材和板材)
热成形
激光拼焊板
以塑代钢
模块化设计与制造 | 内外饰
铝镁合金
以塑代钢
长纤维取代短纤维材料
生物纤维材料 | 底盘
高强度钢的应用
轻合金代替钢
液压成形
模块化设计与制造 | 动力总成
轻合金代替铸铁
高强度铸铁代替传统铸铁
以塑代钢 |

图1-6 车身各个部分轻量化思路

1.3.2 我国汽车轻量化发展机遇

截至2019年年底,我国连续10年位居汽车产销量世界第一,是名副其实的汽车制造大国,但还不是汽车强国。汽车强国的标志之一是拥有核心技术的自主知识产权。汽车轻量化对于节能减排、调整产品结构、提高产品竞争力及促进产业转型意义深远。从全球范围来看,汽车轻量化技术还处于发展上升阶段,这对于我国汽车工业来说,是一次追赶汽车强国难得的机遇。因此,我国必须抓住机遇,加快培育和发展节能与轻量化汽车产业,促进汽车产业优化升级,以此实现由汽车工业大国向汽车工业强国转变。

1. 节能政策法规和新能源发展为汽车轻量化提供了机遇

新兴的电动汽车产业要实现快速发展,离不开政府相关政策的支持与引领。目前,我国已颁布实施了一些标准和法规,如《乘用车燃料消耗量限值》《乘用车燃料消耗量评价方法及指标》等。除此之外还实施了燃油税、1.6L及以下节能乘用车补贴、汽车报废更新补贴、插电式混合动力乘用车和纯电动乘用车私人购买试点补贴等政策。这些标准与政策的执行,促进了汽车轻量化技术的发展,在推动汽车轻量化技术的应用方面起到了积极作用。

2. 发达国家的经验为我国汽车轻量化发展提供了参考

除了政府的引领之外,发达国家的经验为我国汽车轻量化的发展提供了参考。过去十多年来,欧美等发达国家在汽车轻量化方面开展了大量的工作,制定了未来汽车轻量化的发展路线和目标。发达国家主要汽车企业也在不遗余力地持续开展汽车轻量化工作。以宝马7系为例,其车身先进高强度钢的用量达到了181.4kg。在铝合金用量方面,欧美等国轿车平均铝合金用量已达140kg以上,镁合金在国外汽车制造中以年均25%的速度快速增长。发达国家的经验证明,要实现汽车产业的可持续发展,提升汽车产品的国际竞争力,汽车轻量化是必然的技术途径。

3. 我国丰富的物质资源为汽车轻量化发展提供了原材料基础保障

我国地质条件多样、矿产丰富,为汽车轻量化发展提供了原材料基础保障。与发达国家相比,我国在汽车材料,特别是汽车轻量化材料方面具有先天的资源优势。无论是钢铁材料,还是铝、镁合金等有色金属材料,我国数年来维持全球产量第一,是名副其实的资源大国,这为我国汽车轻量化材料的发展和成本控制创造了有利的先天条件。

1.3.3 我国汽车轻量化发展面临的挑战

目前,我国汽车轻量化技术无论在理论研究方面还是在实际应用方面均与国外存在较大的差距。我国汽车轻量化技术在抓住发展机遇的同时,也面临诸多方面的挑战。

1. 技术基础薄弱,汽车轻量化产业链有待形成

汽车轻量化是一项复杂的工程,涉及多个领域,轻量化技术水平的提高,单单从汽车行业或者材料行业都很难实现。由于我国的工业基础相对薄弱,直接导致跨产业、跨学科的汽车轻量化技术难以快速提升。

(1) 我国材料基础研究相对薄弱。与材料相关的大多企业为传统的冶金企业,与下游的联合开发才刚刚开始,很多企业都是忙于产品开发,疏于材料基础研究,尤其是新型的高强度轻量化材料的研究不足,直接阻碍了轻量化材料的大规模应用。

(2) 我国装备工业发展滞后。汽车产品是制造出来的,汽车轻量化产品更离不开先进的制造装备,我国的设备水平暂时达不到工艺要求,许多高强度钢的成形设备还依赖进口,如热冲压成形设备、内高压成形设备等。近几年,我国部分高校和企业合作开发出了相关的设备,但由于生产稳定性上的差距,目前还没有占据主导地位。

(3) 我国整车及零部件企业在轻量化零件设计方面经验不足。轻量化设计不但可以有效减小质量,还可以提高刚度,更重要的是轻量化设计是控制成本最有效的手段。我国整车及零部件企业在轻量化零部件设计方面经验不足,仍然需要大量研究论证工作。

2. 轻量化技术标准和法规有待健全

技术标准和法规是促进技术进步的重要手段。在汽车工业快速发展的十多年中,我国汽车产业的标准体系建设同样经历了快速提高和完善的过程。但是,对于刚刚兴起的汽车轻量化产业来说,相关标准和规范严重不足,阻碍了我国汽车轻量化技术发展的进程。

(1) 汽车轻量化产品标准严重缺失。如汽车后桥主减速器是后驱动桥最重要的组成部分,国外主要汽车企业都有相应的轻量化要求,其轻量化的关键在于缩小从动齿轮直径和厚度,提高轮齿强度和减小热处理变形,而我国缺乏相关标准,导致相关材料和零部件企业无法制造出满足要求的产品。

(2) 轻量化材料标准不能满足企业选用的要求。现有的汽车用材要么国家标准和行业标准严重滞后于产业发展的需要,要么没有相关的标准可以遵照,直接导致产品质量不稳定,废品率增加,汽车企业和材料企业都为此付出了高昂的代价。

(3) 轻量化技术的试验、测试和评价方法缺失。由于没有统一的试验、测试和评价方法,各汽车企业根据各自的企业标准来进行检测和评价,使得企业不断地调整材料成分来适应不同主机厂的标准要求,造成了材料和零部件的成本增加。

3. 全社会对轻量化的认识有待提高

一项新技术的发展,一个新方向的确立,需要较长一段时间的普及和宣传。目前,汽车轻量化虽然在专业领域已达成共识,但是还没有被大众普遍接受。无论政府部门、企业还是消费者,对于轻量化的认识还有待提高。

(1) 从政府部门角度来讲,需要加强管理,出台适应我国国情的油耗法规,并在实施过程中加强监督管理工作。法规制定和法规执行不够严谨,不利于轻量化的实施。例如,我国乘用车燃料消耗限值是按照总质量区间划分等级来确定油耗的,直接结果是造成部分企业为了达到油耗标准,有意加重整车产品,以跨入油耗限值更高的区间。这些做法不利于轻量化技术的发展和实施。

(2) 从企业角度来讲,企业对轻量化的认识有待提高。汽车轻量化要从产品开发做起,从设计开始全盘考虑选用何种轻量化材料,以及采用哪种工艺,以达到轻量化、安全性和成本的最佳平衡点。表1-10列出了轻量化材料质量减少和成本增加的对应比例。目前,更多的企业简单从单一零部件上开展轻量化,无形中会增加零部件的轻量化成本,阻碍了新材料和新技术快速推广应用。在汽车的设计初始阶段,就要应用轻量化思想进行统筹协调,并非单靠材料部门就可实现。

(3)从消费者角度讲,消费者对于轻量化的认识有待提高,消除轻量化就是"偷工减料"等错误思想与认识,这些认识和社会氛围都阻碍了汽车轻量化技术的实施和轻量化产品快速走向市场。

表1-10 轻量化材料质量减少和成本增加的对应比例

材 料	所取代的材料	潜在的质量减少	潜在的成本增加
高强度钢板	软钢板	6%~35%	6%~20%
铝板	软钢板	36%~50%	50%~100%
铝板	高强度钢板	16%~30%	40%~80%
铝铸件	铁铸件	30%~55%	36%~45%
玻璃纤维复合材料	软钢板	20%~50%	20%~40%
玻璃纤维复合材料	高强度钢板	6%~20%	10%~30%
玻璃纤维复合材料	软钢	46%~80%	>200%
镁铸件	软钢板	40%~60%	30%~70%
镁铸件	铝铸件	30%~40%	16%~30%

1.3.4 我国汽车发展轻量化的战略

1. 我国汽车轻量化发展目标

随着汽车工业的快速发展,节能减排已成为我国乃至全球汽车产业发展的必然趋势。2012年我国颁布了《节能与新能源汽车产业发展规划(2012—2020)》,规定到2015年生产的乘用车平均燃料消耗量降至6.9L/100km(CO_2 162g/km),节能型乘用车燃料消耗量降至5.9L/100km(CO_2 139g/km)以下;规定到2020年生产的乘用车平均燃料消耗降至5.0L/100km(CO_2 118g/km),节能型乘用车燃料消耗量降至4.5L/100km(CO_2 106g/km)。随着新版《乘用车燃料消耗量限值》和《乘用车燃料消耗量评价方法及指标》的发布,进一步规定到2025年节能型乘用车燃料消耗量降至4.0L/100km(CO_2 95g/km)。2020年11月我国颁布了《新能源汽车产业发展规划(2021—2035)》,规定到2025年新能源汽车新车销售量达到汽车新车销售总量的20%左右。由此可见,汽车轻量化是实现我国汽车工业可持续发展的重要手段。

根据国外主要汽车生产国家和典型汽车企业的轻量化目标,结合我国汽车轻量化的现状,我国汽车轻量化技术的发展战略目标为:到2025年,我国汽车轻量化技术水平有较大幅度提高,基本掌握汽车轻量化的主要关键技术,形成汽车轻量化整车产品和关键零部件自主开发和生产能力。

2. 我国汽车轻量化发展思路

我国汽车轻量化发展战略的最终目标是获取汽车轻量化核心技术,实现产业结构的优化、转型、升级和技术创新能力的全面提升,为我国实现汽车强国贡献力量。我国汽车轻量化产业发展战略思路框图如图1-7所示。

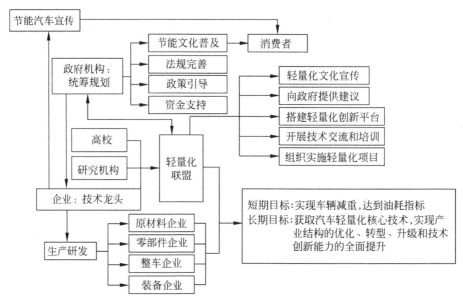

图1-7 我国轻量化产业发展战略思路框图

(1) 顶层设计,统筹规划。

汽车轻量化战略的实施,需要国家有关部门牵头,统筹协调各有关部门和产学研单位,要将汽车轻量化发展作为发展汽车节能措施重点考虑。逐步健全和完善轻量化技术的政策法规,建立轻量化技术的标准体系,从战略高度进行顶层设计和制度目标设计,对我国汽车轻量化技术的发展进行战略目标定位、制度框架设计、运行机制监管和核心技术攻关等,进行系统、全面、清楚的规划和掌控。

顶层设计,统筹规划,必须制定以建立轻量化整车体系、轻量化零部件体系和轻量化材料体系为目标,以轻量化标准法规和政策措施为支撑的总体框架。这个框架科学确定汽车轻量化技术发展的长远目标和建设任务,有计划、有步骤、分阶段、分层次进行推进,让汽车轻量化创新技术发展付诸实践时更加科学规范,更具有可操作性。

(2) 确立目标,分步实现。

在汽车轻量化产业化推进的初期,确定轻量化发展的战略目标,结合不同阶段的技术进步程度和市场需求状况,对不同的车型有着不同的战略目标:以节能和提高产品竞争力为中心,开展乘用车轻量化工作;以提高运输效率为中心,开展商用车轻量化工作,把握节奏,分步实施。

根据我国汽车轻量化发展现状,确定乘用车第一阶段以高强度钢成形作为汽车轻量化技术推广应用的重点发展技术,开展以钢制汽车为主、轻合金与复合材料为辅的汽车轻量化技术路线,同时大力发展铝合金零部件及纤维增强复合材料零部件。第二阶段乘用车在第一阶段高强度钢技术发展的基础上,开展超高强度钢和先进高强度钢零部件的开发、推广和应用,并逐步增加铝合金、镁合金、工程塑料和纤维增强复合零部件的应用。

在商用车方面,因商用车的品种、规格繁多,一般可分为载货车、客车和改装车三类。载货车突出以高强度钢应用为主的轻量化技术路线,客车和改装车突出以铝合金应用为主的轻量化技术路线。同时,从节能效果考虑,优先实施重型车的轻量化,再扩展到中、轻型车。

(3) 产学研用,协同发展。

汽车轻量化产业链的结构主要包括四个方面的内容:汽车轻量化技术、汽车轻量化材料供应和轻量化零部件采购、整车生产、汽车售后和服务。

产业链的技术输出单位包括材料企业、零部件企业、整车企业、研究机构、检测机构、高校等。汽车轻量化是一个复杂的涉及多学科、多单位合作的项目,不是一家单位、一个学科领域就能实现的,需要产业链上下游企业、研究机构及高校加强更具长效和实效机制的技术合作。以下游需求带动上游开发,以上游开发促进下游应用,上下游企业携手共进,共同推动汽车轻量化发展和技术进步,使轻量化技术在汽车上的应用迈上一个新的台阶。

在企业与企业之间,以几大核心的自主品牌汽车制造企业为核心,逐步向外辐射,带动上游轻量化原材料产业和轻量化零部件产业发展,形成轻量化产业集群优势;构建轻量化材料自主供应体系以及轻量化零部件自主生产体系,积极开展轻量化材料性能、测试评价和成形工艺的研发工作,提升汽车零部件企业的轻量化设计能力和自主创新能力。

在企业、科研机构、高校之间,加强专业人才的培养和储备。高校应根据企业和市场的需求,进行汽车轻量化专业人才培养,建立以高学历、年轻化为特征的人才梯队自主联合轻量化技术攻关与轻量化项目合作,共建研究中心和实验室,积极开展轻量化共性技术的联合攻关,如建立行业标准,形成轻量化技术规范,在行业内进行推广;构建平台共享机制,建立共享的轻量化材料和零部件数据库,提高零部件的通用性,同时将高校和研究机构的轻量化技术成果在企业间进行技术转移,实现从科研到产业化的进程。

在轻量化联盟与企业、科研机构、高校之间,轻量化联盟工作模式在近几年的发展中初见成效,对汽车轻量化产学研用的结合起到了积极的推动作用。在协调和沟通政府、企业、科研机构、高校等机构之间工作时,继续承担好"桥梁"作用,在技术供给中有效组织和协调相关单位,发挥基础研究、关键技术攻关以及跨领域技术集成的作用,推动创新技术的产业化,实现创新产品的市场价值。同时,通过为行业提供咨询、组织技术交流等活动进行轻量化技术推广和轻量化知识的宣传。

3. 我国汽车轻量化技术发展路线

轻量化技术是汽车轻量化产业发展的基石,要放在我国汽车轻量化发展战略的重要位置。汽车轻量化技术主要包括轻量化优化设计技术、高强度钢和轻质材料的开发应用技术、轻量化制造工艺等几方面的内容。在控制整车成本的基础上,只有综合运用高强度钢、轻质合金、工程塑料和纤维增强复合材料,进行结构、材料和性能一体化轻量化优化设计,采用先进的制造技术和连接技术,才能使合适的材料用在合适的位置,使每部分材料都能发挥出其最大的承载、抗撞、吸能和减振吸声作用。

经过多年的发展,我国的汽车轻量化研究取得了较大进展,在碳纤维、高强度钢、镁铝合金等新材料技术方面取得了较大突破,各汽车企业也在制造工艺、材料应用等环节实践创新。为保证未来我国汽车产品的竞争力,我国汽车轻量化技术发展可分为如下两个阶段。

1) 第一阶段重点发展的轻量化技术

高强度钢在抗碰撞性能、加工工艺和成本方面较铝、镁合金具有明显的优势,能够满足降低汽车质量和提高碰撞安全性能的双重需要。从成本与性能角度来看,在未来相当长的一段时期内,高强度钢仍然是满足车身轻量化、提高汽车安全性的最佳材料。高强度钢技术将是本阶段重点发展的轻量化技术,包括钢制车身的应用推广、高强度钢的性能开发、成形技术和焊接工艺等技术。

此外,"以塑代钢"也是第一阶段要重点发展的一类技术。"以塑代钢"的零部件多应用于汽车内外饰零部件。例如,保险杠的前端模块近几年开始使用PP长玻璃纤维增强材料;保险杠防撞梁则由PC/PBT材料替代过去的钢铁材料;一些SUV车型上的行李支架也由工程塑料制成。值得注意的是,两厢车使用塑料尾门的趋势在汽车行业已越来越明显。在汽车发动机周边零件中,"以塑代钢"的趋势则更为显著,包括进气歧管、汽车发动机盖及油箱等诸多零件,这些零件通常采用的材料以尼龙玻璃纤维填充材料为主。

2)第二阶段重点发展的轻量化技术

轻量化技术的发展是循序渐进的,是在一定技术积累的基础上进行突破和创新的,因此在坚持发展和应用第一阶段重点技术和研究成果的基础上,第二阶段以发展超高强度钢和铝合金应用技术为主线,实现钢铝混合车身的大范围应用,实现铝合金覆盖件和铝合金零部件的批量生产和产业化应用,同时加大对镁合金和碳纤维增强复合材料的研究开发,增加镁合金和碳纤维增强复合材料零部件的应用比例。

1.4 汽车轻量化技术路径

目前世界各国对汽车的研究正向高效能、低功耗、低排放的目标发展,而这三个目标与汽车自身质量息息相关,减轻汽车自重是实现这三大目标的重要手段。汽车轻量化发展主要从产品材料、制造工艺和结构设计三个方面展开,如图1-8所示,即轻量化材料技术、轻量化制造技术和轻量化设计技术。

图1-8 汽车轻量化的主要路径

1.4.1 汽车轻量化材料选择

汽车轻量化材料的选择对汽车减重尤为重要。常见的汽车轻量化材料包括高强度钢与先进高强度钢、铝合金、镁合金、工程塑料、复合材料等五种材料,下面对这五种材料的性能分别进行介绍。

1. 高强度钢与先进高强度钢

高强度钢与先进高强度钢在汽车上应用较为广泛，主要应用在内外板及结构件上，可有效提升车身被动安全性，在汽车减重、节能、降低排放等方面应用前景良好。虽然在成形中面临回弹等挑战，但相比其他替代材料，高强度钢还是性价比最好、最具吸引力的材料。

车用高强度钢包括普通高强度钢、第一代先进高强度钢、热冲压成形钢等。这类高强度钢其强塑积在 1000～2000MPa·%，所涵盖的种类包括高强度 IF 钢、低碳软钢、各向同性钢、烘烤硬化钢、碳锰固溶强化钢、高强度低合金钢以及第一代先进高强度钢（包括双相钢、TRIP 钢、马氏体级钢、复相钢、热冲压成形钢等）。

先进高强度钢，也称为高级高强度钢，主要包括双相钢（DP）、相变诱导塑性（TRIP）钢、马氏体（M）钢、复相钢（CP）、热成形（HF）钢和孪晶诱导塑性（TWIP）钢。先进高强度钢的强度在 500～1500MPa，具有很好的吸能性，在汽车轻量化和提高安全性方面起着非常重要的作用，已经广泛应用于汽车结构件、安全件和加强件，如 A/B/C 柱、车门槛、前后保险杠、车门防撞梁、横梁、纵梁、座椅滑轨等零件。

2. 铝合金

铝合金的密度小，只有钢铁的 1/3，应用铝合金一次减重效果可达 30%～40%，二次减重可提高到 50%。汽车上每使用 1kg 铝，可使轿车在寿命周期内减少 20kg 的尾气排放。铝合金可循环再生，是绿色环保材料。采用铝合金所节省的能量是生产该零件所用原铝生产耗能的 6～12 倍，因此，近年来铝合金在汽车上的用量迅速攀升。以北美轿车为例，2015 年每辆车用铝量为 180kg，2020 年达到 210kg。铝合金在汽车上应用的形式有锻制零件、挤压铝型材、轧制板材、各类铸造件，包括金属模铸造、挤压铸造、半固态铸造、砂模铸造、消失模铸造以及铝合金线材、铝基复合材料等。应用铝合金板材作汽车冲压件，除减重之外，由于铝合金本身的特性，还有利于减少碰撞对行人的伤害。铝合金还具有成形性好、耐蚀性好等特点。用铝合金制造商用车的油箱，完全消除了钢制油箱的锈蚀剥落，从而避免了柴油机喷嘴的堵塞，有利于发动机工况的正常和节能减排。用铝合金制造油箱，可以减重 60%。在铝合金轻质冲压零件中，成本由三部分组成：材料成本、制造成本和装配成本。当零件的产量由 6 万台提高到 20 万台时，零件的成本可以降低 40%。铝合金挤压材可用于汽车的安全件，如保险杠、车门防撞杆等；高性能的铝合金挤压材还可以制造全铝车身。锻造铝合金商用车车轮和一般钢制车轮相比，可以减重 50%；与高强度车轮相比，可减重 25%。随着轻量化技术的发展和铝合金焊接性能的改进、铝合金涂装性能工艺的完善、生产成本的下降，铝合金有望在汽车轻量化中得到更多的应用。

3. 镁合金

镁合金是以镁为基础加入其他元素组成的合金。作为一种有效的轻量化材料，其特点是：密度小，强度高，弹性模量大，散热好，承受冲击载荷能力比铝合金大，耐有机物和碱的腐蚀性能好。镁合金在汽车工业上有着广泛的应用，如离合器壳体、阀盖、仪表板、变速箱、转向支架、刹车支架等。

对于轻量化方面，镁合金由于密度在 $1.8g/cm^3$ 左右，比铝材密度小 36%。与钢相比，在保持弯曲强度相等的情况下可减重60%。在汽车上使用镁合金可以大幅减轻汽车自身质量,如镁合金应用于SUV车的后门板,可减重40%。同样,镁合金也可应用于前端模块,目前应用最多的是传动系统的变速箱壳体,既可有效地轻量化,又可降低噪声。对于制造,镁合金的铸件需要气体保护才可以有效地浇铸成汽车构件。此外,镁合金的抗腐蚀性能差,在所有金属中,其电极电位最低,因此目前镁合金的应用还受到限制。但对于防腐性能要求低的构件,如方向盘骨架,已得到广泛应用。因此对于镁合金来说其轻量化效果显著,但是性价比还有待提升。

4. 工程塑料

工程塑料可分为通用工程塑料和特种工程塑料两类,具有优良的综合性能,如刚性大,蠕变小,机械强度高,耐热性好,电绝缘性好,可在较苛刻的化学、物理环境中长期使用,可替代金属作为工程结构材料使用。发达国家将汽车用塑料量作为衡量汽车设计和制造水平高低的一个重要标志,世界上汽车塑料单用量最大的是德国,塑料用量占整体材料的15%。

通用工程塑料主要品种有聚酰胺(PA,俗名:尼龙)、聚碳酸酯(PC)、聚甲醛、改性聚苯醚和热塑性聚酯五大通用工程塑料。不同类型的塑料有不同的性能,常用于汽车的不同部位,包括各类内饰件、外装件、油箱、发动机进气歧管等。其中聚酰胺有着高抗拉强度、耐磨、自润滑性好、冲击韧性优异的性能,常用于汽车各种仪表板、冷热空气调节阀等零部件,用玻璃纤维改性后的聚酰胺,主要性能可进一步提高,常作为制造汽车发动机振动部件上的制造材料。聚碳酸酯既具有类似有色金属的强度,同时又兼备延展性及强韧性,它的抗冲击强度极高,透明度又好,并可施以任何着色。由于聚碳酸酯的上述优良性能,已被广泛用于汽车反射镜、挡风玻璃板等零部件的制造。

特种工程塑料主要是指耐热达150℃以上的工程塑料,主要品种有聚酰亚胺、聚苯硫醚(PPS)、聚砜类、芳香族聚酰胺、聚芳酯、聚苯酯、聚芳醚酮、液晶聚合物和氟树脂等。其中聚苯硫醚在汽车轻量化方面有着广泛的应用,如汽车内部阀门系统的应用,如图1-9采用聚苯硫醚阻燃塑料制造空调阀门,不仅满足轻量化的要求,还能解决耐腐蚀问题。聚苯硫醚用于制造涡轮排气管,也能大幅降低产品的自重。

图1-9 用聚苯硫醚制造的空调阀门

5. 复合材料

复合材料是人们运用先进的材料制备技术将不同性质的材料优化组合而成的新材料,一般需满足由两种或两种以上化学、物理性质不同的材料组成。在汽车工业中,复合材料广泛应用于车身、灯壳罩、前后护板、保险杠、板弹簧、座椅架及驱动轴等部件的设计与制造。与传统材料相比,具有比强度高、质量轻、比模量高、抗疲劳性能好及减振性能好等诸多优点。复合材料不仅保持各组成材料性能的优点,通过各个组成材料在性能上协同作用,具有单一材料无法比拟的优越综合性能。

在汽车轻量化方面,复合材料由于密度较小,如树脂基复合材料的密度一般不超过

2g/cm³,用于汽车零部件制造可大幅减轻汽车质量。另外,复合材料的可设计性非常强,根据产品结构和受力情况,通过调整纤维的取向、织物的组织结构与排列的方式等,可制成满足不同要求的制品。更重要的是,复合材料的应用可以缩短零部件开发周期。通过合理的模具设计,可将不同厚度的零件、筋、棱等全部一体成形,例如日产"布尔巴特"汽车前端板,用钢板制造时需20多个零件,而用复合材料用7个零件就能够实现。由此可见复合材料在汽车上的广泛应用满足汽车轻量化的发展要求,具有广阔的市场前景。

1.4.2 汽车轻量化制造工艺

在使用汽车轻量化材料设计后,往往需要革新制造工艺来满足材料的变化。汽车轻量化工艺技术为轻量化发展提供了有力支撑。目前激光拼焊及变厚度轧制、液压成形、热冲压成形、辊压成形、半固态成形和轻量化连接技术等已得到广泛应用,下面对各项制造工艺进行简要论述。

1. 激光拼焊及变厚度轧制技术

激光拼焊板(TWB)技术将不同厚度、不同强度或不同表面处理状态的板材通过激光拼焊集成一个大的板坯再进行冲制,焊接速度快,热影响区小,因此激光拼焊板材的成形性良好。拼焊板坯可使模具的数量和后续生产工序减少,从而降低了生产成本,提高了零部件的质量,优化了零件结构,充分发挥了不同强度和不同厚度板材的特性,满足了零件不同部位的强度和刚度要求,同时保证轻量化和被动安全性的要求。汽车上典型的激光拼焊板构件有车门内板、侧围板、地板和一些车身高强度结构件。图1-10为采用激光拼焊技术制成的白车身。

变厚度轧制板(VRB)工艺原理如图1-11所示,其通过精确自动地调整轧辊间隙,使轧制出的钢板厚度连续地变化。与TWB钢板相比,VRB钢板仅为同一钢种,宽度不能太宽,更适合制造梁类零部件。应用VRB钢板制造焊管成形零件,可减轻重量,降低成本。

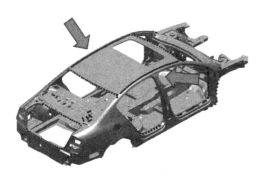

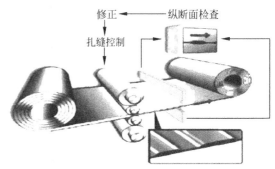

图1-10 采用激光拼焊技术制成的白车身　　图1-11 变厚度轧制板工艺原理

2. 液压成形技术

液压成形也称为"内高压成形",它的基本原理是以管材作为坯料,在管材内部施加超高压液体同时,对管坯的两端施加轴向推力,在两种外力的共同作用下,管坯材料发生塑性变形,并最终与模具型腔内壁贴合,得到形状与精度均符合技术要求的中空零件。与传统的冲压工艺相比,液压成形工艺在减轻重量、减少零件和模具数量、提高刚度与强度、降低生产成本等方面具有明显的技术和经济优势。图1-12所示为液压成形过程示意图:1 放入管材→2 闭合模具→3 注入高压液体→4 取出管材。

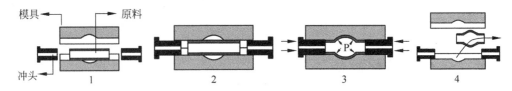

图1-12 管材液压成形零件图

随着液压成形技术的成熟以及主机厂对整车减重、制造成本降低的迫切需求,该技术近年来在汽车制造领域得到了广泛应用。目前主要集中在如下部分:

（1）底盘零部件:如副车架、扭力梁等。
（2）车身结构件:A柱、B柱、地板纵梁、横梁、前端框架、吸能盒等。
（3）动力总成零件:如排气支管、凸轮轴等。

与传统冲压结构相比,采用管材液压成形的前端结构,可实现减重20%以上,产品特性得到大幅提升。目前道奇、克莱斯勒、吉普等大型SUV前端结构都采用液压成形工艺。

3. 热冲压成形技术

热冲压成形原理是先将坯料加热至一定温度,然后用冲压机在相应的模具内进行冲压并保压淬火,以得到所需外形并同时实现金属材料相变的一种材料成形方法。应用热冲压成形技术可以提高零件尺寸精度、提高表面硬度、抗凹性和耐腐蚀性,得到的是超高强度的车身零件,还可以降低冲压机吨位要求。图1-13为热冲压成形过程:1 准备板料→2 奥氏体化→3 搬运板料进入设备→4 成形和淬火→5 搬出板料→6 切割板料。

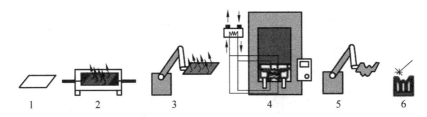

图1-13 热冲压成形过程

近几年,热冲压成形工艺已经成为国内外主机厂实现车身轻量化的主要制造工艺。图1-14所示为我国热冲压生产线数量统计。

从图1-14可以看出,截至2018年年底,我国热冲压生产线有170多条,成为全球热冲压生产线数最多的国家,如果每条线都满负荷生产,平均每年将生产3.5亿件热成形零件。

4. 辊压成形技术

辊压成形工艺指依靠材料的塑性移动特性,采用滚动挤压的原理成形各种复杂制件的

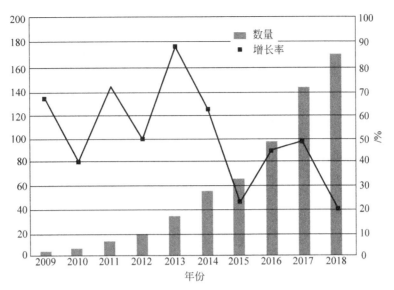

图 1-14　我国热冲压生产线数量统计

工艺。同切削、磨削工艺相比,辊压成形工艺不仅生产效率高、节约材料,而且产品强度高、质量稳定。图 1-15 为辊压成形示意图。

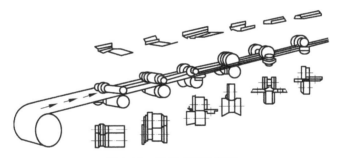

图 1-15　辊压成形示意图

辊压成形工艺主要应用于汽车地板平台类零件的成形,如门槛、横梁、纵梁等,以及车身安全零件的成形,如保险杠横梁、车门防撞梁、顶盖横梁等。

5. 半固态成形技术

半固态成形技术是 20 世纪 70 年代由美国麻省理工学院 Flemings 教授领导的研究小组发明的,其原理是在金属凝固过程中进行强力搅拌,使枝晶破碎得到一种液态金属母液中均匀地悬浮着一定固相组分的固-液混合浆料。该材料具有很好的流动性,利用普通的加工方法便可制成产品。该方法加工出的零件可以应用于汽车轻量化的零件生产方面。

目前,我国主要注重半固态浆料的制备研究,不少高校和研究机构在机械搅拌和电磁搅拌方面等都有一定的进展,特别是华东理工大学利用"近液相线制浆技术"研究了多种牌号半固态成形的铝合金,并用触变成形制成了部分零件,与铸造铝合金相比,综合性能提高了30%以上。在国内,东风汽车公司曾用半固态成形技术制造空压机连杆。

6. 轻量化连接技术

车身轻量化设计是在保证汽车刚度、强度、舒适性和安全性的情况下,通过优化车身结构实现减轻车身质量的目的,材料轻量化应用选用铝合金、镁合金、高强度钢和工程塑料、纤维增强复合材料等轻量化材料制造零部件实现减重目的。同时,需要满足轻量化零部件之间高强度、安全可靠的连接工艺和连接方法。在完成汽车轻量化设计和选用轻量化材料之后,轻量化连接工艺是决定汽车安全性和轻量化应用结果是否成功的关键因素。

目前,轻量化连接技术主要包括铆接、自攻螺纹连接、熔化焊接、黏合连接、摩擦焊、超声焊等技术,通过上述连接技术将轻量化构件连接成总成,达到良好的刚度和结构强度要求。

1.4.3 汽车轻量化设计方法

常用的汽车轻量化优化设计方法有结构拓扑优化、形状优化、尺寸优化、形貌优化以及多目标优化等。通过轻量化设计使合适的材料、最优的结构形状和尺寸用在汽车结构合适的位置,使每部分材料都能发挥出其最大的承载、增加刚度和吸能作用,提高材料利用率、降低整车质量、减少材料成本,实现节能、减排、降耗等目标。汽车轻量化设计是汽车轻量化的重要途径之一,是轻量化汽车产品开发的基础和前提。下面对常见的轻量化设计方法进行简要介绍。

1. 拓扑优化

拓扑优化是一种通过改变结构的拓扑关系,从而重新定义材料在零件上的分配,以使新设计的零件满足某种或多种性能指标的优化设计方法。拓扑优化的主要思想是:将寻找结构的最优拓扑问题转化为在给定的设计空间内寻求最佳的材料分布问题。从结构形式上说,拓扑优化的研究问题主要分为两大类:一类是连续体结构拓扑优化,包括平面问题、板壳问题、实体结构等;另一类是离散体结构拓扑优化,包括桁架、刚架等。拓扑优化方法能够用来确定汽车零部件的最优结构形状拓扑,保证结构设计的形状优化是在材料分布最优形式下进行,优化材料在设计空间上的分布,有效提高材料利用率。图1-16为汽车零部件拓扑优化示意图。连续体结构拓扑优化方法包括变密度方法、均匀化方法、固体各向同性惩罚法(SIMP)、分级结构模型方法、泡泡法、水平集方法、双向结构渐进优化法等。

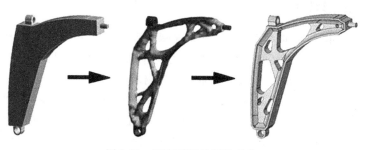

图1-16 汽车零部件拓扑优化

2. 形状优化

形状优化是在不改变现有拓扑形式下,以零部件的几何外形作为设计变量进行优化,能够达到既减小零件的质量又延长零件寿命的目的。这种方法采用建立在生物学增长规律基础上的数值计算方法。研究发现,生物体的受力载体会避免应力集中,并始终试图增长为在一种标准载荷作用下表现为均匀表面应力的形状。这就给设计师以启发,可借助于形状的变异来降低峰值或是使应力分布均匀化。具体做法为:向承受高负荷的部位储存材料,而将承受低负荷的部位去除材料,零件的形状将按照避免出现应力高峰并使应力分布均匀来设计。这种结构设计方法已经被用于汽车后轴差速器壳体、半轴等零件的设计上。这种基于生物学增长规律的形状优化方法可收到既能减小零件质量,又能避免局部应力高峰的效果。

3. 尺寸优化

尺寸优化是以零部件尺寸参数为设计变量,如板材厚度、截面面积等,寻找最优设计参数组合的一种设计方法。图1-17为白车身板材厚度尺寸优化示意图,通过分析板材厚度、车身截面对碰撞安全与NVH性能的影响,以截面形状和板材厚度为设计变量,在保证原有结构性能指标的前提下对白车身板材厚度进行优化,减轻重量以满足汽车轻量化的要求。

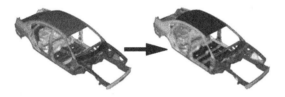

图1-17 白车身板材厚度尺寸优化

尺寸优化的方法主要是灵敏度分析,设计变量可包括弯曲刚度、扭转刚度、模态等,通过确定在设计变量中哪个部分对结构响应最为敏感,进而获得最佳的设计参数和最关心部位的灵敏度系数,再相应地进行减薄或加厚处理。

4. 形貌优化

形貌优化是一种形状最佳化的方法,即在板形结构中寻找最优的加强筋分布的概念设计方法,用于设计薄壁结构强化压痕,在减轻结构重量的同时能满足强度、频率等要求。与拓扑优化不同,形貌优化不删除材料,而是在可设计区域中根据节点的扰动生成加强筋。

另外,形貌优化为形状优化的高级形式,其方法与拓扑优化类似,所不同的是拓扑优化用单元密度变量,形貌优化用形状变量。形貌优化的设计区域首先被划分成大量独立的变量,然后进行一系列的迭代优化,计算这些变量对结构的影响。

形貌优化一般以加强筋、凹凸结构的形状、位置和数量等为变量,在不显著增加质量的条件下,改善钣金结构件的刚度及模态等。如图1-18中开闭件的内板通过形貌优化,在不增加重量的情况下,实现性能的达标。

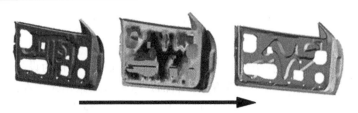

图 1-18　开闭件内板的形貌优化

5. 多目标优化

在实际优化设计过程中,大多数是对多个性能目标有最优要求,即多目标优化设计问题。在多目标优化设计中,各目标彼此之间会存在冲突,某个性能目标的提升可能引起其他目标性能的下降,很难同时做到使所有目标同时达到最优,因此多目标优化设计问题可定义为在满足约束的条件下,寻求使多个目标函数达到最优的设计变量值,对多个目标函数的协调和折中处理十分重要。

以轿车白车身轻量化多目标优化设计为例。在进行轻量化多目标优化设计时,其优化目标函数一般以减重和白车身某几个结构抗撞性指标等为优化目标,以车身刚度、强度、模态频率和其他一些结构抗撞性指标为约束,以车身零件梁断面形状尺寸和板厚为设计变量,对车身结构进行轻量化优化设计。最终使轿车白车身满足刚度、强度、模态频率和被动安全等多个性能指标。

汽车轻量化是汽车节能减排的重要途径之一,是全球汽车厂商的共同选择。汽车轻量化更是提升我国汽车产品竞争力,推动汽车产业可持续发展,带动国家整体工业实力提升的必要手段。汽车轻量化的技术实现路径为:汽车轻量化材料,汽车轻量化工艺,汽车轻量化设计。材料是汽车轻量化的基础保障,工艺为汽车轻量化提供有力支撑,设计为汽车轻量化指明方向,三者相辅相成,相互依托。因此,本书将分 3 篇对相关内容进行详细阐述。

习　题

1. 简述汽车轻量化发展的背景及意义。
2. 汽车重量越轻就越不安全吗?如何克服汽车轻量化与安全性、可靠性之间的矛盾?
3. 简述国外典型国家或地区汽车油耗控制的方案,并列举相关油耗控制法规。
4. 世界汽车工业强国主要有哪些?选取一个国家或地区,详细分析其汽车轻量化发展的现状及实施路径。
5. 简要分析中国汽车轻量化发展的现状及面临的挑战。
6. 进入 21 世纪以来,我国发布了哪些与汽车轻量化发展相关的政策、法规?
7. 简要分析中国汽车轻量化发展的战略。
8. 汽车轻量化发展可以围绕哪三个方面展开?简要分析其所包含的具体内容。
9. 世界其他国家或地区汽车轻量化发展的经验,有哪些是我们可借鉴的?试列举三到五条。
10. 在电动化、网联化、智能化、共享化的发展潮流与影响下,汽车轻量化该被如何"重塑"?试给出你的观点。

第一篇 汽车轻量化材料

第 2 章

先进高强度钢

2.1 概述

自从汽车行业诞生以来,钢铁就被应用于汽车的生产。世界上第一辆汽车即是由钢铁材料和木材混合制成的,1921 年出现了第一个全钢车身,随后出现了铝质车身,直到 20 世纪 70 年代出现了高强度钢、铝合金、镁合金和塑料的复合用材,从 2000 至今出现了一系列先进高强度钢制造的轻量化车身。汽车用材的变化和预测见图 2-1。该图表明,20 世纪 70 年代,乘用车用材中,钢铁材料占 70% 以上,在 60% 的钢材中,低强度钢占 90% 以上。到 2012 年,钢铁材料下降到 65%,在 57% 的钢材中,高强度钢和先进高强度钢上升至 32%,低强度钢下降到 40%。预计到 2025 年,钢铁材料下降到 54%,铝和塑料材料上升比例较大,在 46% 的钢材中,高强度钢和先进高强度钢上升至近 40%。这种汽车用材的变化趋势,是和汽车轻量化的发展趋势完全一致的。

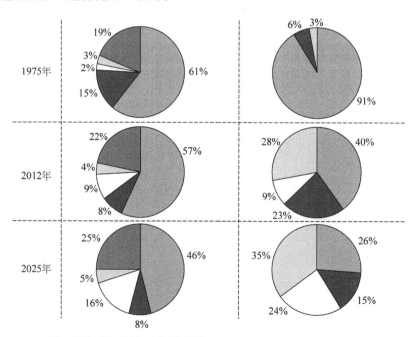

图 2-1 汽车中各类用材情况和不同钢铁类材料的比例

钢铁应用于汽车有如下优点：①低成本和高拉伸弹性模量（270GPa）；②通过合金炼制、加工硬化（适用于低碳钢和中碳钢）和热处理（适用于中碳钢、高碳钢和合金钢）等不同的工艺技术可实现宽范围的强度和塑性；③低碳钢和许多新型高强度钢具有优异的成形性能，例如：高强度低合金钢（high strength low alloy steel，HS-LA）和双相钢（dual-phase，DP），非常适合于冲压和辊轧成形；相变诱导塑性钢（transformation induced plasticity steel，TRIP）中的残余奥氏体可转变为马氏体，在深加工变形过程中具有高强度和高塑性，适合于冲压成形。

汽车用钢主要分为合金结构钢和高强度钢两大类。合金结构钢包括非调质钢、弹簧钢、齿轮钢等，其主要应用于汽车传动系统、悬架系统以及发动机的主要构件；高强度钢主要应用于汽车车身结构件和车身内外板。高强度钢又分为传统高强度钢和先进高强度钢。先进高强度钢具有很好的吸能性，在汽车轻量化和提高安全性方面起着非常重要的作用，已广泛应用于汽车工业，合理选用先进高强度钢及其制造技术对汽车轻量化的实施有着重要意义。

2.2　先进高强度钢的发展

近年来钢铁替代材料的应用趋于稳定，寻找新型、低成本的替代材料变得越来越难。同时，各国新安全法规和燃油经济性法规的颁布，迫使汽车公司寻找更有效的减重方法。这些压力促使汽车公司重新考虑其他替代材料应用的可能性，以及继续使用钢的可行性。

在过去约一个世纪的时间里，汽车板所用钢材并未发生大的变化。白车身和覆盖件主要采用成形性能好、修复性好、焊接性好、可喷涂的低碳钢，其屈服强度为180~200MPa，抗拉强度为330~350MPa，而这些汽车部件的厚度是1.5~2mm。1975年的石油危机第一次为降低汽车油耗敲响了警钟。汽车业开始考虑通过采用高强度钢降低部件壁厚，实现汽车轻量化，提高燃油经济性。虽然这次石油危机持续的时间不长，但是对钢铁业的发展产生了深远影响。随后，钢铁业对于车用高强度钢做了大量研究，但是能够真正得到商业应用的很少。而此时，属于第一代先进高强度钢的退火高强低合金钢（屈服强度为280~300MPa，抗拉强度为450MPa）被成功开发出来。这种具有高强度、高塑性的双相钢立即引起了人们的注意，随后有了大量关于双相钢的研究。日本和美国进行了双相钢的工业生产，生产出了抗拉强度为500~600MPa，延伸率为25%~30%的双相钢，并冲压出了一些部件，不过没有得到大规模的应用。

与双相钢相适应的连续退火设备和镀锌设备被引入钢铁业。为了解决连续回火过程中的时效问题，钢铁业开发了IF钢。IF钢具有很好的成形性能，但是强度较低。此时，高强度钢由于以下问题，并未引起汽车公司的兴趣：

（1）需开发耐磨性更高的模具；

（2）需解决回弹和扭曲问题；

（3）需调整焊接参数，要提高电流、压力；

（4）在切边和冲孔时，对工具的要求更高。

汽车业对高强度钢的冷淡态度浇灭了钢铁公司的热情，直至20世纪90年代早期，已经很少有关于双相钢的研究。1970—2000年,只开发传统高强度钢,如IF钢、BH-IF钢和抗拉强度为450~550MPa的回火HSLA钢。

随后,包括Inland Steel公司在内的几个高强度钢的开拓者在之前研究的基础上开发了强度高达965MPa的双相钢,用于生产保险杠、门梁和辊压成形件。汽车公司之间的竞争促使它们采用强度更高的材料生产关键安全部位,但回火HSLA钢的抗拉强度无法超过550MPa。在20世纪90年代中期,本田公司要求其美国分公司利用高强度双相钢在美国研发基础好的优势,实现DP590钢的本地供应,之后DP590钢在日本也得到大规模的应用。这标志着双相钢的复兴。此外,钢与其他低密度材料(如铝、镁和复合材料)之间的竞争越演越烈,为了更好地满足轻量化、燃油经济性和环保的要求,各钢铁公司不断开发出具有更高强度和优良成形性能的新型钢种。

从汽车用钢的发展历史可以看出世界高强度钢的发展历程。到1990年,钢铁公司已经开发了大部分的低碳钢、高强度IF钢和微合金化HSLA钢。然而,1994年奥迪公司向市场推出了采用铝框架结构的A8汽车,钢在汽车材料中的主导地位开始受到挑战。与采用传统钢质车身相比,A8全铝白车身的质量显著降低。同年,全球18个国家的35家钢铁公司组成了国际联盟,并发起了名为"超轻钢质车身"(ultra-light steel auto body,ULSAB)的项目,以设计一款满足包括安全性能在内的各种性能要求的钢质轻型车身结构。该项目委托保时捷工程服务机构(Porsche engineering services,PES)设计一款D级车的轻型钢制白车身。该项目于1998年结束。PES研制出一款示范白车身,90%采用高强度钢,在成本增加不到14%的前提下将车身减重25%,车身的扭转刚度和弯曲刚度分别提高了80%和52%,同时满足对结构合理性、安全性、可操作性和经济性等的要求。该项目开发的多项成果之后也被应用于汽车部件的生产,如越来越多的先进高强度钢的应用、液压成形技术和激光焊接技术的应用。各种和各等级先进高强度钢的成功开发是该项目的重要收获。该项目激发了钢铁业开发出多种具有更高强度和良好成形性能的新型钢种。

来自汽车公司和竞争对手的压力促进了双相钢的研发和应用。到1995年,双相钢不仅在日本,在美国和欧洲也实现了商业化应用。双相钢具有强度高、塑性高、应变硬化率高、烘烤硬化效应高和疲劳强度高等优点。由于当时对涂层板和防腐板需求的增加,可镀层双相钢的开发变得非常重要,因而热镀锌生产线也在各钢铁公司得到应用。随着高强度钢冲压和后续加工工艺的不断完善,对具有更高强度双相钢的需求急剧增加。人们在开发出DP590/600钢之后,又相继开发了DP780和DP980钢。虽然双相钢在先进高强度钢中占有重要地位,但是汽车公司需要具有新的微观组织的高强度钢,以满足对各种性能,尤其是安全性能的要求。TRIP钢应运而生,TRIP钢在整个均匀变形阶段都具有高的应变硬化率,使其在碰撞时能展现出极高的吸能性。2000年,含有残余奥氏体的TRIP钢第一次被用于商业化生产。与屈服强度相同的传统高强度钢和双相钢相比,TRIP钢具有更好的延展性、更高的吸能性和疲劳强度。

随着高强度钢在汽车上的应用范围日益扩大,使得对其成形性的要求更高,尤其是凸缘性。研究表明,降低微观组织中各相的强度差异可提高胀孔性能。虽然没有发现延伸率和胀孔性之间有直接的关系,但是,大量研究表明用贝氏体替代或部分替代马氏体后,钢的凸缘性和胀孔性能将显著提高。因此,人们开发了微观组织包含铁素体—贝氏体—马氏体的复相钢(complex phase steel,CP)。根据这个原理,又开发了以贝氏体为基体的铁素体—贝氏体钢(ferritic bainitic steel,FB),同时添加Si元素,通过固溶强化或析出强化提高铁素体强度,降低贝氏体和铁素体之间的强度差,以获得更好的延展凸缘性。此外,为满足最大限度地提升抗侵入能力的要求,开发和应用了高屈强比的马氏体钢。

先进高强度钢的强度水平决定了其减重潜力,而钢的微观组织决定了其强度、塑性、应变强化率和其他力学性能。汽车安全部件的形状复杂,在降低壁厚的同时要保证其刚度,这些均对先进高强度钢的强度和成形性能提出了更高的要求。具有优异吸能性能的双相钢和TRIP钢被用于生产安全部件,以提高汽车在碰撞时承载动力载荷的能力。而改良后的双相钢和马氏体钢一样具有高的屈强比,被用于那些需要高刚度、防侵入的安全部件,以抵抗大载荷冲击,保护司机和乘客。

先进高强度钢的广泛应用同时要求其具有更好的成形性能,以适应各种成形工艺。高延伸率和高应变硬化率对于延展性非常重要。然而,随着强度的增加,钢的切边性能、凸缘性能和弯曲性降低。

到了21世纪,先进高强度钢在汽车轻量化中仍扮演着至关重要的角色。除了高强度,优良的塑性也使它们的应用更加广泛。同时,为了满足汽车业的需求,各钢铁公司相继开发了多种不同等级的先进高强度钢。为了开发具有不同综合性能的钢材,设计和采用了新的微观组织和加工工艺。开发者采用一种或多种强化机制来提高钢的强度(包括固溶强化、细晶强化、析出强化和应变时效强化);此外,合金化和热机械加工等也被用于提高强度。

如图2-2所示,多个项目相继启动,以探索通过采用高强度钢在提高安全性的同时,实现轻量化,提高燃油经济性。例如,超轻钢质汽车覆盖件项目(ultra-light steel auto closures,ULSAC),采用先进高强度钢生产轻质发动机罩、车门和后备厢盖。超轻钢质车身先进汽车概念项目(ultralight steel auto body advanced vehicle concepts,ULSAB-AVC)则进一步将先进高强度钢和先进制造工艺相结合,以实现更大程度的减重。2008年,世界几个主要钢铁公司组成的世界汽车用钢联盟(world auto steel)发起了"未来钢质汽车"(future steels vehicle,FSV)项目。该项目使强度在吉帕等级的先进高强度钢在汽车上得到应用,最终该项目将先进高强度钢的应用和结构优化相结合,使车身减重39%。与之前的项目相比,该项目在通过优化汽车结构适应新动力系统结构和安全法规方面更具有前沿性。

图2-2 轻型钢制汽车开发项目

汽车/钢铁联盟(auto/steel partnership,A/SP)也参与了车用先进高强度钢的研发和应用。轻型前端结构(lightweight front end structure)是其中的一个项目。该项目实现了在不降低碰撞性能的前提下减重32%的目标。"未来客舱项目"(future generation passenger compartment project)是另外一个关于车用先进高强度钢的重要项目。该项目通过采用先进高强度钢和结构优化设计,在保持刚度、耐久性,提高碰撞性能的同时将汽车舱体减重30%。

同样在进入21世纪后,以残余奥氏体为基体的TWIP钢被成功开发,其抗拉强度可达1000MPa,延伸率为50%~60%。TWIP钢属于第二代先进高强度钢。至今,TWIP钢仍被认为是具有最好强度和塑性综合性能的钢材,被认为是新的第二代先进高强度钢。然而,可制造性差、成本高、对氢气的敏感性高等问题限制了其商业化应用。目前,TWIP钢的研究进展缓慢,即使解决了可生产性和延迟断裂等问题,TWIP钢仍只处于试验阶段。

先进高强度钢在汽车上的成功应用促使各钢铁公司大力研发各种新型先进高强度钢,同时促进了与之相适应的新工艺和新设备的开发和应用。开发综合性能介于第一代和第二代先进高强度钢之间,成本较低的第三代先进高强度钢成为钢铁业的新课题。研究人员认识到钢中奥氏体含量和稳定性与其塑性和强度的关系,发现以奥氏体为基体的高强度钢比以铁素体为基体的高强度钢具有更好的综合力学性能,继而开发了淬火-配分处理工艺(quenching and partitioning,Q&P),制造了含有残余奥氏体和马氏体,同时具有高强度和高塑性的Q&P钢。此外,纳米钢的开发也成为第三代先进高强度钢的一个重要发展方向。

2.3 先进高强度钢的分类

根据国际上对高强度汽车用钢的研究,按照强化机理可把高强度钢分为传统高强度钢和先进高强度钢。传统高强度钢多是以固溶、析出和细化晶粒等为主要强化手段,常见的主要有碳-锰钢(C-Mn)、各向同性钢(isotropic steel,IS)、无间隙原子钢(interstitial-free steel,IF)、烘烤硬化钢(bake hardening steels,BH)、低合金高强度钢(high strength low alloy steel,HSLA)等。

先进高强度钢则是指主要通过相变进行强化的钢种,组织中含有马氏体、贝氏体和残余奥氏体,如双相钢(dual-phase,DP)、相变诱发塑性钢(transformation induced plasticity steel,TRIP)、热成形钢(HF)、马氏体钢(martensitic steels,Mart)、孪生诱发塑性钢(twinning induced plasticity,TWIP)以及淬火配分钢(quenching-partitioning steel,Q&P)等。先进高强度钢的强度和塑性配合与传统高强度钢相比更加优越,且兼具高强度和良好的成形性,特别是加工硬化指数高,利于提高碰撞过程中对能量的吸收,对于实现车身减重的同时保证安全性十分有利。先进高强度钢(advanced high strength steel,AHSS)依据相组织特征又分为第一代先进高强度钢、第二代先进高强度钢和第三代先进高强度钢(图2-3)。

图 2-3 先进高强度钢依据相组织特征的分类

第一代先进高强度钢多是以铁素体为基的高强度钢,如双相钢、复相钢、相变诱发塑性钢、马氏体钢、贝氏体钢。第二代先进高强度钢是以奥氏体为基体的先进高强度钢,其塑性和强度由机械孪晶提供,在常温下都是奥氏体单相组织,如孪晶诱发塑性钢、轻量化诱发塑性钢、奥氏体不锈钢等。正在研发的第三代先进高强度钢是在第一代、第二代先进高强度钢基础上的进一步强化,即在奥氏体和马氏体双相组织区形成具有较高比例的强化相,如马氏体、细晶铁素体等。现有的第三代先进高强度钢包括淬火配分钢、低温 TMCP 钢等。淬火配分钢又称为富碳残余奥氏体钢。它是由 J. G. Speer 等研发的第三代先进高强度钢,其力学性能范围为:抗拉强度 800~1500MPa,延伸率 15%~40%。低温 TMCP 钢是由 Wakita 等人研发的一种低温热机械处理钢。低温 TMCP 钢的抗拉强度为 1050MPa,均匀延伸率为 18%,基本成分和普通 TRIP 钢类似,但是锰(Mn)、硅(Si)的质量分数更高。

高强度钢也可按力学性能(抗拉强度和屈服强度)来分类,通常分为低强度钢、高强度钢和超高强度钢三类。屈服强度小于 210MPa(即抗拉强度小于 270MPa)的钢称为低强度钢,而屈服强度介于 210~250MPa(即抗拉强度介于 270~700MPa)的钢称为高强度钢,屈服强度大于 550MPa(即抗拉强度大于 700MPa)的钢称为超高强度钢,如图 2-4 所示。先进高强度钢(AHSS)的屈服强度包含了高强度钢(HSS)和超高强度钢(DHSS)的范围。

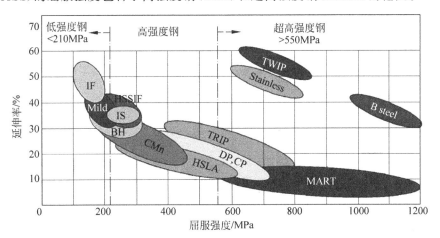

图 2-4 汽车用高强度钢按照强度分类图

IF—无间隙原子钢;Mild—低碳铝镇静钢;HSSIF—高强度 IF 钢;BH—烘烤硬化钢;IS—各向同性钢;CMn—碳锰钢;HSLA—高强度低合金钢;DP—双相钢;CP—复相钢;TRIP—相变诱发塑性钢;MART—马氏体钢;TWIP—孪晶诱发塑性钢;Stainless—不锈钢;B steel—热冲压用钢

2.4　车用高强度钢材料及其发展趋势

先进高强度钢的微观组织精细且复杂,通过严格控制化学成分和加工工艺参数得到所需微观组织,最终通过各种强化机制获得理想的强度、塑性、韧性和疲劳性能。先进高强度钢主要包括双相钢、复相钢、马氏体钢、相变诱发塑性钢、热成形钢(HF)和孪生诱发塑性钢等。第一代和第二代先进高强度钢可以满足部分汽车部件的性能要求。例如,双相钢和TRIP钢具有很好的吸能性能,可用于生产汽车的碰撞区部件;强度极高的马氏体钢和硼钢则被用于生产舱体部件,以保证安全性能。最近,各国投入大量资源开发第三代先进高强度钢,与第一代和第二代先进高强度钢相比,第三代先进高强度钢具有更好的强度-塑性综合性能,并具有低成本和连接性能好的特点。

汽车承受静态和动态载荷的能力,尤其是在碰撞过程中的这种能力,是汽车结构设计时必须考虑的关键因素。材料的选择和结构的优化决定了载荷的传输途径。根据对安全性能的要求,可把汽车分为两个区域,如图2-5所示。被包围在"安全笼"中的客舱可保护驾驶员和乘客,以免其受到冲撞带来的伤害。"安全笼"的结构必须能够防止任何变形和冲撞。另外一个是所谓的"缓冲区",在汽车的前端和后端,其作用是在碰撞时尽可能多地吸收能量。通过"缓冲区"产生充分的塑性变形吸收能量,使客舱免受冲击和破坏。表2-1列出了"安全笼"和"缓冲区"的材料选择。

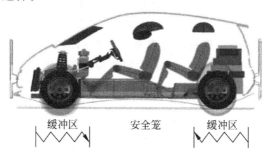

图2-5　汽车中的"安全笼"和"缓冲区"

表2-1　汽车结构的不同性能要求

分区	性能要求	材料性能要求	材料应力-应变曲线要求	可选钢种
缓冲区	在碰撞时可产生充分的塑性变形,以最大限度吸能量	高加工硬化率、高强度和高塑性	应力-应变曲线覆盖的面积大	双相钢、复相钢和TRIP钢
安全笼	碰撞时无变形和侵入	高屈服强度	高抗拉强度	马氏体钢、热变形钢和双相钢(抗拉强度大于980MPa)

2.4.1　双相钢

双相钢(DP)的强度高、塑性好,在汽车行业的应用最广泛。与传统高强度钢相比,双相钢具有塑性高、抗拉强度高、初始加工硬化率高和屈强比低等特点。例如,双相钢比相同强度的高强度低合金钢具有更高的初始加工硬化率、更高的抗拉强度和更低的屈强比,如图 2-6 所示。

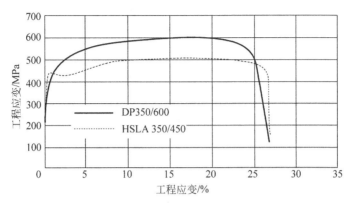

图 2-6　DP 350/600 和 HSLA 350/450 的应力-应变曲线

1. 双相钢的化学成分和微观组织

由低碳钢或低合金高强度钢经过临界区热处理或控轧控冷而得到的、主要由铁素体和马氏体所组成的钢称为双相钢。双相钢自 1968 年由 McFarlan 发明后并未能推广应用。直到 1977 年由于 Hayami 等人对这类材料的化学组成、显微组织和成形性进行了系统分析和阐述后,双相钢及其巨大应用前景才备受关注。

双相钢是由铁素体及分散于其中的马氏体构成,它的微观结构大致如图 2-7 所示。双相钢在微结构上含有两种金相,一种是铁素体,是一种软相,提供良好的可成形性;另一种是马氏体或者贝氏体,坚硬,提供材料的强度。其中较软的铁素体通常是连续分布的,这就使得双相钢具有极好的延展性。当双相钢变形时,应变集中在马氏体周围的强度更低的铁素体上,所以双相钢表现出极高的初始加工硬化率(n 值)。双相钢的特点是在细小的铁素体基体上分布大约 15% 的硬相,并通过固溶原子进一步强化。除 Fe 外,双相钢的主要成分是 C 和 Mn(表 2-2),Mn 主要延迟了珠光体和贝氏体的形成,从而使马氏体在从临界温度开始的冷却过程中形成。图 2-7 和图 2-8 是双相钢的微观和实际显微照片,从中可以看到铁素体和马氏体成分的分布情况。

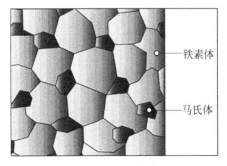

图 2-7　双相钢微观结构示意图

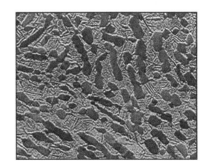

图 2-8　双相钢实际显微结构

表 2-2　双相钢的组成成分　　　　　　　　　　　　　　　　　　　　　　%

C	Mn	Si	P	S	Ti 等
0.10~0.15	1.0~1.8	≤0.1	≤0.029	≤0.004	添加

双相钢与普通高强度钢的显微组织有明显的不同,普通的高强度钢是利用控制轧制的方法达到细化晶粒的目的,并且通过碳氮化物析出以强化基体。而双相钢则是在纯净的铁素体晶内或晶界弥散分布着马氏体相,但其比例通常不会超过20%。此外,第二相也有出现少量残余奥氏体或贝氏体的可能。

研究表明,双相钢组织有定向排列纤维组织和无序组织两大类。其中无序组织又可分为纤维状双相混合型(平行针状马氏体与铁素体交错而呈纤维状)、弥散分布型(塑性良好的铁素体上弥散分布着高强度岛状马氏体)、高密度位错亚晶结构型(具有高密度位错的亚晶结构马氏体呈网状或群落状位于铁素体晶界)三种情况。

2. 双相钢的性能

如所有的高强度钢一样,双相钢具有高强度、高硬度、高耐磨性。双相钢的性能与其组织结构密切相关。

双相钢基体为软的铁素体,铁素体上分布着岛状的硬质马氏体。此种金相结构确定了双相钢低的屈服强度和高的抗拉强度。而且铁素体较软,使钢材具有较好的成形性,马氏体较硬,使钢材具备较高的强度,且强度随马氏体所占比例的提高而增强。双相钢能固溶较多的碳,随着含碳量的增加,双相钢抗拉强度升高,延伸率下降。双相钢在车辆冲撞这样的高速变形中,表现出比普通高强度钢更高的强度,所以具有更大的冲击能吸收能力,有利于提高车辆的安全性。

图 2-9 所示为双相钢的力学性能在各种高强度钢中的位置,其强度范围是 420~1300MPa,延伸率范围是 5%~38%。几种典型双相钢的力学性能见表 2-3。

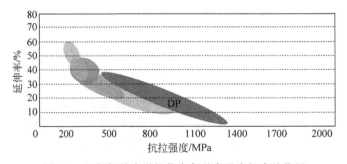

图 2-9　双相钢的力学性能在各种高强度钢中的位置

表 2-3　双相钢的力学性能

双相钢	屈服强度/MPa	抗拉强度/MPa	总延伸/%
DP500(EG)	315	547	31
DP590(GA)	355	620	26
DP590(CR)	370	625	26

续表

双相钢	屈服强度/MPa	抗拉强度/MPa	总延伸率/%
DP780(CR)	470	820	18
DP980(CR)	675	1030	13

注：EG：Electro Galvanized，电镀锌板；GA：Hot-dipped Galvanneal，热镀锌铁合金板；CR：Cold Rolling，冷轧。

3. 双相钢的变形机制

塑性变形过程中铁素体内的位错滑移是双相钢的主要变形机制。高硬度的马氏体阻碍位错滑移，提高钢的强度。铁素体基体为双相钢提供了高塑性，在变形过程中，应变主要在铁素体内发生，使双相钢有较高的应变硬化率。双相钢的强度由马氏体体积分数和马氏体强度两个因素决定。

4. 双相钢的发展与应用

双相钢是低碳钢或低合金高强度钢经临界区热处理或控制轧制后而获得。双相钢自20世纪60年代由McFarlan发明后，在世界范围内引发了学者和公司企业的广泛关注和大量的研究开发。McFarlan描述了双相钢的光学显微组织为在连续的铁素体母相中孤立分布着马氏体岛以后，Hayami和Furukawa系统研究了双相钢的显微组织、化学成分以及性能。Bailey等人研究了含氮双相钢的力学性能。同期，Rashid等人成功研发出了含有钒的低碳-锰双相钢及其经临界区退火后空冷获得双相组织的制备方法。该类钢具有很好的拉伸性和成形性。随后，美国的詹姆斯拉古林钢公司生产出了满足不同强度需求的系列含钒双相钢，定名为VAN-QN50、VAN-QN80和VAN-QN100。1928年，Colaren和Tither发明了"轧制双相钢"(ARDP)及其制备方法。与临界退火后空冷法不同的是，轧制双相钢的组织是通过控制终轧温度和盘卷前的冷却速度而获得，不需要临界区退火处理工艺。

目前，美国通用(GM)、福特(Ford)汽车公司、美国国家钢铁公司、伯利恒钢公司以及麻省理工学院(MIT)、加州大学等针对双相钢的物理和力学冶金基础理论以及应用开展了大量研发。日本也是较早研发和应用双相钢的国家，在生产和应用方面处于世界领先地位。日本拥有临界双相钢和热轧制双相钢生产线。

此外，加拿大、英国、瑞典、德国等国的高校和钢铁企业也对双相钢开展了基础和工业应用研究。如加拿大研制并生产了热处理双相钢和Mn-Si-Cr-Mo热轧双相钢。英国剑桥大学研究了微量合金元素Nb、Ti、V等对热处理双相钢性能的影响。

我国自1978年起对双相钢的变形特性、轧制变形模式、强化机理及断裂特性开展了大量研究。

双相钢是一类超高强度钢，也是高强度钢开发研制中的一个里程碑。双相钢由于其加工硬化率高、屈强比低，并且能够连续屈服，具有优良的冲压和成形性能；而且强度高，制造的部件重量轻，对减轻汽车重量、降低油耗和减排起着极其重要的作用；同时对提高汽车构件强度、确保安全性能等也具有重要意义。因此很受汽车制造厂的青睐，逐渐成为汽车用钢的首选钢种之一，被广泛应用于汽车的保险杠、车门、轮毂以及车体的纵向横梁等各种安全零件中。例如，通用汽车公司和福特汽车公司用双相钢制造轮辐，除质量减轻11%外，疲劳寿命也达到普通碳钢的2倍；我国东风汽车公司采用540MPa级双相钢生产EQ140汽车车厢横梁，使钢板厚度由原来的3.5mm减薄至3.0mm，取得了可观的经济效益；宝钢和上海大众汽车制造有限公司均研制了高性能的双相钢，并将其成功应用于汽车车身。

我国在双相钢板基础理论研究和实际生产产品质量方面都与国外存在着一定的差距。今后的重点研究方向包括加强双相钢的高强化、镀锌化、细晶化等方面研究，以适应我国对汽车用双相钢板迅猛增长的需求。

双相钢在汽车上的应用见表2-4。

表2-4 双相钢在汽车上的应用

双相钢	汽车部件
DP210/440 DP300/500	顶盖外板、车门外板、车身外板、车底板
DP350/600	车底板、发动机罩外板、车身外板、发动机盖板、挡泥板、底部加固件
DP500/800	车身内板、后顶盖侧板内板、后梁、后减振加强板
DP600/980	"安全笼"部件(B轴、底板、发动机支架、地板通道板、座椅)
DP700/1000 DP750/980	车顶纵梁
DP800/1180 DP1150/1270	B柱上部

2.4.2 复相钢

1. 复相钢的成分和微观结构

复相钢(CP)的组织包括铁素体、贝氏体、少量的马氏体、残余奥氏体和珠光体。复相钢中碳的质量分数小于0.15%，其中多种合金元素与双相钢和TRIP钢相同，只是添加了少量的铌、钛和钒以形成细小的析出相。图2-10所示为CP800复相钢的微观组织，其中包含42%(体积分数)的铁素体、40%的贝氏体、13%的马氏体和5%的残余奥氏体。图2-11所示为复相钢的组织结构图。微观组织随奥氏体冷却速度的变化而变化，快速冷却会抑制铁素体的形成，促使奥氏体转变为马氏体。

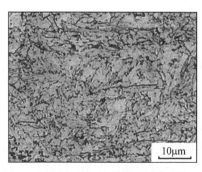

图2-10 热轧CP800复相钢的微观组织

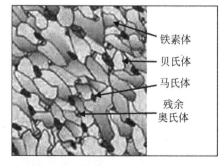

图2-11 复相钢微观组织示意图

固溶强化、析出强化、细晶强化和相变强化是复相钢的主要强化机制，各种强化机制共同作用使复相钢的抗拉强度不小于800MPa。复相钢具有良好的变形性能和吸能性能，因此是生产汽车防撞部件(如保险杠和B柱增强件)的理想材料。表2-5列出了几种商业复相钢的主要化学成分。

表2-5 几种复相钢的主要化学成分

复 相 钢	化学成分/%(最大)		
	C	Mn	Si
CP600①	0.10	1.60	0.40
CP800 Y500①	0.17	2.20	0.60
CP800 Y600①	0.17	2.20	0.60
CP1000①	0.18	2.40	0.60
CP1000 SF①	0.18	2.40	0.60
CP750②	0.25	1.40	0.40
CP800②	0.10	2.00	0.25
CP1000②	0.14	1.70	0.25
MS1200②	0.15	1.50	0.25

注：①热轧；②冷轧。

2. 复相钢的变形机制和力学性能

铁素体-贝氏体基体中的错位滑移是复相钢的主要变形机制。高强度的马氏体和珠光体能够阻碍位错的滑移,从而提高强度。

图2-12所示是复相钢力学性能在各种高强度钢中的位置。其抗拉强度范围为420~1500MPa,总延伸率的范围为5%~28%。

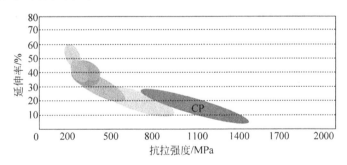

图2-12 复相钢的力学性能在各种高强度钢中的位置

表2-6列出了几种复相钢的力学性能。

表2-6 几种复相钢的力学性能

复相钢	屈服强度/MPa	抗拉强度/MPa	总延伸率/%
CP590 SE(HR)	510	590	28
CP590 HY(CR)	515	690	23
CP980 HY(CR)	795	1005	15
CP590 HY(GA)	505	620	26

注：GA：Hot-dipped Galvanneal,热镀锌铁合金板；HR：Hot Rolling,热轧；CR：Cold Rolling,冷轧。

3. 复相钢的成形性能和应用

虽然复相钢的塑性低于双相钢和 TRIP 钢,但仍有良好的塑性。随着抗拉强度的增加,复相钢的成形性能降低。表 2-7 列出了复相钢在汽车上的应用。

表 2-7 复相钢在汽车上的应用

复 相 钢	汽 车 部 件
CP500/800 CP600/900 CP680/780	车架纵梁、底盘部件、横梁
CP750/900	B柱加强件、通道加强件
CP800/1000	后悬架支架、挡泥板梁
CP850/1180 CP1000/1200	后车架纵梁加强件、下边梁外部件
CP1050/1470	下边梁、保险杠梁

2.4.3 相变诱发塑性钢

1. 相变诱发塑性钢(TRIP)的产生背景和发展历史

20 世纪 60 年代,Zakay 等在研究高镍高铬钢中发现,在深加工变形过程中,在外部载荷作用下,变形诱发钢中残余奥氏体向马氏体转变,使局部硬度得到提高,阻碍在局部进一步变形,变形不再集中于局部,而是向周围组织扩散至整体达到均匀,延迟了颈缩产生,增大了材料塑性,从而实现了相变强化和塑性提高,产生了相变诱发塑性效应(TRIP 效应)。相变诱发塑性钢(TRIP 钢)是一种通过在低碳钢中加入一定量的合金元素,通过工艺产生相变诱导塑性效应而使钢板中残余奥氏体在塑性变形作用下诱发马氏体形核,引入相变强化和塑性增长机制,从而提高钢板的强度和韧性的先进高强度钢。早期的 TRIP 钢因含有镍(Ni)、铬(Cr)等贵重合金元素,且生产工艺复杂,成本高,限制了其应用。为此,人们尝试以硅(Si)、锰(Mn)等廉价合金元素替代 Ni、Cr,研制低成本 TRIP 钢。

1975 年,在双相钢研究中,Hayami 等也发现了具有 TRIP 效应的残余奥氏体。20 世纪 80 年代,通过在双相临界退火和贝氏体转变区保温的热处理工艺,研制出了具有铁素体、贝氏体和残余奥氏体三相组织的 TRIP 钢。20 世纪 90 年代,冶金工业生产技术的发展,使得德国、日本等国家先后采用控轧、控冷、连续退火等技术,研制并生产出大批量具有多品种、多规格和多性能的 TRIP 钢。TRIP 钢因其具有极佳的静态力学性能,良好的成形性、可焊接性,以及良好的动态力学性能而主要应用于汽车的安全类结构件,如车门防护杆、保险杠、顶盖横梁和驾驶室地板梁等。高强度、高塑性是 TRIP 钢的突出特点。

2. TRIP 钢的显微组织

TRIP 钢具有多相组织,既有软相铁素体,也有硬相贝氏体,还有亚稳定的残余奥氏体。TRIP 钢的组织是由铁素体、贝氏体和残余奥氏体三相按照一定的比例组成。其中铁素体为基体,体积含量占比 50%~60%。在铁素体边界分布着贝氏体(或少量马氏体)和残余奥氏体硬相,贝氏体和奥氏体体积占比分别为25%～40%和5%～15%。残余奥氏体是TRIP效应产生的基源。相变诱发塑性钢的组织示意图如图2-13所示。铁素体呈等轴晶状分布;贝氏体呈条状或粒状分布于晶界处,残余奥氏体分布形成较复杂,主要有以下三种形式:

(1) 呈岛状分布于铁素体晶粒内或晶界处;

(2) 呈岛状分布在贝氏体和铁素体晶界处;

(3) 呈针状或膜状分布于贝氏体、铁素体板条间。

图2-14显示了TRIP690钢的显微组织结构。TRIP钢组织决定了其优异的力学性能,因此TRIP钢在具有高强度的同时还具有优异的塑性。铁素体是软相,在拉伸过程中能协调贝氏体的变形;贝氏体能提高TRIP钢的强度;残余奥氏体相变生成的马氏体又能够强化TRIP钢,使TRIP钢的强度提高。

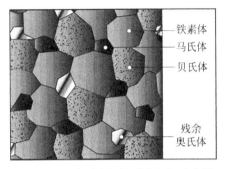
图2-13 相变诱发塑性刚的组织示意图

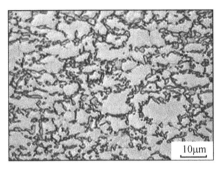
图2-14 TRIP690钢的显微结构图

3. TRIP钢的变形机制

在塑性变形过程中,残余奥氏体向高硬度的马氏体转变,即TRIP现象。奥氏体向马氏体的转变是瞬间的、非扩散性的。当然,特定晶面上的相变需要一定的应力。钢中的C含量决定了残余奥氏体转变为马氏体的临界应变量。当C含量较低时,残余奥氏体向马氏体转变的临界应变量较低;而当含碳量较高时,残余奥氏体更加稳定,临界应变量较高。

图2-15所示为塑性变形过程中奥氏体向马氏体的转变。当用TRIP钢试样进行拉伸变形,拉应变达到一定程度时,在试样某一最薄弱的部位产生局部缩颈,此时该区域内的残余奥氏体将转变为马氏体,马氏体相变时由于体积膨胀效应使发生相变周围的铁素体发生加工硬化,再加上马氏体强度远高于奥氏体,使原先产生局部缩颈的地方得到强化,该区域

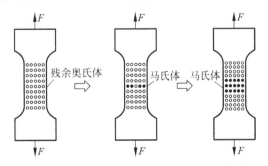
图2-15 残余奥氏体的相变诱发机理示意图

的变形比其附近区域更困难,在外加应变不变的条件下,将使局部缩颈向周围扩展,同时,该区域停止缩颈,而上述过程的延续将使均匀变形不断扩展;同时,试样也因发生马氏体相变而不断强化。因此,TRIP 钢的含义为相变诱发塑性钢,其实质应是相变诱发强化而使缩颈应变均匀分布和均匀应变提高的现象。

4. TRIP 钢中的合金元素及其作用

在 TRIP 钢中的合金元素及其成分含量能够影响 TRIP 钢的显微组织结构,从而进一步影响其力学性能。合金元素不仅可以改变相变温度,从而改变钢中各相的热力学稳定性和相变动力,进而改变各相成分及其分布,而且合金元素还可通过固溶强化或析出强化作用改变晶粒尺寸,最终影响 TRIP 钢的力学性能。继 1967 年 Zackay 发现并命名 TRIP 钢后,TRIP 钢的组成由最初含贵金属元素的 C-Ni-Cr 体系向 C-Mn-Si 体系发展,进入 20 世纪 90 年代后 TRIP 钢中的合金元素除 Mn、Si 元素外,还可以添加 Nb、Mo、V、Al、Cu 等合金元素。TRIP 钢中的合金元素及其作用分述如下。

碳元素(C):碳在铁素体中溶解度小,在奥氏体中却很大。C 元素固溶于奥氏体中,一方面可以扩大奥氏体组织区(γ 区),增加奥氏体数量,另一方面能减缓奥氏体中原子的扩散速度,延长奥氏体转变前的孕育期,从而提高奥氏体的稳定性。因此,在奥氏体中的 C 含量决定了残余奥氏体的量和稳定程度。C 含量越高,越有利于 TRIP 效应的产生。但 C 含量过高时,钢的焊接性下降,并且固溶强化导致强度增加、塑性降低。反之,C 含量过低时,钢中残余奥氏体稳定性降低,TRIP 效应产生概率大幅降低,甚至不出现 TRIP 效应。因此,TRIP 钢中 C 含量的合理值一般介于 0.1wt.%～0.2wt.%。

锰元素(Mn):Mn 是奥氏体稳定元素。Mn 在 TRIP 钢中起固溶强化并降低 $\gamma \rightarrow \alpha$ 相变温度,促使晶粒细化和抑制碳化物形成的作用。Mn 的加入还可以降低 M_s 点,影响 TRIP 钢中残余奥氏体含量。但 Mn 含量过高会降低残余奥氏体的稳定性。因此,Mn 的含量应该控制在 2wt.% 以下。

硅元素(Si):Si 是铁素体稳定元素。它主要以固溶形式存在于 TRIP 钢中。在贝氏体形成过程中,能抑制碳化物的形成,使贝氏体周围的奥氏体富碳,增加残余奥氏体的稳定性。较高的 Si 含量有利于获得较多的残余奥氏体量,但在工业生产中,若 Si 含量过高,在退火过程中会在钢板表面形成厚的 Mn_2SiO_4 氧化膜,降低钢的热轧性能和表面质量。并且在热镀锌时,高含量的 Si 使镀液层润湿性变差且容易形成脆性合金层,从而影响镀锌性能。当 Si、Mn 两种元素在 TRIP 钢中并存时,Si 可加剧 Mn 的偏聚,延迟钢中贝氏体的形成,增强 Mn 元素对奥氏体的稳定性。随着 Si/Mn 比值增大,残余奥氏体数量增加。

铝元素(Al):由于较高的 Si 含量会降低 TRIP 钢的热轧性能和镀锌性能,Al 成分替代或部分替代 Si 的 TRIP 合金元素。Al 在 TRIP 钢退火过程中在钢板表面形成 $FeAl_2O_4$ 和 MnO 等氧化物,比 Si 形成的 Mn_2SiO_4 具有更好的镀液润湿性,可提高 TRIP 钢的镀锌性能。同时,Al 能提高 M_s 温度,有效抑制渗碳体的析出,提高残余奥氏体的稳定性。然而 Al 在钢中的含量也不宜过高,Al 含量过高会降低 TRIP 钢水的流动性,影响产品质量。

铜元素(Cu):Cu 是奥氏体稳定元素,添加了 Cu 的合金中残余奥氏体的含量大大增加。铜元素在渗碳体中也不溶解,有利于残余奥氏体的形成,可提高残余奥氏体的含量。在合金铜中通过固溶强化作用、细化铁素体晶粒强化作用和析出强化作用(快冷时铜元素在铁素体中溶解度的急剧下降导致了析出强化),提高合金钢的断裂延伸率和抗拉强度。含铜相变诱发塑性钢板抗拉强度可达 1000MPa,延伸率可达 20%。

氮元素(N):氮元素可以影响残余奥氏体的含量。氮元素一方面促进了 ALN 的析出,使其密度增大,从而阻碍了奥氏体在冷却和保温过程中的相变,有利于残余奥氏体的稳定并增加其数量。另一方面,ALN 可阻碍铁素体和贝氏体的晶粒长大,从而使晶粒细化,最终提高了材料的塑性和强度。但氮含量必须控制在合理的范围内,从而避免高氮含量造成材料脆性增加。

磷元素(P):磷元素对铁素体具有稳定作用,它能抑制渗碳体的形成,增加奥氏体中的碳含量。同时,还可以通过固溶强化来提高基体的强度。当铝、硅的使用受到限制时,可用磷元素来替代它们。低于 0.1% 含量的磷就可以明显提高基体的强度并使渗碳体的形成受到限制。但磷的含量超过一定值时会在晶界处析出,破坏延展性。磷的含量介于 0.01wt.%~0.3wt.% 为宜。

其他合金元素:Ni 加入 TRIP 钢中,可降低 M_s 点,有利于残余奥氏体的获得。Ni 的作用与 Mn 相同,因此,Ni 也不宜过多,过多会导致残余奥氏体体积增加,合金强度降低。Cr、V、Nb、Ti 等合金元素常以微量形式加入 TRIP 钢中,它们以固溶形式存在于 TRIP 钢中,不仅可使贝氏体转化区域向低温区域移动,降低 M_s,有利于奥氏体获得,而且还具有细晶强化和析出强化的共同作用。可在提高钢的强度的同时,不影响钢的可焊接性。不过 Cr 和 V 不宜加入过多,通常 Cr<1%,V<0.2%。此外,加入适量微量元素硼(B)、磷(P)也可改善和提高钢的性能。如加入 B 可以提高钢的淬透性,加入 P 可以降低铝的加入量,抑制渗碳体的形成,显著提高钢的焊接性能和热镀锌性能。

5. TRIP 钢的力学性能

图 2-16 所示为 TRIP 钢的力学性能在各种钢中的位置。其抗拉强度为 500~1050MPa,延伸率为 12%~32%。表 2-8 所列是几种 TRIP 钢的力学性能。

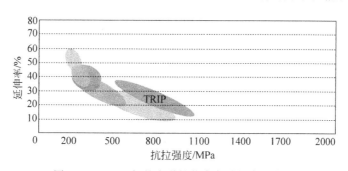

图 2-16 TRIP 钢的力学性能在各种钢中的位置

表 2-8 几种 TRIP 钢的力学性能

钢种	屈服强度/MPa	抗拉强度/MPa	延伸率/%	应变硬化指数 N
TRIP590	380~480	590~700	≥26	≥0.20
TRIP690	410~510	690~800	≥25	≥0.19
TRIP780[①]	450~550	780~900	≥23	≥0.18

注:①冷轧。

由于组织中包含成形过程中可转变为马氏体的残余奥氏体,故 TRIP 钢具有高的加工硬化率和优良的成形性能。如图 2-17 所示,TRIP 钢在拉伸变形过程中具有优异的吸能性能,可显著提高汽车的碰撞安全性能。与相同强度级别的传统高强度钢和高强低合金钢相比,TRIP 钢具有更好的疲劳性能。由于具有高韧性和碰撞变形过程中的 TRIP 效应,TRIP 钢适合加工汽车上的吸能部件。

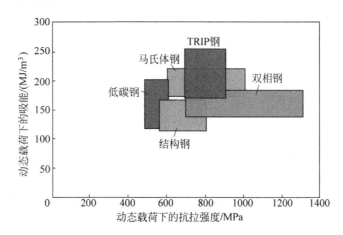

图 2-17 TRIP 钢与其他高强度钢在动态载荷下的吸能性能对比

6. TRIP 钢在汽车领域的应用

如前所述,TRIP 钢的残余奥氏体在后续的变形中(如冲击、碰撞等)转变为马氏体的量与强化能力能够通过调节 TRIP 钢中碳元素以及其他元素来实现。与其他同级别的高强度钢相比,TRIP 钢最大的特点是兼顾高强度、高延伸性能和碰撞吸能性。因此,TRIP 钢因其优异的复杂件成形性以及碰撞过程中的高强度与吸能特性而应用于汽车领域。不同的 TRIP 钢适宜于制造不同的汽车零部件,表 2-9 列出了 TRIP 钢在汽车上的应用。

表 2-9 TRIP 钢在汽车上的应用

TRIP 钢	汽车部件
TRIP 350/600	车架纵梁、车架梁加强件
TRIP 400/700	边梁、冲撞盒
TRIP 450/800	发动机挡板、上边梁
TRIP 600/980 TRIP 750/980	B柱上端、上边梁、发动机支架、前梁和后梁、座椅框架

目前,强度为 600MPa 和 800MPa 的 TRIP 钢的研究开发已比较成熟,欧洲的一些国家和日本、韩国等均已批量生产这类强度的冷轧 TRIP 钢。我国在 TRIP 钢领域也开展了大量研发,宝钢已研制开发了连续退火生产的商业 TRIP600 钢板。为了得到 1GPa 或更高的强度,人们提出了微合金 TRIP 钢的概念,即在 TRIP 钢中单独添加或复合添加钒(V)、钛(Ti)、铌(Nb)等微合金元素。

2.4.4 马氏体钢

将奥氏体钢淬火即可获得马氏体钢(Mart)。当奥氏体快速冷却后,碳原子没有充足的时间从 Fcc 结构的奥氏体中脱离,使奥氏体转变为 Bcc 结构的铁素体。当奥氏体冷却至马氏体相变起始温度 M_s 时,马氏体相变开始,随着温度进一步降低,更多的奥氏体转变为马氏体,当温度降低至马氏体转变完成温度 M_f 时,马氏体转变结束。

马氏体可在应力作用下产生,当 TRIP 钢塑性变形时诱发马氏体转变。马氏体是非平衡相,因为淬火过程中碳无法通过扩散脱离奥氏体结构。马氏体转变可通过热处理获得,即淬火;也可以通过应力诱导获得,即塑性变形。通过回火处理可使碳原子扩散出马氏体,在回火马氏体中形成碳化物颗粒,从而获得更好的强度/塑性综合性能。

1. 马氏体的微观组织

马氏体钢的微观组织包括马氏体基体和少量铁素体及贝氏体。马氏体基体中的碳含量决定了钢的强度。在热轧和退火过程中形成的奥氏体在随后的淬火过程中转变为马氏体。淬火后,通常要进行回火处理以提高塑性,使钢板具有更好的成形性能。在马氏体钢中增加碳含量可增加马氏体的硬度和强度;此外,添加锰、硅、铬、钼、硼、钒和镍等元素也可以提高硬度。图 2-18 所示为马氏体钢的微观组织,图 2-19 所示为马氏体钢的微观组织示意图。

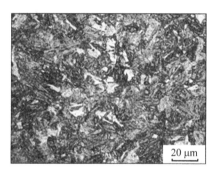
图 2-18　MS950/1200 的微观组织

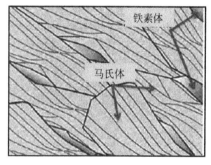
图 2-19　马氏体钢的微观组织示意图

2. 马氏体钢的变形机制

位错在马氏体基体内的滑移是马氏体钢的主要变形机制。马氏体中的碳原子使体心四方体(BCT)结构发生晶格扭曲。扭曲的晶格阻碍位错滑移,增加了马氏体的强度和硬度。

3. 马氏体钢的力学性能

图 2-20 所示为马氏体钢的力学性能在各种钢中的位置。在所有多相钢中,马氏体钢具有最高的抗拉强度,其抗拉强度为 720~1680MPa,延伸率为 3%~15%。表 2-10 列出了几种马氏体钢的力学性能。马氏体钢的屈服强度和抗拉强度很高而延伸率很低,通常通过热处理将延伸率提高到一个可以接受的水平,有时通过热成形克服马氏体钢的成形性问题。

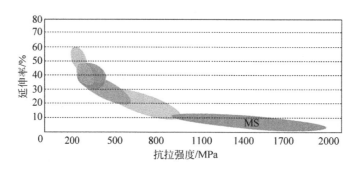

图 2-20 马氏体钢的力学性能在各种钢中的位置

表 2-10 几种马氏体钢的力学性能

产品	屈服强度/MPa	抗拉强度/MPa	总延伸率/%
MS130	923	1054	5.4
MS160	1020	1178	5.1
MS190	1213	1420	5.1
MS220	1350	1585	4.7

4. 回火马氏体

马氏体是奥氏体可转变的硬度最高的相。马氏体是硬脆相，难以塑性变形，必须通过热处理，如在低于727℃的温度下进行回火处理，以使马氏体软化。回火马氏体的性能与回火温度和保温时间有关。在回火处理过程中，变形后的晶格中多余的碳原子与铁原子结合形成 Fe_3C 析出相。回火马氏体的强化机制由原来的扭曲晶格阻碍位错滑移转变为由析出相阻碍位错滑移。回火处理可以提高马氏体钢的塑性，但是会降低其屈服强度。

马氏体钢在汽车上的应用见表 2-11。

表 2-11 马氏体钢在汽车上的应用

马氏体钢	汽车部件
MS 950/1200	横梁、侧梁、保险杠梁、保险杠加强件
MS 1150/1400	下边梁外件、侧梁、保险杠梁、保险杠加强件
MS 1250/1500	侧梁、保险杠梁、保险杠加强件

2.4.5 孪晶诱发塑性钢

孪晶诱发塑性钢（TWIP）是奥氏体钢，其中锰（Mn）22wt.%～30wt.%，碳（C）<1wt.%，硅（Si）<3wt.%，铝（Al）<10wt.%。高的含锰量可使奥氏体在室温稳定存在，铝和硅起固溶作用。TWIP 钢有优异的抗拉性能（>1000MPa）和很好的塑性（60%～90%），其应变硬化指数 n 高达 0.48。TWIP 钢具有低层错能（<30MJ/m^2），因此会在塑性变形过程中产生大量变形孪晶，而变形孪晶使钢板具有高强度和高塑性。

1. TWIP 钢的成分和微观组织

通过添加锰、铝、硅等合金元素，在室温下，TWIP 钢中包含奥氏体单相组织。锰是奥氏体稳定剂,铝和硅可以通过固溶强化提高钢的强度。表2-12列出了部分TWIP钢的化学成分。

表2-12 部分TWIP钢的化学成分

序号	化学成分/%						
	Mn	Al	Si	C	Cr+Mo	Nb	Fe
TWIP1	28	1.6	0.28	0.08	<0.01	<0.001	Bal.
TWIP2	25	1.6	0.24	0.08	<0.01	0.05	Bal.
TWIP3	27	4.1	0.52	0.08	<0.01	0.05	Bal.
TWIP4	28.1	0.9	0.54	0.17	<0.01	<0.001	Bal.
TWIP5	23.9	3.5	0.448	0.11	1.0	<0.001	Bal.

有学者仔细研究了锰含量对TWIP钢微观组织和力学性能的影响。表2-13列出了两种TWIP钢的化学成分。图2-21所示为TWIP Fe-30Mn和TWIP Fe-24Mn两种TWIP钢的微观组织,可见锰含量的不同导致微观组织的不同,前者在退火后室温下的微观组织只有奥氏体,后者的微观组织中包含奥氏体和50%的马氏体。

表2-13 两种TWIP钢的化学成分

TWIP钢	化学成分/%			
	Fe	Mn	C	S
TWIP Fe-24Mn	75.57	24.3	0.0163	0.0052
TWIP Fe-30Mn	69.08	30.79	0.0163	0.0060

 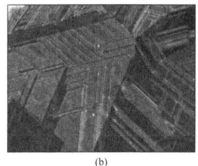

(a) (b)

图2-21 TWIP钢的微观组织
(a) 退火TWIP Fe-30Mn钢;(b) 退火TWIP Fe-24Mn钢的金相

锰是TWIP钢中主要的合金化元素,调节锰含量可控制TWIP钢中的层错能,使奥氏体在室温下稳定存在。增加锰含量可将层错能从小于$20MJ/m^2$增加至大于$20MJ/m^2$。层错能低易于产生马氏体相变诱发塑性,即TRIP效应;而高层错能易产生变形孪晶诱发塑性,即TWIP效应。

2. TWIP钢的变形机制

除了位错滑移,TWIP钢具有另外两种强化机制:TRIP机制和TWIP机制。这两种机制均需要一定的应力。在应变的早期,孪生是主要的变形机制。随着应变量的增加,奥氏体向马氏体的转变愈发重要。TWIP钢在塑性变形过程中形成机械孪晶,阻碍位错的滑移,增加钢的强度。机械孪晶的形成可产生新的晶体取向,减少位错滑移的途径,增加流变应力,因此 TWIP 钢具有高应变硬化率。所产生的孪晶晶界和普通晶界一样阻碍位错滑移,位错与孪晶和马氏体的交互作用也可以提高 TWIP 钢的强度。虽然 TWIP 钢主要的变形机制是位错滑移,但大量变形诱发的孪晶也增加了应变量,缩短了位错的滑移距离。图 2-22 所示为变形孪晶缩短了位错滑移的距离,提高了 TWIP 钢的应变硬化率。

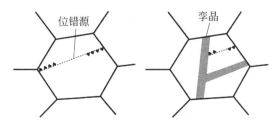

图 2-22 孪晶阻碍位错滑移

金属的层错能会影响其变形机制的激活规律。在层错能较低($<20MJ/m^2$)的钢中会出现 TRIP 效应,即奥氏体向马氏体转变。而当钢中的层错能为 $20\sim40MJ/m^2$ 时,可观察到 TWIP 效应,即有孪晶形成。Fe-Mn 钢中添加少量的碳($w_C<1\%$)可以降低层错能,但碳含量过高会形成 Fe_3C 颗粒。目前出现 TWIP 效应的层错能的临界值尚未确定。据报道,当层错能为 $18\sim35MJ/m^2$ 时,可激活 TWIP 效应;层错能低于此区间可触发 TRIP 效应,即奥氏体转变为马氏体;如果层错能高于此区间,则位错滑移将成为唯一的变形机制。

随着变形量的增加,机械孪晶和马氏体数量不断增加,阻碍了位错的滑移,提高了强度。通过调整合金化元素(包括锰、铝、碳)的含量,可控制层错能,进而控制变形机制和应变硬化机制。TWIP 钢在变形过程中会形成机械孪晶。随着应变量的增加,孪晶的体积分数也随之增加,从而使位错滑移的阻力增加,强度增加,延迟了缩颈和断裂,保持了高的加工硬化率。图 2-23 所示是 TWIP Fe-20Mn-0.6C 钢在不同应变量的微观组织。

图 2-23 TWIP Fe-20Mn-0.6C 钢不同应变量下的微观组织
(a) ε=0.2;(b) ε=0.4;(c) ε=0.6;(d) ε=0.8

3. TWIP 钢的力学性能

TWIP 钢的强度高、塑性好,其抗拉强度超过 700MPa,延伸率超过 50%。当应变达到 30% 时,其应变硬化指数增至 0.4,随后保持不变。应变硬化指数高是因为变形过程中形成的孪晶缩短了位错的滑移距离,阻碍了位错的滑移。图 2-24 所示为 TWIP 钢力学性能在各种钢中的位置,TWIP 钢的抗拉强度为 900~1100MPa,延伸率为 55%~70%。

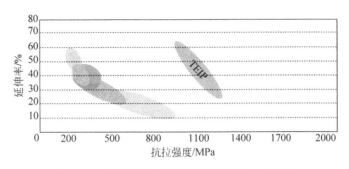

图 2-24 TWIP 钢的力学性能在各种钢中的位置

表 2-14 中所列为锰含量对 TWIP 钢力学性能的影响。

表 2-14 三种锰含量不同的 TWIP 钢的力学性能

TWIP 钢	w_{Mn}/%	屈服强度/MPa	抗拉强度/MPa	总延伸率/%
TWIP1	28	325	495	64
TWIP2	25	375	538	61
TWIP3	27	383	548	61

4. TWIP 钢的成形性能以及在汽车上的应用

与其他等级钢相比,TWIP 钢具有高的硬化能力,即延迟塑性不稳定性和局部缩颈,因此其具有高塑性。在塑性变形过程中,TWIP 钢的瞬态 n 值逐渐升高。当应变量从 0.09 增至 0.60 时,TWIP 钢的瞬态 n 值从 0.39 增至 0.83。TWIP 钢在汽车上的应用见表 2-15。

表 2-15 TWIP 钢在汽车上的应用

TWIP 钢	汽车部件
TWIP500/900	A 柱、车轮挡泥罩、前纵梁
TWIP500/980	轮毂、下控制臂、前后保险杠梁、B 柱、钢圈
TWIP600/900	底板横梁、车轮挡泥罩
TWIP750/1000	门防撞梁
TWIP950/1200	门防撞梁

2.4.6 淬火配分钢

2003 年,美国 Colora do School of Mines 的 J. G. Speer 与比利时 Ghent University 以及 GM 公司研发人员合作,基于 constrained paraequilibrium 模型(CPE)提出了一种在马氏

体转变之后将碳分配入奥氏体的新工艺(quenching and partitioning process,Q&P)。该工艺生产出的 Q&P 钢称为淬火配分钢。其抗拉强度达到 800~1500MPa,延伸率为 15%~40%,属于第三代先进高强度钢材料。

淬火配分是一种对马氏体钢进行热处理的新工艺。淬火配分的工艺过程是：首先将钢在马氏体初始转变温度(M_s)与马氏体转变完成温度(M_f)之间的某个确定温度下完成淬火工序,从而形成一定数量的马氏体(M)以及残余奥氏体(Ar);然后再将钢在淬火温度或淬火温度以上的某个确定温度下进行等温处理。在保温过程中,由于碳元素在马氏体中的化学势高于碳元素在奥氏体中的化学势,而化学势的这种差异能够促使碳元素从马氏体中扩散到奥氏体中,从而形成了富碳的残余奥氏体。而富碳能够显著提高残余奥氏体的稳定性,从而使富碳残余奥氏体结构可以保留到室温。这种淬火配分工艺因为保留了富碳的残余奥氏体结构,从而得到了主要由马氏体以及富碳的残余奥氏体组成的多相组织,而这种结构能够显著提高钢的塑性。研究表明,淬火配分钢的强韧性优于 TRIP 钢、双相钢和一般淬火后的马氏体钢。

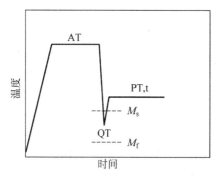

图 2-25 淬火配分工艺过程示意图

Q&P 工艺的示意图如图 2-25 所示。虽然淬火配分工艺与传统的淬火回火(Q&T)工艺的马氏体形成热力学机制相同,但是两者微观组织的演变机理以及最终组织构成完全不同。在 Q&T 中,回火马氏体形成时,渗碳体的形成消耗了部分碳,并且残余奥氏体分解;而在 Q&P 工艺中,碳元素由马氏体向残余奥氏体中扩散,从而提高了残余奥氏体的稳定性,并且通过阻碍 Fe-C 碳化物的析出,进一步稳定了残余奥氏体,从而使其不被分解。因此,有效地抑制碳化物的析出是 Q&P 工艺的关键。设计淬火配分钢组成成分时应考虑到微观结构中需要避免碳化物析出这一必要条件,淬火配分钢成分设计和 TRIP 钢有相同之处,即必须含有适量的能够抑制渗碳体形成的元素,如 Si、Al 或 P。研究还发现,在碳元素的配分阶段,还会产生马氏体的脱碳软化,同时还会伴随无碳贝氏体铁素体的形成,而这些结构变化均会对淬火配分钢的力学性能产生影响。

2.4.7 低温 TMCP 钢

Wakita 等人提出了一种低温热机械处理钢——TMCP 钢。热机械控制工艺(thermo mechanical control process,TMCP)就是在热轧过程中,在控制加热温度、轧制温度和压下量的控制轧制(control rolling,CR)的基础上,再实施空冷或加速冷却(accelerated cooling,ACC)的技术总称,也称热机轧制工艺。这种钢为辅助应变诱导塑性钢,其基本成分与普通 TRIP 钢类似,二者在成分上的区别是：TMCP 钢中 Si、Mn 的含量更高。TMCP 钢的基本组成成分为 0.2C、2Si、2Mn,其均匀延伸率约为 18%,而抗拉强度可达 1050MPa 左右。TMCP 钢具有高强度、高韧性和高焊接性的特点。与常规轧制钢和正火钢相比,它不依赖合金元素,通过水冷控制组织,可以达到高强度和高韧性的要求,而且在碳当量较低的情况下能够降低或省略焊接时的预热温度,降低焊接热影响区的硬度,不容易形成因显微偏析而产生的局部硬化相,可保证焊接部位的韧性。TMCP钢主要通过控制轧制过程工艺参数以及轧制后冷却方式和路径(控轧控冷)来改变钢材组织构造,实现细晶强化、析出强化以及相变增强。

最新研发的新一代TMCP钢不再固守"低温轧制"。与传统TMCP技术采用"低温大压下"和"微合金化"不同,以超快速冷却技术为核心的新一代TMCP强化机理包括:①在奥氏体区间,在适于变形的温度区间完成连续大变形和应变积累,得到硬化的奥氏体;②轧后立即进行超快冷,使轧件迅速通过奥氏体相区,保持轧件奥氏体硬化状态;③在奥氏体向铁素体相变的动态相变点终止冷却;④然后依照材料组织和性能的需要控制冷却路径。即通过采用适当"控轧+超快速冷却+接近相变点温度停止冷却+后续冷却"路径控制,通过降低合金元素使用量、适当提高终轧温度,来实现TMCP钢制造过程。

2.4.8 车用高强度钢的发展趋势

1. 高强度化趋势

随着钢铁工业的发展,先进汽车钢的生产和应用强度级别不断提高。目前,1200MPa级以下的钢质汽车零部件主要使用冷成形方式生产,而1500MPa级以上通常采用热成形的加工方式。高强度钢的生产能力及技术储备为汽车轻量化提供了更多的潜力。

中国自主品牌汽车与合资品牌汽车在强度级别和品质方面存在差距。宝武集团统计数据表明,强度级别不低于780MPa的汽车钢中,自主品牌汽车与合资品牌汽车消费所占比例为24%和76%,合资品牌汽车中980MPa级和780MPa级汽车钢比例为48%和52%,而自主品牌汽车相应的比例为27%和73%;另外,合资品牌汽车镀锌板和冷轧板的比例为44%和56%,自主品牌汽车相应的比例为12%和88%。可见,相对于合资品牌,自主品牌汽车的高强度钢使用比例、强度级别和镀锌板使用比例相对较低,仍有较大的发展空间。为实现汽车轻量化,很多国家都制定了汽车轻量化技术路线,发展超高强度钢及先进成形工艺成为主要发展趋势。如美国提出2025年和2030年分别完成1500~2000MPa和2500~3000MPa级低密度高模量汽车钢的开发,日本着重发展高延性钢、高冲压性能钢板及冲压技术,英国提出了通过超高强度钢、液压成形、热成形实现汽车小幅轻量化的目标,中国也提出了发展超高强度第三代汽车钢及应用2000MPa超高强度钢的发展目标。未来,汽车钢的发展和使用将朝更高强度发展。

从汽车厂角度来讲,除了需要加大超高强度钢的应用比例以适应车身轻量化及高安全性的发展要求,材料还要具有优异的加工性和连接性,以及多材料匹配应用的特性,满足性能要求情况下应具备高性价比,可实现材料及部件的低能耗生产及回收,实现全生命周期绿色供应链体系。

2. 低成本化趋势

汽车钢在满足性能要求情况下具备高性价比是汽车用钢的重要指标,因此,低成本化(包括原材料成本和零部件制造成本)是汽车钢主要发展趋势之一。为了保证良好的焊接性和低成本,汽车结构件和安全件用钢板通常使用低碳微合金化钢制造,主要采用组织调控、形变相变相结合工艺流程实现高性能化,而不建议加入高合金来保证性能,热处理方面通常采用生产效率较高及一致性较好的连续式退火。在汽车零件成形方面,"以冷代热""以温代热"成为零部件低成本生产趋势。由于钢板成形能力和加工能力的限制,强度水平较高的零部件通过冷冲压的方式较难生产,热冲压成形通过对完全奥氏体化的钢板进行冲压,零件成形的同时完成淬火,获得具有超高强度的力学性能,解决了超高强度钢零部件成形的问题,如1500MPa级热成形零件已广泛应用于汽车制造,但是热成形不仅带来表面质量下降,还显著提高零部件制造成本。与欧洲不同,日本通过调整材料、工艺与结构设计的匹配,着力发展高延性钢及冷成形技术,2015年日本汽车展展出了三维辊压的1500MPa级冷成形B柱,实现"以冷代热"提高生产效率降低生产成本。中国钢铁研究总院发展1500MPa超高强度汽车零部件的温成形技术,基于中锰钢将加热温度相对于热成形钢降低150℃,不仅节约能源还提高零件表面质量,同时零件的塑性提高30%以上,利用温成形技术还制造出了热成形无法实现的超大超薄汽车零件,基于材料创新发展了"以温代热"的超高强度零件生产技术。

3. 依靠亚稳奥氏体增强增塑的发展趋势

利用亚稳奥氏体在变形过程中的相变增强增塑成为先进高强度汽车钢的重要方向。为了解决汽车钢随着强度提高而塑性降低的问题,美国首先提出了发展高强度、高塑性第三代汽车钢的概念以及第三代汽车钢的Q&P工艺发展思路。董瀚教授在国家973项目中提出了M^3(多相、亚稳、多尺度)组织调控理论与技术,明确了亚稳奥氏体体积分数与强塑积对应关系,深入研究了利用Q&P钢正相变、中锰钢逆相变组织调控获得大量亚稳奥氏体组织的工艺与原理,以及亚稳奥氏体变形过程中增强增塑机理。目前,Q&P钢和中锰钢是第三代汽车钢的两个主要发展路线。两种思路的不同点在于基础钢化学成分和工艺路线的差异,其共同点都是获得一定比例的亚稳奥氏体,利用亚稳奥氏体在变形过程中的TRIP效应增强增塑。在第三代汽车钢的工业生产方面,中国走在世界前列,分别最早于2010年和2013年实现中锰钢和Q&P钢的工业生产,两类钢目前都处于推广应用初步阶段。

习 题

1. 简述汽车用钢的发展阶段及每个阶段的主要钢种。
2. 先进高强度钢与传统高强度钢的主要区别有哪些?
3. 简述先进高强度钢的分类及特点。
4. 简述高强度钢的分类依据。
5. 简述汽车安全笼和缓冲区的性能要求和材料选择。
6. 什么是双相钢?双相钢的微观组织有何特点?
7. 简述相变诱发塑性钢中的残余奥氏体的相变诱发机理。
8. 孪晶诱发塑性钢的主要变形机制有哪些?对孪晶诱发塑性钢性能有何影响?
9. 简述淬火配分工艺。
10. 试述双相钢、复相钢、马氏体钢、孪晶诱发塑性钢的性能优势及在汽车上应用。

第 3 章

铝合金材料及其应用

3.1 概　　述

近年来,由于能源、环境、安全等方面的原因,人们对汽车轻量化的要求越来越迫切。而铝及其合金因与汽车用钢铁材料相比具有比强度高、耐蚀性优良、适合多种成形加工、抗冲击性能好、较易再生利用等优点,成为应用得比较成熟的轻量化材料,铝合金在汽车上的用量和在汽车材料构成中所占份额也在明显增加。

铝是使用量最大、应用面最广的有色金属材料。铝在地壳中的含量很大,据统计,铝在地壳中的含量约为 7.5%,比其他有色金属在地壳中含量的总和还多。虽然与钢、铁、铜相比,铝及其合金在工业应用上的时间是比较晚的,但是铝具有很多优良的特性使得其在应用上有不亚于其他材料如钢铁、塑料、木材等的优势。纯铝是一种银白色的轻金属,其晶格类型是面心立方并且无同素异构转变。塑性很高,纯铝的塑性高达 25%,可以通过挤压、锻造、轧制等加工方法将其进行加工成形。由于其表面有一层致密的氧化膜保护,不但其抗腐蚀性能好,而且外观也很漂亮。铝具有优良的导热和导电的性能,生产上利用纯铝的导电导热性能制造电缆及电器上的散热器具中的传热元件。虽然某些铝合金在 200～260℃ 下仍然能够保持比较好的强度,但是多数铝合金在高温下的强度会降低很多。而随着温度的降低,尤其是在 0℃ 以下,铝和铝合金材料的强度反而会有所增加,这样使得其成为优良的低温金属材料。此外,铝优良的反光性和热反射性、无毒等都是其应用价值所在。但由于强度、硬度低等原因,不能直接作为结构材料应用。在熔炼时通过向纯铝中加入一定比例的其他金属或者非金属元素,能够配制出各种铸造用的铝合金和用于压力加工的铝合金,以大幅提高其强度。铝合金具有比纯铝更为优良的铸造性能和使用性能。其中常加入的主要合金元素有镁、铜、硅、锌、锰、锂、钙,辅加的微量元素有钪、锆、钛、钒、硼、镍、铬、稀土元素(RE)等。不同的合金元素在铝合金中形成不同的合金相,起着不同的作用。

镁元素的作用:镁在铝中形成 β(Mg_2Al_3、Mg_5Al_8)相,起弥散强化作用。在合金中每增加 1% 的镁,合金的抗拉强度大约升高 34MPa。也就是说,镁对铝合金的强度提高可起到明显的作用,但镁的含量也不能过高。根据铝镁合金的溶解度曲线,镁在铝中溶解度的特点为:随温度的下降,镁在铝中的溶解度下降很快,由极限溶解度 17.4% 降低到 2% 左右;当 Mg 的含量大于 3.5% 时,第二相 β(Mg_2Al_3、Mg_5Al_8)可能沿晶界、亚晶界析出,降低合金的塑性,所以在需要较高塑性的变形铝合金中镁的含量一般小于 6%。同时,镁还可以与合金中其他元素如硅、锰、锌等共同作用,提高合金的性能。

铜元素的作用:铜是铝合金重要的合金元素,有一定的固溶强化效果,此外,时效析出

的 $CuAl_2$ 相有明显的时效强化效果。铝合金中的铜含量通常在 2.5%～5%,铜含量在此范围的强化效果最好,因此,大部分硬铝合金的含铜量均控制在此范围。

锰元素的作用:658℃时,锰在铝中达到最大溶解度 1.82%;锰含量为 0.8% 时,合金的延伸率接近峰值。锰能阻止铝合金的再结晶过程,提高再结晶温度,并能显著细化再结晶晶粒。再结晶晶粒的细化主要是通过形成 $MnAl_6$ 化合物弥散质点,对再结晶晶粒长大起阻碍作用。$MnAl_6$ 的另一个作用是能溶解杂质铁,形成 $(FeMg)Al_6$ 相,减小铁的有害影响。另外,锰还可以使 Mg_5Al_8 化合物均匀析出,从而改善合金的抗腐蚀性和焊接性能。

锌元素的作用:锌单独加入铝中对合金的强度提高作用十分有限,同时存在应力腐蚀开裂倾向。因此,多数合金都是同时加入锌和镁,形成 $MgZn_2$ 强化相,从而对合金产生明显的强化作用。$MgZn_2$ 的数量由 0.5% 提高到 12% 时,可明显增加抗拉强度和屈服强度。镁的含量超过形成 $MgZn_2$ 相所需要的量时,还会产生附加强化作用。如果在锌和镁的基础上加入铜元素形成 Al-Zn-Mg-Cu 系合金,相应的强化效果在所有的铝合金中最大,此类铝合金已经成为航空航天工业中应用最为广泛的材料。

硅元素的作用:硅的加入可使铝合金具有良好的铸造性能和耐腐蚀性能,但单独加入硅元素对合金的强化效果不明显。若同时加入镁和硅形成 Al-Mg-Si 系合金(其中镁和硅的质量比约为 1.73:1),则可发生 Mg_2Si 强化相的析出而显著提高强度。此外,在 Al-Mg-Si 系合金中常加入适量的铜以进一步提高其强度,同时也加入适量的铬以抵消铜对抗蚀性的不利影响。

铝合金应用于汽车,与钢相比具有更低的密度(密度为 $2.7g/cm^3$,而钢的密度为 $7.87g/cm^3$),更高的碰撞能量吸收率和更好的导热性能等优点。当铝合金应用于散热器或热交换器时,其导热性能优势尤为突出。铝代替传统的钢材制造汽车,可使整车减重 30%～40%,制造发动机可减重 30%,铝质散热器比相同的铜制品轻 20%～40%,轿车铝车身比原钢材制品轻 40% 以上,汽车铝车轮可减重 30% 左右。而汽车所耗燃料的 60% 消耗于汽车的自重,如果整车减重 10%,可降低油耗 10%～15%。由此可见,采用铝合金代替传统钢材制造汽车可以显著减重,从而实现节能减排的目的。图 3-1 是不同车型单车用铝量及预测,可以看出近几年单车用铝量逐年上升,预计 2025 年平均每辆乘用车的铝用量将比 2019 年增加约 20kg。

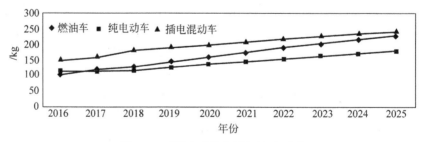

图 3-1 不同车型单车用铝量及预测

铝合金作为工业上应用最为广泛的轻有色金属材料之一,具有许多独有的特性,能够赋予汽车许多优良的性能。为了进一步提高汽车节能、降耗、环保、安全、舒适等性能,现代汽车广泛采用了铝合金材料。目前,世界耗铝量的 16% 以上用于汽车制造工业,有些工业发达国家已超过 20%,甚至达 25%,并且其用量还将进一步增长。

3.2 铝合金材料的发展

铝合金是应用较早且技术日趋成熟的轻量化材料,近年来,世界各国汽车工业用铝量在逐年增长,且随着汽车轻量化的不断推进,其用量还将进一步增加。如图 3-2 所示,铝材在轻型汽车中的用量从 1999 年的 490 万 t 增长到 2020 年的 1180 万 t,而到 2025 年铝材在轻型汽车中的用量预计将达到 2000 万 t。

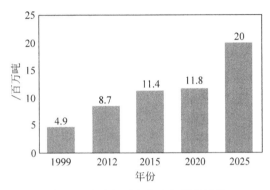

图 3-2 全球轻型汽车中铝材的用量

根据国际铝协统计,自 1990 年以来,铝合金在轿车上的应用翻了一番,在轻型车中的用量则增长了 2 倍,目前每辆轿车的铝合金平均用量为 121kg,约占整车质量的 10%。而所谓"铝密集型汽车"中的铝合金比例更高,如福特 P2000 轿车用量为 333kg,达到了 37%;奥迪 A8 则达到了创纪录的 546kg。当前汽车用铝合金以铸件为主,约占汽车用铝的 80%,主要为共晶和亚共晶的铝硅合金,用于制造发动机零部件、壳体类零件和底盘上的其他零件。图 3-3 所示是欧洲近年来每辆汽车的平均用铝量,可以看出每辆车的平均铝用量从 1990 年的 50kg 增长到 2000 年的 99kg,而 2020 年每辆车的平均铝用量达到 180kg。预计未来一段时间每辆汽车的平均用铝量依然会保持稳定增长。

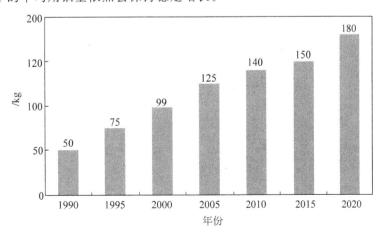

图 3-3 欧洲近年来每辆车中的平均用铝量

最近 20 年,全球铝铸件的产量平均每年以约 3% 的增长速度递增,其中 60%~70% 的铝铸件用于汽车工业。因此,汽车产量的上升必将带动铝铸件产量增加。表 3-1 显示了世界轿车铝用量的快速增长。

表 3-1　世界轿车铝用量的变化　　　　　　　　　　　　　　　　　　kg/辆

年　　代	欧洲	北美	日本	其他地区
20 世纪 90 年代初	53	79	61	59
21 世纪初	119	120	90	81

我国的铝矿产资源丰富,经过几十年的发展,形成了一个完整的铝工业体系。国内汽车工业用铝也呈现快速增长态势,2003 年国内汽车工业用铝量仅为 28 万 t,2018 年则上升到 380 万 t,年均增 20%。根据中国铸造协会的统计,2003 年中国铝铸件的产量为 106.57 万 t,其中用于汽车材料的铝压铸件为 37.52 万 t。2004 年中国铝铸件的产量已经达到了 140.1 万 t,而其中用于汽车材料的铝铸件总产量达到了 53.5 万 t。2009—2016 年,国内铝合金产品总产量从 335 万 t 增长至 690 万 t,年复合增速达到 10.87%。目前,我国汽车材料用铝铸件的年需求量正以稳定的速度递增。因此,随着我国汽车铝铸件需求量的不断增加,汽车铝铸件市场的增长空间将会变得巨大。目前国内铸造铝合金的品种及牌号相对齐全,生产技术基本上能满足汽车工业的需要。同时,汽车用各类型材(包括 6000 系列和 7000 系列高强度牌号)、箔材国内基本上都能生产,板材有 2000~5000 系列,以及 6000 系列中的少数牌号,7000 系列尚处于研发中。此外,国内在耐热铝合金、高强高韧铝合金、铝基复合材料等新材料的研究与应用方面也取得了较大进展。

近年来,由于铝材在汽车轻量化中具有无可比拟的优势,全球各大汽车厂商以及研究机构投入了大量的精力用于推动铝材在汽车中应用。目前,铝材被用于生产各种汽车零部件,如图 3-4 所示。此外,美国、德国、日本等国的汽车厂商相继推出了全铝轿车,进一步扩大了铝材在汽车中的应用。如 2010 年 4 月德国奥迪汽车在北京国际车展上首次展出了 A8L Quattro 全铝轿车。A8L Quattro 的车身采用了全铝车身框架结构(ASF),比同尺寸钢车身的重量轻 40%,而刚性则进一步提升。

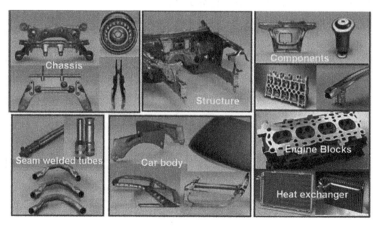

图 3-4　铝材在现代汽车上的应用

3.3 铝合金材料的分类

铝合金一般按照合金中的主要合金元素、加工成形工艺和是否可热处理强化标准来分类。根据主要合金元素的不同,铝合金可以分为 Al-Mg 系合金、Al-Mg-Si 系合金、Al-Cu 系合金、Al-Cu-Zn 系合金、Al-Mn 系合金、Al-Si 系合金和后期发展起来的 Al-Li 系合金。

根据加工工艺的特点和铝与其他元素形成的二元相图,可以将铝合金分为两大类,即铸造铝合金和变形铝合金。两者的主要区别在于:变形铝合金中,合金元素的含量较低,而铸造铝合金中合金元素含量较高,合金凝固时能够形成部分共晶体,从而使材料具有较好的流动性,有利于铸造成形。可以用一般形式的二元合金相图来概括说明,如图 3-5 所示。由图可以看到,最大饱和溶解度 D 是变形铝合金与铸造铝合金的理论分界线。当合金成分(B的含量)大于 D 点时,合金中由于有共晶组织的存在,使得其流动性比较好而且高温强度也会比较高,这样能防止热裂现象的发生。这样的合金适合铸造而不适合压力加工,因而被称作铸造铝合金。铸造铝合金具有高的流动性、较小的收缩性以及热裂、缩孔和疏松倾向小等良好的铸造性能,常用的铸造铝合金有 Al-Si 系、Al-Cu 系、Al-Mg 系、Al-RE 系和 Al-Zn 系合金。

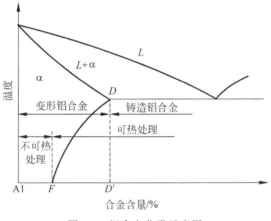

图 3-5 铝合金分类示意图

当合金成分的含量小于 D 点,温度达到固溶线(FD 线)以上时,能够获得均匀的单相固溶体 α,这类合金的变形能力比较好,适合于挤压、轧制、锻造等加工工艺,因而被称作变形铝合金。与铸造成形工艺生产的铸态铝合金相比,通过塑性变形方法生产的变形铝合金更具有发展前景。变形铝合金是航天工业和汽车工业中重要的结构材料,主要以 Al-Mg 系合金和 Al-Mg-Si 系合金为代表。Al-Mg 系变形铝合金具有密度轻($2.68g/cm^3$)、比强度高、塑性好、易于成形、工艺简单、成本低廉以及耐腐蚀性能、加工性能与焊接性能好等特点。通过塑性加工过程中对组织的控制和相应热处理工艺的应用,能够获得比铸态铝合金更好的力学性能。

而根据图中的 F 点,变形铝合金又可以分为两类,合金成分在 F 点以右 D 点以左的合金,其固溶体成分随着温度变化而发生变化,因而能够通过热处理来强化合金,所以称作可热处理强化铝合金。热处理强化铝合金一般可通过固溶处理和时效处理而析出大量弥散强化相,有效提高合金的力学性能。其大体可分为三种:第一种是硬铝,以 Al-Cu-Mg 合金为主,有强烈的时效强化能力,应用广泛,可制作飞机受力构件,牌号用 LY 加序号表示,如 LY12、LY6 等;第二种是锻铝,以 Al-Mg-Si 合金为主,冷热加工性能、耐磨蚀性能、低温性能好,适合制作飞机上的锻件,其牌号用 LD 加序号表示,如 LD12、LD6 等;第三种是超硬铝,以 Al-Zn-Mg-Cu 合金为主,是强度最高的铝合金,其牌号用 LC 加序号表示,如 LC4、LC6 等。而合金成分在 F 点以左的合金,其固溶体成分不随温度变化而发生变化,因而利用常规的热处理工艺不能有效地提高合金的力学性能,所以称作热处理不可强化铝合金。这类合金主要的代表为防锈铝合金(中文代号:LF),它耐腐蚀性能、焊接性能好且易加工成形,但强度较低,适宜制作耐腐蚀和受力不大的零部件及装饰材料。

铸造铝合金一般用于生产各类铸件,而变形铝合金通常用于生产各类加工材(如板、带、管、型、箔、棒、线等)及锻件。目前,铸造铝合金占汽车用铝量的 80% 左右,主要用于制作发动机缸体、缸盖、离合器壳、保险杠、车轮等;而变形铝合金主要生产车身系统、厢式车厢、热交换系统及其他系统的零部件。

3.3.1 铸造铝合金

铸造铝合金是指采用铸造的方法浇注或压注成零件或毛坯的铝合金,是目前在工业上应用十分广泛的一类合金。铸造铝合金中含有的合金元素的质量百分数在 8%~25% 范围内,高于共晶温度时固溶体的极限溶解度。但是,铸造铝合金的成分并不完全都是共晶合金,只是合金元素的含量比变形铝合金高一些。因为铸造铝合金中含有适量的共晶组织,而这些共晶组织可以有效提高铝合金的流动性和抗高低温强度,防止冷热裂纹,从而使铸造铝合金具有优异的铸造性能。同时为了进一步提高铸造铝合金的性能,还可以对其进行淬火、退火以及时效等形式的热处理。铸造铝合金都是在纯铝的基础上添加各种不同的金属或者非金属元素而制得的。由于合金的主要成分为铝,因此合金基本特性即物理、化学性能如密度、熔点、收缩率、传热性能、热膨胀系数、表面加工性能、切削加工性能等都和铝基体原有的上述特性保持着紧密的联系。而且由于添加了其他元素,合金获得了比纯铝更加良好的使用性能。纯铝中添加的主要元素有硅、铜、镁、锌和稀土元素等,这五类元素在铝合金中的含量比较大,能够强烈地影响铝合金的物理、化学以及力学性能。因此,根据在铝基体中加入的主要合金元素,可以将其分为 Al-Si 系、Al-Cu 系、Al-Mg 系、Al-Zn 系、Al-RE 系 5 类合金。

Al-Si 系合金中 Si 含量一般在 4%~24%。添加大量的 Si 使得 Al-Si 系合金具有优良的流动性与气密性、较低的热膨胀系数与热裂倾向。优秀的铸造性能使其可以生产各种形状结构复杂的零件,其强度中等,适合在常温下使用。在制备过程中经过变质处理与热处理之后,能具备优良的物理性能、力学性能和加工性能,是铸造铝合金中种类最多、使用量最大的一类铝合金,大范围应用在发动机缸体、壳体、活塞的制造中。工业上又将 Al-Si 系铝合金分为三大类:亚共晶型 Al-Si 系铝合金、共晶型 Al-Si 系铝合金、过共晶型 Al-Si 系铝合金。

Al-Cu 系铝合金是第二代开发出来的铸造铝合金。该系合金中 Cu 的含量为 3%~11%。Cu 元素能在合金中起到固溶强化和析出硬化的作用,因此 Al-Cu 合金有着极高的室温和高温力学性能。但是该类铝合金的铸造性能比较差、线膨胀系数也比较大，而且耐腐蚀性能也比较低，有"永久生长"的现象。它的机械加工性能和焊接性能比较好，能够作为高强度铝合金和耐热铝合金来使用。

Al-Mg 系铝合金是在 Al-Si 系铝合金之后开发出来的第四代铸造铝合金。该系合金中 Mg 的含量为 4%～11%，其具有良好的耐腐蚀能力和力学性能，机械加工性能也比较好而且加工后的表面光亮美观。因为 Mg 的密度比 Al 的密度小，所以该系合金的密度是现今铝合金中最小的一类。由于 Mg 极其容易氧化烧损，因此使得在制备合金时的熔炼、铸造工艺复杂。这类合金可以用作耐蚀合金，还可以用于装饰用合金。

Al-Zn 系铝合金是开发应用得最早的铸造铝合金。Zn 在 Al 中的溶解度非常大，在共晶温度 382℃ 时能够达到 84%。当 Al 中 Zn 的含量达到 10% 以上时，不经过热处理也能显著提高合金的强度，获得较好的力学性能。但是该系合金也有许多缺点，如：容易产生密度偏析；耐腐蚀性能和耐热性能非常差；合金的密度大；存在应力腐蚀开裂的倾向。一般单纯的 Al-Zn 合金用处不大，主要用作压铸仪表壳体类零件。

Al-RE 系铝合金这是近年来开发出来的新型铝合金。该类合金中加入了混合稀土，强烈地净化和强化了合金，使得该类合金具有较高的高温强度、较好的热稳定性；但是缺点也很明显，如合金的室温力学性能差，延伸率也很低。这使得其主要应用于在 350～400℃ 的温度下工作的零部件。

铸造铝合金的 80% 左右用于汽车工业，而其他交通运输业的用量则占 1.5% 左右，由此可见铸造铝合金在汽车工业中具有广阔的应用前景。汽车用铸造铝合金以 Al-Si 系合金为主，铸件多采用压力铸造、低压铸造和金属型重力铸造等工艺生产，其中压铸件占 70% 以上。国际上，用铝合金代替铸铁制造汽车零部件的历史最早可以追溯到 20 世纪 40 年代。当时欧洲的汽车生产厂家，例如意大利菲亚特汽车公司研究出采用铝代替铸铁制造发动机缸体和进气歧管的技术。20 世纪 50 年代，澳大利亚引进了英国 Alumasc 公司的低压铸造技术，用于生产汽车铝铸件。美国通用汽车公司在 Massena 铸造厂大量生产了用于 Corvair Certainly 轿车的铝铸件汽车零部件，如发动机、曲轴箱以及滤清器接头等。而到 20 世纪 60 年代以后，铝合金压铸技术得到了迅猛的发展，从而使铝合金压铸工艺成为汽车工业扩大轻金属应用的主要生产手段之一。同时，现代汽车（其中主要是轿车）也广泛应用铝合金铸件来减轻自身质量。20 世纪 80 年代末，美国 10% 的轿车发动机缸体采用铝铸件。至 21 世纪初，北美轿车市场上铝质发动机占有率几乎接近 100%。

美国十分重视铝合金的研发及应用，研制了共晶或过共晶铝-硅合金（如 A02420、A02220、A03280 等），并成功应用于制造汽车发动机活塞。美国还研发了 A356、A380、A360、A390、A384 等 Al-Si 系列合金，这些合金可以通过金属型重力铸造和低压铸造技术用于制造汽车零部件。比如 A319、A360、A356 等铝合金可以用于制造发动机缸体以及进气歧管；A390 等合金可以用于生产汽车传动系统、发动机和薄壁壳体件以及底盘行走系统；而 A356 和 A514 等合金采用低压铸造和挤压铸造工艺可以用于制造铸造铝合金车轮。通用汽车公司运用消失模铸造工艺为其 Vortec2800（2.8L）轻型卡车生产的 4 缸发动机铸铝缸体，重量仅为 74.5 磅，比铸铁件轻 15 磅。通用汽车公司采用该生产工艺，不仅减少了机械加工，缩短了生产周期，而且节约了近 100 万美元的生产成本。近十年，美国汽车铝铸件增加了 1.7 倍。

德国在研究开发并应用汽车新材料方面也处于世界前列。奔驰公司的新一代 S 系列轿车的横向导臂以及前桥拉杆等就是采用铝合金材料通过触变铸造法制成。同时,轿车的前桥整体支承结构采用的也是铝铸造合金材料,其工艺为真空压力铸造,该部件的质量只有 10.5kg,比钢件轻了 35% 左右。2014 年德国奔驰 AMG 公布了全新 4.0L V8 双涡轮增压发动机的技术细节,这款发动机将会被搭载在 AMG CT 与 AMG GT-S 上。V8 发动机的缸体采用铝合金材质铸造而成,并应用砂式铸造工艺,可以增强铸造中缸内的金属分子多样性,以此提高中缸强度。在轻量化技术、抗摩擦技术以及起停系统的帮助下,发动机重量仅有 209kg,完全能够满足欧 6 排放标准。目前,德国汽车工业中的车身用铝已经实现规范化,其主要应用实例如表 3-2 所示。

表 3-2 德国汽车车身用铝实例

铝合金型号	使 用 部 位
ALMg5.4Mn0.3-W	行李厢内板、汽车装饰件
ALMg25-W	汽车加强板(强度要求不高)
ALMg0.4Si1.2	汽车发动机罩、汽车行李厢盖
ALMg5	仪表盘、汽车门柱内衬板、后靠背支架

3.3.2 变形铝合金

变形铝合金是指通过冲压、弯曲、轧、挤压等工艺使其组织及形状发生变化的铝合金。变形铝合金的合金元素主要包括硅(Si)、铁(Fe)、锰(Mn)、铜(Cu)、铬(Cr)、锌(Zn)、镁(Mg)、钛(Ti)等。

变形铝合金按照工艺与性能可分为热处理不可强化型铝合金和热处理可强化型铝合金两大类。热处理不可强化型铝合金主要是指防锈铝合金,如 Al-Mn 系和 Al-Mg 系合金。Al-Mn 系合金主要含锰、镁等合金元素。由于锰的作用,使合金材料具有比纯铝更高的耐腐蚀性能以及强度,同时还具有良好的可焊性和塑性,但合金的切削性能变差。Al-Mg 系合金由于镁的作用,其密度比纯铝轻,而强度比 Al-Mn 合金高,并具有相当好的耐腐蚀性能。可热处理强化型铝合金主要是指时效铝合金,包括硬铝合金、超硬铝合金和锻造铝合金,如铝-铜-镁系铝合金、铝-铜系铝合金、铝-镁-硅系铝合金和铝-锌-镁系铝合金等,如图 3-6 所示。硬铝合金包括铝-铜-镁系和铝-铜-锰系合金。这类合金强度和耐热性能均好,但耐腐蚀性能不如防锈铝合金。超硬铝合金又称高强度铝合金,是在铝-锌-镁系的基础上添加铜发展起来的铝合金,主要是 Al-Zn-Mg-Cu 系合金。其强度可达 $784N/mm^2$。其中锌和镁含量的比值及锌、镁、铜含量的总和不同,合金的性能也不同。锌和镁含量的比值增加,合金的热处理效果增大,强度提高,但抗应力腐蚀性差、断裂韧性较低、耐热性差(通常工作在 120℃ 以下)。锻造铝合金属于变形铝合金的一类,包括铝-镁-硅-铜系变形铝合金和铝-镁-硅系变形铝合金,主要用作形状复杂的锻件。镁和硅可形成强化相 Mg_2Si;铜可以改善热加工性能,并形成强化相 $Cu_4Mg_5Si_4Al$;锰可以防止加热时出现过热。锻造铝合金大都在淬火、人工时效状态下使用。在淬火后应立即进行人工时效,否则会降低强化效果。锻造铝合金高温强度低,热塑性好,可锻造加工成形状复杂的锻件和模锻件,也可轧制成板材或其他型材。

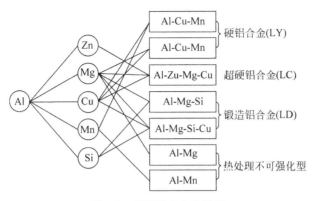

图 3-6 变形铝合金的种类

可热处理强化型铝合金是通过淬火和时效等热处理手段来提高力学性能的。室温下进行的时效称为"自然时效",在高于室温下进行的时效称为"人工时效"。时效处理是提高铝合金力学性能和改善理化性能的重要手段。时效硬化现象最先由德国学者维尔姆(A. Wilm)于1906年在研究铝-铜-镁系硬铝合金时发现,之后在其他铝合金系中也发现了这种现象。1938年,法国学者纪尼埃(A. Guinier)和比利时学者普雷斯顿(G. D. Prinston)各自独立地阐明了铝合金的时效硬化是由溶质原子形成的富集区(G. P. 区)所致。

变形铝合金一般占汽车总用铝量的1/3左右。变形铝合金材料主要用于汽车的冷却系统、车身材料、底盘等部位上。汽车散热器、汽车空调器的蒸发器和冷凝器等主要是用复合带箔材及管材;车身顶盖、车身侧板、挡泥板、地板,以及底盘等则是多用板材、挤压型材。表3-3归纳了一些在汽车制造中获得应用的变形铝合金。

表 3-3 变形铝合金在汽车制造中的应用

牌号	用途	牌号	用途
1100	车内装潢、铭牌、镶饰件	4104	复合钎焊板
1200	挤压冷凝管、热传输翅片	4043	焊接线、复合钎焊板
2008	内外覆盖件(壳板)、结构件	5005	装潢、铭牌、镶饰件
2010	内外覆盖件、结构件	5052	覆盖件和零件、卡车减振器
2011	螺钉	5252	装潢
2017	紧固件	5182	内壳板、挡泥板、隔热屏蔽、空气清洁器盘和罩、结构和焊接零件、承载地板
2117	紧固件		
2024	紧固件	5454	各种零件、车轮、发动机辅助托架、发动机座、特种车(自卸车、油罐车、拖车油罐)焊接结构件
2036	覆盖件、承载地板、座位架		
3002	装潢件、铭牌、镶饰件		
3003	钎焊热交换器管、加热器和蒸发器翅片、加热器内外管、油冷却器及空调管等	5457	装潢
		5657	装潢
3004	外用覆盖板和部件	5754	内壳板、隔热屏蔽、挡泥板、承载地板
3005	钎焊散热器管、加热器和边部支撑、蒸发器零件	6591	热交换器、散热器
4032	锻造活塞	6009	车身钣金件、天窗内板、承载地板、发动机盖内外板、内门板、栅栏内板、前闸板、座架、减振器加强筋
4044	复合钎焊板		

续表

牌号	用途	牌号	用途
6010	壁板、天窗板、门内板、栅栏内板、备用轮架、轮毂、座架和轨道	6082	一般结构、制动箱零件
6111	车身钣金件、壁板等	6262	结构零件、制动箱零件、制动活塞、阳极氧化的一般螺钉
6005A	车身零部件	6181A	车身板
6022	内外壳板	7003	座位轨道、减振器加强筋
6051	热交换器	7021	减振器用平面规则多边形棒材、托架板、减振器用平面规则多边形光亮棒、减振器用平面规则多边形阳极氧化棒、减振器加强筋
6016	车身钣金件		
6063	挤压结构材料（传动系统零件、连接件、发动机零件等）、门框、窗框、附件等		
6463	挤压结构材料、门框、窗框等	7029	光亮的或阳极氧化的减振器用平面规则多边形棒
6053	紧固件	7072	冷凝器、散热器翅片
6151	结构零件（如传动系统、发动机系统、连接件等）、轮辐、各种支架	7129	减振器用平面规则多边形棒、减振器加强筋、挤压头枕棒、座位、轨道挤压材、空气袋充气机零件
6262	结构零件		

3.4 车用铝合金材料及轻量化效果

根据汽车零部件生产需要,汽车用铝合金板应满足以下性能要求:①具有良好的成形性,以保证铝合金能成功冲压成所需要的汽车零件;②铝合金汽车板应具有抗时效稳定性,即在铝合金汽车板生产后,在常温保存时短时间内不应该产生时效,否则会影响冲压后铝合金表面的光鲜性;③铝合金汽车板应具有良好的烘烤硬化性,以使铝合金在冲压构件成形后,进行油漆硬化烘烤时,屈服强度有较大的上升,从而提高铝合金构件的抗凹性;④铝合金冲压制件应具有高的抗凹性,它是铝合金板材高的应变硬化和高的烘烤硬化特性的综合,这种特性是作为汽车外覆盖件所必需的特性之一;⑤铝合金板材还应具有良好的冷弯性能和高的翻边延性,以保证铝合金冲压的内外板扣合时采用翻边工艺不发生开裂;⑥冲压表面应具有良好的光鲜性,即冲压表面变形均匀;⑦要有良好的涂装工艺性,最好能和现有的钢制冲压件的油漆线兼用。显然,以上各种性能是相互矛盾、相互影响的,要满足各性能的合理匹配需要通过合理的成分设计,包括成分优化和微调,采用先进的成形工艺、优化的预处理工艺,控制合理的组织、晶粒度的大小,第二相的均匀分布和大小的控制等诸多技术的集成,才可以生产出性能良好的汽车用铝合金板材。

3.4.1 动力系统用铝合金

1. 汽车发动机的铝化

发动机是汽车的心脏,占发动机总质量25%的汽缸体的铝化速度正在加快。汽车发动机的汽缸体和汽缸盖要求使用的材料具有优异的导热性及抗腐蚀性能,而铝合金材料则完全满足这些要求。目前,欧洲、美国、日本的许多汽车生产厂商都已经采用铝合金材料制造汽车发动机的汽缸体、汽缸盖、活塞、连杆和活塞环等。日本本田公司用新压铸法(低速、中压铸造)成功地使汽缸达到了100%的铝合金化。日本丰田公司已推出雷克萨斯(Lexus)LS-400型高级轿车用的全铝合金发动机。这种IUZ-FE发动机的汽缸容积为4.0L,净重202kg,在V8型汽车发动机中是最轻的。美国福特汽车公司也已推出一种铝合金发动机,该名为"V6永久技术"发动机的汽缸容积有2.5L和3.0L两种。Al-Si系耐磨合金、Al-Si-(Fe,Ni)系耐热耐磨合金、Al-Fe系耐热合金等正在用于制作活塞、连杆、汽缸套等发动机零部件。使用新型中低压铸法可实现缸体的轻量化,减少壁厚10mm,相当于减轻质量1~1.5kg,汽缸盖、活塞等零件都可能全部使用铝铸体。随着新型耐磨蚀耐热铝合金的不断研究开发,将会进一步加快汽车发动机的铝化速度。

2. 汽车散热器的铝化

汽车散热器(包括水箱、空调器的蒸发器和冷凝器)大多数是用厚铝箔与铝管制造的,它比铜质散热器轻40%左右,而且有相当好的热交换性能,价格也比铜低。铝散热器代替铜散热器已成为人们的共识,得到了世界各国的广泛应用。比如在1985年,约78%的法国和德国轿车、44%的英国轿车、65%的瑞典轿车、81%的意大利轿车及55%的西班牙轿车就已经安装了铝合金散热器,而现在几乎达到了100%。这是因为其具有耐蚀性强、使用寿命长、质量比铜制散热器轻20%~40%以及热交换率高12%等一系列优点。福特公司开发了一种散热器,它的椭圆形水管可以用机械装配,这种散热器具有更好的热传导性(它用一组椭圆形的水管代替了两组圆形的水管),而且重量轻、成本低,力学强度和可靠性丝毫不比传统的散热器逊色。把铝合金散热器用于中型载货汽车和重型载货汽车虽开始得比较晚(1985—1989年),但优质冷却液及抗腐剂的应用使其日益推广。目前,汽车空调器已可实现全铝化,但汽车水箱的铝化率还有很大的潜力可挖。随着相关技术的不断改进,铝散热器在汽车工业上的应用前景将十分广阔。

3.4.2 车身系统用铝合金

1. 车身内外板的铝化

汽车车身约占汽车总重量的30%,汽车车身的轻量化对于减轻汽车自重具有十分重要的意义。目前,采用轻质材料制造汽车车身是实现车身轻量化最有效的手段。由于铝合金具有质轻、比强度高、耐蚀、易加工以及回收成本低等优点,因此采用铝合金代替传统钢铁制造汽车车身是各国汽车制造商针对汽车轻量化所采取的有效措施之一。一般来说,采用铝合金板材代替传统的钢板制造汽车内外板可使整车重量减轻10%左右。目前,用于汽车车身内外板的铝合金材主要有2000系、5000系和6000系合金。

2000系铝合金属于Al-Cu-Mg系热处理可强化的铝合金。Al-Cu-Mg系铝合金具有良好的韧性、抗疲劳强度、耐热性、焊接性、可加工性以及较高的抗拉强度。此外,2000系铝合金可以通过降低Fe和Si等杂质元素的含量、调节Al-Cu-Mg合金中各元素的比例以及添加其他元素来改善2000系铝合金的各项性能。5000系铝合金是将Mg作为主要的合金元素固溶于铝基体中,从而形成具有固溶强化效应的合金材料。5000系铝合金是一种热处理不可强化的铝合金。5000 系铝合金具有良好的焊接性以及抗腐蚀性。但是由于退火状态的 Al-Mg 合金在加工变形时有可能产生吕德斯线和延迟屈服,因此 5000 系铝合金主要用于车身内板等形状复杂的部位。6000 系合金中主要的合金元素是 Mg 和 Si,二者形成 Mg_2Si 相,属于热处理可强化铝合金。Al-Mg-Si 铝合金具有较高的强度、良好的塑性以及优良的耐腐蚀性,被广泛用于汽车车身外板和内板。目前,国内外企业以及科研单位对用于汽车车身的 5000 系和 6000 系铝合金做了大量的研究,并开发了一系列的产品,图 3-7 显示了日本 UACJ 集团开发的汽车车身嵌板用铝合金材料的特性。

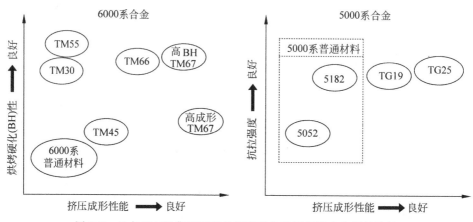

图 3-7　日本 UACJ 集团开发的汽车车身嵌板用铝合金材料特性

2. 车身框架的铝化

目前,世界各大汽车公司都在积极推进车身、车体主要部件的铝材化,其中奥迪 A8、R8 和捷豹 XJ 等车型均采用了全铝合金车身,图 3-8 为用铝合金材料制造的车身框架,比较常见的车身框架铝合金材料一般为经热处理的 6000 系、5000 系铝合金以及 7000 系(Al-Mg-Zn-(Cu)系)铝合金。7000 系铝合金是以 Zn、Mg 为主要合金元素的热处理可强化型铝合金,Al-Zn-Mg 合金具有优异的热变形性能、较高的强度、良好的焊接性能和较好的耐腐蚀性,是一种高强可焊的铝合金。而 Al-Mg-Zn-Cu 合金则是在 Al-Mg-Zn 合金的基础上通过添加 Cu 元素而得到的一种超高强度铝合金,其强度高于 2000 系铝合金。目前,7000 系铝合金被广泛应用于航空、汽车领域,并成为这些领域中重要的结构材料之一。为了更好地推进汽车车身框架的全铝化,各大汽车公司均投入了大量的资源用于研发铝合金车身框架的制造技术。比如德国的奥迪公司经过长达 20 年的研究,成功开发了铝合金车身框架结构技术。该技术制造的车身框架由铸造和液压成形的铝合金部件组合而成,其中包括 35% 的高精度铝合金铸造件、22% 的挤压成形铝合金件以及 35% 的铝合金板材。

图 3-8　全铝车身框架

3. 汽车车轮、轮毂的铝化

现在轿车采用各种式样的铝合金车轮已相当普遍。1923 年,赛车开始使用砂模铸造的铝合金轮毂,第二次世界大战后,铝轮毂用于普通汽车。1958年,有了整体铸造的轮毂,以后不久又有了锻造轮毂,1979年美国把铝带成形轮毂作为标准轮毂。1990年,阿卢马克斯工程金属工艺公司(AEMP)与索帕里奥(Superior)工业公司合资,在阿肯色州菲耶特维尔市建设的全球第一个半固态模锻(SSF)铝合金轮毂厂投产,使铝合金轮毂生产又进入了一个新阶段。1981年,美国凯泽铝及化学公司用挤压法首次生产铝合金轿车整体轮毂,其直径为457.2mm,用于装备20世纪80年代中期前轮驱动的小型轿车。

我国从20世纪80年代开始生产推广使用并出口铝车轮。车轮是重要的保安件,对其安全性要求很高,车轮轮毂用铝合金要求具有较高的强度(疲劳强度、闪光焊焊接性、辊轧成形性等)。铝车轮的特点:重量轻;由于散热性好,防止了轮胎过热;尺寸精度高,减少了纵向和横向的振动。车轮是刚性部件,在中心支承轮胎,应具有较高的强度与刚度。车轮与汽车的多种性能密切相关,整车的安全性和可靠性在很大程度上取决于所用车轮及所装轮胎的性能和使用寿命。因此,要求车轮具有足够的负载能力和速度能、良好的附着性和缓冲特性、耐磨耐老化和良好的气密性、良好的均匀性和质量平衡、较小的滚动阻力和行驶噪声、精美的外观和装饰性、重量轻、价格低、拆装方便、互换性好。铝合金车轮与钢制车轮相比,能更好地满足以上要求。

3.4.3 底盘及悬架系统用铝合金

1. 汽车底盘的铝化

汽车底盘也可实现铝合金化。德国奥迪公司推出的A8型豪华轿车,抛弃了使用多年的钢质底盘而改用新型的铝合金底盘,其重量减轻了约200kg。虽然铝合金底盘比钢制底盘高出了约45%的生产成本,但足以用其整个使用寿命周期内所节省的汽油价值来补偿,同时所取得的社会效益是巨大的。从整体看,汽车底盘的铝化有其一定的发展前途。

2. 汽车悬架系统的铝化

汽车悬架系统的作用是支撑车体,缓解并吸收高低不平的路面引起的车轮振动,防止振动直接传到车体,它由弹簧、缓冲器和其他连接件组成。悬架系统各零件的铝化不仅可实现轻量化而且可更好地缓冲车轮的振动。铝基复合材料也开始逐渐应用于悬架系统中。日本本田汽车公司成功开发了不锈钢丝增强的铝基复合材料连杆,这种材料的比强度和比模量是基体铝合金的2倍,而这种连杆比钢制连杆的质量减轻了30%,对1.2L的汽油机来说,使燃油经济性改善了5%。

3.4.4 应用铝合金材料的轻量化效果

铝合金代替传统的钢铁制造汽车,可以使整车重量减轻30%~40%,制造发动机则可减重30%。表3-4列出了钢板及铝合金汽车板的典型力学性能。表3-5列出了铝合金代替铸铁与钢材零件的质量对比情况。可以看到,钢板弹性模量约是铝合金板的3倍,同时其密度也是铝合金板的3倍。但铝合金的导热性比铁高3倍,机械加工性能比铁高5倍。

这正充分说明了按照目前的技术实现汽车轻量化,最有效的途径就是采用铝材代替钢材和铸铁。

表 3-4　钢板及铝合金汽车板的典型性能比较

典型性能	钢　板	铝合金板
弹性模量/GPa	210	72.2
抗拉强度/MPa	270	230
密度/(g/cm³)	7.8	2.7
泊松比	0.3	0.34
剪切模量/GPa	81	26.9

表 3-5　铝合金代替铸铁与钢材零件的质量对比

铝合金代替铸铁零件				铝合金代替钢材零件			
零件名称	铸铁件/kg	铸铝件/kg	质量比（铸铁∶铝）	零件名称	钢件/kg	铝件/kg	质量比（钢∶铝）
进气歧管	3.5～1.8	1.8～90	2∶1	前、后操纵杆	1.55	0.55	2.8∶1
发动机缸体	80～120	13.5～32	(3.8～4.4)∶1	悬挂支架	1.85	0.7	2.6∶1
发动机缸盖	18～27	6.8～11.4	(2.4～2.7)∶1	转向操纵杆	2.1	1.1	1.9∶1
转向机壳	3.6～4.5	1.4～1.8	(2.5～2.6)∶1	万向节头	6.95	3.9	1.8∶1
传动箱壳	13.5～23	5～8.2	(2.7～2.8)∶1	轿车车轮毂	6.95	3.9	1.4∶1
传动鼓	5.0～9.0	1.8～3.6	(2.5～3.1)∶1	中型车车轮毂	7～9	5～6	1.5∶1
水泵壳	1.8～5.8	0.7～2.3	(2.4～2.6)∶1	重型车车轮毂	≈17	11～12	1.45∶1
油泵机	1.4～2.3	0.5～0.9	(2.6～2.8)∶1	客车车轮毂	≈42	23～25	1.75∶1

汽车轻量化采用铝合金效果十分显著。

1. 节能减排,有利环保

汽车轻量化对于节约能源、减少废气排放十分重要。一系列研究表明,汽车上每应用 1kg 铝材,就可获得 2kg 的减重效果。据国际权威部门统计,汽车所用燃料约 60% 消耗于汽车自重,汽车重量每减轻 10%,对普通轿车而言,即车身自重减少 100kg,燃油效率就可以提升 68%,排放降低 4%。在一般情况下,每减轻 1kg 车重,1L 汽油可使汽车多行驶 0.011km,或者说每行驶 100km,就可节省 0.7kg 汽油。美国目前每辆轿车用铝合金至少 100kg,可减重 225kg,按一辆轿车仅使用 10 年,行程 40 万 km 计算,则每辆汽车可节省 6.3t 汽油,效益可观。另外,汽车轻量化使车的滚动阻力、加速阻力、爬坡阻力减小,它们都会使油耗降低。

城市污染的 70% 来自汽车尾气。汽车的铝合金化率越高,汽车的轻量化效果越明显,就越省油,CO_2 的排放量就越少,环境污染程度就越轻。据美国铝业协会估算,如果美国轿车的重量减轻 25%,则每天可节油 85 万桶,全年可减少 CO_2 排放量 1.5 亿 t,同时,氮化物、硫化物等的排放量也会相应减少,从而就会带来巨大的节能和环保效果,环境质量就可以大大地得到改善。理论计算得出,适当减小汽车的质量可使油耗降低 37%,使悬架装置的负荷降低 18%,使振动强度降低 5%。汽车中典型的铝质零件的一次减重效果为 30%～40%,二次减重可进一步提高到 50%。每使用 1kg 铝,可使轿车寿命周期中减少 20kg 的尾气排放;在发动机中,用铝合金代替铸铁,其减重效果达50%,每应用1kg铝,可使轿车寿命周期中减少22kg的CO_2排放量;轻卡和轿车发动机中如果平均用铝45kg,则20万km可节油375L;如用铝合金代替钢作保险杠,则可使该车每行驶20万km减少61kg的CO_2排放;用变形铝合金制作发动机盖板,和钢制零件相比,可减重50%,行驶20万km可减少161kg的CO_2排放量。应用铝合金所节省的能量,是生产该零件所用原铝耗能的6~16倍。如用铝合金车轮代替钢制车轮,则减重效果更加明显,节能减排效果也更加显著。目前,欧美和日本等国的汽车车轮绝大部分已铝化,我国高中档轿车的车轮也已基本铝化,中、大型客车和重型车及货车车轮也开始铝化,但铝化程度不高。表3-6列出了铝合金轮毂的减重效果。由此,车轮轻量化对节能减排的效果也可想而知。

表3-6 铝合金轮毂的减重效果

车辆种类	轮毂规格/in	铝轮毂重/kg	钢轮毂重/kg	减重效果/kg	一辆车减重效果/kg
4轮轿车与客车	5-1/2JJ×14	5~8	7~9	2~3	8~12
8轮中型汽车	6.0GS×16	11.5	17	5.5	33
10轮大卡车	8.25×22.5	24.5	42	17.5	175
	7.5×22.5	24.5	42	18.5	185

2. 耐腐蚀性能提高,延长汽车使用寿命

铝及铝合金在常温自然条件下,表面就可生成一层致密的氧化膜,此氧化膜的生成可阻止铝及铝合金基体进一步和空气中的氧气发生反应。因而经表面处理的铝材,其耐腐蚀性能、耐氧化性能大大高于钢铁材料。某些铝质汽车零部件不需进行防腐处理就可完成汽车的服役年限。由于铝合金的耐腐蚀性较好,相应地延长了零部件的使用寿命。同时,铝合金具有优良的表面处理性能,适用于氧化着色、喷粉、涂漆等多种表面处理工艺,不仅能增强其耐腐蚀性,而且可大大改善汽车的外观,美化汽车,增强个性化,从而满足人们对汽车产品安全、可靠、舒适、美观等性能的要求。不仅如此,由于铝合金材料具有散热好和防止轮胎橡胶老化的特点,装上锻造铝合金车轮的卡车、客车、挂车可节省26%的轮胎消耗,从而延长了汽车使用寿命。

3. 提高结构刚性和行驶性能

汽车轻量化后,质量性能(汽车质量与刚性及底面积之比)均有不同程度的提高。据OPEL公司称,其铝质车身比钢结构车身的质量性能提高23%,扭曲刚性提高74%,抗弯性能提高62%。汽车减轻重量后车身重心降低,汽车行驶更加稳定、舒适,对加速和弹性也有很大好处,同时可使转动和振动部件的噪声明显降低。

美国铝业协会提出,如果车重减轻25%,就可使汽车加速到60km/h的时间从原来的10s减少到6s,使用铝合金车轮可使振动变小,从而可以使用更轻的反弹缓冲器。

4. 提高乘坐的舒适性和安全性

汽车轻量化有利于改善汽车的行驶、转向、加速、制动等运动性能和排气性能等,其中发动机的轻量化还可以改善前轮荷重分担率,进而改善汽车的操纵稳定性,还可以降低噪声、振动,为实现大功率化创造条件,提高了汽车行驶的平衡性能,从而提高了乘坐汽车的舒适性。轻量化车身技术的另一大突出优势是安全。同等条件下,车身越轻,车身惯性越小,制动距离越短。另外,使用铝合金材料是在不减少汽车体积的情况下减轻汽车自重的,因而可使汽车更稳定,由于汽车轻量化后质量变小,故碰撞时产生的能量小,降低了对汽车的损害。在受到撞击时,由于铝合金的性能和车身构造可以充分吸收撞击时产生的能量,因而更安全。

5. 提高回收再利用率,节约能源

铝合金零部件便于重熔回收。为了保护环境,节约能源,世界各国对报废汽车材料的回收再循环格外重视,铝制品在使用过程中几乎不发生或仅有轻微的腐蚀损失,工业用常规材料中,铝的回收价值率是最高的,同时铝资源比较丰富,市场供应充足。铝目前的回收率不低于 85%,有 60% 的汽车用铝合金来自回收的旧废料,再生铝合金的能耗只有电解铝的 3%~5%,因此可节约大量的能源,对建设循环经济、低碳社会与生活十分有益。

3.4.5 车用铝合金材料发展趋势及前景展望

汽车用铝材今后的发展将集中在两方面。一是新工艺,改善现有加工技术,不断改进熔铸工艺及热处理工艺,进一步完善铝型材、铝板材的加工、成形、连接工艺,提高车用铝材的安全可靠性和实用性。二是新品种,目前已开发出了快速凝固铝合金、粉末冶金铝合金、超塑性铝合金、纤维增强型铝合金、泡沫铝材等,另外高强度高韧性铸造铝合金、铝基复合材料等也在研究之中。因此改进现有铝合金的成分和生产工艺,提高其各项性能与研发新的铝合金是今后的主要研发方向。

在材料方面,铸造铝合金大多为共晶和亚共晶的铝硅合金,少数零件(如缸体)传统的材料为过共晶铝硅合金,也因其铸造性能和机加工性能较差,近年来有改用低硅或中硅的亚共晶铝硅合金的趋势。并且针对应用于不同的汽车零部件,相对应的铝合金材料研发的侧重点不同。转向机构及制动器零部件由于形状的原因大多使用铝铸造产品,多数零部件必须能承受超过 10MPa 的压力,并有良好的耐腐蚀性和强度,需要开发具有这种力学特性及铸造性的高强耐腐蚀铝合金;研发具有良好铸造性能的 Al-Cu 系耐热铝合金以满足制动器耐热要求;研发具有良好耐磨性的 Al-Si-Fe-Mn-Cr 合金以满足自动变速箱离合器零件、冷气压缩机汽缸、换挡拨叉件的要求。此外,应用于车体与悬挂系统的部件,除了具备高强度外,还要求具备能量吸收与良好的变形特性,Al-Si-Mg 系非热处理型高强高韧性铝合金是未来研发方向之一。

开发低成本的铝合金制造和加工技术,以及铝合金的回收再生技术是降低铝合金材料生产及使用成本的有效手段,也是铝合金材料的又一发展方向。此外,未来将大力发展的多材料结构汽车,要求连接不同类型的材料(如铸铁-铝、铝-镁、钢-铝等),所以异种材料的连接技术以及对材料的表面处理技术,也是今后扩大铝合金在汽车上应用的重要发展方向。本田公司开发了异种材料连接技术,并应用该技术制造了由钢-铝合金混合材质构成的车门(图 3-9)。与全钢制车门相比,它的重量更轻,可以让一辆车减重 11kg(4 个门),这种车门已经装配在北美市场讴歌 RLX 量产车型上。

综上,由于铝合金及其加工材料一系列优良特性,诸如密度小、比强度和比刚度高、弹性好、抗冲击性能良好、耐腐蚀、耐磨、高导电、高导热、易表面着色、良好的加工成形性以及高回收再生性等,在成本、制造技术、力学性能、可持续发展等方面具有其他轻量化材料无可比拟的优越性,因此,铝合金将成为汽车工业中首选的轻量化材料。在汽车行业和工程领域内,铝一直被认为是"机会金属"或"希望金属",铝工业一直被认为是"朝阳工业"。铝合金材料大量用于汽车工业,无论从汽车制造、汽车运营方面

钢铝混合车门

图 3-9 本田公司生产的钢-铝混合材质车门

考虑,还是从废旧汽车回收等方面考虑,都能带来巨大的经济效益和社会效益,而且随着汽车产量和社会保有量的增加,这种效益将更加明显。目前,在中国,能源、环境、安全等已对汽车轻量化提出了迫切需求,而铝合金材料已经成为比较成熟的轻量化材料,是汽车工业应用最多的金属材料,并已广泛应用到汽车诸多的重要部件系统中。相信随着更多新型铝合金材料的进一步研发,以及工艺技术的不断提高,铝合金必将在汽车制造业中发挥越来越大的价值,迎来更为强劲的发展势头。

习 题

1. 世界各国为什么都非常看重铝合金材料在汽车制造业中的应用?
2. 简述汽车用铝合金材料的分类标准。
3. 试分析铝合金材料的二元合金相图。
4. 什么是铸造铝合金?掺杂不同的元素对铸造铝合金性能有何影响?
5. 简述铸造铝合金的强化机理。
6. 什么是变形铝合金?如何对其进行分类?
7. 举例说明铸造铝合金和变形铝合金在汽车上的应用及优势。
8. 车身系统的铝化主要包括哪些方面?该选用何种铝材?
9. 车用铝合金的性能要求有哪些?
10. 简述铝合金材料在汽车轻量化上的减重效果。

第 4 章

镁合金材料及其应用

4.1 概 述

历史上首位确认镁是一种元素的是英国科学家 Joseph Black,他于 1755 年辨别出石灰(氧化钙 CaO)中的苦土(氧化镁,MgO)。1792 年,Anton Rupprecht 通过加热苦土和木炭的混合物制取出不纯净的镁。1808 年,英国化学家 Humphry Davy 制备出少量的纯净镁。1831 年,法国科学家 Bussy 使用氯化镁和钾反应制取了大量的金属镁。1852 年,德国化学家 Robert Wilhelm Bunsen 建成了第一座用于电解 $MgCl_2$ 的电解池,德国从 1886 年开始生产镁。镁(Mg)是地球上储量最为丰富的元素之一,广泛分布于陆地、湖泊和海洋当中,其中海洋中分布尤为丰富,是除氧氢氯钠以外海水中含量最多的元素,海水中的储量达到 $2.1×10^{15}t$,可以说镁元素取之不尽用之不竭。我国镁的蕴藏十分丰富,菱镁矿资源占全球总量的 22.5%,原镁产量在全球前列。随着目前钢铁行业中铁矿石的日益消耗,对镁资源进行开发利用来替代传统铁材料是一个必然的趋势。

虽然镁元素的优点很多,但是纯镁的力学性能较低,这限制了镁的应用,因此人们根据需要在纯镁中添加一些其他合金化元素,改善其各项性能,拓展镁的应用。镁合金因为其优异的可回收性和机械加工性能被誉为"21 世纪绿色金属结构工程材料",在未来生活与科学应用领域具有广泛的应用前景。目前镁合金的使用量与钢铁和铝合金相比还比较小。

随着对汽车轻量化的要求提高,人们在不断努力地开发轻量化材料,镁合金由于具有优异的性能而成为备受关注的新型汽车材料,各大汽车企业都在研发使用镁合金制造的零部件。与钢材和铝材相比,镁合金材料具有以下特点:

(1) 镁合金的密度比纯镁的密度($1.738g·cm^{-3}$)略高,在 $1.75\sim1.85g·cm^{-3}$ 范围内,密度比钢和铝都低,比铝合金的密度小 36%,只有铸铁材料的 1/4,强度与钢和铝相当,所以比强度与比刚度都很高,是比较理想的轻量化汽车材料。

(2) 相比于钢、铝等高弹性模量材料,镁的弹性模量相对较低,当受到外力作用时,应力分布均匀,可避免应力集中。受到冲击力作用时,吸收的能量大,具有减振抗冲击的功能。

(3) 镁合金具有较好的铸造和切削加工性能。镁合金铸件允许的最小壁厚比铝合金铸件的小,且镁合金在模具内凝固速度快,生产效率可达到铝合金的 2 倍。镁合金在切削加工时,对刀具的损耗小,可达到的最大切削速率高于其他合金材料。

(4) 镁合金的尺寸稳定性较好,制件精度高,在大多数情况下的尺寸变化接近于零。镁合金在碱性环境下是稳定的,并且具有良好的防辐射性能和电磁屏蔽能力。

(5) 镁合金具有可回收的优点,有助于节约资源,改善环境,实现可持续发展。

镁合金最早应用于汽车领域是在20世纪20年代,德国汽车制造商将镁合金应用到汽车制造业中,1936年大众公司推出的"甲壳虫"汽车的传动系统已经用镁合金取代了传统的材料。到20世纪80年代,福特、奔驰等公司也相继在汽车零部件上采用了镁合金材料。20世纪90年代,欧洲、北美、日本、中国的汽车制造企业也都开始将镁合金材料应用到汽车制造领域,标志着镁合金在汽车上的广泛应用。进入21世纪以来,随着汽车轻量化发展趋势越来越明显,对镁合金材料的开发和应用越来越多,镁合金材料在汽车上所占的比重也在不断增加。在过去的10年里,镁合金压铸件在汽车上的使用量上升了15%左右,这种趋势今后几年还会进一步增长,在未来的发展中,每辆汽车的用镁量将达到80~100kg。

4.2 车用镁合金材料研发与应用现状

1. 镁合金材料在汽车上的应用历史

镁合金在汽车上的应用可以追溯到20世纪20年代。陶氏化学于1921年开发出第一个镁合金零部件——镁合金活塞,并在赛车中得到成功应用。此后,镁合金铸造技术很快就被应用于曲轴箱等零部件。镁合金铸件在公共交通工具和赛车中的使用量逐渐增加;与此同时,镁合金板材也在一些概念车上得以使用。

虽然镁合金零部件在早期的赛车中得到了一些应用,但是直到20世纪30年代,德国大众汽车公司推出的"甲壳虫"汽车才成为第一款大规模使用镁合金铸件的量产车型。镁合金在该车上主要用于曲轴箱、传动箱壳体等发动机传动系统零件。1962年,"甲壳虫"汽车的单车用镁量约为17kg。大众汽车在1960年的用镁量约为21000t,在1972年达到顶峰,约为42000t。随后,由于采用水冷发动机代替空冷发动机,汽车传动系统的镁合金用量急剧下降,镁合金的使用进入低潮期。

值得一提的是,在20世纪六七十年代,保时捷公司对镁合金轮毂进行了研究开发,并将其装配到实际车型上。该公司还开发了镁合金管状车架,其质量仅为45kg。其他一些汽车公司也开展了车用镁合金的研发工作。但是,镁合金零部件并没有普及,只是零星应用于高端车型、赛车和一些概念车上。

20世纪70年代中后期,世界石油危机导致石油价格上涨,汽车工业迫切需要降低车重,提高燃油经济性。在此背景下,镁合金在汽车工业中的应用开始缓慢复苏。如图4-1所示,20世纪70—90年代,北美汽车的平均用镁量稳定增加。从20世纪80年代后期起,镁合金在汽车工业中的应用有了实质性的增长。根据国际镁协会(International Magnesium Association,IMA)的统计,在1993—2000年,用于汽车的压铸镁合金量以每年高于20%的速率递增。但是,这些镁合金零部件大部分都用于SUV和皮卡,而轿车的用镁量则远远低于平均值。这也解释了20世纪90年代末欧洲汽车平均用镁量低于北美汽车的现象。

进入21世纪后,由于排放法规愈发严格,美国和欧洲的汽车工业都越来越强调汽车轻量化。各大主流汽车制造商也都开始考虑利用包括镁合金在内的轻量化材料代替传统材料,以降低汽车质量。美国汽车材料协会发布了题为"镁合金2020前瞻"的策略报告,该报告指出,在2005年,欧洲汽车制造商的镁合金用量超过了北美三大汽车公司的用镁总量。

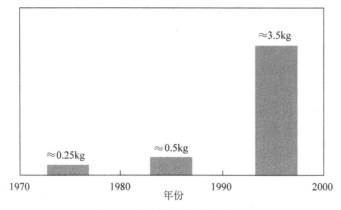

图 4-1 北美汽车的平均用镁量

针对车用镁合金存在的技术难题,该报告拟定了相应的研究方案。

2. 应用与研发现状

在欧洲,已经使用和正在研究中的镁合金汽车零部件有 60 多种。在北美,已经使用和正在研究的镁合金汽车零部件有 100 多种。汽车上的镁合金零部件主要有以下三大类:车身零部件、动力及传动系统零部件和底盘零部件。车身零部件包括门框、车顶板、尾板、仪表盘、座位升降器、座椅架、锁合装置、操作台架、气囊外罩、转向柱、转向柱支架、转向盘、车窗马达罩、气动踏板托架、制动与离合器踏板托架等;动力及传动系统零部件包括汽缸头盖、进气管、凸轮盖、阀盖、前盖、手动换挡变速器、四轮驱动变速器箱体、变速器壳体、离合器外壳与活塞、齿轮箱壳体、曲轴箱、电动机罩、交流电动机支架、分配盘支架、滤油器支架、油箱、油泵壳、油过滤器接头、机油盘、空压机罩、抽气管等;底盘零部件包括轮毂、引擎托架、前后吊杆、尾盘支架等。表 4-1 列出了国外部分汽车企业生产的镁合金汽车零部件。

表 4-1 国外部分汽车企业生产的镁合金汽车零部件

汽车企业	零部件名称	车 型	合金牌号
福特	离合器座、油槽、转向盘支柱、4 轮驱动系统的传动箱座、手动传动箱座、配电器、挡泥板支架、制动器及离合器踏板托架、分动器壳	Ranger Autostar 1994 Bronco	AZ91HP AZ91B AZ91D
通用	阀盖、空气净化器、手动离合器座、进气阀盖、离合器踏板、刹车踏板、转向盘支柱固定架、汽缸盖、滤油器、配电器、挡泥板支架、烟灰盒、门、转向盘柱、前大灯罩、前大灯托架、前大灯、框架	Corvette North StarV-8 1992 "W" Oldsmobile	AZ91HP AZ91D AZ91D
克莱勒斯	驱动系统固定架、油槽、转向盘支柱固定架、驱动系统固定架、变速器壳体	Jeep 1993 LH midsize 1993 Viper	— — —
奔驰	座椅支架	500SL	AM20/50
阿尔法-罗密欧	各种零部件	GTV	AZ91B

续表

汽车企业	零部件名称	车　　型	合金牌号
保时捷	轮毂及各种零部件	911 944 Turbo	— AZ91D
本田	汽缸头盖、轮毂	City Turbo Prelude	AM60B
丰田	转向盘	Lexus	AM60B

全球汽车行业和镁行业都在致力于开展新型镁合金的研究和开发。新型镁合金不仅需要满足汽车零部件的使用性能要求,还需具备高强度、耐腐蚀、抗蠕变、耐高温等性能。这些性能可以使镁合金应用到汽车车体主要结构件上,增大镁合金在汽车上的应用范围。

美国诺兰达公司和斯巴坦轻金属产品公司共同研发的汽车动力系用耐热镁铝锶合金,具有耐高温性能。采用大批量各种几何尺寸的压铸样品进行拉伸疲劳试验和蠕变试验以及9mm圆柱的螺栓负载牢固性试验,并与现有镁合金进行比较。研究表明,在温度提高到150℃时,镁铝锶合金具有优越的物理和力学性能、抗蠕变性能,可与A380压铸铝合金对应性能相当。镁铝锶合金的疲劳极限可以与AM60B压铸镁合金相当。这种镁合金可以用于汽车发动机滑轮、曲轴箱、变速箱外壳、汽缸外壳、油泵泵件、发动机冷却风机外壳。

美国通用汽车公司已经开发出来新型抗蠕变镁合金ACX,含有铝(Al)、钙(Ca)、锶(Sr),具备成本低的优势,可用于汽车发动机和变速箱。这种新型镁合金与AE42合金相比,抗拉强度提高40%,压缩抗蠕变能力提高25%,具有和AZ91D一样良好的耐腐蚀性能,具有同样的可铸造性。图4-2为通用汽车的镁合金压铸件。

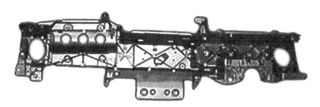

图4-2　通用汽车公司生产的镁合金压铸件

德国大众汽车公司和以色列死海镁研究院共同开发了新型镁重力铸造合金MRI20IS、MRI202S、MRI203S系列。采用该系列镁合金制造的部件可以在300℃温度下工作,新型合金展示了优异的力学性能和抗蠕变性能(在T6状态下),且具有适宜的可铸造性和尺寸稳定性、可焊接性和耐腐蚀性能,可用于砂型和永久模铸造、低压砂型和压力铸造。这一系列镁合金在120～150℃温度范围内的抗蠕变性能都超过了A319铝合金的抗蠕变性能。

日本较早地开始了加钙(Ca)来防止镁合金燃烧的研究,日本东京工艺学院用挤压铸造方法制备了加Ca阻燃以及加锆(Zr)细化的镁合金,同时还研究了Ca和Zr对合金组织和性能的影响,结果证明Ca可以有效地提高Zr在镁合金中的溶解度,因此可以使Zr较容易地进入镁合金中,强化Zr的晶粒细化效果。通过试验也证明,Ca和Zr同时加入镁合金能有效起到阻燃作用。在日本,丰田汽车公司最早使用镁合金制作了汽车制动器壳体、方向盘芯、倾倒装置和其他驾驶杆元件;本田技研工业株式会社率先制造出了镁合金汽车转向系统、轮毂、凸轮轴等零部件,由其研制的油盘,是耐热镁合金实用化的先驱;三菱公司与澳大利亚开展了合作,研发出了超轻镁合金发动机等。目前,日本许多汽车企业都在生产和应用镁合金壳体类压铸件。

我国"十五"期间,国家科技部将镁合金成形技术和应用研究列为我国"十五"科技规划中有色金属发展的六大方向之一。"十五"期间,我国将镁合金应用与开发列为材料领域重点项目,进一步促进并推动了镁合金材料的研发。中科院金属研究所承担了国家"863"计划和国家"十五"攻关计划项目5项,如"耐热镁合金及其自动变速箱壳体的腐蚀与防腐技术研究""高强度变形镁合金研制及其应用研究""高强高韧镁合金及其应用技术开发"等。现已开发出多项实用化新技术,如"高强度变形镁合金的技术""高强度高韧性铸造镁合金的技术""镁合金无铬化学转化膜、阳极氧化工艺技术"等,并且在镁基合金新材料开发、零部件铸造和塑性加工、腐蚀防护技术方面取得进展。重庆汽车研究院在镁合金零件的各项性能测试、计算机模拟等方面做了大量的工作;湖南大学、上海交通大学、重庆大学等高校研究机构针对镁合金的抗高温蠕变性、耐蚀性、强韧化、阻燃性等开展了深入的研究。我国在基础研究领域研究了与镁合金力学性能相关的强化和脆化机制,如:稀土镁合金的相变模型与强化机制、镁合金LPSO结构(long-period stacking order structure)的强化机制和镁基非晶的脆化机制。

"863"计划相关项目以及"十一五"期间被列为国家科技支撑计划重点项目的"镁及镁合金关键技术开发与应用"实施以来,我国镁产业在科技创新方面取得了令人瞩目的发展。在10项关键技术上取得了突破:①双蓄热高温燃烧与余热利用集成技术;②高性能镁合金材料的制备技术;③镁合金大坯锭电磁铸造技术;④镁合金宽板连续铸轧及成卷技术;⑤镁合金快速挤压及中空薄壁大型材挤压技术;⑥大型镁合金砂型铸件铸造技术;⑦复杂铸件铸造技术;⑧镁合金压铸件集成应用技术;⑨镁合金新型配套装备及相关技术;⑩镁合金特种成形技术。

上海交通大学轻合金精密成形国家工程研究中心自2001年成立至今已开展了关于镁合金的多方面研究,包括新型镁合金、加工和处理工艺、产品和理论研究,获得了多项成果,已研发出了高温镁合金、耐热镁合金、高塑性镁合金、高强度变形镁合金、高强度铸造镁合金、阻燃镁合金和高阻尼镁合金等多种镁合金材料,具体如表4-2所示。同时,还发展了11种镁合金加工和处理工艺,每种工艺各具特色,具有不同的适用范围。

表4-2 上海交通大学轻合金精密成形国家工程研究中心的新型镁合金

合金分类	代表体系	性能指标
高强铸造镁合金	Mg-3RE-Zn-1Zr Mg-8Al-1Zn-RE	$s_b=280\sim360$MPa,$s_{0.2}=150\sim230$MPa,$d=6\%\sim20\%$
高强变形镁合金	Mg-10Gd-2Y-(Zn)-Zr	$s_b=450\sim500$MPa,$s_{0.2}=400\sim450$MPa,$d=3\%\sim6\%$
高温镁合金	Mg-12Gd-3Y(Sm)-Zr	300℃,$s_b=250\sim270$MPa,$d=3\%\sim6\%$
耐热镁合金	Mg-Al-Ca-Ti-Sr Mg-Zn-Zr-RE	200℃,75$\sim$100MPa,$e_{100h}=0.048\%\sim0.06\%$
高塑性镁合金	Mg-2.5RE-Zn-1Zr	$s_b=250\sim330$MPa,$s_{0.2}=180\sim280$MPa,$d=20\%\sim35\%$
高阻尼镁合金	Mg-1.5Cu-0.5Mn Mg-1Zr-0.5Zn-0.2Nd	$s_b=180\sim260$MPa,S.D.C=$40\%\sim60\%$
阻燃镁合金	Mg-Al-Zn-RE-X	燃点:820℃

在上述新型镁合金和工艺的基础上,该中心研发了多种汽车零部件。例如:耐热镁合金分别采用高压压铸、砂型低压铸造和真空压铸制造了汽车传动部件、发动机气门室罩和空调压缩机后盖;选用高强度变形镁合金,通过等温挤压工艺生产镁合金型材,通过等温锻造方法开发了发动机舱体;选用高强度铸造镁合金,分别通过采用挤压铸造和金属型低压铸造工艺开发了汽车发动机支架和轮毂。

一汽、东风、长安等汽车企业建立了压铸镁合金生产线,已经形成从高品质镁合金生产、镁合金关键装备与工艺、镁合金应用产品开发和生产到镁合金产业化环境以及示范基地建设的整条产业链,初步奠定了我国镁合金高新技术产业的基础。

中国第一汽车集团公司成功研发了抗蠕变镁合金,用来制造在高温负载条件下工作的汽车动力系统部件。"镁合金在一汽汽车上的应用"专题由中国第一汽车集团、吉林大学、沈阳工业大学共同承担。三个单位科研人员全力协作、紧密配合,开展了大量的研究开发工作,取得了较大的进展。一汽集团购置了630t的镁合金压铸设备,制造了变速箱上盖、气门室盖罩、发动机油封镁合金压铸件。图4-3为一汽铸造有限公司生产的镁合金压铸件。

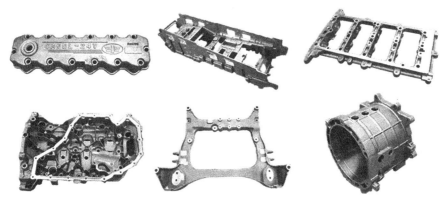

图 4-3　一汽铸造有限公司生产的镁合金压铸件

东风汽车集团股份有限公司是国内较早开始镁合金研究开发工作的汽车企业,经过初期的探索,现已进入快速发展应用阶段。东风汽车公司开发的镁合金零部件包括变速箱上盖、发动机汽缸盖罩、汽车踏板、进气管、齿轮室、方向盘芯骨、制动阀壳体等。

长安汽车公司牵头负责了国家"十五"科技攻关重大项目"镁合金开发应用及产业化",成功开发了"长安之星"微型车的汽缸盖前端盖、汽缸盖罩、变速器壳体、转向盘、曲轴后端盖等镁合金零部件。在"十一五"期间,长安汽车公司充分利用其军工技术研究的成果和企业现有的资源,以长安汽车公司具有自主知识产权的 CV 系列汽车为研究对象,对大型的、复杂的镁合金铸件的设计、开发及成本控制等关键核心技术进行应用研究。

出于成本、材料性能等因素的考虑,镁合金的应用将面临高强度钢、铝合金、复合材料等轻量化材料的激烈竞争。对于某些零部件,镁合金拥有独特的优势;而在其他零部件上,还需要对镁合金进行更多的研发工作。总之,世界汽车工业镁的消费量正在日益增长,为减轻汽车自身重量,提高汽车性能,各大汽车公司都在努力采用轻质合金来生产汽车零部件,镁及镁合金材料是比较理想的可选材料,随着科学技术的不断发展与进步,相信镁及镁合金将在世界汽车工业中获得更广泛的应用。

4.3 镁合金材料的分类

镁合金材料的分类方法有很多,但是基本分类原则只有三种,即主要元素、成形工艺和是否含锆。

镁合金材料的主要合金元素包括 Mn、Al、Zn、Zr 和稀土元素(RE)。根据主要元素原则分类,镁合金可划分为二元系和三元系。二元系包括 Mg-Al、Mg-Mn、Mg-Zr、Mg-RE、Mg-Th、Mg-Zn、Mg-Li 和 Mg-Ag 等;三元系包括 Mg-Al-Zn、Mg-Al-Mn、Mg-Mn-Ce、Mg-RE-Zr、Mg-Zn-Zr 等;另外,还有其他一些多组元镁合金。

根据成形工艺原则进行分类,镁合金可分为铸造镁合金和变形镁合金。二者在化学成分、组织性能以及用途上都有一定的差异,但没有严格的区分。其中铸造镁合金在工程中的应用范围和产量较大,铸造件可以根据模具进行任意设计,其在复杂结构件和大型构件上的应用较为突出,主要用于汽车零部件、曲轴箱、汽缸体、变速箱壳体等结构。铸造成形在工程中运用较多,技术也相对成熟,比较成熟的铸造工艺有砂模铸造、压力铸造、永久模铸造等,镁合金在工业制造中多使用压铸工艺进行生产。常见的压力铸造镁合金包括 Mg-Al-Mn、Mg-Al-Zn、Mg-Al-Si、Mg-Al-Ca、Mg-Al-RE、Mg-Al-Sr 和 Mg-RE-Zn 等。变形镁合金是经过挤压、轧制、锻造等塑性成形方法得到的镁合金,变形镁合金相比较于铸造镁合金的优点是其具有更加良好的力学性能,表面粗糙度也较好;缺点是成形工艺要求太高,成品率低,成本也较高。主要应用于薄板结构、挤压件和锻造件等,适用于薄板壳型结构,运用于手机外壳、汽车外壳等板壳结构中。最后,锆元素是常用的合金化元素,具有细化晶粒的作用,可根据是否含锆,将镁合金分为无锆镁合金和含锆镁合金。

镁合金材料的命名方法有很多种,通常人们习惯采用美国 ASTM 命名方法。ASTM 命名法定义镁合金名称由字母—数字—字母三部分组成。第一部分是两种主要的合金元素的代码,按含量由高到低的顺序排列;第二部分是这两种元素对应的质量分数,按元素对应的顺序排列;第三部分由指定的字母 A、B、C、D 等组成,表示合金发展的不同阶段。例如 AZ63A 表示该镁合金的 Al 含量约为 6%(质量分数),Zn 含量约为 3%,是第一种登记的具有这种标准组成的镁合金。

4.4 典型车用镁合金材料及发展趋势

4.4.1 不同成分的镁合金在汽车上的应用

Mg-Al 系列镁合金是目前在汽车工业中应用最多的镁合金系列,Mg-Al 合金的共晶温度较低,所以具有较高的铸造性能,并且有着优越的力学性能和良好的耐腐蚀性。以 Mg-Al 二元合金为基础所发展的三元镁合金有 AZ(Mg-Al-Zn)系、AM(Mg-Al-Mn)系、AS(Mg-Al-Si)系和 AE(Mg-Al-RE)等系列,其中 AM 系和 AZ 系镁合金占汽车镁合金用量超过 90%。

Mg-Al 系镁合金中 Al 是主要添加元素，Al 能与 Mg 形成有限固溶体，Al 的含量直接影响镁合金的组织和性能。随着 Al 的添加，可提高镁合金的强度和硬度，改善铸造性能。但是当 Al 的含量过高时，镁合金的应力腐蚀加重，脆性提高。

1. AZ 系镁合金

AZ 系合金中通常会加入锌元素，这种系列的镁合金不仅价格低，而且制得的零件有较高的强度、较高的延展性和耐腐蚀性。其中合金元素的主要作用如下：

（1）铝（Al）是镁合金中重要的组成元素，也是有效的合金化元素之一。在 437℃（共晶温度）时 Al 在镁中的固溶度为 12.5%。降低加热温度可以减小铝在镁中的溶解度，因此可以产生固溶强化作用。通过淬火、时效热处理等工艺手段使金属基体产生强烈的沉淀强化作用。因此，当镁基合金中铝元素含量达到一定值时，可以通过提高时效处理的温度来促进连续沉淀。

（2）锌（Zn）是镁合金中比较常用的一种合金元素，随热处理温度的下降其固溶度明显减少，共晶温度 340℃时在镁中的最大溶解度是 6.2%。Zn 的添加具有固溶强化和实效强化的作用，从而提高镁合金的强度。Zn 在 Mg 中不仅发生自身的固溶强化，而且还促进铝在镁的固溶度，提高 Al 的固溶强化。在镁基合金中添加适量的锌，可以有效提高合金的抗蠕变性能。但是当镁合金中锌的含量大于 2.5% 时会影响材料的耐腐蚀性能。而且锌的加入会降低镁合金的流动性，使得镁合金的铸造性能变差，因此锌的含量一般较低。

（3）锰（Mn）元素在镁中的固溶度很小，不能与 Mg 形成金属化合物。向镁合金中加入少量的锰可以有效净化金属基体，例如清除部分有害金属元素生成的晶间化合物，提高镁合金的耐腐蚀性能。此外，还有利于细化晶粒，提高镁合金的焊接性能。

（4）硅（Si）是一种不固溶于 Mg 的非金属元素，可以与镁形成化合物 Mg_2Si，是镁合金一种有效的强化元素。Si 能与镁合金中的其他合金元素形成稳定的硅化物，提高合金的蠕变性能。Si 元素自身对镁合金的耐腐蚀性能不利，但是与 Fe 元素共存时可以提高变形镁合金的耐腐蚀性能。硅可以与铝、锌、银等元素结合成稳定的化合物，从而在基体中形成晶粒细化剂，提高材料的蠕变性能，缺点是在一定程度上降低了耐腐蚀性能。

（5）铜（Cu）元素对镁合金耐腐蚀性能有影响，但添加量非常少，可明显降低镁合金的耐腐蚀性能，同时也能增加镁合金的高温强度；铁（Fe）元素与 Cu 元素作用相似，影响镁合金的耐腐蚀性能，但添加量不宜过多；镍（Ni）元素类似 Fe 元素，但其添加量较少，如添加量过多可大大降低镁合金的耐腐蚀性能。

AZ 系镁合金的铸态组织是由灰白色的枝晶状 α-Mg 固溶体和灰色骨骼状的 β-$Mg_{17}Al_{12}$ 金属间化合物所组成，如图 4-4 所示（以 AZ71 镁合金为例）。

经固溶处理后，镁合金铸态组织中晶界及 β-$Mg_{17}Al_{12}$ 相完全溶入基体中，能形成单相过饱和的 α-Mg 固溶体，合金的成分均匀化，基本消除成分偏析，如图 4-5 所示。固溶处理有助于合金得到优异的力学性能。

但是，随着 AZ 系镁合金中 Al 含量的增加，α-Mg 相颗粒呈减小的趋势。同时，β-$Mg_{17}Al_{12}$ 相金属间化合物会阻断 α-Mg 固溶体的连续分布，使得合金易出现脆性断裂，镁合金的脆性提高。

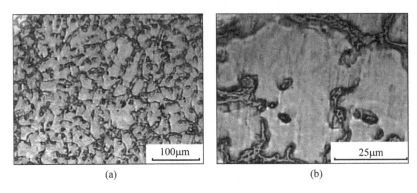

图 4-4 AZ 镁合金显微组织（AZ71）

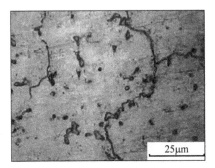

图 4-5 固溶处理后的显微组织

Zarandi 等研究了 Al 和 Mn 含量对 AZ 系（AZ31、AZ41、AZ61 和 AZ31Mn、AZ41Mn、AZ61Mn）镁合金的微观组织及力学性能的影响，图 4-6 为 Al 和 Mn 含量对退火前后镁合金晶粒尺寸的影响，由图可知退火前的轧制 AZ 系镁合金的晶粒尺寸在高锰和低锰水平下都是随着 Al 含量的增加而稍微增大，退火后的镁合金在低锰水平下也是如此，然而在高锰水平下的晶粒尺寸随着 Al 含量的增加而先减小后增大；在 Al 含量相同的情况下，加入锰可以细化晶粒。图 4-7 为 Al 和 Mn 含量对不同应变率下 AZ 系镁合金延伸率的影响，可知延伸率随着应变率的减小而增大，且延伸率在 Al 含量为 4% 时达到最大；在 Al 含量大于 4% 时锰的加入可以增加镁合金的延伸率。

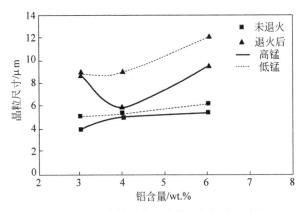

图 4-6 Al 和 Mn 含量对退火后镁合金晶粒尺寸的影响

AZ 系镁合金具有良好的力学性能、铸造性能和耐腐蚀性能。常见的 AZ 系汽车镁合金包括 AZ91、AZ92 和 AZ81 等，通常用来铸造大型形状复杂和薄壁的零件。如长安汽车采用 AZ91D 镁合金制造发动机汽缸盖罩、变速器左箱体端盖和变速器左右箱体等零部件。

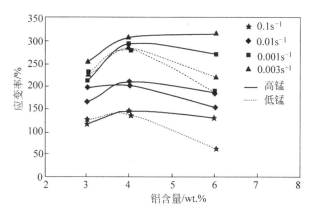

图 4-7　Al 和 Mn 含量对不同应变率下镁合金延伸率的影响

2. AM 系镁合金

AM 系合金中一般添加少量的锰。锰的添加对合金的抗拉强度影响很小,但是可适当提高镁合金的屈服强度。锰的添加可以有效地去除镁合金中的铁等其他重金属元素,以避免有害的晶间化合物的生成,提高镁合金的耐腐蚀性能。锰的另一个作用是细化晶粒,提高镁合金的焊接性能。

以 AM50 为例来观察 AM 系镁合金的组织结构。图 4-8 为 AM50 镁合金铸态下主要的合金相的形貌。从图 4-8(a)可以看出 β-$Mg_{17}Al_{12}$ 相呈片状均匀分布在基体 α-Mg 内部,片状物的长度从几百纳米到几微米,而宽度多为几十纳米。图 4-8(b) 为 Al_8Mn_5 相的典型形貌,可见 Al_8Mn_5 相基本上呈现出规则的几何形状。Al_8Mn_5 相与基体之间界面清晰,不含其他相。AM50 均匀规则的组织结构决定了其良好的力学性能。

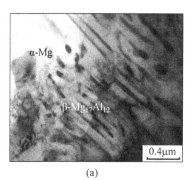
(a)

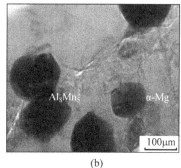
(b)

图 4-8　AM50 镁合金显微组织

常用的 AM 系汽车镁合金包括 AM50、AM60 和 AM20 等。这些镁合金在室温下强度不高,但脆性较低,变形能力较强,应用主要集中在对强度、耐腐蚀性能、耐热性能等要求较低的领域。AM 系镁合金在汽车工业中应用的优势有:①质量轻;②产品高度集成化,可将原设计中 30~60 个零件集成为一片式铸件;③由于 AM 系镁合金延伸率高,可增加部件抗冲击能力;④可降低部件组装和加工费用;⑤有效减小汽车的振动与噪声;⑥产品回收率高,有利于降低成本;⑦增加了产品设计中的灵活性。结合以上优势及 AM 系镁合金本身的性能特点,其应用主要在三个方向上:汽车仪表板、转向操纵系统部件以及汽车座架。

(1) 汽车仪表板。德国奥迪公司于20世纪80年代最先在V8型轿车上应用镁合金仪表板,自身质量仅4.3kg。由于AM系镁合金有很高的延伸率,制成一片式轻型结构件后,在冲击试验中只能被撞弯而不会被撞断,体现了良好的抗冲击性能,而其质量则大大轻于原来的钢结构件。同时,一片式结构还可省去钢结构件中所必需的许多零部件。菲亚特汽车公司的仪表板支撑梁用钢铁生产时有24个焊接部分、130条焊缝,采用镁合金后则实现了整体浇铸,且减轻了44%的质量,刚度大大提高。目前,镁合金仪表板的发展方向是部件表面积变大、集成更多的功能、单位价格下降,有取代塑料、钢铁等材料的趋势。

(2) 转向操纵系统部件。日本丰田汽车公司最先在其车型中应用AM系镁合金制造的轮毂、转向盘及操纵杆等部件。福特汽车公司从1990年开始将包括许多镁合金零件的被动式安全装置转向柱用于各种轿车上,这种转向柱的镁合金零件有限制器外壳、转向柱套、低位轴承护圈和夹紧器等。菲亚特汽车公司也在使用镁合金转向盘芯和转向柱零件,以加强部件抗冲击能力及增加转向盘防撞气袋的储存能量等。目前,AM系镁合金转向操纵系统部件已经得到世界各大汽车生产商的广泛应用。

(3) 汽车座架。德国奔驰汽车公司最早将镁合金汽车座架、背架及安全带支架应用于该公司的SL Roadster车型中。当前的最新型产品也是一片式压铸件,不需要二次加工,质量仅为2kg左右。赛车、微型车、旅居车等对座椅提出的质量轻、强度高的要求推动了此类产品的应用。目前,AM系镁合金车座支架产品的发展趋势是继续发挥其质量轻、性价比高、抗冲击力强的优势,并进一步改善这些性能,逐步取代塑料、钢铁等材料。

为了拓展AM系镁合金在汽车生产制造领域中的广泛应用,以下几个关键问题亟需解决:①改善镁合金的显微组织,减少缩孔,提高镁合金的铸造加工性能以及在室温和高温下的综合力学性能;②研发新型的铸造加工工艺来增加零件的集成度,生产形状更为复杂的铸件,并尽可能降低生产成本;③研究AM系合金的耐腐蚀机理,寻找经济可行的表面处理新工艺,延长使用寿命。

4.4.2 镁合金在汽车不同部位的应用

1. 内饰

由于内饰件对耐腐蚀的要求相对较低,没有严格的受力要求,服役温度不高,所以镁合金在内饰中的使用量在汽车用镁里一直占据比较重要的地位,典型的应用有转向盘、仪表盘横梁、座椅等。在欧洲,大约85%的转向盘使用镁合金材料制造。在正常的驾驶情况下,转向盘会随着路况抖动,因此要求其保持足够的刚性。而在汽车发生正面碰撞时,转向盘又必须在碰到驾驶员的时候毁坏,以避免伤害驾驶员。为了满足这样的性能要求,早在20世纪80年代,福特公司及其供应商就采用AZ91D开发了驾驶杆的下端安装支架和配对轴承护圈,以满足当时安全法规的要求。随着安全法规的变化,他们又开发出了新的AM50A合金,使该零部件满足了新的法规,避免重新设计零部件带来的成本。第一个仪表盘横梁出现在1989年的奥迪车上。采用镁合金生产制造的仪表盘的厚度约为2.5mm,并且能够一体化成形,从而减少了零部件数量,降低了装配误差。近年来开发的镁合金座椅只包含两个部分：靠背和座垫，厚度仅为2～4mm，而早期的镁合金座椅则包含5个部分，其中2个组成靠背，3个组成座垫，厚度为2～20mm。新座椅不仅零部件数量有所减少，厚度也大幅降低，能够带来显著的减重效果。有研究指出，如果用镁合金板材制作座椅，则能够比使用铸造镁合金带来更多的减重效果。跟其他轻量化材料相比，镁合金可以铸造成各种断面，能够增强设计自由度。近几年，有零部件制造商尝试使用镁合金挤压工艺制造座位轨道。总的来说，镁合金材料在汽车内饰零部件的应用中具有一定竞争力。

2. 动力系统

大众汽车的"甲壳虫"车型很早就将镁合金用于曲轴箱等动力传动系统零部件。必须注意的是，当时使用的是空冷发动机。由于发动机需要的功率越来越大，发动机的工作温度和负荷增加，最终将导致发动机由空冷变成水冷。在高温环境下，镁合金的抗蠕变性能不足，而且它在水冷发动机的耐蚀性也不如其他材料。尽管如此，但镁合金具有良好的声音和振动阻尼特性，许多高端车仍尝试在动力系统中温度较低的部位使用镁合金，以提高NVH性能。例如，福特F150皮卡和道奇"蝰蛇"的凸轮盖，奥迪V8的汽缸盖罩，大众汽车W12发动机的进气歧管、阀套等。比较突出的应用实例是大众汽车于20世纪90年代在帕萨特和奥迪A4、A6的手动变速器上采用了镁合金材料，每个变速箱的质量约为28LB，日产量约为600个。该零部件采用大量的加强筋，跟铝合金相比，采用镁合金的减重效果达到20%～25%。研究表明，当服役温度低于120℃时，AZ91可以满足该部件的综合性能要求，如力学性能、耐腐蚀性和铸造性能。但是，对于自动变速器、发动机缸体和曲轴箱等，服役温度明显提高，只有提高镁合金的抗蠕变性能才有可能将其应用于这些高温部位。2004年，宝马公司开发了一款镁合金/铝合金复合的曲轴箱，这为镁合金在动力系统中的应用提供了另一个解决思路。该复合材料的曲轴箱由镁合金箱体和铝合金内部构件组成，它由上下两部分组成，并由铝合金螺栓固定。该曲轴箱选用AJ62镁合金，这是因为该合金具有良好的抗蠕变性能。综上所述，尽管在动力系统的某些零部件中，铸造镁合金已经开始取代铝合金铸件，但是，发动机零部件的服役温度均比较高，必须开发出新的耐高温镁合金才有可能扩大镁合金的应用。

3. 底盘

镁合金在底盘系统上的典型应用是镁合金轮毂。汽车质量可以分成簧下质量和簧上质量。簧下质量一般是指不由悬架系统中的弹性元件所支承的质量，包括车轮、弹簧、减振器等；其他部分的质量是簧上质量。通常认为减小簧下质量能够提高车辆的操控性以及悬架系统的动态响应能力。因此，镁合金轮毂的早期应用出现在赛车上，其中比较突出的代表是保时捷赛车，如图4-9所示。保时捷公司在20世纪60年代就已经在镁合金轮毂上做了大量研发工作，并在保时捷赛车上大量使用了镁合金轮毂。

但是，镁合金轮毂存在潜在的腐蚀问题，而解决方案代价较为昂贵。镁合金轮毂的实际应

图4-9 保时捷Carrera GT的镁合金轮毂

用一般只出现在高端车上,例如,通用汽车从 20 世纪 90 年代末开始在 Corvette 上配置了镁合金轮毂。在镁合金轮毂的研发过程中,汽车工业尝试了不同的铸造工艺,如砂型铸造、低压铸造、永久型铸造、挤压铸造、半固态铸造等。当前,汽车工业依然在寻找合适的合金,其他塑性加工方法(如锻造)以及低成本涂层技术来增加镁合金应用的可能性。镁合金在底盘系统中的应用还有悬架控制臂、发动机支架、散热器支架和转向节等。克莱斯勒汽车公司在旗下某款小货车(Minivan)的防抱死制动系统(anti-lock braking system)上使用了镁合金支架。该支架最初设计使用的是热轧钢板,不过没有通过后续测试。采用增强措施或者使用其他牌号的高强度钢能够解决这个问题,但这两个办法都会导致支架的质量达到 1.1kg,而这超过了克莱斯勒公司的要求。这个问题的最后解决方案是使用了镁合金铸件,它不仅通过了所有测试,而且质量只有 0.36kg。此外,研究人员认为,空心的镁合金铸件和挤压件在底盘系统中有一定的应用前景。与传统的实心铸件相比,空心铸件和挤压件能够更有效地减重。一些汽车公司已经将空心的铝合金铸件和挤压件应用到某些车型的底盘系统上。与镁合金轮毂相似,新合金的开发进展、低成本的成形方法和涂层技术将决定空心镁合金零部件是否可以代替相应的铝合金零部件。

4. 车身

20 世纪 30 年代,镁合金就出现在了汽车车身上。当时布加迪的一款概念车(Type 57C Atlantic)使用了镁合金车身,如图 4-10 所示,车身板材从外部进行铆接,形成了标志性的接缝。20 世纪 50 年代,镁合金的应用集中于赛车上。1954 年,Jaguar D 在它的车身、骨架和底盘上使用了镁合金,如图 4-11 所示。梅赛德斯 300SL 同期采用了镁合金板材的轻量化车身设计。1957 年,Corvette ss 的车身材料也采用了镁合金。1969 年,保时捷 962 车型采用了独特的镁合金管材框架结构。

图 4-10 布加迪 Type 57C Atlantic

图 4-11 Jaguar D-Type

尽管汽车供应商一直尝试在车身上使用镁合金薄壁铸件,但镁合金在车身上的应用并不常见。近些年,可以在一些高端车型的覆盖件上看到铸造镁合金零部件。阿斯顿·马丁在其旗下的两款高端车型(DB9 和 Vantage)中采用了镁合金的车门内框。它的室壁厚度只有 2.5mm,整个内框的质量约为 6kg,比铸铝内框的质量减轻了 1/3。与传统铝合金内框或者钢制内框相比,镁合金车门内框的整个制造工序只需要一套模具。因此对于小批量生产来说,镁合金车门内框更经济。林肯的 MKT 车型是另一款较多使用镁合金的车型,包括散热器支撑、后排座椅靠背和座垫框架。尤其引人注意的是,该 SUV 车型的后门采用了镁合金内板和铝合金外板的组合连接方式,比钢板的后门轻 22 磅。其中镁合金内板重 8kg,可能是当时世界上最大的单片镁合金铸造汽车零部件(1379mm×1316mm),这个内板是世界上第一个满足 55km/h 后碰撞要求的压铸镁合金覆盖件。

除了覆盖件,镁合金在车身上的潜在应用还包括车顶框架、可伸缩的硬顶敞件。近几年应用的镁合金大都是铸造成形而非塑性加工成形。大众汽车开发的 L1 概念车型是一个例外,它设计了镁合金空间框架,采用了镁合金铸件和塑性成形件,展现了镁合金塑性成形件的应用可能,如图 4-12 所示。

图 4-12 大众 L1 概念车型

如前所述,镁合金在车身上的应用多集中在概念车和一些高端车型上,将来车身上有可能会有更多的镁合金应用,但是需要解决吸能、表面质量和成本问题。

表 4-3 总结了镁合金在汽车上的具体应用及其优势。

表 4-3 镁合金材料在汽车不同部位的应用

应用部位	具体零部件	优　　势
内饰	转向盘、仪表盘、横梁、座椅	内饰件使用要求不高,所以在汽车用镁中一直占据比较重要的地位。跟其他轻量化材料相比,镁合金可以铸造成各种断面,能够增强设计自由度
动力系统	曲轴箱零件、凸轮盖、汽缸盖罩、进气歧管、阀套等	大量用在高端车型,具有良好的声音和振动阻尼特性,减重效果较铝合金高 20%~25%
底盘系统	镁合金轮毂、悬架控制臂、发动机支架、散热器支架、转向节等	有效提高车辆的操控性以及悬架系统的动态响应能力
车身	车身板材、骨架、车门内框、车顶框架、可伸缩的硬顶敞篷	镁合金用于车身的优势在于其薄壁铸件特性

4.4.3 镁合金材料应用在汽车上的局限性

如果把所有曾经使用过的镁合金零部件都安装到同一辆车上,那么这辆车使用的镁合金零部件的质量将达到 380 磅。然而,目前北美汽车的平均用镁量仅约为 11 磅,两者相差约 370 磅,如图 4-13 所示。限制镁合金在汽车上应用的因素如下。

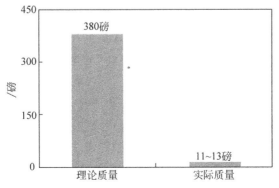

图 4-13 汽车用镁合金的理论质量与实际质量对比

首先，综合成本是阻碍镁合金零部件大规模应用的一大因素。这里的综合成本包括原材料、模具、防腐蚀工艺、连接技术、装配等一系列成本。只有当镁合金的综合成本与其他轻量化材料接近时，汽车工业才有可能考虑使用镁合金零部件。其次，镁合金材料的供应链还不完善。镁合金原材料的产能远远落后于钢铁和铝合金，如图 4-14 所示。即使仅从原材料的产能考虑，目前镁合金还不具备在汽车工业上大规模应用的可能性。

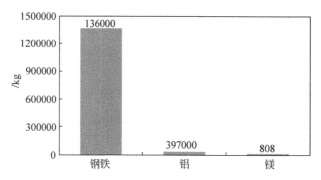

图 4-14　车用金属材料全球年产量对比

另外，与其他金属材料相比，镁合金材料的性能有较为明显的不足。由于汽车工业和零部件供应商对镁合金的熟悉程度比不上其他轻量化材料，故针对以下性能缺陷，目前还没有找到低成本的解决办法：①镁合金的耐腐蚀性差，长期以来极大地限制了镁合金在汽车工业上的应用。镁合金的微观组织分布对其耐腐蚀性有明显影响。生产高纯度的镁有助于改善镁合金的耐腐蚀性，但是其生产成本较为昂贵。美国汽车材料协会的报告中指出：提高镁合金的凝固速度，能够产生均匀的组织分布以及较小的夹杂物，从而可以提高镁合金的耐腐蚀性。在一般环境中，采用高压铸造生产的镁合金的耐腐蚀性和低碳钢接近。然而在腐蚀环境中，还需要提高镁合金的耐腐蚀性才能满足服役要求，主要的方法包括开发耐腐蚀的镁合金材料、改良铸造工艺，以及对镁合金进行表面处理。②和其他汽车用金属材料相比，镁合金是电位最低的金属。当镁合金和其他金属材料接触时，可以构成宏观原电池。镁合金通常作为原电池中的阳极，容易发生严重的电化学腐蚀。这种现象给镁合金零部件的连接技术带来很大的挑战。另一种形式的电化学腐蚀是因为镁合金表面含有杂质金属元素，这些小颗粒与镁基体阳极形成短路的微观原电池，产生内电偶腐蚀。这些表面杂质可能源于润滑剂、模具表面等。如果酸洗溶液含有重金属盐类，则也可能引起内电偶腐蚀。③当服役温度较高时，镁合金容易发生蠕变现象。以常用的压铸合金 AZ91 为例，当温度高于 100℃ 时，就开始发生蠕变行为。镁合金容易发生蠕变的特性阻碍了其在发动机系统中的进一步应用。这是因为发动机系统的服役温度较高，而镁合金的蠕变强度低，服役过程中的蠕变容易导致螺栓锁力的下降以及轴承和托架的接触不良，从而可能导致漏油或者发动机系统 NVH 性能下降。④镁合金零部件以高压铸造产品为主，然而铸造镁合金的性能分布不均匀，不能直接通过小试件的材料性能来预测大型零部件的性能，这也给镁合金的应用带来了一定困难。⑤镁合金为密排六方晶体结构，其室温成形性能较差，没有足够的延展性，这个缺点阻碍了镁合金塑性成形件的应用。

4.4.4 车用镁合金材料的发展趋势

镁及镁合金材料是一种较为理想的汽车轻量化材料,但存在一些必须解决的问题,如材料性能随着温度升高而降低问题和腐蚀问题等。因此需要进一步研究开发新型镁合金材料及其成形制造技术。

1. 研发新型耐热镁合金

耐热性是材料在高温和负载下抵抗变形和破坏的能力。阻碍镁合金材料广泛应用的主要原因之一就是耐热性差,随着温度的升高,镁合金的抗蠕变性能和强度大幅下降,使得其难以用来生产发动机等关键零件,限制了其在汽车工业中的广泛应用。通常通过添加稀土元素(RE)来提高镁合金耐热性能,但是稀土合金的成本较高,阻碍了其广泛应用,这是需要加以解决的难点。因此,可以从镁合金添加的合金元素开始着手,对镁合金的合金化或微合金化进行研究,探讨不同合金元素对镁合金的组织及性能的影响和作用规律。

2. 研发新型耐腐蚀镁合金

目前,解决镁合金材料的耐腐蚀性问题的方法主要包括:①严格控制镁合金中的 Cu、Fe、Ni 等杂质成分的比例。例如,在盐雾试验测试中得到的耐腐蚀性结果表明,高纯 AZ91HP 镁合金大概为 AZ91C 的 100 倍,可以超越压铸铝合金 A380,明显优于低碳钢。②采用物理或化学方法对镁合金材料进行表面处理。按照不同的耐腐蚀性要求,可选择阳极氧化处理、化学表面处理、化学镀、电镀、热喷涂等方法进行处理。例如,经化学镀的镁合金材料,其耐腐蚀性能超过了不锈钢。尽管在提高镁合金耐腐蚀性能上有所进展,但是镁的腐蚀问题制约着它的应用和发挥潜力。加强镁的耐腐蚀性研究、积极探索和开发增强镁和镁合金耐腐蚀性的方法和途径,可以使镁合金的应用范围更加广泛。

3. 研发新型阻燃镁合金

在熔炼浇铸过程中,镁合金易发生剧烈的氧化燃烧。通常情况下熔剂保护法和六氟化硫(SF_6)、二氧化硫(SO_2)等混合气体保护法是较为有效的阻燃手段,然而它们在应用过程中带来的环境污染较严重,同时会降低合金的性能,并且通常情况下设备的投资较大。纯镁中加钙能够大大提高镁的抗氧化燃烧能力,但是由于添加大量钙会严重恶化镁合金的力学性能,使这一方法无法应用于生产实践,但反映出合金化阻燃可能是另一类可行的阻燃方法。上海交通大学轻合金精密成形国家工程研究中心通过同时添加多种合金化元素,开发出了一种同时具备良好力学性能和阻燃性能的轿车用阻燃镁合金,成功地在轿车变速箱壳盖上进行了工业试验。阻燃镁合金正朝着合金多元化的方向发展,多种合金元素相互匹配,既可达到阻燃的目的,又能不降低镁合金的性能。

4. 研发新型高强高韧镁合金

现有的镁合金在常温下的强度和塑韧性都需要进一步提高。为了细化组织晶粒,提高材料的屈服强度和抗拉强度,通常在 Mg-Y 和 Mg-Zn 合金中加入 Zr、Ca 等元素;而加入

Th 和 Ag 能够提高 Mg-RE-Zr 合金的综合力学性能；采用等通道角挤（ECAE）、高挤压比和快速凝固粉末冶金等方法，可使镁合金的晶粒处理得非常细，从而获得高强度、高塑性甚至超塑性。这些新型的镁合金材料可望应用于制造汽车轮毂、座椅框架、方向盘、仪表盘等对塑韧性要求较高的零件。研发高强高韧镁合金是镁合金材料的主要研究方向之一。

5. 研发新型变形镁合金

总体来说，变形镁合金的发展及其加工工艺发展相对较缓慢，因为变形镁合金的塑性差，加工难度较大，限制了其应用。虽然目前铸造镁合金产品用量大于变形镁合金，但变形镁合金的发展潜力巨大。通过塑性加工，可生产出尺寸形状多样的板材、管材、棒材、型材及锻造件产品；还可以应用热处理等工艺控制材料组织结构，得到更高的强度、更好的延展性及更多样化的力学性能，以满足汽车不同部位结构件的使用要求。因此，开发变形镁合金是其未来更长远的发展趋势。

习　题

1. 简述镁合金材料相对于钢材、铝材的优势。
2. 举例说明镁合金材料在汽车上的应用及优势。
3. 简述镁合金材料的分类原则。
4. 简述铸造镁合金和变形镁合金的特点及性能。
5. 简述 AZ 系镁合金材料中合金元素的主要作用。
6. 常用的 AM 系汽车镁合金有哪些？各有什么特点？
7. 简述 AM 系镁合金在汽车工业中的应用优势。
8. 列举镁合金在汽车不同部位上的应用实例。
9. 简述镁合金在汽车上使用的局限性。
10. 车用镁合金的发展方向有哪些？

第 5 章

工程塑料及其应用

5.1 概 述

5.1.1 工程塑料在汽车上的应用功能及特点

在汽车设计的诸多条件当中,为了轻量化和降低成本,在设计上采用工程塑料具有重要的意义。随着汽车向轻量化方向的发展,特别是汽车内饰件对材料提出了更高的要求,工程塑料在汽车上的用量日益增加。利用工程塑料的质轻、防锈、吸振、设计自由度大的特点,现代汽车用工程塑料结构件取得了长足的发展,并且是今后的重点发展方向之一。工程塑料制品不仅能够减少零件数量,在降低噪声方面也起到了很好的作用。生产厂家应利用工程塑料制品的成形特点,尽量使多个零件一体化,减少数目,设法达到复杂零件一次成形的目的。汽车上工程塑料的使用量持续呈增长趋势,这种趋势在今后还将继续。今后的车用材料,正由金属向工程塑料方向转化。

通用塑料是以合成树脂(聚合树脂或缩聚树脂)为主要成分,并根据不同需要而添加不同添加剂所组成的混合物。而工程塑料是可作为工程结构材料和代替金属制造机器零部件等的塑料,可分为通用工程塑料和特种工程塑料两类。和通用塑料相比,工程塑料在力学性能、耐久性、耐腐蚀性、耐热性等方面能达到更高的要求,而且加工更方便并可替代金属材料。其具有的独特性能如下:

(1)比强度高。单位质量的强度称为比强度。工程塑料的比强度是材料中最高的。如玻璃纤维增强的环氧树脂(玻璃钢),其比强度比钢高 2 倍左右。通过不同组分搭配的复合材料有含硬质金属的颗粒复合材料,以夹层板材和树脂胶合纤维为主的层板复合材料和以玻璃纤维、碳纤维为主的纤维复合材料,这些复合材料具有很高的机械强度,可以代替钢板制作车身覆盖件或结构件,减轻汽车的质量。

(2)耐化学腐蚀性(化学稳定性)好,局部受损不会腐蚀。塑料对酸、碱、盐等化学物质的腐蚀均有很强的抵抗能力,其中聚四氟乙烯是化学性能最稳定的材料(俗称"塑料王"),把它放在"王水"中煮沸也不起变化。硬聚氯乙烯是最常用的耐腐蚀材料,它可耐浓度达 90% 的浓硫酸以及各种浓度的盐酸和碱液。钢材制件一旦漆面受损或者先期防腐做得不好就容易生锈腐蚀。塑料对酸、碱、盐等抗腐蚀能力大于钢板,如果用塑料作车身覆盖件,十分适宜在污染较大的地区中使用。

(3)绝缘性能好。几乎所有塑料都具有优良的电气绝缘性能,可与陶瓷、橡胶等绝缘材料相媲美。

(4) 密度小、质量轻。轻量化是汽车业追求的目标,塑料在此方面可以大显其威。一般塑料的密度在 0.9~1.5kg/cm³,是铝的 1/2;纤维增强复合材料密度也不会超过 2.0kg/cm³,应用塑料是减轻车体质量的有效途径。每 100kg 的塑料可替代其他材料 200~300kg,可减少汽车自重,增加有效载荷。

(5) 物理性能良好,具有减摩、耐磨性和工程塑料制品的弹性变形特性。柔韧性较好,有许多工程塑料其摩擦系数很小,而且耐磨、避振,能吸收大量的碰撞能量,对强烈撞击有较大的缓冲作用,对车辆和乘员起到保护作用。单位质量工程塑料的抗冲击性不亚于金属,有些工程塑料、碳纤维增强的工程塑料甚至还远远高于金属。它们在各种液体摩擦、半干摩擦甚至干摩擦条件下均能正常工作。因此,现代汽车上都采用塑化仪表板和方向盘,以增强缓冲作用。前后保险杠、车身装饰条都采用工程塑料材料,以减轻外物对车身的冲击力。另外,工程塑料还具有吸收和衰减振动和噪声的能力,可以提高乘坐的舒适性。

(6) 消声、减振性能好。采用工程塑料作传动件,可减小噪声、降低振动,改善工作环境。

(7) 设计自由度大,可制成透明、半透明或不透明的制品,外观多种多样,表面可制作具有特色的花纹。

(8) 着色性好,可按需要制成各种各样的颜色。添加不同的填料、增塑剂,可适应车上不同部件的用途要求。根据工程塑料的组织成分,可以通过添加不同的填料、增塑剂和硬化剂制出所需性能的工程塑料,改变材料的机械强度及加工性能,以适应车上不同部件的用途要求。例如保险杠要有相当的机械强度,而坐垫和靠背就需要采用柔软的聚氨酯泡沫工程塑料。工程塑料可以通过添加调色剂形成不同的颜色,可以省去喷漆。有些工程塑料件还可以电镀,例如 ABS 工程塑料具有很好的电镀性能,可用于制作装饰条、标牌、开关旋钮、车轮装饰罩等。

(9) 加工性能好。工程塑料成形容易,可使形状复杂的部件加工简单化,复杂的制品可一次成形,且能大批量生产,生产效率高,成本较低,经济效益显著。如果以单位体积计算,生产工程塑料制件的费用仅为有色金属的 1/10。例如仪表台用钢板加工,往往需要先加工成形各个零件,再分别用连接件装配或焊接而成,工序较多。而用工程塑料可以一次加工成形,加工时间短,精度有保证。

(10) 环保、节约能源,可回收利用。大量采用工程塑料的汽车每 100km 节油量在 0.5L 以上。

工程塑料具有以上优点,因而在汽车上应用日益广泛,图 5-1 所示是几种常见工程塑料在汽车中使用时所占的比例情况。但相对来说,工程塑料也存在一些缺点,如收缩率大,吸水性强,容易受温度变化而影响尺寸的稳定性,难以制得高精度制品,易燃,燃烧时产生大量黑烟和有毒气体,长期使用易缓慢氧化、老化、易变形、变色、开裂及机械强度下降等;有的工程塑料强度低,耐温性能较低,一般工程塑料只能在 100℃ 以下工作,少数的才能在 200℃ 以上工作;导热性只有钢的 1/200~1/600;热膨胀系数大等。但通过改性可减少其缺陷。

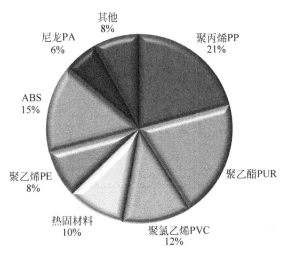

图 5-1 车用塑料材料品种及其所占比例

5.1.2 工程塑料的应用价值

近年来,汽车轻量化成为降低汽车排放、提高燃烧效率的有效措施,也是汽车材料发展的主要方向。由于工程塑料具有重量轻、比强度高等优良特点,其在汽车轻量化中有着广泛的应用。可以说,汽车工业的发展与塑料工业的发展密不可分。

塑料应用是实现轻量化的重要途径之一。以白车身为例,采用纤维增强复合塑料材料制作的车身与钢制车身相比,可实现减重35%的目标。目前,国际上由塑料制成的车身已在小批量生产的汽车中或一些高档车型上得到了广泛应用。随着低压成形车身覆盖件制造技术研发的进一步深入,塑料车身部件将在未来的轻量化和个性化车型中具有广泛的应用前景。

工程塑料(PA、聚对苯二甲酸乙二醇酯(PET)、POM、PC 和 PPO)性能高又可代替金属材料,比通用塑料(聚乙烯(PE)、聚丙烯(PP)、聚氯乙烯(PVC)、ABS 等热塑性塑料)的强度与耐热性优异,主要应用于汽车内饰件、外装件、功能结构件上。工程塑料用于外装件可减轻汽车自重,这是降低汽车排放、提高燃烧效率最有效的措施之一。据调查,汽车自身质量减轻10%,燃油消耗就能降低6%~8%。100kg 的塑料在功能上等同于 200~300kg 的金属部件,由此推论,汽车平均行驶 15 万 km,便可节省 750L 的燃油。在安全方面,工程塑料的抗击性不逊于金属,甚至高于金属。用可吸收冲击能量和震动能量的弹性体、发泡塑料制造仪表、座椅、头枕等制品,可以减轻碰撞时对人体的伤害,提高汽车安全系数。结构件则多采用高强度工程塑料,如用塑料作燃油箱、发动机和底盘上的一些零件,以减轻质量、降低成本、简化工艺。

随着工程塑料的优势越来越被汽车业界认识和接受,工程塑料在汽车中的应用近几年大幅增长。目前发达国家已将汽车用塑料量的多少作为衡量汽车设计和制造水平的一个重要标志。表 5-1 中数据反映了 1998 年各国汽车对塑料的应用情况。中国已经成为世界汽车生产和消费的大国,还要进一步发展成为世界汽车生产基地,就必然要快速发展包括汽车塑料件在内的汽车零部件工业。同时,汽车材料逐步向轻量化和环保化方向发展。以塑代钢不仅能减轻车重,而且材料可回收再利用,进而节省制造过程中的资源浪费,最终使汽车在环保节能和降低成本两个方面获得更多的突破,还有助于改善汽车的安全性、舒适度和设计的灵活性。

表 5-1　1998 年各国中塑料在汽车上占有量

国　　家	单车用量/kg	重量比例/%
德国	300～365	约 22.5
美国、法国	220～249	约 16.5
日本	126～150	约 8.5
中国	60～78	约 5

汽车工业作为我国的支柱产业,目前发展迅速,而现在国内汽车行业对工程塑料的消费比例远远低于世界平均水平,应加大工程塑料在汽车工业中的应用,一方面促进我国工程塑料工业的发展,另一方面有利于促进汽车国产化进程。随着我国汽车工业国产化进程的日益加快,汽车工业将是未来工程塑料消费增长最快的领域之一。

5.2　车用工程塑料的发展

随着世界石油危机的一次次爆发及石油资源日益枯竭,对汽车轻质、节能要求日益增高,节能已成为世界汽车工业面临的共同问题,再加上对乘坐舒适安全的要求,发达国家汽车塑料制品的用量逐年增加,以达到减轻汽车自重、节约能源、提高燃料经济性的目的。如图 5-2 所示,在整个汽车构造中,已经大量存在工程塑料的身影。

5.2.1　国内外车用工程塑料发展现状

国外汽车用塑料的研究始于 20 世纪 50 年代,60 年代中期有少量商业化制品生产。70 年代后,由于两次世界性石油危机,汽车业要求减重节能,汽车用塑料发展加快,塑料已用到格栅、镶板、保险杠等大件领域,用量已占汽车自重的 2%～3%。特别是 80 年代以来,合成树脂及塑料工业的发展,进一步扩大了汽车用塑料品种及用量,1985 年发达国家平均每辆车用塑料达 50～90kg,占汽车自重的 6%～8%。为了满足汽车工业发展的需求,汽车塑料的品种和应用范围不断扩大。20 世纪 90 年代,发达国家汽车平均用塑料是:100～130kg/辆,占整车整备质量的 7%～10%;到 2002 年,发达国家汽车平均用塑料量达到 300kg/辆以上,占整车整备质量的 20%。据统计,2020 年发达国家汽车平均用塑料量已达到 500kg/辆以上。

我国的汽车工业起步晚、基础差,汽车用塑料更如此,至今只有几十多年的发展史。改革开放以来,随着各地相继引进了一些汽车生产线,汽车工业整体水平大为提高,进而也刺激了配套塑料的发展,汽车用塑料已成为一个新兴领域,日益受到汽车及塑料业界的重视。据统计,1989 年我国汽车产量为 57 万辆,保有量为 540 万辆,虽有较大发展但仍大大落后于发达国家的水平(如美国同时期人均占有汽车量为 1.4 人/辆,日本为 3.2 人/辆),平均每

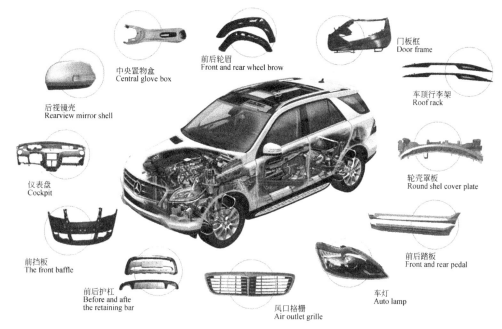

图 5-2 工程塑料在汽车上的应用

辆车用塑料量只有 14.8～27.2kg，约占汽车自重的 0.32%～1.54%，也远远落后于发达国家水平。目前我国经济型轿车每辆车塑料用量为 50～60kg；轻、中型载货车的塑料用量仅为 40～50kg；重型载货车可达 80kg。我国中、高级轿车基本为发达国家引进车型，汽车塑料的应用量基本与发达国家 20 世纪 90 年代水平相当，为 100～130kg/辆。

5.2.2 塑料在汽车上的应用研究与发展

20 世纪 70 年代能源危机促进了汽车零件塑料化，产品由以通用塑料为主转变为以工程塑料为主。20 世纪 80 年代汽车用塑料进入快速发展时期，出现塑料覆盖件和塑料功能件。20 世纪 90 年代塑料的应用向着功能结构件的方向发展，将来还要向汽车外部结构件发展。汽车工业成为最大的塑料用户之一，表 5-2 展示了轿车中典型的塑料软饰件。

表 5-2 轿车中典型的塑料软饰件

内饰件名称	塑料名称
座椅缓冲垫、头枕	聚氨酯泡沫塑料
扶手、仪表盘缓冲垫	聚氨酯泡沫塑料、聚氯乙烯
仪表盖板、前支柱装饰条、控制箱体	丙烯腈-丁二烯-苯乙烯共聚物（ABS）
仪表板芯材	玻璃钢纤维增强丙烯腈-苯乙烯共聚物
仪表板托架、车门前饰板芯材、制动杆手柄、中后支柱装饰条	聚丙烯
转向盘	聚丙烯、聚氨酯
车门内饰板表皮、车顶棚内衬表皮	聚氯乙烯
车门内饰板隔离层、车顶棚内衬隔离层	聚氨酯、聚苯乙烯
车顶棚内衬托架	聚丙烯、聚苯乙烯

在汽车零部件中,聚丙烯是用量最大的热塑性塑料,仅北美每年的用量就可达到27万t。2013年,美国已成功使用耐热塑料制造发动机,这种塑料中混合有玻璃及碳纤维,强度高,可制造大部分发动机零件,如汽缸体等。只有少部分承受高负荷的活动零件,如曲轴、连杆等仍用金属制造。这种塑料发动机比金属发动机约轻50%,试验中省油率达到12%~15%,而且噪声比金属发动机低30%。21世纪初,北美轿车和轻型卡车塑料总需求量将再增加25%。

5.2.3 塑料件的安全性

塑料在汽车安全的每一次进步中都发挥着举足轻重的作用,而且在未来的十年里,塑料也是解决现有许多汽车安全问题的关键。车用塑料经过半个世纪的应用发展,在汽车安全方面的应用早已崭露头角,它一直是人们在汽车零部件设计及开发中的有效途径和重要手段之一。

从汽车安全角度看,其中有许多塑料零部件都在减轻事故灾害以及保护轿车驾乘人员的安全中起到了重要的作用。尤其是轿车内饰件、安全带、座椅以及以安全气囊为代表的各种乘员保护装置,在轿车发生交通事故时直接与乘员作用,对避免乘员发生二次碰撞或减轻二次碰撞引起的伤害起着关键的作用,决定着乘员的被动安全性;而这些安全部件在设计上的优劣更是在乘员的保护效果和伤害程度上产生不同的结果。因此,目前工程界已普遍把围绕乘员的众多部件作为一个乘员约束系统来进行整体设计和优化。作为汽车工程中的一项核心技术,世界上的各大汽车公司都在该领域中投入了大量的人力、物力和财力。

由于塑料在轿车车身内饰件上的广泛应用,众多涉及轿车内饰件的安全技术标准和法规都对有关的材料做出了基于安全性能的要求。尤其是轿车阻燃内饰材料和冲击能量吸收型内饰材料的研究,都会自然而然地把相当一部分的注意力集中在塑料应用上。现代汽车采用工程塑料和塑料感光体及一些外覆塑料件,而这些部件本身在整个安全系统中十分关键。尽管面对着一定的挑战,但塑料在未来轿车安全系统中的应用前景将是十分光明的。汽车工业将会带动我国车用塑料市场的发展,汽车用塑料零配件将成为我国汽车零配件行业中一道风景线。

5.2.4 车用塑料制品的成形工艺

塑料是节能型材料,具有相对密度低、吸声、隔热、防振、电绝缘性和耐化学药品性优良、可复合增韧增强、生产能耗低等特性。下面就汽车用塑料制品常见的几种加工成形方法及相关注意事项进行简单的介绍。

1. 注射成形

注射成形是将塑料先加入注塑机的加料筒内,塑料受热熔融,在注塑机的螺杆或活塞的推动下,经喷嘴和模具的浇注系统进入模具型腔,塑料制品在模具型腔内固化成形。注射成形时可选用高速和低速两种工艺,一般在制品壁薄且面积大时,采用高速注射;而壁厚且面积小时采用低速注射。在均能充满型腔的情况下,除玻璃纤维增强塑料外均宜用低速注射。

注射成形生产工序简单,可一次成形外形复杂、尺寸精确、带有各种金属嵌件的塑料制品,生产周期短,成形效率高,而且全模塑周期比其他成形方法短很多。在重型汽车行业注射成形多用于生产大型汽车仪表板、仪表壳、暖风机罩、杂物箱等,所用原材料以聚丙烯(PP)、聚碳酸酯(PC)、(丙烯腈/丁二烯/苯乙烯)共聚物(ABS)、尼龙66(PA66)等为主。

(1) 成形前准备。成形前应注意:①分析所使用的原材料,根据工艺要求调色、预热、干燥;②清洗料筒,以免产生塑料制品色差大、有料痕、收缩率不一致、性能不能满足要求等不良后果;③对于重型汽车,所用塑料制品的体积多数较大。为了增加制品尺寸和形状的稳定性、提高精度或为了降低塑料消耗及满足其他多种要求,有的塑料制品需要嵌件,对有嵌件的制品必须在成形前先将嵌件预热到接近物料温度,以防止嵌件周围产生很大的内应力,造成制品的开裂;④选择配套的油性、中性、干性脱模剂,比如,ABS用中性或干性脱模剂。

(2) 注射成形工艺过程。注射成形工艺包括塑化计量、注射充模、冷却定型、后处理等步骤。①塑化计量。塑化是将固态塑料原料转化为连续"均化"的熔体,计量是将塑化好的熔融塑料定温、定量、定压地输出,"均化"必须达到组分均匀、密度均匀、黏度均匀及温度分布均匀。②注射充模。整个充模过程可以细化为流动充模、保压补缩、倒流3个阶段。即将塑化好的熔体注入型腔,充模结束时型腔被充满,熔体的快速流动将停止,进入保压阶段。将少量熔体挤入型腔以弥补由于熔体温度降低和相变引起的体积收缩。如浇口未凝固会产生倒流,随着熔体的流出,型腔内压力立刻下降,直到型腔内压力与外界压力相等,熔体倒流将立即停止。③冷却定型。塑料制品在模具打开前要在型腔内部固化,因此必须有足够的冷却时间,才能释放出熔融过程吸收的大部分能量。一般冷却介质为水,冷却时间占整个模塑时间的70%~80%。对于热塑性塑料制品,壁厚超过4mm的,必须增加冷却时间。壁厚每增加1倍,冷却时间将增加4倍。对重型汽车用的塑料制品来说,由于尺寸、质量、壁厚均较大,因此需要较长的冷却时间。如制备重型汽车壁厚为4mm的仪表台件,冷却时间必须超过100s,才能保证产品质量。④后处理。对于塑料制品,常需进行退火处理,以消除残余应力;另外需进行调湿处理,以调整制品的含水量。

2. 挤出成形

塑料挤出成形是用加热或其他方法使塑料成为流动状态,然后在一定压力作用下通过机头挤出而制得连续的型材。挤出成形具有生产效率高、应用范围广、适应性强等优点,可以用来生产汽车棒材、电缆包层等。所用原材料以硬质聚氯乙烯、PP、聚乙烯(PE)为主,其次是聚苯乙烯、聚甲基丙烯酸甲酯、PA、PC等。挤出成形时,机头温度必须适当,温度过高会引起溢料、产品有气泡、表面发黄、物料分解等弊端;温度过低,物料塑化不良,黏度增大,特低时将损坏设备。

3. 吹塑成形

将挤出或注射出来的尚未固化的管状材料,趁热放到模具型腔内,立即在管坯的中心通以压缩空气,使管坯膨胀而紧贴于模具的型腔,即为挤出或注射吹塑成形。吹塑成形后制品的物理力学性能良好。挤出吹塑成形原料以PVC、低密度聚乙烯(LDPE)、高密度聚乙烯(HDPE)、PP、PA66、PS为主,所用模具及设备简单,而且模具费用、材料(可以回收利用)费用较低。但此成形方法易导致型坯壁厚不均匀,从而引起塑料制品壁厚的差异。而注射吹塑成形用于小型塑料制品的大批量生产,此成形方法壁厚均匀、不需后加工、强度高、生产效率高,但使用的设备、模具价格昂贵。吹塑成形多用于生产大型汽车通风管,生产过程中冷却定型很重要,因为必须保证塑料制品冷却定型后在牵引力的作用下不会相互黏接。

4. 压制成形

将塑料原材料直接加入敞开的模具型腔内,再将模具闭合,塑料在热和压力的作用下成为流动状态并充满型腔,然后由于化学或物理变化使塑料固化定型即为压制成形。压制成形具有悠久的历史,主要用于成形热固性塑料制品,也可成形热塑性塑料制品,适用于流动性差的塑料,比较容易成形大型制品,而且生产的制品收缩率小、变形小,各性能指标比较均匀,但劳动强度大,不易实现自动化。目前,压制热塑性塑料如PVC软制品的工艺在我国还广泛应用,多用于生产汽车发动机罩、地板垫等。

5. 反应注射成形

将两种或两种以上的高活性原料在一定压力下混合后注入模具内,在发生化学反应的同时制得产品的一种成形方法即为反应注射成形。此成形方法所用的各组分包括添加剂等均为液体,其黏度很低,使充模压力很低,可以降低成形设备、模具等的费用。而且参加反应的原材料比例可以根据生产需要调节,在相同的反应注射成形机上可生产出性能不同的软泡、弹性体、硬泡制品等。多用于成形汽车方向盘、顶棚、侧围等。

许多新的塑料成形工艺都是在汽车工业的推动下开发的,在现代市场经济条件下,企业间竞争激烈,只有开发出新的、可行的塑料成形加工工艺,掌握特殊的新工艺,才能满足汽车轻量化的要求,才能在未来的十几年或更长的一段时间,使企业有良好的利润空间和更广阔的市场前景。随着新工艺的开发和应用技术的不断发展,各种塑料成形新工艺必将在汽车的塑料成形加工领域得到越来越广泛的应用,更好地拓展塑料工业发展的空间。

5.3 车用工程塑料的分类

5.3.1 工程塑料的定义及分类

按受热时的行为和是否具备反复成形加工性可以将塑料分为热塑性塑料和热固性塑料两大类。前者受热时熔融可进行各种成形加工,冷却时固化,再受热又可熔融、加工,即具有多次重复加工性。后者受热熔化成形的同时发生固化反应形成立体网状结构,再受热不熔融,在溶剂中也不溶解,当温度超过分解温度时将被分解破坏,即不具备重复加工性。热塑性塑料中按耐热性、力学性能和成本、市场规模可以分为通用塑料和工程塑料。人们习惯将产量大、价格低、用途广、影响面宽的一些塑料品种称为通用塑料,其内涵常随时代及科学技术的发展而有些变化。重要的通用塑料有聚乙烯、聚丙烯、聚氯乙烯、聚苯乙烯等品种。工程塑料是长期耐热温度高于100℃、拉伸强度大于50MPa、弯曲模量大于2000MPa、刚性好、蠕变小、具有自润滑等特性、可替代金属用作结构材料的一类热塑性塑料。工程塑料又可分为通用工程塑料和特种工程塑料以及狭义上的工程塑料三类。其具体的分类如图5-3所示。

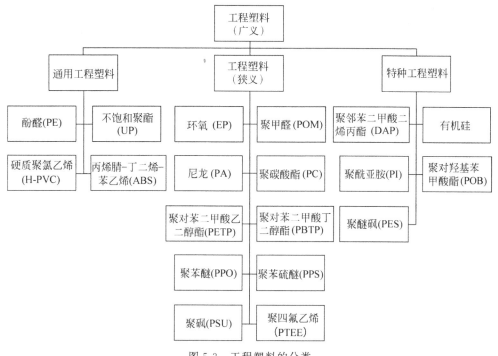

图 5-3 工程塑料的分类

5.3.2 汽车制造中的主要工程塑料种类

1. 尼龙

尼龙是最重要的汽车工业用工程塑料。尼龙主要用于汽车发动机及发动机周边部件，主要品种是玻璃纤维增强尼龙6(GFPA6)、玻璃纤维增强尼龙66(GFPA66)、增强阻燃尼龙6(PA6)等产品。由于发动机周边部件主要是发热和振动部件，其部件所用材料大多数是玻璃纤维增强尼龙。这是因为尼龙具有较好的综合性能，用玻璃纤维改性后的尼龙，在强度、制品精度、尺寸稳定性等主要性能上均有很大的提高。另外，尼龙的品种多，较易回收利用，价格相对便宜等，这些因素促成尼龙成为发动机周边部件的理想选择材料。进气歧管是改性尼龙在汽车中最为典型的应用。德国宝马汽车公司首先将以玻璃纤维增强尼龙为原料制造的进气歧管应用在六缸发动机上，以后美国福特公司与杜邦公司合作，共同用玻璃纤维增强PA66制造的进气歧管应用在V6发动机上，紧接着世界各大汽车公司纷纷跟进，改性尼龙进气歧管得到广泛的应用。发动机盖、发动机装饰盖、汽缸头盖等部件一般都用改性尼龙作为首选材料。与金属材质相比，以汽缸头盖为例，质量减轻50%，成本降低30%。除了发动机部件外，汽车的其他受力部件也可使用增强尼龙，如机油滤清器、刮雨器、散热器格栅等（图5-4，图5-5）。

图 5-4　尼龙制作的汽车脚垫　　　　图 5-5　尼龙制作的长安 CS75 发动机保护盖

汽车零部件也是 PA6 工程塑料最大的消费市场,超过总消费量的 1/3。随着人们对汽车性能要求的不断提高和 PA6 工程塑料自身的发展,汽车用 PA6 量正呈逐年上升的趋势。汽车上可使用 PA6(包括改性产品)制作的部件有空气滤清器、外壳、风扇、车轮罩、导流板、车内装饰、储水器材盖、线卡、各种车内电气插接件等。PA6/ABS 具有密度低、流动性好的特点,并有良好的噪声阻尼性和良好的耐热性、耐化学性和力学性能,可用于汽车内饰件。玻璃纤维增强钢 ABS 可替代 ABS 作汽车排风格栅,并有可能成为汽车除霜器护栅及车门组件,以及用于摩托车挡板的制作。现在聚酰胺 9T(PA9T)也已在日本汽车工业上应用,如动力换向装置(齿轮结构)、滚动轴承架。PA9T 耐燃油性强,适用于作汽车燃油系统部件,此外还可用于制造中间冷却器罐、发动机支架和要求低摩擦系数的滑动部件。

2. 聚酯

在汽车制造领域,聚对苯二甲酸丁二醇酯(PBT)广泛地用于生产保险杠、化油器组件、挡泥板、扰流板、火花塞端子板、供油系统零件、仪表盘、汽车点火器、加速器及离合器踏板等部件。PBT 与增强尼龙(PA)、聚碳酸酯(PC)、聚甲醛(POM)在汽车制造业中的竞争十分激烈,PA 易吸水,PC 的耐热性和耐冲击性不及 PBT;在汽车用途接管方面,由于 PBT 的抗吸水性优于 PA,将会逐渐取代 PA。在相对湿度较高、十分潮湿的情况下,由于潮湿易引起塑性降低,电器触点处容易引起腐蚀,常可使用改性 PBT。在 80℃、90% 相对湿度下,PBT 仍能正常使用,并且效果很好(图 5-6,图 5-7)。

图 5-6　聚酯制作的汽车坐垫　　　　图 5-7　聚酯制作的汽车安全带

PBT 加工性能和绝缘性能较好,并且 PBT 玻璃化温度低,加工周期短。PC/PBT、PBT/ABS 等主要用于汽车内饰件。此外,由于 PBT 对汽油、发动机油的耐受性好,PBT 也用于汽车发动机系统配件材料的生产。美国通用电气公司(GE)的 PBT/PC 合金,商品名为

XENOY 1731，在高级轿车中应用最为广泛；它具有良好的耐热性、耐应力开裂、耐磨、耐化学腐蚀性；低温冲击强度高，易加工且涂饰性好，主要应用于高档轿车保险杠、车底板、面板等。

3. 聚甲醛

聚甲醛树脂是高度结晶的聚合物，具有类似金属的硬度、强度和刚性，在很宽的温度和湿度条件下都具有很好的自润滑性、良好的耐疲劳性、低摩擦系数，因此，聚甲醛主要用于要求比较严格的滑动和滚动机械部件上，包括齿轮、凸轮、轴承、杠杆、滑轮、扣链轮和轴衬等。与金属和尼龙相比，聚甲醛具有很低的摩擦系数，是很好的轴承材料。

汽车行业是 POM 最大的潜在市场。POM 质轻，加工成形简便，生产成本低廉，材料性能与金属相近。改性 POM 的耐磨系数很低，刚性很强；非常适合制造汽车用的汽车泵、汽化器部件、输油管、动力阀、万向节轴承、马达齿轮、曲柄、把手、仪表板、汽车窗升降机装置、电开关、安全带扣等。制造轴套、齿轮、滑块等耐磨零件是改性 POM 的强项，这些部件对金属磨耗小，减少了润滑油用量，增加了部件的使用寿命，因此可以广泛替代铜、锌等金属生产轴承、齿轮、拉杆等。POM 生产的汽车部件质轻，噪声低，成形装配简便，因此在汽车制造业获得越来越广泛的应用（图 5-8，图 5-9）。

图 5-8 聚甲醛制作的宝马汽车换挡拨片

图 5-9 聚甲醛制作的汽车插扣

4. 聚碳酸酯

聚碳酸酯（PC）是一种无味、无臭、无毒、透明的无定形热塑性材料，是分子链中含有碳酸酯基的高分子化合物的总称，包括脂肪族、脂环族、芳香族及脂肪族-芳香族类聚碳酸酯，其中仅双酚 A 型芳香族聚碳酸酯获工业化生产。PC 的化学分子式见图 5-10，独特的结构赋予了其特殊的性能。由于 PC 结构中包含了柔性的碳酸酯链与刚性的苯环，因此具有突出的抗冲击性能、耐蠕变性能；具有较高的抗张强度、抗弯强度、延伸率、刚性；并有较好的耐热性和耐寒性，可在 $-100 \sim 140$ ℃温度内使用；电性能优良，吸水率低，透光性好，可见光的透过率可达 90% 左右。PC 还可与其他聚合物共混形成合金，从而使性能得到进一步改善。

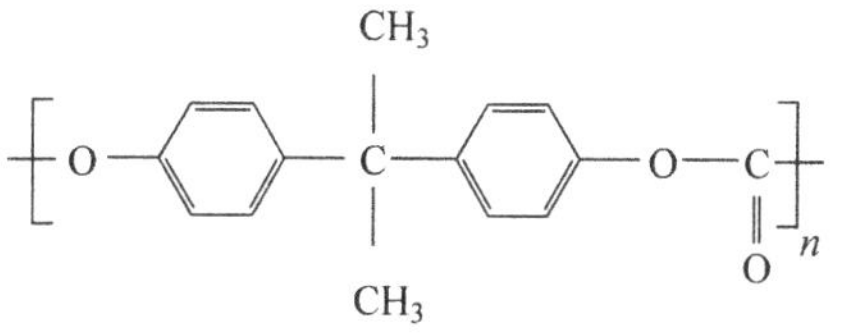

图 5-10 聚碳酸酯化学分子式

PC 在汽车上也有广泛应用。PC 在汽车车窗应用方面具有很多的优势，既能满足车窗的透明度要求，又具有良好的可塑性。另外，PC 还具有安全性的特点，它的强度使其成为更好的防撞材料。在碰撞过程中不会形成尖锐的表面,因此可以保护驾驶员和乘客的安全,从而使得 PC 材料成为汽车车窗的理想材料。PC 的高透明性使之成为车灯罩的主要生产材料,而 PC 的另外一大用途是以合金的形式充当汽车内饰材料。改性 PC 由于具有高力学性能和良好的外观,在汽车上主要用于外装件和内装件,用途最为广泛的是 PC/ABS 合金和 PC/PBT 合金。其中,PC/ABS 外观好,容易着色,可用于仪表板等。

5. 聚苯醚

聚苯醚(PPO)化学分子式见图 5-11,它无毒、透明、相对密度小,具有优良的机械强度、耐应力松弛、抗蠕变性、耐热性、耐水性、耐水蒸气性、尺寸稳定性。它在很宽温度、频率范围内电性能好,不水解、成形收缩率小,难燃且有自熄性,耐无机酸、碱。主要缺点是熔融流动性差,加工成形困难,实际应用大部分为 PPO 塑料(PPO 共混物或合金),但如用 PS 改性 PPO,可大大改善加工性能,改进耐应力开裂性和冲击性能,有效降低成本,产生的不利方面只是耐热性和光泽略有降低。改性聚合物有 PS(包括耐冲击性聚苯乙烯(HIPS))、PA、聚四氟乙烯(PTFE)、PBT、聚苯硫醚(PPS)和各种弹性体等。PS 改性 PPO 历史长,产品量大,MPPO(PPO 塑料)是用量最大的通用工程塑料合金品种。比较大

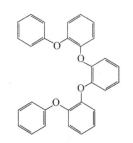

图 5-11　聚苯醚化学分子式

的 MPPO 品种有 PPO/PS、PPO/PA/弹性体和 PPO/PBT/弹性体合金。PPO 和 MPPO 因熔体黏度大,加工温度较高,可以采用注塑、挤出、吹塑、模压、发泡和电镀、真空镀膜、印刷机加工等各种加工方法。

改性 PPO 在汽车上主要用作对耐热性、阻燃性、电性能、冲击性能、尺寸稳定、机械强度要求较高的零部件;还有一些薄壁的复杂硬质结构件,如仪表盘骨架等。如 PPO/PS 合金适用于潮湿、有负荷和对电绝缘要求高、尺寸稳定性好的场合,适合制造汽车轮罩、前灯玻璃嵌槽、尾灯壳等零部件,也适合制造连接盒、保险丝盒、断路开关外壳等汽车电气元件。PPO/PA 合金由于具有优良的力学性能、尺寸稳定性、耐油性、电绝缘性、抗冲击性,可用于制作汽车外部件,如大型挡板、缓冲垫、后阻流板等。PPO/PBT 合金的热变形温度高,对水分敏感度小,是制造汽车外板的理想材料。美国通用电气公司推出的热固性 PPO,具有高强度、高韧性和良好的电性能,吸湿小,可用作汽车阀罩、燃油箱导电板、变压器和风力发动机叶片等。而 PPO/PS 合金加工性良好,可用作流体加工部件、汽车机罩下部件和电子插接件。

5.4　车用工程塑料应用实例及发展趋势

5.4.1　车用工程塑料的应用实例

1. 聚酰胺工程塑料在汽车上的应用

聚酰胺工程塑料具有高强度、耐磨、自润滑等优良性能,且重量轻,用其取代其他传统材

料制作汽车零部件,可使汽车轻量化,故该塑料被汽车工业所重视。目前聚酰胺工程塑料几乎用于汽车(特别是乘用车)的所有部位,如发动机、电气和车体等,具体部件可见表 5-3。

表 5-3 可用聚酰胺工程塑料的汽车部件

应用部位	具体部件名称
发动机	空气滤清器、同步皮带、燃料过滤器、散热器、加油器盖、高压代码保护器、沉淀器、双金属开关真空阀、操纵杆套
电气	电气配线、接线柱、电气配线包覆、保险丝盒、断器罩
车体	调节器手柄、变速带、导管类、背带、垫子夹、遮光板夹具、冷却风扇、储油罐、挡泥板
驱动、控制及其他	滚筒、灯泡开关、车轮盖、齿轮、扣钉、夹钳、线夹、油门踏板、油管、垫圈

1) 发动机部位

装在发动机室内的部件必须兼备 120℃以上的耐热性和 -30℃以下的耐寒性,以及这两温度间的耐热周期性。另外,要具有耐汽车行驶时振动的耐振性。聚酰胺工程塑料通过设计和成形能充分满足这些要求,是较理想的材料。因此,在发动机室内的塑料部件中,聚酰胺部件占绝对优势。

燃油系统的部件直接接触油类,自然要求材料耐油。聚酰胺具有耐芳香族碳氢化合物的高辛烷值汽油的特性,而且价格比较便宜,所以燃油系统的部件早已实现了聚酰胺化。如燃料滤网、燃料过滤器、汽油颗粒捕获器和储油槽都可以用聚酰胺制造。发动机汽缸盖罩是汽车发动机室内最适合用工程塑料的部件之一,聚酰胺不仅具有作汽缸盖材料所要求的物理特性,而且比铝铸件和冲压铁板等材料具有更大的设计自由度,着色又鲜艳,预计这一材料的潜在市场较大。

汽车发动机冷却液是由水、乙二醇、防锈剂和其他物质组成的复杂的混合液。虽然聚酰胺有被这种混合液微溶的倾向,但实践已充分证实了它的耐久性。另外,聚酰胺工程塑料具有较好的耐冲击性和韧性,用其制作散热器水缸可抗汽车行驶时飞石的冲击。每只散热器水缸用树脂 500g 左右,目前多种乘用车散热器水缸均可使用聚酰胺,因此这也是聚酰胺的一大市场。

聚酰胺工程塑料具有较好的高温耐疲劳性和低温耐反复冲击性。因此,它可用于制作动力传动系统中的部件,如平衡旋转轴齿轮。用它制作的齿轮比金属的强度高,而且可降低汽车行驶时的噪声。

吸气系统的部件多用聚烯烃通用塑料制造,但靠近发动机的某些部件,则通常采用耐热性较好的聚酰胺来代替聚烯烃。

2) 电气部位

聚酰胺是制作电气配线、接线柱的理想材料,故该领域是聚酰胺的市场之一。接线柱单件重量虽轻,但装配数量多,特别是电气、电子化程度较高的高级轿车,接线柱用量多达 600 个/辆。接线柱在汽车室内和发动机室内都有应用,为使部件通用化,要求材料耐发动机室内的苛刻条件,并具有电气绝缘性和韧性。另外,保险丝盒、箱虽多使用聚烯烃,但安装在发动机室内且使用条件严格时,则需要使用聚酰胺。预计今后聚酰胺在电气部位的用量将会有所提高。

3）车体部位

在车体部位，聚酰胺主要用来制作驱动、控制部件。由于聚酰胺具有较好的耐冲击性和韧性，故车内使用的部件，如安全带固定铰链等，多采用聚酰胺。冷却风扇虽多使用聚烯烃，但在耐热性或耐寒性及耐冲击性要求较高的部分车辆中，则使用聚酰胺。以前车轮盖多用ABS或PPO制造，但随着耐热性要求的提高，近年来开始使用聚酰胺或其合金，且用量逐年提高。目前，聚酰胺在车轮盖的用量约2kg/辆，预计这方面将成为聚酰胺的一大市场。据报道，用聚酰胺制作闭锁、夹钳，可以在汽车组装工程中起到提高生产力的作用。用聚酰胺制造的联合开关手柄强度高，可靠性评价很好。此外，聚酰胺合金用作汽车外板材料不仅重量轻（与钢板相比重量减少40%），而且能成形钢板难以成形的曲面。其合金具有较高的耐热性，制成的汽车外板可与金属配电盘同时进行150℃以上的联机涂饰。另外，用这种合金还可改善汽车外板的防腐性和提高碰撞时的复原性。虽然用聚酰胺合金制作汽车外壳等生产量大的车种，与钢板相比成本有所上升，但树脂模具比冲压模具便宜。少量生产时，在总成本上比用钢板有利。

2. 对苯二甲酸丁二醇酯工程塑料在汽车上的应用

随着汽车向轻量化方向的发展，塑料在汽车上的用量日益增加。在各类汽车用诸多塑料品种中，对苯二甲酸丁二醇酯（PBT）工程塑料在汽车上的开发与应用，一直是汽车工业和塑料工业关注的焦点。

PBT作为一种结晶性饱和聚酯，结晶快速，易成形；熔点高达225℃，耐热性佳；吸水率低，尺寸稳定性佳；摩擦系数低，耐磨耗；耐化学品、溶剂、耐候性佳；弯曲蠕变性佳；阻燃级别高；通过各种改性加工手段可以获得满足各种汽车部件不同功能要求的改性PBT材料，加之其优异的性能，使各种增韧、填充、增强PBT及PBT合金材料在汽车中获得了广泛应用，并且不断有新的技术及应用问世。

PBT工程塑料在汽车内外饰以及电气中的具体应用包括烟灰缸、门锁系统、车镜、门把手、车灯框、保险杠、雨刷柄、保险丝盒、连接器、点火系统、车灯插座等。汽车内饰材料应具有高耐温、低光泽、高耐候性等突出的性能；外饰件除要求有内饰件的功能外，还要求具有高强度、高韧性、耐环境条件性能及耐冲击性能等；电气部件则要求材料阻燃、绝缘等。

（1）汽车烟灰缸：出于对其阻燃、耐温的需要，该材料可采用高阻燃改性PBT，它的热变形温度高达200℃以上。图5-12所示是采用这种改性PBT制作的烟灰缸。

（2）汽车门把手：门手柄不仅是启、闭门的功能件，而且也是装饰件。车门把手选用热塑性塑料，可采用玻璃纤维增强PBT，具有耐气候、化学药品及高刚度的特点。

（3）汽车门锁系统：汽车门锁系统要求高分子材料具有良好的刚性和尺寸稳定性，并且门窗频繁升降导致较高的环境温度，改性PBT工程塑料刚性出色，耐高温，是这一领域理想的工程塑料。

（4）车灯装饰圈：车灯装饰圈已成为汽车个性化设计的重要组成部分，考虑到车灯饰圈的使用环境、长期使用性、配光、壁厚和装配等方面的特殊性，通常要求材料必须具有高耐热、低雾值、高表面光泽、高刚性和韧性等属性，而改性PBT则可以满足这些要求。与此同时，汽车前大灯饰框作为一种兼具功能性的外饰件，也需要合适的材料来制作。为此，车灯框架可用 30% 玻璃纤维增强 PBT,因它有较高的热变形温度,与玻璃金属有良好的黏结性,并且抗弯强度高,具有耐高温、高强度、高刚性、尺寸稳定和抗蠕变等特性。这种专用料加工性能良好,制品表观质量好,可见熔合纹少,成形时间短,并可与大部分塑料着色剂、其他助剂和填料配混,使用方便。除此之外,良好的流动性也使其更适于制造复杂形状的车前灯框。

(5) 车灯外壳:车灯是车辆照明用的工具,可以分为前车灯、后车灯、转向灯、车牌照明灯等。车灯在车辆安全行驶的过程中起了重要的作用。车灯外壳材料应具备高耐热、高强度,为此,可采用改性 PBT 作为材料。

(6) 汽车散热器格栅:散热器格栅是为了冷却发动机而设置的开口部件,位于车体最前面。PC/PBT 具有较高的低温冲击强度,而且耐车用化学品的腐蚀性强,用其加工的汽车散热器格栅还易于涂装。

(7) 汽车保险杠:保险杠是汽车的主要外饰件之一。对材料的要求是具备抗超高冲击性、优秀耐寒性、良好防振性。目前普通汽车的保险杠通常采用抗冲击聚丙烯(PP)为基材,而在高端品牌汽车保险杠应用方面,普遍采用 PBT/PC 高性能合金作为保险杠基材,该材料具有较高的抗冲击强度,强度远高于同类型 PP 材料,并且可以很好地吸收因碰撞产生的冲击能量,从而使汽车具有更高的安全性。

(8) 汽车后视镜:汽车后视镜暴露在外部环境中,可选用玻璃纤维增强 PBT,它具有高刚度、耐气候及耐化学药品的特点。图 5-13 所示是采用这种玻璃纤维增强 PBT 制作的汽车后视镜。

图 5-12　PBT 制作的汽车烟灰缸

图 5-13　PBT 制作的汽车后视镜

(9) 汽车点火线圈外壳:玻璃纤维增强 PBT 具有较高的机械强度、较强的介电性能、较好的耐温性能,可满足点火系统外壳耐应力开裂(装有金属嵌件)、尺寸稳定及电绝缘性好的要求。

(10) 车灯插座:选用玻璃纤维增强 PBT 作为制造材料的车灯插座具有高刚性、良好的耐温性和出色的尺寸稳定性。

据统计,2013 年中国汽车产量已达 2240 万辆,按每辆汽车平均用塑料 150kg 估算,国内每年新增汽车用塑料市场规模可达 336 万 t,其中 PBT 工程塑料及改性产品份额约占 3%~5%,约 17 万 t。

随着近年来 PBT 工程塑料价格的持续回落,其出色的性价比呈现出越来越明显的优势,尤其在汽车领域的非受力型部件上,替代金属材料,替代改性尼龙、聚碳酸酯及其他高性能工程塑料方面具有较强竞争力,前景光明。

3. ABS 工程塑料在汽车上的应用

ABS 树脂全名为丙烯腈-丁二烯-苯乙烯。由于它兼具了 3 种组分的优良性能,因而被广泛采用。ABS 树脂不仅具有韧性、硬度、刚性相均衡的优良力学性能,而且具有较好的耐化学药品性、尺寸稳定性、表面光泽度、耐低温特性、着色性能和加工流动性等性能,是一种用途极广泛的热塑性工程树脂。此外,复合型工程塑料就是采用 ABS 的制成方式,即使用合金化、共混、复合等技术,通过简便的加工工艺,对通用塑料进行改性,使其成为工程化和高性能化的塑料。

ABS 具有优良的综合性能:

(1) 耐腐蚀。ABS 为高分子聚合物,化学稳定性高,能抵抗腐蚀性盐水溶液和含有流体腐蚀剂的有机物质(原油和食物)等。

(2) 韧性好。ABS 具有较好的抗冲击强度,在 $-40℃$ 也能保持韧性。

(3) 耐紫外线。因 ABS 化学键结构稳定,耐紫外线。

(4) 耐候性好。当 ABS 制品长期暴露在大气中,暴露表面会有一些微小的变化,将使表面光泽降低,但这种变化仅限于暴露的表面层。

(5) 无毒性。不含任何金属稳定剂,不会有重金属渗出污染,符合环保要求等。

ABS 塑料具有良好的综合性能,在汽车零部件塑料化的初期就已应用到汽车工业上。因其强度高、刚性好、耐高温、加工成形性好、尺寸稳定、外观质量好等优良特性而广泛应用于汽车外部和内部零部件,在汽车上用量约占塑料总用量的 10%。目前,发达国家每辆汽车的塑料用量平均约为 200kg,约占整车自重的 20%。例如,美国、西欧、日本在汽车上使用塑料约占总塑料耗量的 20%～25%。另外,ABS 加工性能中又一重要特性-可冷加工性,又使其在汽车应用上发挥着重要角色作用。美国 Marbon 公司在 1967 年就创造了两种能冷加工的 ABS,即 "Cycolac ABS EX155"、"Cycolac MS" 树脂,它们能如钢铁和铝那样冷冲击出制品,这种特殊的加工性能被用到大型的汽车零件中。可以预测,在车用塑料中,ABS 在汽车工业中的应用将逐步增加。

ABS 塑料的确是最好的车用材料之一,在美国"雪佛兰"车上的仪表板外壳是 13% 玻璃纤维增强 ABS 制作的,重 3kg;闪光指示灯外壳用 20% 玻璃纤维增强 ABS 制作,重量为 0.3kg。国外汽车轻型化过程中将各种塑料的作用发挥得淋漓尽致。

1) 在仪表板上的应用

汽车仪表板按结构和用材可分为硬质和软化仪表板两大类。硬质仪表板结构简单,立体部分为同一材料构成,只需一次注塑即可成形;软化仪表板由表皮、缓冲层和骨架三部分构成。ABS 树脂具有优良的耐热性、耐冲击性和刚性,适合于制作仪表板。

2) 在车身外板上的应用

汽车塑料化的最大难题是车身外板的塑料化,即钢板车身塑料化,其用量最大。车身外板包括前后挡泥板、隔板(门和外壳)和面板。ABS 树脂与工程塑料的合金具有优良的耐热性、耐冲击性和刚性,可用作车身外板的制作材料。

3) 在内装饰板上的应用

现代汽车内饰板大多为整体成形,外观豪华,一般选用 ABS 树脂。ABS 树脂通常采用注塑或热成形制造骨架，外表复合装饰面料，并广泛用于汽车方向盘上。ABS 树脂具有良好的耐热性和吸声减振性，可用于制作汽车隔音板。汽车门锁主要包括内、外手柄部分，连接部分和锁体部分。手柄是汽车门锁的操纵机构，外手柄暴露在车外，工作条件苛刻，要求有较好的耐候性，一般采用 PC/ABS 合金，图 5-14 所示是路虎"发现者"采用 PC/ABS 材质制作的车门外拉手。内手柄在车体内部，要求条件相对宽松，可用 ABS 树脂制作。ABS 树脂还可用于汽车保险杠上，汽车保险杠上使用的主要是 ABS 合金。图 5-15 所示是五菱宏光 S1 汽车采用 ABS 合金制作的保险杠。

图 5-14 PC/ABS 合金制作的路虎"发现者"车门拉手

图 5-15 ABS 合金制作的五菱宏光 S1 保险杠

综上所述，我国 ABS 树脂生产加工等行业要研制和生产适合汽车各种零部件使用的品种牌号，如高抗冲级、耐热级、高耐热级、电镀级、玻璃纤维级以及消光级、耐候级等，并应研制生产汽车仪表盘和内饰件表皮用的 PVC/ABS 合金、ABS/PC 合金以及各种阻燃的 ABS 材料和其他塑料与 ABS 的合金材料，以提高其综合性能，增加其专用性功能性品种，把汽车塑料制品的研制纳入向下游延伸的规划，以期塑料行业与汽车工业双腾飞，发展我国的国民经济。

5.4.2 车用工程塑料的发展趋势

随着塑料制品在汽车应用上的范围扩大、用量增加，预计在今后的 10 年里，我国汽车工业对塑料制品的需求量将达到年均 10% 的增长率。据统计，我国汽车消费的各种塑料排列次序为聚丙烯、聚氯乙烯、聚氨酯、不饱和聚酯、ABS、酚醛树脂、聚乙烯和聚酰胺。资料显示，聚丙烯（PP）、聚乙烯（PE）等通用塑料的改性品种由于性能高，质量好，其应用正在加快发展。纤维增强聚合物 FRP 等新品种由于技术的成熟，用量也在迅速增加。而聚氯乙烯（PVC）、ABS 等则会部分地被热塑性聚烯烃弹性体 GFPA、TPO 等新材料所代替，因而会相对放慢增长速率。

在车用塑料零部件成形领域，近年来，我国也开发了不少行之有效的新技术，包括气体辅助注射成形技术、可熔型芯注射模具技术、三维和多层中空成形技术、表面处理技术等。但国内汽车用塑料复合材料无论用量、品种还是成形技术都还处于较低的水平，主要存在的问题有：原材料供应不畅；专用树脂牌号少；材料标准不一；成形工艺及模具制造等有关工艺、技术问题还未能得到很好的解决。因此，从总体上看，我国汽车用塑料制品的发展趋势是：增加塑料原料品种和牌号，尤其是在工业上用作功能件、结构件的品种有待开发，提高模具开发和制造能力。下面介绍塑料在未来汽车上的应用趋势。

1. 以 PP、ABS 为主导的市场

据报道,轿车零部件消耗的热塑性塑料正以年均超过 6% 的速度递增,而由于 PP 价格低廉且性能优越,汽车内外饰件的发展将以 PP 为主。现在市场上使用的 PP 零件占 42% 的市场份额,且可望以每年 8% 的速度增长,特别是在汽车内饰方面。

2. 应用范围正在扩大

目前国外汽车内饰件已基本实现塑料化,而塑料在汽车中的应用范围正在由内装件向外装件、车身和结构件扩展。今后的重点发展方向是开发结构件、外装件用的增强塑料复合材料、高性能树脂材料与塑料,并对材料的可回收性予以高度关注。从品种上看,聚烯烃材料因密度小、性能较好且成本低,近年来有把汽车内饰和外饰材料统一到聚烯烃材料的趋势,因此其用量会有较大的增长。预计聚丙烯今后可保持 8% 的年增长率,聚乙烯的增长势头也比较强劲。

3. 开发复合型材料

复合型材料在汽车零部件上的应用也越来越显示出强大的生命力。汽车上使用复合材料的零件主要是仪表板、门护板、顶盖内护板、地毯、座椅及包裹架护板,它们基本上是由表皮(塑料、织物、地毯)、隔音减振部分(泡沫或纤维)和骨架部分组成,这种形式的零件除满足一定的使用功能外,又使人感到舒适美观,而且由于这些材料生产工艺简单、成本低廉、适用性强而发展得比较迅速,它将是今后汽车内饰材料的主要发展方向。

4. 工程塑料的需求量将逐年增大

工程塑料,尤其是高性能工程塑料,因其具有良好的机械加工性能、综合力学性能,还具有耐热、耐酸、寿命长、可靠性好等特点而越来越广泛地用于汽车工业,其前景非常好。例如发动机上的一些零部件,像调速阀、机动盘、气流盘、水泵、输油管、皮带轮罩、冷却风扇、油门踏板等已开始使用 PA、聚苯硫醚(PPS)、PBT 等注塑或吹塑成形。

5. 玻璃纤维增强塑料的应用进一步增大

玻璃纤维增强塑料具有质轻、强度高、耐腐蚀、绝缘、耐瞬时高温、传热慢、隔音、防水、易着色、能透过电磁波、成形方便、具有可设计性等优点,被广泛用于生产保险杠、车顶盖、导流罩、挡泥板、汽车前脸部件、汽车裙边部件及车身壳体等。

6. 扩大材料的通用性

为了有效合理地利用能源及原材料、降低汽车成本,不同类型轿车内饰件使用的材料可以归结到统一使用的几种材料上,这样势必会扩大这几种原料的生产规模,无论是在材料质量方面还是在成本方面都是最经济的。

7. 提高塑料件的安全性

在现今交通事故频发、乘客安全受到威胁的情况下,部分内饰零件的安全性检验已纳入议事日程。比如,仪表板上表面的头部冲击试验及其下边缘的膝盖撞击试验、座椅靠背的身体冲击试验等,均要求被检验的内饰塑料不能碎裂,更不能碎片四溅或出现棱角而伤人。因此,汽车内饰零件不仅应舒适美观,更应能保护乘客安全。

8. 废旧塑料的再生利用

随着人们环境保护意识的增强以及所面临的全球性能源和原材料危机,如何处理与利用好这些废旧塑料将是摆在世人面前的一大难题。无论是从充分利用地球资源角度,还是从环境保护的立场来看,都必须积极开展汽车废旧塑料回收利用技术的研究。材料回收利用技术工作还应当配合环保法规的制定和废旧材料回收体系的建立,因此也是一项系统工程。塑料废弃物的处理和回收利用必须坚持"4R"原则,即减少来源(reduce the source)、再使用(reuses)、循环(recycling)、回收(recovery)。

随着汽车向轻量化、环保化方向的发展,纳米技术在生产中逐步应用,塑料和复合材料研究也进一步深入。可以预料,塑料在汽车工业上的应用将越来越广泛,开发并使用全塑汽车已不是梦想,一个塑化的汽车工业时代即将到来。

习　题

1. 简述工程塑料的分类及在汽车上的应用。
2. 简述车用塑料制品的成形工艺。
3. 简述工程塑料在汽车上使用的优势。
4. 简述尼龙的特性及在汽车上的典型应用。
5. 简述聚酯的特点及在汽车上的典型应用。
6. 简述 ABS 塑料的特性及在汽车上的典型应用。
7. 简述聚乙烯材料在汽车上的主要用途。
8. 简述工程塑料的未来发展趋势。
9. 试述工程塑料的特性及在汽车上的应用(至少列举四种)。
10. 简述工程塑料今后的创新发展方向。

第 6 章

复合材料及其应用

6.1 概 述

6.1.1 复合材料的种类及特点

1. 复合材料的定义及含义

随着科学技术和生产的发展,对材料的要求也越来越高。除要求材料具有高强度、高模量、耐高温、低密度以外,还要对材料的韧性、耐磨、耐腐蚀以及电绝缘性等提出特殊的要求。对此,单一材料往往是无能为力的。采用复合技术,把不同性能的材料复合起来,取长补短,在性能上起协调作用,得到单一材料无法比拟的、优越的综合性能,以实现各种性能的要求,于是就出现了新型的复合材料。

《材料大辞典》中关于复合材料的定义为:复合材料是根据应用的需要进行设计,把两种以上的有机聚合物材料,或无机非金属材料,或金属材料组合在一起,使之互补性能优势,从而制成的一类新型材料。一般由基体组元与增强材料或功能体组元所组成,因此亦属于多相材料范畴。根据《材料大辞典》中关于复合材料的定义可以看出,复合材料具有三个鲜明的特点:

(1) 复合材料是由两种或两种以上不同性能的材料组元通过宏观或微观复合形成的一种新型材料,组元之间存在着明显的界面。

(2) 复合材料不仅能保持原组分的部分优点,而且产生原组分所不具备的新性能。

(3) 复合材料具有可设计性。由于各种原材料都具有各自的优点和缺点,所以在组合时可能出现截然不同的结果。

因此复合材料必须通过对原材料的选择、各组分分布的设计和工艺条件的保证等,以使原组分材料的优点互相补充,同时利用复合材料的复合效应使之出现新的性能,最大限度地发挥优势。

复合材料的结构通常是一个相为连续相,称为基体;而另一相是以独立的形态分布在整个连续相中的分散相,与连续相相比,这种分散相的性能优越,会使材料的性能显著增强,故常称为增强体(也称为增强材料、增强相等)。在大多数情况下,分散相较基体硬,强度和刚度较基体大。分散相可以是纤维及其编织物,也可以是颗粒状或弥散的填料。在基体与增强体之间存在着界面。

2. 复合材料的分类

根据不同的分类方式可以将复合材料分成不同的类别,常用的分类方式有五种,分别是按来源、基体、功能、增强材料形态、增强材料品种来对复合材料进行分类。图 6-1 所示是按照基体差异来对复合材料进行的分类。

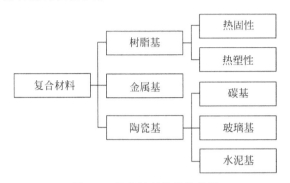

图 6-1　复合材料按基体分类

按增强材料形态来分类,复合材料又可大致分为下面四种:

(1) 纤维增强复合材料。纤维增强复合材料是复合材料中发展最快、应用最广的一种。纤维种类很多,每一种又有许多规格,如棉、麻、丝等天然纤维以及各种合成纤维,但用作现代复合材料的纤维主要是指高强度、高模量的玻璃纤维、碳纤维、石墨纤维、硼纤维、碳化硅纤维、晶须、特种合成纤维、金属丝、混合纤维及自增强纤维如定向共晶等(图 6-2)。

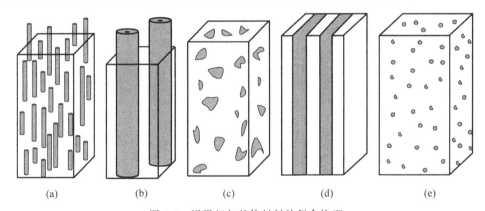

图 6-2　增强相与基体材料的复合构型
(a) 短纤维增强;(b) 长纤维增强;(c) 颗粒增强;(d) 层叠增强;(e) 弥散增强

(2) 颗粒增强复合材料。这类复合材料大致可分为金属细粒与金属基体的复合、金属细粒与塑料的复合、金属与陶瓷弥散强化。如铜合金中加入铅粉可作轴承材料;金属粉加入塑料中可改善其导热导电性能,降低线胀系数;铅粉加入氟塑料中也可作轴承材料。金属陶瓷可用作高温耐磨及高速切削材料,碳化铬金属陶瓷用作耐腐蚀、耐磨喷嘴,重载荷轴承、高温无油润滑件等。

(3) 层叠增强复合材料。层叠复合材料是由两种以上不同材料层叠一起而成,可分双层复合、多层复合、包覆金属或非金属。如酚醛环氧层压板上覆一层铜箔,用作汽车电器印制电路板；普通钢板上覆一层聚氯乙烯塑料，用作耐腐蚀材料；高强度铝上覆一薄层铬，可作兼具高强度及耐腐蚀材料。

(4) 骨架增强复合材料。骨架复合材料可分蜂窝复合、夹心复合及多孔浸渍复合。蜂窝复合材料与夹心复合材料是由重而薄、硬而刚强的面板与较轻而厚的芯子组成。其原理与工字梁相似。这种材料的优点是有高的强度重量比，高的承载能力，表面光滑，增加疲劳寿命和声振疲劳极限，可用作门板、地板、风扇叶片等。面板可由纸、木、金属、塑料、石棉板、增强塑料层压板等组成，最常用的为铝板及层压板。芯子可由纸、棉布、玻璃布等浸渍树脂组成，也可由铝箔、泡沫塑料组成。蜂窝复合材料的芯子有蜂窝形、六角形、方格形、波纹形、锯齿形等。夹芯复合材料是由两层面板中间夹一层泡沫塑料组成。如风扇叶片可由硬质泡沫塑料外覆金属皮组成。多孔材料是一个连续结构但中间占有大量敞开的空隙，另一种材料可渗透到这些空隙中去。例如用润滑剂或氟塑料渗透到多孔的金属或塑料中去，或将树脂渗透到多孔性石墨中去，可用作耐磨材料及耐腐蚀材料。

3. 复合材料的优点

用于汽车领域的传统材料为钢、铁、铝以及塑料等，但因其密度较大、性能单一等原因已越来越不能满足现今汽车材料的使用要求。因此，复合材料作为一种新型材料逐渐代替原有材料用于汽车的制造，其优点如下：

(1) 质轻高强。

传统材料钢的密度为 $7.85g/cm^3$，铝为 $2.78g/cm^3$，而碳纤维为 $2.0g/cm^3$ 左右，环氧树脂为 $1.60g/cm^3$ 左右，在达到同等使用要求的前提下，使用复合材料至少可以将汽车减重 30% 以上。

(2) 大面积整体成形。

复合材料在制造汽车车身时可将原本众多的部件通过热压灌等加工方式进行整体成形，一次性完成车体结构的制造，减少原有部件数量以及连接部位，保证车身性能。国内某车型原金属车身有 140 多个部件，使用复合材料生产后降低为 15 个。

(3) 良好的抗疲劳性能。

一般汽车全寿命时间达 10 年。综合汽车使用状况，疲劳失效是汽车最终出现故障的主要原因之一。金属材料对于疲劳的抵抗力较差，一旦某一部件表面出现微裂纹，将快速扩展从而最终导致部件损坏。复合材料中基体与增强体有大量的接触界面，且纤维数量众多，可有效阻止裂纹的扩展问题，提高抗疲劳性。

(4) 化学稳定性优良。

钢材一般不耐酸，尤其是含有氯离子的酸，即使含钼不锈钢在这种介质中，也会很快被腐蚀。但纤维增强酚醛塑料可长期在含氯离子的酸性介质中使用。用玻璃纤维增强塑料，可制造耐强酸、盐、酯和某些溶剂的化工管道、泵、阀、容器等设备。如用耐碱纤维与塑料复合，还能在强碱介质中使用。耐碱纤维可用来取代钢筋与水泥复合。

(5) 减摩、耐磨、自润滑性好。

在热塑性塑料中掺入少量的短切碳纤维可大大提高它的耐磨性，其增加的倍数可为原来的好几倍。如聚氯乙烯以碳纤维增强后为其本身的 3.8 倍，聚四氟乙烯为其本身的 3 倍，聚丙烯为其本身的 2.5 倍，聚酰胺为其本身的 1.2 倍，聚酯为其本身的 2 倍。选用适当塑料与钢板复合可作耐磨物件,如轴承材料等。用聚四氟乙烯(或聚甲醛)为表层、多孔青铜和钢板为里层的三层复合材料,可成为制成滑动轴承的良好材料。

(6) 耐高温烧蚀性好。

纤维增强复合材料中除玻璃纤维软化点较低(700~900℃)外,其他纤维的熔点(或软化点)一般都在2000℃以上,用这些纤维与金属基体组成的复合材料,高温下强度和模量均有提高。例如,铝合金在升温至400℃时,强度从5MPa降至0.3~0.5MPa,弹性模量迅速下降到几乎为零。如用碳纤维或硼纤维增强后,400℃时强度和模量基本可保持室温下水平。同样用碳纤维增强金属镍,不仅密度下降,而且高温性能也提高。由于玻璃钢具有极低的导热系数(只有金属的0.1%~1%),在短暂时间内可耐超高温,故可作耐烧蚀材料。

(7) 工艺性与可设计性好。

调整增强材料的形状、排布、含量,可满足构件的强度、刚度等性能要求,且材料与构件可一次成形,减少了零部件、紧固件和接头数目,材料利用率大大提高。

(8) 其他特殊性能。

复合材料除了具有上述的种种优良特性外,还有其他一些独特的性能。如:复合材料具有耐辐射性、耐蠕变性及隔热性、特殊的电、光、磁等性能,高韧性和高抗热冲击性好,耐热性好,具有导电和导热性。缺点是层间剪切强度低、韧性差、耐热性和表面硬度都低,易老化,稳定性差,质量不易控制,成本较高。

6.1.2 复合材料的发展历程

自然界中许多天然材料都可看作复合材料,如树木、竹子是由纤维素和木质素复合而成的。纤维素抗拉强度大,但刚性小,比较柔软,而木质素则把众多的纤维素黏结成刚性体。动物的骨骼是由硬而脆的磷酸盐和软而韧的蛋白质骨胶组成的复合材料。人类很早就仿效天然复合材料,在生活和生产中制成了初期复合材料。例如在建筑房屋时,人们将麦秸或稻草掺入泥浆中以增强泥土的强度;在现代建筑上大量使用的混凝土,特别是钢筋混凝土制成的复合材料等。

表6-1展示了近代复合材料的发展历史。近代复合材料的发展是从1932年玻璃纤维增强塑料问世开始的。20世纪30年代末期,美国因航空通信的需要,发展了一种玻璃纤维与合成树脂结合的复合材料。40年代生产了既能满足电信需要,又能达到强度要求的玻璃纤维增强热固性塑料(又称玻璃钢)。50年代环氧树脂出现之后,又大力发展了玻璃纤维增强环氧树脂复合材料。随着空间技术、原子能及超声速飞机等发展的需要,60年代又发展了高强度、高模量、耐高温、低密度的碳纤维、硼纤维等高级纤维及其复合材料。至70年代,几乎所有工程塑料都用玻璃纤维增强。

目前产量大、应用广泛的复合材料是各种玻璃钢,20世纪70年代已超过百万吨。由于玻璃钢在性能上不能满足近代火箭、导弹、宇航、汽车等工业的需要,随后又发展了用碳纤维、硼纤维、SiC纤维等作为增强材料,金属、陶瓷等作基体材料的近代复合材料。上述复合材料由于生产技术复杂,价格昂贵,虽然性能优异,仍限于尖端技术领域中应用。几种材料复合在一起的性能指标,远远超过了各组成材料该项性能指标的总和。复合材料将会很快地向各工业领域中发展,以获得更广泛的应用。

表 6-1 近代复合材料发展历史

时间	发展内容
1932 年	诞生于美国
1942—1945 年	采用手糊成形工艺:手糊军用雷达罩 玻璃纤维增强聚酯树脂
1945 年	飞机机身、机翼改进:使用玻璃钢夹层结构
1946 年	纤维缠绕成形
1949 年	玻璃纤维预混,对模压制成形
1950 年	压制成形,直升机螺旋桨
1950—1960 年	计算机辅助玻璃钢缠绕成形 玻璃纤维、聚酯树脂喷射成形
1961 年	德国研发的片状模塑料(SMC)问世
1963 年	美、法、日 FRP 板材工业化生产
1965 年	美、日生产 SMC 汽车部件、浴盆、船上构件
1965—1970 年	拉挤、环绕成形 树脂反应注射成形(RIM) 增强树脂反应注射成形(RRIM)

6.1.3 复合材料应用于汽车业的价值

2009—2016 年,中国汽车产销量快速增长,2016 年汽车销量接近 2500 万辆。与之相对应,中国汽车保有量持续增长,从 2009 年的 5100 万辆,达到 2016 年的 19327 万辆。2017 年中国汽车保有量已经突破 20000 万辆,图 6-3 所示为 2009—2020 年中国汽车保有量增速图。

图 6-3 2009—2020 年中国汽车保有量及增速图

中国不仅是人口大国,而且是汽车大国。2013 年 7 月,中国已超越美国,成为全球最大石油进口国。随着汽车的废气排放,二氧化碳引起的气候变暖等问题将越来越严重。据研究,一辆轿车每减轻质量 100kg,每百公里燃油消耗就平均减少 0.5L,二氧化碳排放也随之减少 500g。这就要求更轻、更强的材料应用于汽车上,而复合材料具备这些优势。

6.1.4 复合材料应用于汽车的发展历程

诞生于 1986 年前的复合材料刚开始并没有应用于汽车行业。1953 年通用公司使用手糊工艺批量化生产了全玻璃纤维复合材料车身的雪佛兰 Corvette 车,从此复合材料正式进入汽车领域。然而受制于复合材料的高成本以及用于汽车领域相关技术的缺乏、较低的生产率等问题,复合材料并没有大面积地投入使用,一般应用于较为高档、产量较低的车型中。

1969 年,美国福特公司以碳纤维代替玻璃纤维作为增强材料,首次应用于赛车 GT40 中。1977 年,福特公司将精力转向具体复合材料汽车零部件的开发。两年之内,成功开发出发动机盖、前地板等共计 20 个碳纤维复合材料汽车零部件。1995 年,福特公司的 Taurus 和 Sable 车型首次采用了复合材料散热器支架。

2000 年 4 月,欧洲针对碳纤维复合材料在汽车上应用的前景开展了名为"碳素纤维汽车结构技术"的研究项目。其目的是使用碳纤维复合材料代替汽车上原有金属材料,实现汽车车身减重幅度 50% 以上,从而减少汽车尾气排放,提高能源的利用率。

此后汽车用碳纤维复合材料的研究趋于平缓,直到 2011 年,宝马公司于法兰克福车展首次发布 i3 电动概念车和 i8 混动概念跑车。i3 采用碳纤维复合材料车身结构,使得整车质量仅为 1250kg,极大地降低了汽车的重量,其车身骨架见图 6-4。2014 年,i3 和 i8 系列纯电动车在全球正式上市,销量可观,极大促进了碳纤维复合材料在汽车领域的应用。

国内方面,在 2016 年度的北京国际汽车展上,奇瑞公司推出了插电式混合动力车艾瑞泽 7,这款车号称是中国第一台车身主体由碳纤维复合材料构成的车型,其车身见图 6-5。

图 6-4 宝马 i3 电动概念车的碳纤维
　　　　复合材料车身骨架

图 6-5 奇瑞艾瑞泽 7 碳纤维
　　　　结构车身汽车

现今,新能源汽车在世界各国蓬勃发展,基于环保和节能减排因素,其有望替代传统能源汽车成为未来汽车行业的霸主。为了增加续航里程以及减重,复合材料已越来越多地应用于新能源汽车中,无论是高档车还是低档车,复合材料的应用将会引发汽车行业的一场革命性变化。

6.1.5 复合材料在汽车零部件上的应用

采用复合材料制造的汽车零部件种类繁多,总结起来可见表6-2。

表6-2 复合材料在国内部分轿车车型中的最新应用实例

汽车制造商	车 型	汽车复合材料部件实例
一汽大众	奥迪A6	SMC后保险杠背衬、后备胎箱、BMC车灯反射罩以及GMT前端支架和前端底板衬里、发动机罩板等
	宝来系列	GMT前端支架
	迈腾系列	GMT备胎舱
一汽轿车	红旗系列	SMC后保险杠背衬、后备胎箱、FRP尾翼
海南马自达	马自达6	长玻璃纤维增强聚丙烯注射成形的前端模块和车门模块载体
上海大众	帕萨特B5	GMT蓄电池托架、发动机罩板、前端底板衬里以及BMC车灯反射罩
	桑塔纳3000	BMC车灯反射罩
	POLO系列	GMT发动机底护板
	途安系列	LFT前端支架
上海通用	别克GL8系列	GMT前保险杠缓冲器支架
	凯悦、君悦系列	SMC天窗板以及GMT后靠背骨架总成、前保险杠缓冲器支架
上汽汽车	荣威系列	SMC底部导流板
南汽名爵	名爵跑车MG7	SMC车顶骨架
东风雪铁龙	富康两厢	SMC上扰流板、中扰流板
	标志206、307系列	LFT前端支架、翼子板
北京现代	索纳塔、伊兰特系列	GMT前保险杠缓冲器支架
北京奔驰	300C系列	SMC油箱副隔热板
奇瑞汽车	东方之子	GMT前保险杠缓冲器支架

1. 引擎盖

汽车引擎盖是汽车车身的重要组成部分,其影响着驾驶安全性和汽车稳定性。现有的汽车引擎盖结构较为复杂,分为内板、中间泡沫夹芯和外板。传统内板与外板大都采用钢材或者铝合金,外板主要满足车身造型的要求,内板用于支撑外板以及提高使用性能,又称为加强筋。内外板一般经由冲压分别制成,再通过焊接、胶接等加工方式与夹芯材料连接起来。

复合材料引擎盖的应用得益于新能源汽车的发展,各大新能源汽车均有使用复合材料引擎盖的趋势,其中宝马i3系列与i8系列新能源汽车于2011年就已经使用碳纤维复合材料引擎盖。基于复合材料的制造特点,复合材料引擎盖在制造过程中,使用真空辅助树脂注射工艺(VARI工艺)可以将外板、夹芯材料、内板组合起来同步一次成形完毕,省去了传统引擎盖焊接或者胶接的连接步骤,同时大大提高了连接强度,提升引擎盖的使用性能。通用汽车公司的Chevrolet Corvette Z06纪念版轿车使用碳纤维复合材料来制造引擎盖。其内外板均由复合材料制成,其质量只有9.3kg。此外,林肯轿车、190马力重型货车依维柯、

GTV赛车以及沃尔沃汽车均使用了复合材料引擎盖。

2. 板簧

汽车悬架是汽车上的一个重要组成部分,其作用是减少行驶过程中产生的振动与抖动,增加驾驶人舒适感。悬架的组成部分主要有弹性元件、导向机构和减振器,而板簧就是重要的弹性元件之一。

汽车板簧多采用钢制,其质量占整车质量的5%～7%。为减少燃油消耗与尾气排放,需要对汽车钢板弹簧进行轻量化改进。若依旧采用密度较大的金属材料,减重效果往往不理想,因此复合材料进入科研人员的视野。1992年,经过美国汽车企业的不断攻关,复合材料板簧成功进行批量化生产,性能稳定,广泛应用于重型卡车和牵引车上,重量仅为钢材板簧的1/3,取得了显著的效果。复合材料板簧多采用旋转缠绕方法制造。国外重型卡车牵引车,诸如沃尔沃以及特斯拉公司最新生产的纯电动卡车均使用复合材料板簧。

3. 保险杠

当汽车发生正面碰撞时,前保险杠首先发生碰撞,并且可在一定程度上保护汽车车体和乘员。前保险杠主要由蒙皮、吸能装置和横梁三部分组成。保险杠质量的好坏将直接影响到汽车驾驶的安全性。

复合材料应用于汽车行业首先是在保险杠。20世纪70年代,Renault等首次将复合材料应用于乘用车的保险杠上,对复合材料保险杠进行了初探。1987年,水星探索者公司正式推出了一款在性能上不逊于钢铁材料的复合材料保险杠,为复合材料保险杠商业化的道路迈出坚实的一步。随后,GM公司在两款凯迪拉克汽车上应用复合材料保险杠,瑞士Quadrant公司也推出了一种铁纤维增强的玻璃纤维毡片热塑性片材用于汽车保险杆梁。

我国汽车制造业从20世纪70年代开始使用玻璃纤维复合材料。20世纪90年代,随着切诺基、依维柯、斯太尔和桑塔纳等引进车型在中国的投产,复合材料正式进入中国汽车行业。目前南京依维柯S系列商务车、奇瑞东方之子、上海通用别克GL8、北汽福田冲浪、长城塞弗等车型均采用了复合材料保险杠。比亚迪、吉利等公司也持续针对复合材料汽车保险杠进行研究,有望在以后推出新车型时均采用复合材料保险杠。

6.2 热塑性复合材料

6.2.1 热塑性材料的一般特性

目前,汽车工业所用的热塑性复合材料大多采用玻璃纤维进行增强。尽管碳纤维具有较低的密度和较高的弹性模量,但是考虑到成本而选择了玻璃纤维。将玻璃纤维以各种各样的形式(杂乱的短纤维、杂乱的长纤维、杂乱的连续纤维、单向连续纤维和双向纤维织物)加入热塑性基体中。在这些形式中,杂乱的短玻璃纤维增强热塑料极为常见,这是因为这种材料可以使用普通注射成形法进行加工。不过,这种塑料大多用于制造半结构零件(如进气歧管和水泵壳)和结构件(车窗玻璃升降机构的齿轮和电气开关)。随机的纤维走向使这种复合材料具有各向同性材料的特性,但是它的强度和弹性模量比单向纤维复合材料低。如果为了获得更高的强度和弹性模量而添加单向纤维或双向纤维,这种复合材料就会从各向同性材料变为各向异性材料。

对采用单向或双向连续纤维增强的热塑性复合材料已经开发了许多结构应用,包括座椅结构件、保险杠中段和横梁。对于结构应用,连续纤维优于短纤维,因为连续纤维会产生高得多的弹性模量和强度。然而,连续纤维增强热塑性复合材料的应用滞后于热固性复合材料。连续纤维增强热塑性复合材料的制造中所遇到的困难是由熔融态热塑性塑料的高黏度所引起的。在聚合物处于低黏度,尚未经历化学反应而转变成固态聚合物之前,将连续纤维加入热固性聚合物中。熔融态热塑性塑料的黏度比熔融态热固性塑料要高几个数量级,这就使纤维束的浸透和纤维的湿润变得困难。熔融态热固性塑料的低黏度与熔融态热塑性塑料相比,在制造高性能复合材料方面具有明显的优越性。而热塑性复合材料的优势是具有较短的加工时间、可焊接性好、抗破坏能力较强和可回收利用。

应特别注意,连续纤维增强热塑性塑料的弹性模量和强度主要取决于纤维性能、纤维质量分数、纤维走向,并且在一定程度上还受纤维-基体面间结合强度的影响。对于短纤维增强热塑性塑料,在影响强度和弹性模量方面,基体和纤维-基体面间结合强度将起到更加重要的作用。由于热塑性聚合物的孔和穴不会受到有无纤维的影响,所以基体的选择会对不同使用温度下的复合材料特性产生很大影响。化学物质(或其他环境因素,如紫外线)对热塑性复合材料性能的影响还取决于为基体所选择的热塑性聚合物的化学稳定性(或环境稳定性)。

6.2.2 热塑性复合材料的主要种类及特点

1. GMT材料

GMT材料,是一种玻璃纤维毡热塑性复合材料的预浸料。GMT热塑性塑料主要原料是PP(90%),以及PBT、PET、PA、PC等。根据所使用的树脂基材,当前有两种类型的GMT,即聚丙烯基GMT和PET。现阶段,大多数GMT为玻璃纤维增强聚丙烯,玻璃纤维含量在22%~50%。这种材料进行加热软化后,放置在压机中,经过冲压冷却可将其制成各种物品,如机械的内部构件、汽车外饰件等。随着工业的发展,科技的进步,GMT以其高强度和良好的冲击韧性广受人们的青睐。它们通常用于替代金属和热固性复合材料,以制造高强度骨架部件,例如汽车前端的模块框架、汽车的仪表板骨架、座椅的框架、备胎池、底部的护板和保险杠的框架等(图6-6)。

玻璃纤维毡热塑性塑料(GMT)可以以板料的形式买到,它的厚度一般为3.7mm,这是一种将E型玻璃纤维毡与热塑性聚合物组合的材料。聚丙烯是用于制造GMT最常用的热塑性塑料,其他的热塑性塑料(如PET、PBT和聚酰胺类)多少也有应用。通常,这种纤维毡含有任意走向的切断玻璃纤维(一般长25~100mm),或含有任意走向的连续玻璃纤维,如图6-7所示。也有的GMT采用单向连续玻璃纤维和双向玻璃纤维毡。由于纤维走向是任意的,所以切断纤维GMT和连续纤维GMT均为各向同性材料,即它们的性能在板材平面

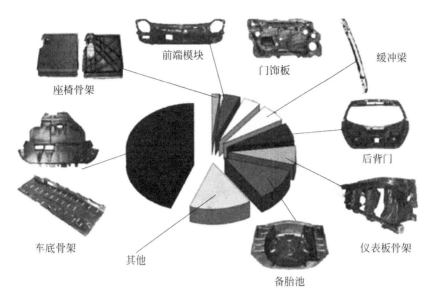

图 6-6　GMT 材料在汽车中的应用

内的所有方向上都相同。由于同样的原因,这两种 GMT 的弹性模量和强度都会小于单向和双向连续纤维复合材料。可以将单向连续玻璃纤维或双向玻璃纤维织物加到纤维呈任意走向的玻璃纤维毡表面上或作为中间层,以改善选定方向上的弹性模量和强度。

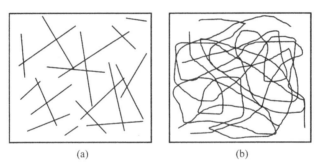

图 6-7　玻璃纤维毡热塑性塑料(GMT)
(a) 采用任意走向切断纤维增强；(b) 采用任意走向连续纤维增强

2. LFT 材料

LFT 即长纤维增强热塑性材料(Long Fiber-reinforced Thermoplastics),是一种将长纤维放入专用模具进行浸渍,并将被树脂充分浸润的长条切割成需求长度的热塑性复合材料。这种材料的主要基体树脂是 PP,其次是 PA,除此之外苯乙烯-丙烯腈共聚物(SAN)、PBT、PPS 等也是比较适合的原料(图 6-8)。LFT 的形状并不固定,可根据需求不同而进行改变,例如成品可以是长条状的,也可以是带状的,还可以是一定宽度的板子,甚至是其他各种形状。LFT 这种热塑性制品可以在一定程度上取代一些热固性制品,且效果更佳。

LFT 材料相比于其他材料,具有成本低、密度低、刚度高、强度高、性价比高以及耐蠕变等显著优点,可以弥补或取代常用的短纤维增强热塑性塑料(Short Fiber-reinforced Thermoplastics)的不足与缺点。采用长纤维增强技术(LFT Technology)是实现通用塑料

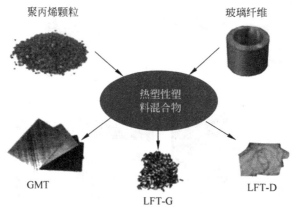

图 6-8 LFT 类别

和工程塑料达到高性能化目标的重要技术途径之一,已引起国内外复合材料科研部门与工业界高度重视。LFT 被广泛应用于汽车工业领域中。LFT 主要用于制造结构与半结构部件,例如汽车前端模块、汽车的仪表板骨架、汽车的保险杠梁、汽车的座椅框架和脚踏板等。长纤维增强聚丙烯用于汽车前端模块、汽车的引擎盖、汽车的仪表板骨架、汽车保险杠、汽车的发动机底盘、汽车的挡泥板等(图6-9,图6-10)。

图 6-9 LFT 材料制作的汽车发动机底护板

图 6-10 LFT 材料制作的奥迪 Q5 大灯透明灯罩

LFT 复合材料具有优异性能和广阔的应用前景,对其开展深入和系统的研究、开发、生产,无论是在理论研究意义上,还是在工程应用上,以及提升中国汽车塑料零配部件工业水平上都具有十分重要的意义与巨大经济价值。

3. SRT 材料

自增强热塑性塑料(SRT)是一种增强材料,和基体材料属于同一种热塑性聚合物(例如,在聚乙烯基体中有聚乙烯纤维,在聚丙烯基体中有聚丙烯纤维)的单一聚合物复合材料。与玻璃纤维或碳纤维增强热塑性塑料不同,自增强热塑性塑料是完全可重复利用的材料。由于纤维和基体具有相同的化学结构,因此两种材料之间存在牢固的面间结合,有助于复合材料获得高的抗拉强度。

自增强热塑性塑料增强纤维中的聚合物分子严格地定向在纤维的长度方向上,使这些纤维具有用作基体增强材料所需的高弹性模量和高强度。制造自增强热塑性塑料有三种方法:热压实、共挤压和胶片堆积。在热压实中,将一块由密集的聚合物纤维制成的编织布加热到足以熔融每根纤维表皮的高温。冷却后,熔融的表皮再结晶而形成基体。在共挤压中,一个薄薄的熔点略低的聚合物基体层与同一种聚合物制成的严格定向的密集聚合物纤维共同挤压。在胶片堆积中,基体聚合物制成的薄胶片堆叠在聚合物纤维层上,并通过热冲压使二者固化在一起。制造这些复合材料中关键的问题是找到合适的温度范围,使聚合物纤维不能熔融,而周围的聚合物基体熔融并完全浸湿这些纤维。自增强聚丙烯是唯一目前已经进入市场的自增强热塑性材料。它有两种形式:编织形式和塑料片式。自增强聚丙烯塑料片厚度为0.3~3mm,专为在加热和加压的条件下对若干层纤维板进行热压实工艺而准备。热压实工艺所用的温度为165~190℃,压力范围为2.8~7MPa。利用这些板通过热压成形形成最终零件的形状。在这种方法中,首先将塑料片在红外炉或热空气循环炉内预热到140~160℃,然后再在合适的金属模中压制成形。热成形期间的压力为1~2MPa,此压力很低,足以允许使用铝模而不用钢模。在加热和加压期间,塑料片必须沿周边夹持在一个金属框架上,以防收缩。

4. 热塑性纳米复合材料

热塑性纳米复合材料含有纳米(10^{-9}m)级尺寸的增强材料,如纳米黏土、碳纳米纤维和碳纳米管。这些纳米增强材料的性能明显高于像玻璃纤维和碳纤维这样的普通增强材料。另外,它们的表面积/体积的比值非常大,因而与热塑性基体材料之间会有更大的面间相互作用。这些复合材料不仅具有高弹性模量和高强度,而且还具有优异的耐热性能、绝缘性能、光学性能和其他性能,并且一般只需要较低的增强物含量。

纳米黏土是一种含有若干硅酸盐层的薄片式蒙脱石黏土矿物质。每个硅酸盐层厚度为1nm,表面积为100nm^2以上。纳米复合材料中所用的最常见的蒙脱石称为胶岭石。为了成为一种高效能的增强材料,必须将这些硅酸盐层剥离开,使它们相互完全独立,并均匀地分散在聚合物基体中。对黏土颗粒要经过化学处理,以便加强硅酸盐层的扩散。将纳米黏土颗粒与热塑性聚合物混合可采用各种各样的方法。在挤压机或注塑机内,进行熔混是其中一种方法。仅用质量分数为2%的纳米黏土进行增强的聚酰胺6对汽油的防渗透能力比聚酰胺6提高了4倍,这就加速了这种材料在燃油管上的应用。

除了纳米黏土外,目前正在进行碳纳米纤维以及碳纳米管增强热塑性塑料的大量开发研究。这两种增强材料能显著提高热塑性塑料的弹性模量和强度,并降低线胀系数。另一个优点是提高热塑性塑料的导电性,这将有助于将零件和燃油管上积累的和在热塑性塑料车身直接喷漆期间产生的静电耗散掉。现在,这些纳米增强材料使用较少,其主要原因是它们的成本太高,资源少。它们在汽车上的应用尚处在研究的初期阶段,因而需要进一步开发。

5. NMT材料

传统纤维增强复合材料是由玻璃纤维、芳香族聚酰胺纤维或碳纤维等人造合成纤维组成的,它们一般都存在耗能大、造价高、易造成环境污染等问题。与玻璃纤维及碳纤维相比,各种天然纤维(如麻纤维、竹纤维、甘蔗渣纤维等)具有价廉、可回收、可降解、可再生等优点,因此,天然纤维增强热塑性复合材料NMT(Naturalfiber Materials Thermoplastic)的研究与开发应用,近年来成为人们对材料研究开发的热点之一。

NMT在汽车工业的应用目前还局限于汽车内饰件上。用于轿车的产品有门内板、行李厢、顶棚、座椅背板、衣帽架、仪表盘等。戴姆勒-克莱斯勒公司已成功地将天然纤维复合材料应用于其生产的奔驰 E 系列轿车上。先前此类车的车门、车内部件用的是木纤维复合材料,现在用亚麻/剑麻毡增强的环氧树脂进行了替换,使质量减轻了 20% 左右,而且力学性能也得到了改善,尤其是对于安全保护方面。另外,用亚麻/剑麻毡增强复合材料能够成形更为复杂的立体构件,因此,这也更适用于车门外贴板等部件,以替换先前的材料。

福特汽车公司设在德国的材料工程部门在研究亚麻/PP 注射成形方面取得了相当的进展,在新型的福特车中,这种材料用于制造冷却器架和引擎挡板等部件。用这种材料制造的部件质量比用玻璃纤维增强的材料减轻 25% 左右。菲亚特公司也在开发用于汽车零部件的天然纤维复合材料,已将其应用在汽车座椅、仪表板、车门把手和密封圈的制造上。

华东理工大学用黄麻纤维毡增强聚丙烯制得天然纤维复合材料(NMT),通过添加不同改性剂和填料,对纤维进行表面处理以及和玻璃纤维混杂等方式,较显著地提高了麻纤维复合材料的力学性能,并和长春一汽四环车身车架厂合作,将麻纤维增强聚丙烯复合材料应用于试制卡车侧护板。天然纤维中洋麻、大麻、亚麻、木纤维同聚丙烯复合后,可用于车内的杂物箱和其他车内装饰板等。

6.2.3 热塑性复合材料在汽车中的应用

1. 连续玻璃纤维和玻璃纤维通过合理的设计制造座椅骨架

德国化工巨头巴斯夫公司和法国汽车配件集团佛吉亚公司联手设计了一种复合材料汽车座椅骨架。这种骨架用连续玻璃纤维和尼龙注塑成形,比传统的汽车座椅减少了泡沫塑料和金属用量,比传统金属骨架轻 20%、薄 30%。最重要的是,它减少了座椅中 75% 的泡沫用量。佛吉亚公司的这种座椅在 2014 年进入主流汽车市场。目前这种座椅有两种设计形式,都采用暴露的骨架来减少材料用量。图 6-11 展示了这两种座椅骨架的结构形式。

图 6-11 两种不同的座椅骨架结构

2. 天然纤维增强热塑性树脂复合材料在汽车内装饰件上的应用

随着当今人们对绿色的追求,汽车工业越来越热衷于用天然纤维作为塑料的增强材料制造汽车构件。表 6-3 展示了这种材料在汽车内装饰件上的应用情况。

天然纤维价格比玻璃纤维便宜,而且密度更低,这就可能降低材料成本和制件重量。这正是汽车制造厂商的两大追求。此外,天然纤维复合材料还具有显著的环保优越性。天然纤维来自可再生资源,可生物降解,极易回收处理。天然纤维对人体皮肤亦无刺激。这一系列优点将会使天然纤维复合材料有着更大的应用潜力,在未来的汽车用材料所占比例中份额会进一步加大。

表6-3 天然纤维增强热塑性树脂复合材料在汽车内装饰件上的应用

汽车零部件	纤维种类	聚合物	纤维含量%
车门板/衬垫	洋麻/大麻	聚丙烯	50
	木纤维	聚丙烯	50
杂物箱/后搁物架	洋麻	聚丙烯	50
	亚麻	聚丙烯	50
座位靠板/货车车厢地板	木纤维	酚醛树脂	85
	亚麻	聚丙烯	50
备胎盖/车身后壁板	亚麻	聚丙烯	50
	木纤维	聚丙烯	50
其他内装饰件	洋麻	聚丙烯	50
	亚麻	聚丙烯	50

6.2.4 热塑性复合材料应用中存在的问题

1. 热塑性复合材料涂覆较为困难

油漆涂覆困难一直是影响热塑性复合材料实际应用的一大难题,热塑性复合材料想要得到更加广泛的应用,就必须解决这一难题。聚丙烯是一种非极性较高的聚合物材料,因此其表面能很低,结晶度较高,与油漆等材料的结合很差,契合性不高。如果直接涂覆涂料,则由于黏合强度差,很容易造成脱落。

2. 热塑性复合材料表面玻璃纤维容易外露

热塑性复合材料表面玻璃纤维外露问题一直是工业企业研究的难点,作为热塑性复合材料,其主要特征就是改变纤维和树脂的含量、分布,根据需要对其进行调整和设计,使其更符合材料的条件。聚丙烯基复合材料通常含有20%～40%的玻璃纤维含量。为了增加材料的强度,有时会人为地使玻璃纤维含量增加,甚至玻璃纤维含量超过60%,从而达到部件的使用条件。因此,在使用过程中,玻璃纤维含量超过40%的材料通常用于内层中间层。然而,即使玻璃纤维含量小于40%时,如果不对其进行特殊的处理,无论是使用注塑工艺还是使用模塑工艺,都可能会导致玻璃纤维的外露,影响使用。

6.2.5 提高热塑性复合材料应用质量的措施

1. 成形工艺需要改进

对于制造工艺进行改进,主要可分为以下3部分:①无论是GMT还是LFT,模压前都要对片材加热处理。这种加热处理,不仅保证了进行模压时材料具有一定的温度,而且也能够保证材料的流动性。②应保证模压的压力和速度,注意材料的摆放,保证制造流程的流畅。③为了保证外饰件的质量,应对外饰件上的空洞进行二次加工处理,对外饰件的表面玻璃纤维外露进行特殊的处理,从而提升热塑性复合材料制品的质量。

2. 外饰件设计构造需要改进

现阶段在汽车的外饰件上,热塑性制品还很难做到完全取代金属制品,存在一些局限性。因此,必须要对热塑性材料制成的外饰件重新进行设计,使其构造更为科学合理。在设计外饰件时应充分考虑到材料自身的特点,充分发挥其自身特点:①把握好外饰件厚度,平滑处要保持均匀,不平滑处要进行平滑处理,外饰件壁厚应保持在6mm以内;②保证外饰件外观,多用圆角,减少尖角等不安全的设计,并避免外饰件出现凹陷、气泡等问题,影响外饰件的外观;③保证外饰件的质量,严格监管生产制造流程,科学合理化设计,减少可能会造成脱模困难的设计方案。

3. 表面需要改进处理

主要从以下三个方面进行:①使用腐蚀花纹改善热塑制品的外观。可以用磨砂纹、橘皮纹、颗粒纹等花纹遮掩外饰件的外观,同时要避免尖角等影响感官的情况出现;②使用喷涂工艺改善热塑制品的外观。汽车外表面装饰件如保险杠、侧围板以及导流板等热塑性复合材料制品必须要进行喷涂处理,但是由于热塑性复合材料不宜喷涂的特性,应使用多种工艺结合处理,同时也应不断改进技术,研制出新的适合的配方。③使用贴膜的方法改善热塑制品的外观。贴膜可以与压膜同时完成,这样通过胶黏剂将膜与外饰件完全贴合在一起,不但节省了成本,也美化了外饰件的外观。

6.3 碳纤维复合材料

6.3.1 碳纤维复合材料在汽车上应用的优点

汽车工业是复合材料应用量最大的领域之一,同时汽车工业的发展趋势又直接影响复合材料的研究方向。据汽车复合材料联盟(复合材料制造厂、原材料供应商和模具制造厂家的一个联合会)介绍,汽车生产厂家一般因其能缩短加工时间、减轻质量和降低成本才选用复合材料。该联合会列举了复合材料用于汽车的优点如下:

(1) 制件的比强度、比疲劳强度和比刚度高。

(2) 减轻汽车质量,提高燃油经济性。复合材料一般能减轻质量35%,从而有助于节约燃料和减少废气排放。

(3) 加工速度快,能在生产中节省成本。

(4) 零部件一体化。结构整体性好,可用模具一次成形法来制造各种构件,从而减少零部件的数量及接头等紧固件,可节省原材料、工时和模具费用,降低制造成本,缩短开发周期。

(5) 可设计性强。通过纤维种类和铺层设计,调节复合材料各组分的比例、结构及排列方式,既可使构件在不同方向承受不同的作用力,还可以制成兼具刚性、韧性和塑性等矛盾性能的多功能制品。

另外,CFRP 制件还具有优良的耐腐蚀性、优良的振动阻尼特性、热膨胀系数小、耐冲击和安全性等优良性能。

6.3.2 车用碳纤维复合材料发展历程

近代复合材料的发展是从 1932 年玻璃纤维增强塑料问世开始的。自从 1953 年世界上第一辆使用玻璃纤维复合材料部件的汽车诞生以来,复合材料已经成为汽车工业的一支生力军。

20 世纪 60 年代末,高性能碳纤维作为增强材料实现了初步商业化,连续碳纤维增强的高性能树脂基复合材料因此应运而生。碳纤维复合材料生产技术难度大、价格高,但优良的性能特点满足了高技术发展的需要,因而迅速发展起来,并已从航空、航天、体育用品等领域转入汽车领域。

1979 年,美国福特汽车公司提出了用 CFRP 制作轻型试验车的构想,其结构示意图如图 6-12 所示。该款汽车使用 CFRP 约 300kg,降低燃费约 35%。该试验车主要是将 CFRP 材料应用于车体面板、传动轴和板弹簧等功能性零件,同时还尝试在发动机机体、连杆和活塞等零部件上应用。CFRP 材料质轻、可设计性强,它的弹性模量是玻璃钢的 4～9 倍,是金属材料的 3～4 倍。如果成批生产,成本将进一步下降,是一种期望值很高的复合材料。

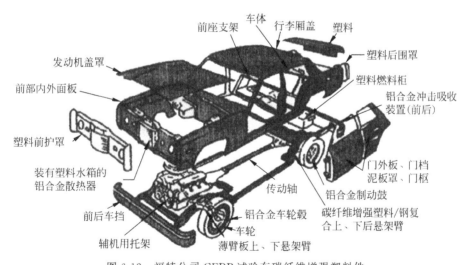

图 6-12 福特公司 CFRP 试验车碳纤维增强塑料件

CFRP 在汽车生产方面的应用快速增长,2010—2017 年的年均增长率高达 31.5%,2017 年全球汽车 CFRP 市场容量增至 7885t。与此同时,其销售额也由 2010 年的 1470 万美元增长到 2017 年的 9550 万美元。汽车 CFRP 仍处于起步阶段,但未来将迎来爆炸式增长。目前,已有多家碳纤维制造商与汽车厂商合作进行 CFRP 的研究,如东丽与戴姆勒合资生产碳纤维汽车部件;西格里集团与宝马集团的合资企业在美国摩西湖的西格里汽车碳纤维有限公司也顺利投产,该工厂生产的轻质碳纤维增强塑料应用于汽车产业,专供宝马集团使用,首项应用于 2013 年上市的宝马 i3 车型;帝人公司推出世界上首个大规模生产 CFRP 技术,能够使汽车框架模塑成形时间缩短至不到 1min。

20 世纪 80 年代以来,随着 CFRP 在汽车工业上的应用,复合材料也从制造简单的汽车非承力件进入制造承力件。80 年代后期,由于对汽车能耗、安全可靠性、机动性、乘坐舒适和美观等要求的提高,促使汽车制造商除了采用新的构思外,还要采用先进材料,并先后研制出先进复合材料驱动轴、板簧和全复合材料车身等。

据报道,美国汽车制造业消耗各种类型的复合材料中以热固性复合材料片状 SMC、团状模塑料 DMC 为主要部分。1995 年实用化的 SMC 汽车部件已有 375 种,1996 年又增加了近 80 种新型零件。应用领域包括了悬架零件、车身及车身部件、发动机盖下部件、车内装饰部件等,其中尤以保险杠、车顶、发动机罩、发动机隔音板、前后翼子板等部件用量较大。为了充分发挥复合材料的减重特性,目前已将碳纤维引入 SMC 组分中以取代玻璃纤维。DSM 公司研制出的碳纤维片状模塑料 CSMC,已应用于汽车的亚结构部件中。

随着环保、轻量化、节能等呼声越来越高,碳纤维增强热塑性复合材料得到了快速发展,与热固性复合材料相比,热塑性复合材料的耐环境和抗冲击性更好,且可回收利用。于是 20 世纪 90 年代出现的玻璃纤维毡增强热塑性复合材料(GMT)和长纤维增强热塑性塑料(LFT)越来越多地应用于汽车工业中,特别是 LFT,已成为热塑性塑料市场增长最快的品种之一,市场需求年增长率达 10%~15%。LFT 的制件内存在相互缠结的纤维骨架结构,因此具有较好的抗冲击性和刚性,现已成为国外热塑性复合材料的开发热点,主要用来制造受力较强的部件,如汽车保险杠、加强梁及支撑架等功能性结构件。在美国,至少有 20 多种汽车零部件采用了 GMT、LFT 成形工艺。

但是,碳纤维增强热固性复合材料存在难以回收等缺陷,阻碍了它在汽车工业中的广泛应用。为此,国外进行了纤维增强复合材料的回收性研究工作,其回收方式主要是通过粉碎,作为填料应用于复合材料的化工容器和建材中。目前,法国、德国已建成了复合材料回收机制与分解粉碎机构,使以往难以回收的碳纤维复合材料得到回收,从而促进了碳纤维复合材料的广泛应用。

6.3.3 碳纤维复合材料在汽车上的主要应用

汽车轻量化、发动机高效化、车型阻力小等,都要求使用质轻和一体多能的结构材料,而 CFRP 正是最理想的材料。目前,CFRP 的主要应用有:发动机系统中的推杆、连杆、摇杆、水泵叶轮,传动系统中的传动轴、离合器片、加速装置及其罩等,底盘系统中的悬置件、弹簧片、框架、散热器等,车体上的车顶内外衬、地板、侧门等。

1. 在车身上的应用

宝马公司已在其开发的 7 系车中大量采用 CFRP 车身结构件,如图 6-13 所示。此外,宝马公司在 2003 年 M3 系列车型上的顶盖和车身结构部件采用 CFRP。日产汽车公司的 Skyline GT-R 外装材

图 6-13 宝马 7 系的碳纤维车身骨架

料已使用碳纤维复合材料。丰田汽车公司自1996年秋起已将碳纤维复合材料用于MARKⅡ等3种车型的内装材料,这两家公司都正与日本东丽公司共同开发碳纤维复合材料车身覆盖件,应用于载货车上。大众汽车公司在"2L车"CC1研究项目中,应用了较多的碳纤维复合材料,其中用于车身的比例高达45%。

法国SP公司展示了一个用于BoxsterS车的碳纤维复合材料发动机罩盖,碳纤维材料体系是由碳纤维增强材料和预催化树脂薄膜的交替层组成,使用树脂薄膜浸渍技术来加工制成的。碳纤维复合材料可多层积层快速铺放,能在不使用热压罐的情况下低温固化,产生高质量无空隙A级表面光洁度的部件。

发动机盖罩采用碳纤维复合材料不仅质量轻,而且便于生产,综合成本低于金属发动机盖罩。通用Chevrolet Corvette Z06纪念版轿车发动机盖罩采用碳纤维复合材料,质量仅为9.3kg。该车发动机盖罩外板完全采用碳纤维/环氧复合材料制备,内板为碳纤维SMC和低密度玻璃纤维SMC共混而成。

英国材料系统实验室(MSL)曾就各种材料对车身轻量化效果及其生产成本进行过研究。结果表明,CFRP的车身质量仅172kg,而钢制车身质量为367.9kg,碳纤维复合材料轻量化效果达53%以上。

2. 在底盘传动系统方面的应用

2003年戴姆勒-克莱斯勒公司推出的Dodge Viper型跑车的挡板支架系统采用了碳纤维复合材料,这也是碳纤维在大型底盘和车身外部件上的首次应用。

Dodge Viper型跑车所采用的碳纤维挡板支架每个重1.93kg,碳纤维复合材料中掺杂了55%碳纤维碎屑,由于没有其他填充物,密度只有$1.4g/cm^3$。这种材料也可用在两个较小的支架和车头灯支架上,组成完整的挡板支架系统。这4个复合部件共重6.1kg,由于少用了15~20个金属零件,减重了18kg。碳纤维复合材料挡板支架壁厚虽只有2mm,却能支撑整个车身前端,而且有34个零件在这里连接,刚性提高了22%。

3. 在压气机叶轮的应用

近年来,日本开始研究用碳纤维复合材料代替铝合金,制造汽车涡轮增压器压气机叶轮,使叶轮质量减轻了48%,从而降低了转子惯量,提高了转子加速性能,缩短了涡轮增压器的响应滞后时间。为了满足叶轮对强度、耐久性和可靠性的要求,对碳纤维表面进行了处理,极大地提高了碳纤维复合材料的强度,基体树脂采用具有较高玻璃化转变温度的聚醚酮,这样碳纤维复合材料的比抗拉强度优于铝合金。这种材料的成功开发,为碳纤维复合材料在发动机中的应用提供了很好的借鉴,并为今后的应用打下了坚实的基础。

4. 在制动器衬片的应用

汽车制动器衬片主要由石棉摩擦材料构成,这种材料在高温制动时易出现摩擦性能"热衰退",产生的石棉粉尘对人体有致癌危害。因此,近年来,世界各国都致力于研究新一代摩阻材料取代石棉摩擦材料。由于碳纤维复合材料具有比强度高、比弹性高、耐热性好、耐磨损等优点,已成为增强效果很好的石棉代用品。SGL Carbon AG公司生产用于Porsche AG车的碳纤维-陶瓷制动盘装置,在911TurboGT和GTIIS车型中已使用。

5. 传动轴的应用

采用碳纤维复合材料制造传动轴可减轻整体结构重量,降低使用维护费用,减少振动噪声,提高传动轴的临界转速。

在汽车领域,美国摩里逊公司在1985年就率先开展了碳纤维复合材料汽车传动轴的研究工作,其生产的传动轴供通用汽车公司载重汽车应用。采用的碳纤维复合材料可以使原来的两个制件合并为一个,质量比钢材轻60%,每个传动轴减轻9kg。德国CENTA公司从1970年开展研究复合材料传动轴,自90年代开始生产制作。该公司生产的船舶推进系统用碳纤维传动轴最大长度达到20m,最大扭矩2200N·m,转速3000 r/min,功率23000kW。

此外,美国TB WOOD'S、莱克斯诺等公司也一直致力于碳纤维复合材料传动轴的研究和应用工作,各种规格复合材料传动轴在工程机械、汽车、发电机组、冷却塔及船舶等领域发挥着作用。

6.4 其他类型复合材料

6.4.1 热固性复合材料

1. 热固性复合材料的定义及特点

大多数用于今天的汽车车身和底盘的长纤维即连续纤维增强聚合物基体复合材料都以热固性聚合物为基础。使用热固性聚合物而不是用热塑性聚合物主要是因为热固性聚合物黏度低得多的缘故,这样,热固性聚合物就能更容易地与长而连续的纤维结合而生产出高强度、高弹性模量的结构复合材料。制备热固性聚合物时,让一种或几种熔融态预聚物在催化剂及固化剂存在的情况下发生化学反应。这种聚合反应(也叫作交联反应或固化反应)将熔融态预聚物转变成一种固态聚合物。在固化前的低黏度熔融态,将纤维与热固性聚合物进行结合。在固化状态时,热固性聚合物的耐热性和化学稳定性好于大多数热塑性聚合物,并且它们并不存在明显的蠕动变形。然而,将热固性聚合物用作基体材料也存在一些制约因素:①依据所用的固化方式和温度,固化反应可能要用几分钟甚至几小时才能完成,这就使热固性聚合物的加工时间大大长于热塑性聚合物;②热固性聚合物不能熔融,即不能回到熔融态,因而也就不能直接反复利用。

目前,热固性复合材料在汽车上的应用包括散热器支架、保险杠杆、翼子板、发动机罩、天窗板。在底盘、悬架和传动系统的零件方面,热固性复合材料也有应用,如叶片弹簧、横梁和传动轴。在热固性复合材料目前的大多数应用中,使用E型玻璃纤维作为增强材料。使用这种纤维的原因是它的价格比碳纤维低得多。然而,碳纤维因其更高的弹性模量/密度比和强度/密度比,在重量更轻的情况下,会产生比E型玻璃纤维更高的刚度和承载能力。这样,在减轻零件重量方面,碳纤维比玻璃纤维效果要明显得多。因此,预计在未来的汽车上,特别是因为减轻汽车重量将成为改善燃油效率所首选的一个重要措施的情况下,碳纤维增强热固性复合材料将得到更多的应用。

2. 热固性复合材料的主要种类

热固性复合材料主要有三种,分别是 SMC、BMC、RTM。这其中 SMC 运用最广,因此主要对 SMC 进行相关介绍。

SMC(Sheet Molding Compound)为片状模塑料,主要原料由 GF(专用纱)、MD(填料)及各种助剂组成,是一种较重要且用途广的模压复合材料制品的半成品。与钢制汽车零件相比,SMC 材料质量较轻,能实现减重目的;对模具的要求远远小于钣金件,能实现造型设计自由,同时制件的整体性好,零件的数量很少,可在一定程度上降低成本。但是 SMC 材料最大的缺点是回收性差,污染环境,目前多数是以填料方式用于建筑行业。

目前美国汽车用复合材料年消耗量超过 70 万 t,其中 32% 的热固性复合材料用于汽车及其相关领域,相当一部分部件采用了 SMC 材料的模压工艺。美国有 65% 的轿车采用 SMC 材料作为前脸和散热器护栅板,国内也有很多车型采用 SMC 材料作为后背门,如 DS6 车型和东风标致 3008 车型等。

美国大陆结构塑料公司(Continental Structural Plastics,CSP)研发了 TCAUltraLite,此类 SMC 材料密度仅有 $1.2g/cm^3$,同时可直接用于 A 级外观零件上,避免了采用模内喷涂技术来掩盖模压的缺陷。2017 年 1 月 5 日,日本帝人集团(TEIJIN)宣布,已完成对美国 CSP 公司的收购。帝人集团目前的重点是建立汽车复合材料产品的发展平台,旨在为汽车制造商提供更广泛的解决方案。相信在不久的未来,A 类车身覆盖件将会有所增加。

由 SMC 材料制备产品时采用的是一种化学反应的方法,在工艺上与传统热塑性模压差别很大。如何基于化学反应过程及原理来实现缩短周期、控制产品的性能,是未来需要加强研究的。

3. 热固性复合材料成形工艺——RTM 的应用

RTM 法是在放入玻璃纤维的封闭模具里压入树脂,常温或加热固化。RTM 法与 SMC 法相比,生产设备简单、模具费用低,且制品物性优异,但只适于中小批量规模生产。据悉,目前国外用 RTM 成形方法生产的汽车零件已经推广到全车身覆盖件。而国内将 RTM 成形技术用于制造汽车零件还处于开发研制阶段,对原材料的力学性能、固化时间、成品件等指标力求达到国外同类制品的生产水平。目前国内 RTM 成形法开发研究出的汽车零件有护风罩、后尾门、导流罩、顶棚、保险杠及车后举升门等。

但是如何使 RTM 工艺能够更快更好地应用于汽车上,材料对产品结构的要求、材料性能达到何种水平、评判标准、A 级表面的实现等问题,是汽车行业关注的,也是 RTM 能真正在汽车零件方面推广的前提条件。

6.4.2 EPP 复合材料

1. EPP 材料的定义及特点

EPP(Expanded Polypro Pylene)聚丙烯塑料发泡材料,是一种性能卓越的高结晶型聚合物/气体复合材料。EPP 制品具有十分优异的抗震吸能性能,形变后回复率高,还具有很好的耐热性、耐化学品性、耐油性和隔热性。EPP制品母粒是一种经发泡后的聚丙烯颗粒,由固体和气体两个相组成,呈黑色、粉红色或白色的颗粒状,直径一般在2~7mm。EPP颗粒的外壁是闭合的,内部充满了CO_2气体。通常,其固相成分只占总重量的2%~10%,其余部分均为气体,因此制成成品件的密度较小,根据孔隙的分布其密度可调整,一般为水密度的1/10~1/20,可根据产品用途,选择不同的密度。EPP还是一种环保材料,不仅可回收再利用,而且可以自然降解,不会造成白色污染。EPP产品还具有绝缘、耐高低温性能好(-40~130℃)、无毒无味、不吸水和具有一定的强度(弯曲强度714kPa)等特点,是一种新型抗压缓冲泡沫塑料,广泛应用于包装、家具、汽车及建筑等领域。

2. EPP 材料在汽车上的应用

基于EPP的上述特点,EPP非常适合汽车对安全、环保和减轻重量等方面的需求。因此,自问世以来,EPP便迅速在汽车制造领域得到广泛应用。目前,国内外的乘用车型大都已采用EPP材料作为缓冲吸能部件,如后备厢备胎中嵌装随车工具的泡沫块,还有保险杠后的缓冲块、侧护板、门内板吸能保护垫、坐垫内芯、枕芯、遮阳板、工具箱等。图6-14,图6-15均为EPP在汽车上的典型应用。

图6-14　EPP材料制作的汽车门垫块

图6-15　EPP材料制作的汽车前地毯支撑垫块

目前,在汽车制造业中,大多使用的是由多种材料制成的不同组件组合而成的成形产品。在对这些产品进行回收利用时,必须将各个组成部分分开,非常麻烦。随着全球对废弃汽车回收利用呼声的日益高涨,减少原材料的种类,以使回收过程简化,"材料一体化系统"已为众多汽车厂商所推崇。由于聚丙烯材料在汽车中的应用十分广泛,因此"EPP-PP组件"受到的重视程度日益增加。EPP与其他材料发泡料的对比参见表6-4。

表6-4　EPP与其他材料发泡料的对比

项　目	发泡聚丙烯 (EPP)	发泡聚乙烯 (EPE)	发泡聚苯乙烯 (EPS)	PE/PS (EPO)	泡棉 (PU)
气泡构造	独立	独立	独立	独立	连续
机械强度	最强	强	强	强	差
最高使用温度	130℃	85℃	80℃	80℃	120℃
耐冲击性	最佳	佳	差	略差	佳
耐油耐温性	最佳	最佳	差	略差	佳
吸水性	最小	小	小	小	大
环境污染	最小	小	大	大	最大

6.4.3 陶瓷基复合材料

1. 陶瓷基复合材料的结构、性能特点

陶瓷材料尽管具有耐高温、抗氧化、耐腐蚀、高硬度、高耐磨性等特点,但脆性是它的致命弱点,因此限制了它的应用。人们为解决它的高脆性从而致力于陶瓷材料的韧化问题的研究。

陶瓷基复合材料不是传统意义上的陶瓷,陶瓷基复合材料是以陶瓷为基体与各种纤维复合的一类复合材料。陶瓷基体可为氮化硅、碳化硅等高温结构陶瓷。它的主要基体有玻璃陶瓷、氧化铝、氮化硅等。这些先进陶瓷具有耐高温、高强度和刚度、相对重量较轻、高耐腐蚀性、低膨胀系数、隔热性好及低密度等优异性能,而且资源也比较丰富,有广泛的应用前景。但其致命的弱点是具有脆性,处于应力状态时,会产生裂纹,甚至断裂导致材料失效。而采用高强度、高弹性的纤维与基体复合,则是提高陶瓷韧性和可靠性的一个有效的方法。纤维能阻止裂纹的扩展,从而得到有优良韧性的纤维增强陶瓷基复合材料。

纤维增强陶瓷基复合材料是以纤维作增强体,把纤维增强陶瓷基体通过一定的复合工艺结合在一起而组成的材料的总称。这类复合材料具有高强度、高韧性、优异的热稳定性和化学稳定性,是一类新型结构材料。作为增强用的纤维有金属纤维(如钨丝、钽丝、钼丝等)、玻璃纤维和陶瓷纤维(如碳、碳化硅、氧化铝、氧化锆等纤维);而陶瓷基本由氧化物基(如氧化铝、氧化锆等)和非氧化物基(如碳、碳化物、硼化物、氮化物等)组成。在选择纤维和陶瓷基体时要注意性能的匹配,如纤维必须和陶瓷一样具有耐高温性能,纤维的热膨胀系数应稍大于陶瓷基体。

纤维增强陶瓷基复合材料已应用的领域和即将应用的领域有刀具、滑动构件、航空航天部件、发动机零件、能源构件等。法国已将长纤维增强碳化硅复合材料应用于制造超高速列车的制动件。由于这种材料具有优异的耐摩擦性能和耐磨损性能,使用效果令人满意。

经过纤维增强的陶瓷,无论在抗机械冲击性,还是在抗热冲击性方面,都有了极大的提高,这在很大程度上克服了陶瓷的脆性,同时又保持了陶瓷原有的许多优异性能。这种打不破的陶瓷目前虽只是初露端倪,但将来肯定有着广阔的发展前景。

2. 陶瓷基复合材料的类型和结构特点

复合陶瓷材料是陶瓷与陶瓷或陶瓷基体材料与其他材料所组成的多相材料。复合材料通常具有不同材料相互取长补短的良好综合性能。主要有陶瓷与金属复合材料,如特种无机纤维或晶须增强金属材料、金属陶瓷、复合粉料等;陶瓷与有机高分子材料的复合材料,如特种无机纤维或晶须增强有机材料等;陶瓷与陶瓷的复合材料,如特种无机纤维、晶须、颗粒、板晶等增韧补强陶瓷材料。陶瓷基复合材料通常可分为颗粒补强陶瓷基复合材料和纤维补强陶瓷基复合材料两类。复合材料兼有两种或两种以上材料的特点,能改善单一材料的性能,如提高强度、增加韧性和改善介电性能等。作为高温结构材料用的陶瓷复合材料,主要用于航天、军工等部门。此外,在机械、化工、电子技术等领域也广泛采用各种陶瓷复合材料。陶瓷基复合材料的类型和结构特点主要有如下方面:纤维(或晶须)增韧(或增强)陶瓷基复合材料。这类材料要求尽量满足纤维(或晶须)与基体陶瓷的化学相容性和物理相容性。化学相容性是指在制造和使用温度下纤维与基体两者不发生化学反应及不引起性能退化;物理相容性是指两者的热膨胀和弹性匹配,通常希望使纤维的线胀系数和弹性模量高于基体,使基体的制造残余应力为压缩应力。

异相颗粒弥散强化复相陶瓷:异相(即在主晶相-基体相中引入的第二相)颗粒有刚性(硬质)颗粒和延性颗粒两种,它们均匀弥散于陶瓷基体中,起到增加硬度和韧性的作用。刚性颗粒又称刚性颗粒增强体,它是高强度、高硬度、高热稳定性和化学稳定性的陶瓷颗粒。刚性颗粒弥散强化陶瓷的增韧机制有裂纹分叉、裂纹偏转和钉扎等,可以有效提高断裂韧性。刚性颗粒增强的陶瓷基复合材料有很好的高温力学性能,是制造切削刀具、高速轴承和陶瓷发动机部件的理想材料。延性颗粒是金属颗粒,由于金属的高温性能低于陶瓷基体材料,因此延性颗粒增强的陶瓷基复合材料的高温力学性能不好,但可以显著改善中低温时的韧性。延性颗粒的增韧机制有裂纹桥联、颗粒塑性变形、颗粒拔出、裂纹偏转和裂纹在颗粒处终止等,其中桥联机制的增韧效果比较显著。延性颗粒增韧陶瓷基复合材料可用于耐磨部件。

原位生长陶瓷复合材料:又称为增强复相陶瓷。与前两种不同,此种陶瓷复合材料的第二相不是预先单独制备的,而是在原料中加入可生成第二相的元素(或化合物),控制其生成条件,使在陶瓷基体致密化过程中,直接通过高温化学反应或相变过程,在主晶相基体中同时原位生长出均匀分布的晶须或高长径比的晶粒或晶片,即增强相,形成陶瓷复合材料。由于第二相是原位生成的,不存在与主晶相相容性不良的缺点,因此这种特殊结构的陶瓷复合材料的室温和高温力学性能均优于同组分的其他类型复合材料。

梯度功能复合陶瓷:又称为倾斜功能陶瓷。初期的这种材料不全部是陶瓷,而是陶瓷与金属材料的梯度复合,以后又发展了两种陶瓷梯度复合。梯度是指从材料的一侧至另一侧,一类组分的含量渐次由 100 减少至 0,而另一侧则从 0 增加到 100,以适应部件两侧的不同工作条件与环境要求,并减少可能发生的热应力。通过控制构成材料的要素由一侧向另一侧基本上呈连续梯度变化,从而获得性质与功能相当于组成和结构的变化而呈梯度化的非均质材料,以减少和克服结合部位的性能不匹配。利用"梯度"概念,可以构想出一系列新材料。这类复合材料融合了材料-结构、细观-宏观及基体-第二相的界限,是传统复合材料概念的新推广。

纳米陶瓷复合材料:它是在陶瓷基体中含有纳米粒子第二相的复合材料,一般可分为三类,即基体晶粒内弥散纳米粒子第二相;基体晶粒间弥散纳米粒子第二相;基体和第二相同为纳米晶粒。其中前两类不仅可该改善室温力学性能,而且能改善高温力学性能;而后一类则可以产生某些新功能,如可加工性和超塑性。

3. 陶瓷基复合材料在汽车上的应用

陶瓷基复合材料用于汽车工业主要用于提高发动机热效率、汽车制动、减振以及喷涂方面。

在汽车发动机的工作循环中,燃烧能量的绝大部分在传热过程中损失,柴油机的热效率在 32%~34%,已经比汽油机提高不少,但是仍有 60% 的热量被耗散。将陶瓷基复合材料作为隔热材料或者隔热涂层,覆盖在发动机上进行隔热处理可以有效减少散热损失,通过使用陶瓷基材料对发动机进行隔热处理可以将热效率提高 10%~15%,而且其密度小,有效地减轻了整车的重量,使汽车的性能有较大的提升。可以说,在材料性能允许的条件下,大规模使用陶瓷基材料可以很大程度上提高整车性能。

陶瓷基复合材料作为新型刹车材料,和传统材料相比,具有摩擦系数稳定、摩擦损耗量小、制动范围大和寿命长等特点。其中C/SiC材料要比C/C材料制成的刹车材料性能更出色,对环境的适应能力更强。陶瓷基复合材料作为刹车材料较大地提高了使用温度,减小了刹车系统体积,提高了整车的安全性,其作为新一代刹车材料具有广阔前景。图6-16所示是一汽马自达汽车上使用的陶瓷基刹车片。

图6-16 一汽马自达陶瓷基刹车片

汽车的减振装置综合利用了压敏陶瓷的压电效应,并在此基础上制成自动减振器,采用高灵敏陶瓷元件可以提高减振器对振动分析的灵敏程度,对路况做出更合理的判断,进一步减小了汽车的振动,乘坐舒适。

6.5 车用复合材料应用实例及发展趋势

6.5.1 车用复合材料应用实例

1. 短玻璃纤维增强热塑性复合材料在发动机上的应用实例

短玻璃纤维增强热塑性复合材料在发动机上的应用,主要有聚酰胺(PA)和聚丙烯(PP)两种。本节主要研究发动机汽缸盖罩和油底壳用短玻璃纤维增强聚酰胺材料。

1) 汽缸盖罩

汽缸盖罩必须满足结构强度、密封性以及定期拆装的要求,过去一般采用铁或铝制造。其以塑代钢设计,是20世纪80年代初在北美最先开始的,一般采用玻璃纤维(30%~50%)和矿物填料混合增强的PA6或PA66材料,PA66或PA6汽缸盖罩同金属盖罩相比可减轻50%,降低约30%的成本。

汽缸盖罩所使用的材料主要有尼龙66与24%玻璃纤维的复合材料(PA66+GF24)、尼龙66与35%玻璃纤维的复合材料(PA66+GF35)、尼龙66与33%玻璃纤维的复合材料(PA66+GF33)等。

2) 油底壳

早期的塑料油底壳主要为SMC复合材料(玻璃钢),特点是刚度高、外观效果好、产品收缩率低,缺点是密度较高、减重效果一般、材料回收困难。目前塑料油底壳的主流材料是玻璃纤维增强尼龙材料(35%玻璃纤维增强PA66),除了减重效果和可回收性比SMC复合材料好以外,其还具有造型容易、质量轻、成本低等优点。

2. 长玻璃纤维增强PP复合材料应用举例

LGFPP复合材料由于制备成本较低,力学性能、耐热性能较高,因此主要应用于对力学性能、尺寸稳定性要求较高的部分结构件,从而实现降本。LGFPP 材料在整车上有着广泛的应用,图 6-17 展示了其在汽车上的主要应用情况。

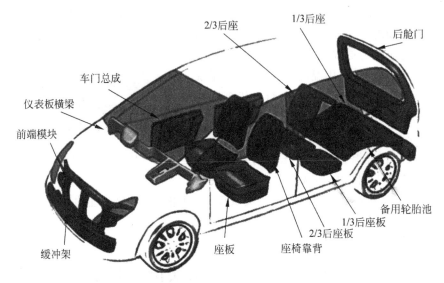

图 6-17 LGFPP 材料在汽车上的主要应用

1) 发动机盖罩

发动机盖罩位于发动机本体正上方,工作环境温度高达 120℃ 左右,最低使用温度为 -35℃,位于机舱内的零部件还应耐刹车油、发动机冷却液、汽油等化学介质侵蚀,承受行驶过程中的高频率的颠簸振动。发动机装饰盖罩最常用的材料为尼龙 6 与 30% 玻璃纤维的复合材料(PA6+GF30),在上汽通用五菱某车上实现了聚丙烯与 30% 长玻璃纤维的复合材料(PP+LGF30)替代 PA6+GF30,使成本降低 30% 左右,重量减轻 22% 左右。

2) 前端模块

采用 PP+LGF30 注塑成形前端支架,将散热器、喇叭、冷凝器、托架等前端部件整合成为一个零件,相比传统金属件更耐腐蚀,密度小,重量减轻约 30%,具有更高的设计自由度,实际生产过程中具有明显的降本、减重优势。目前,大众、福特、长安逸动、奇瑞艾瑞泽 7 前端模块上已经实现长纤维增强 PP 材料的应用。

3) 仪表板骨架

对于包覆仪表板的塑料骨架,采用 LGFPP 复合材料比传统矿物填充 PP 材料强度更高、弯曲模量更高、流动性更好,在满足相同技术边界下可以采用更薄的壁厚达到相同的效果,减重约为 20%。目前福特 Kuga 仪表板采用聚丙烯与 20% 长玻璃纤维的复合材料(PP+LGF20)通过微孔发泡(Mucell)工艺生产,实现单个零件降重 0.45kg。此外,宝马、奔驰、奥迪、标致也有车型有类似应用。

4) 尾门

塑料尾门发展基本经历了两个阶段。第一阶段,尾门由 SMC 或 GMT 材料模压制成,代表案例有标致 508 SW、雪铁龙 C4、DS6、荣威 E50 等车型。该技术采用模压成形工艺进行生产,模具费高,零件生产周期长,不适用形面复杂件的生产,与目前环保理念相悖,应用组件减少。第二阶段,由 LGFPP 材料作内板,矿物增强 PP 为外板通过粘接方式构成。相比传统 SMC 塑料尾门，LGFPP 塑料尾门设计自由度更高、减重效果更明显、环保性更优。目前，东风标致 308S、日产奇骏、福特 Kuga、雷诺 Clio 等车型均已实现应用，吉利、众泰、奇瑞也有车型采用此方案设计。

5）蓄电池托架

蓄电池托架位于机舱内部，应用环境与发动机装饰盖罩类似。传统蓄电池托架一般采用钢板冲压成形，质量较重。长玻璃纤维增强 PP 材料应用于汽车蓄电池托盘，可以减轻零件质量、降低蓄电池振动噪声并减少蓄电池托盘的腐蚀，此外还方便了包装运输和生产装配，具有良好的实用价值。

6）车门内衬板模块

采用 LGFPP 取代金属门内板，设计自由度高、耐腐蚀、降低噪声，马自达 6、一汽奔腾 B70、福特 FIESTA 采用了此种设计。采用聚丙烯与 30% 长玻璃纤维的复合材料（PP+LGF30）生产的门模块可以集成多个元件，例如门锁、车门玻璃升降器、扬声器、防盗装置等，相比传统设计可以减重达 30%。

3. 长纤维复合材料在汽车座椅上的应用实例

长纤维复合材料随着工业经济的快速发展也得到了飞快的发展，现阶段，长纤维复合材料已经成为增强塑料行业中增长速度最快的产业之一。在欧美等发达国家，长纤维复合材料得到了很大的发展，比如日本帝人公司、德国 TICONA 公司、法国圣戈班（SAINT-GOBAIN）公司等在国际知名度较高的材料企业均研制出了长纤维复合材料。

根据相关资料统计，长纤维复合材料在欧美国家汽车领域的应用比例较大，占总用量的 33% 左右，并且还会随着汽车工业的发展而持续增长。现阶段，长纤维复合材料在汽车的内饰、功能件以及结构件上的应用较为广泛，用长纤维复合材料取代传统的金属材料，可以在减轻汽车重量的同时，使生产工艺简化、生产模块化。图 6-18 展示了 LFT 在乘用车上的大量使用。美国通用汽车公司是国际上最大的汽车制造商之一，其已在运动型汽车与轻便货车的货厢板上应用了玻璃纤维复合材料。在复合材料的应用领域，福特公司是众多领导者之一，其生产的汽车，采用了纤维增强的片状塑料作为车身隔热板的材料。2011 年，德国 BMW 汽车公司旗下生产的某型号汽车的驾驶员座椅采用了聚丙烯与 50% 长玻璃纤维的复合材料（PP+LGF50），这种材料使汽车座椅的质量减轻了 63%，同时也提高了汽车座椅的使用寿命。

（1）提高座椅的使用期限与安全性。

长纤维复合材料的抗疲劳性较高，它具有较多的基体，它的疲劳断裂不会在突然之间爆发出来，而是由基体到基体界面以及纤维上缓慢扩展开来。因此，人们能够提前发现长纤维复合材料的损坏，并及时针对其采取相应的补救措施，有效地提高了座椅的使用寿命。除了抗疲劳性之外，长纤维复合材料还具有稳定的安全性，假如发生超载现象的部件选用这种材料制成，汽车座椅的作用不会立即消失，而是先断裂少量的纤维，负载会在这时重新进行快速分配并传递至未受到损坏的纤维上，这样在短时间内整个构件便不会被重物击垮。

（2）降低座椅的振动幅度。

长纤维复合材料与基体界面之间存在较大的阻尼，有良好的减振性能，将大小及形状相同的长纤维复合材料与金属材料在相同的条件下实施振动试验，前者比后者的衰减时间较

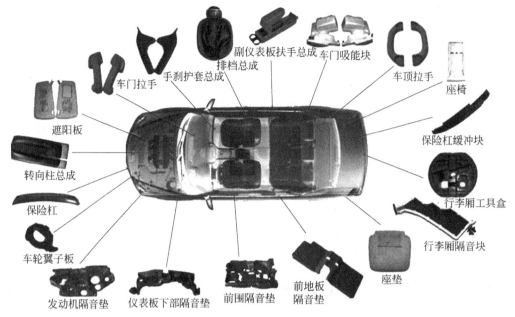

图 6-18 LFT 在乘用车上的应用

短。因此,采用长纤维复合材料的汽车座椅有效地降低了座椅振动频率与时长。

(3) 减少座椅成本。

在对长纤维复合材料进行加工时不需要化学反应,直接将增强纤维根据预定的方向挤出,同时排布在基体上,进而形成铺层结构,并在高速液压机上将其压制,这样就可以加工长纤维复合材料。这种方法在省去购买半成品费用、降低制造成本的同时,又保证了纤维长度,更加优化了构件的力学性能。除此之外,将基体与纤维结合在一起,再用模具成形加温固化,便能够将长纤维复合材料部件制作出来,基体在此制作过程中由流体转变为固体,因此由长纤维复合材料制成的汽车座椅不容易生成裂缝。

(4) 降低座椅高温时的损害度。

长纤维复合材料在一般状况下都可以达到耐高温的效果,普通的铝合金处于 400℃ 时,它的弹性模量会有大幅度的降低,然而在同样的条件下,使用长纤维材料增强后的铝合金,其弹性模量以及强度能够保持不变。因为长纤维复合材料具有较小的热导率,因此其耐高温性能较好。将长纤维复合材料应用到汽车座椅中,能够有效降低高温状况下汽车座椅的损害度。

(5) 保持座椅各种性能的稳定。

长纤维复合材料的众多特点中较为显著的为高比刚度及高比强度,其性能具有较宽的变化范围,根据纤维材料、纤维含量及铺陈方向的不同,所设计出的产品强度指标、阻燃性能及弹性模量也不同。在某种铺层方式下的长纤维复合材料,将材料向一方向拉伸时,材料能够在垂直于拉伸方向上也获得伸长,这种性能与常用材料完全不同。汽车座椅在其设计过程中应选用易于设计且能够维持性能稳定的材料,长纤维复合材料便能够在灵活设计出不同形状的同时保持其各方面性能的稳定。

汽车座椅作为汽车的承载力部件,在交通事故发生时对保障车内人员的安全有着极为重要的作用,因此,朝着轻量化、舒适安全等方面发展是汽车座椅发展的必然趋势。长纤维复合材料具有各种优良的性能,提高汽车座椅质量的同时又减轻了其质量,提高各种性能的同时又降低了成本。因此,随着汽车工业的飞速发展以及长纤维复合材料发展中技术水平的不断提升,在汽车座椅中,长纤维复合材料的应用前景定会日益广阔。

6.5.2　车用复合材料在未来应用的研究方向

未来的汽车是定制化、外形美观、环保型的汽车,传统钣金对造型的约束已经不能满足汽车的发展趋势,随之而来的复合材料可满足大部分造型的要求。为同时满足定制化生产和传统车厂批量化生产,复合材料还需在缩短制造周期、研发更先进制造工艺方向加大力度。现有多数复合材料制品成形,动辄数分钟,难以满足整车厂节拍,大量库存又会带来仓库管理成本,所以后续除了在成形工艺上需充分优化外,材料的固化时间也需要提升。同时针对国内复合材料制品设计,还需要从传统思维中走出来,积极培养相关人才。对于钣金车身设计,各大整车厂经验丰富,但是一旦钣金更改为复合材料,如何从结构上提升产品性能以满足车体性能要求,值得研发人员高度重视。另外,对于环保,在设计过程中需提高复合材料的环保意识:复合材料能提高材料性能,增加产品的功能,这些都是对环境有利的;但复合材料零件的再利用是非常困难的事,需要努力解决复合材料的再生问题,使复合材料朝着环保的方向发展。

此外,研究复合材料应用不能使用单一的复合材料,应该抓住复合材料的共性,在结构和工艺上相互借鉴。从上述分析可知,四类复合材料可同时应用在同一类部件上,存在一个交集区域,那么怎么有选择地应用于汽车上不同的零件,实现轻量化的最大化,这个课题就需要更深入的研究。

未来的汽车与现在的汽车在许多方面不会有太大的区别,但设计思想会有很大的不同。当今社会,人们目光的焦点已经逐渐转向人与自然的关系问题上,环境与能源问题成为世界上每个国家能否生存和发展的关键。随着人们环保意识的不断提高以及各国环保法规的相继出台,绿色汽车已经成为未来汽车发展的必然趋势,因而如何使汽车满足环境保护的要求便提到了汽车厂商们的议事日程。而复合材料作为未来汽车材料发展的主流必将在其中扮演非常重要的角色。不管怎样,随着轻量化的推进,采用复合材料应该是未来汽车材料发展的主流,同时也是汽车材料业发展的大趋势。谁先掌握复合材料的制造,谁将会赢得市场。

1. 适合车身轻量化要求,降低油耗

如上所述,传统的汽车车身材料处于以薄钢板为主的单一状态,不能适应人们追求高速与轻量化的要求,为减轻其质量,改善风阻系数和降低油耗,许多汽车厂商都积极研究和利用新材料以达到上述要求。据报道,汽车自重减轻 50kg,每升燃油行驶距离可增加 2km;若自重减轻 10%,燃油经济性可提高约 5.5%。许多类型的复合材料都在车身轻量化过程中得到了施展"才能"的"舞台"。如金属基复合材料中的铝基复合材料,聚合物基复合材料中的玻璃钢,连续纤维与短纤维相混杂的 SMC-C/R,都在汽车的轻量化进程中"大显身手"。随着新型材料研究工作的不断深入以及复合材料制备技术的不断突破,复合材料在车身轻量化进程中的作用必将更加突出。

2. 复合材料绿色化

未来的汽车属于适应环境保护的绿色汽车，因而不可避免地要提到复合材料的环境意识。近年来，当人们谈到这一问题时，认为复合材料的再生性太差，是对环境不利的材料，发展前景堪忧。事实上，复合材料能提高材料性能、延长使用期、加强功能性，这些都是对环境有利的特性。我们应该认真对待并努力克服复合材料的再生问题，使现有的复合材料朝着环境协调化的方向发展。

的确，复合材料会对环境产生一些不利的影响。如目前发展最快、应用最广的聚合物基复合材料中绝大多数属易燃材料，而且燃烧时会放出大量有毒气体，污染环境，且在成形时，基体中的挥发成分及溶剂会扩散到空气中，造成污染。再者，复合材料使用后废弃物的处理也是一个非常麻烦的问题。从再生观点来看，复合材料本身就是由多种组分材料构成的，属多相材料，难以粉碎、磨细、熔融、降解，所以其再生成本高，要使其恢复原有性能十分困难。

可喜的是，在再生性、降解性方面的研究工作已经取得了很大的进展。通过选择合适的基体，如聚合物基复合材料中采用可降解聚合物为基体；采用天然材料改性复合材料，因为天然材料具有与生俱来的天然相容性，而且资源丰富；采用降解材料改性共混复合材料，利用降解组分材料降解时，导致材料完整性受到破坏，形成碎片或产生自由基，引发材料降解反应，达到材料降解的目的；对于热塑性树脂基复合材料（TPMC）的再生方法有熔融再生、溶解再生（已经用于汽车材料的再生）等方法；对于热固性树脂基复合材料（TSMC）的再生可采用化学降解-热解-颗粒化的方法；对于金属基复合材料可将废料回收重新制备新材料或设法将组分加以分离。当然上述各种方法实现起来可能会遇到困难，但当前的研究成功已经给我们增强了信心。

毋庸置疑，未来汽车用复合材料的发展必须进行环境意识化的研究，这与未来汽车的发展趋势及设计理念是一致的，也与人类社会的生存与发展是一致的。唯有与环境协调化，复合材料才能与汽车一道得到发展。

习　题

1. 复合材料与传统材料相比具有哪些优点？
2. 简述复合材料的分类及性能特点。
3. 结合实例说明复合材料在汽车上的典型应用。
4. 热塑性塑料主要有哪几类？各有什么特点？
5. 简述热塑性复合材料在应用中存在的问题。
6. 简述碳纤维复合材料的分类、性能特点及在汽车上的典型应用。
7. 简述热固性复合材料的主要类型及各自的特点。
8. 简述陶瓷基复合材料的分类及在汽车上的典型应用。
9. 试述（至少列举出三种）复合材料的性能特点。
10. 简述复合材料未来的发展趋势。

第二篇

汽车轻量化制造工艺及连接技术

第 7 章

激光拼焊及变厚度板轧制技术

7.1 概 述

目前,汽车轻量化已成为减少能耗的有效对策之一,与之相伴的材料、设计以及成形方面的研究已成为全球汽车业研究的重点。然而,汽车轻量化绝非是简单地将其小型化而已。首先,轻量化应保持汽车原有的性能不受影响,即不仅要有目标地减轻汽车本身的重量,还要保证汽车行驶的安全性、耐撞性及舒适性;同时,汽车本身的造价不被提高,以免给客户带来经济上的压力。实现汽车轻量化的途径除了汽车结构的合理设计和使用轻量化材料之外,在材料的合理性利用方面也可以采取一定的措施,例如激光拼焊板和变厚度板等。

激光拼焊板(tailored-welded blank,TWB)是根据车身设计的强度和刚度要求,使用激光将两张或多张不同厚度或不同材质的钢板焊成一张钢板,然后进行整体冲压成形的工艺,其减重效果可达 25%。早期的拼焊板主要是将两张同材质、等厚的钢板焊接起来,以解决料片过小的问题。TWB 钢板可以根据需要任意进行拼接,因而具有极大的灵活性。但其不足在于:在板料的拼接处存在着厚度的突变,这使回弹预测、模具设计制造、焊缝移动控制等成为新的课题;另外,焊缝的存在和焊缝处的马氏体引起了材料的明显硬化,影响后续的成形。

1955 年美国罗克韦尔公司首先将变截面技术应用到汽车弹簧的研制。20 世纪 90 年代初,德国亚琛工业大学金属研究所的 Kopp 教授提出了连续变截面辊轧板的概念,它是通过柔性轧制工艺生产的金属板,即在钢板轧制过程中,由计算机实时控制和调整轧辊的间距,以获取沿轧制方向上按预先定制的厚度连续变化的板材。后来德国 MuBea 公司将该技术发扬光大,形成了以 TRB(tailor rolled blanks)为商标的产品技术。上海宝山钢铁股份有限公司亦致力于研究并开发了该类变厚度产品,且申请了自己的注册商标 VRB(variable thickness rolled blanks)。通过这种新的柔性轧制技术生产的变截面薄板经成形后,汽车零部件将具有更合理的承载能力特性,且明显减轻车身重量。

7.2 激光拼焊技术及其应用

7.2.1 激光拼焊的原理和方法

激光是通过受激辐射来实现放大的光,是一种特殊性质的光,激光器发射激光的三个基本要素是激励源、工作物质、谐振腔。工业激光器工作原理如图 7-1 所示,激光工作介质必须有亚稳态的能级结构,固体、气体、液体都可以作为工作介质,但并不是所有物质都可以用作激光进行辐射;激励源是激光器的能量来源,用以实现工作介质的粒子数反转,可以有电、光、热和化学等多种激励方式;通过光学谐振腔进行光放大和选择,从而产生高能激光。

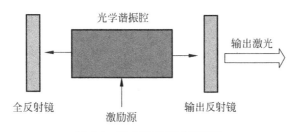

图 7-1　工业激光器工作原理

激光焊接是以激光为热源进行的焊接。激光是一束平行的光,单色并且连贯,用抛物面镜或透镜进行聚光,可得到很高的功率密度。因此可以将光集中到要做钢溶解的一个微小斑点上。汽车板拼焊的激光光斑尺寸一般为 0.5mm 左右。拼焊需要通过熔化以实现冶金结合,因此拼焊板早期可有多种焊接方法来选择,但在其历史发展过程中,最终选择了激光焊接这一先进焊接方法及工艺,这是与激光的发展密不可分的。激光束可以实现非接触加工,同时随着激光器的发展,也避免了加工系统的庞大;此外,激光加工容易实现数控自动化生产和智能制造。

汽车板激光拼焊工艺过程主要有拼焊板定位、夹紧、预成形、识别、焊接、跟踪、判定等过程。图 7-2 所示为激光拼焊焊接系统结构和激光拼焊机示意图,拼焊顺序依次有碾压预成形(主要减少间隙和错位等)、间隙检测识别、激光焊接、焊后焊缝上下表面质量检测等。

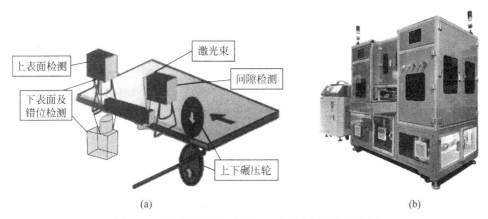

图 7-2　激光拼焊焊接系统结构和激光拼焊机示意图

激光加工工艺参数包括激光功率、焊接速度、离焦量等。另外,还有一些辅助工艺,如焊前预成形量或预成形力、间隙量识别以及焊后质量判别等。

7.2.2　激光拼焊焊缝组织和性能

从钢板材料激光焊接热影响区的金相组织可以看出,焊接热影响区主要存在明显的粗晶区及细晶区,而焊缝区域晶粒的生长方向垂直于熔合线,向内快速生长,具有典型的柱状晶特点,如图7-3、图7-4所示,焊缝区为板条状粗晶,热影响区为焊缝粗晶区向母材细晶区过渡的晶粒区。

图7-3　激光焊接头金相组织

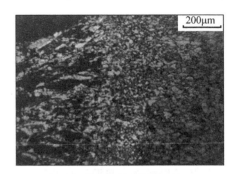
图7-4　激光焊接热影响区组织

激光拼焊是两边金属经过高能激光快速高温熔融然后空冷的过程,其焊缝区金相组织大部分都转变成了马氏体组织,由于这种马氏体的含碳量低,故也称低碳马氏体。焊缝中马氏体组织的生成,不但与焊缝化学成分有关,更主要的是与焊接方法和焊接冷却条件有关。激光拼焊板焊缝区组织特征如图7-5所示,在激光焊接条件下,焊缝区受到急速加热和冷却,此时奥氏体过冷到 M_s(马氏体转变点)温度以下就发生马氏体转变,由于母材本身含碳量少,因此焊缝中一般只会出现板条状马氏体。焊缝两边相邻部位也有相当部分的组织转变成了马氏体,在远离焊缝的区域晶粒尺寸较小,在靠近焊缝区域生成较大晶粒,二者呈明显梯度变化,构成了焊接热影响区的主要微观结构。

焊缝区域的强度和硬度比原来两边母材提高很多,而塑性及伸长率大大下降,即很脆,因而焊缝区域承担塑性变形能力很差。当该区域承受剧烈变形或异常受载时,焊缝容易出现开裂。图7-6为焊缝拉伸试验试件,图7-6所示焊缝试件拉伸所得的应力-应变曲线如图7-7(a)所示,图7-7(b)为拼焊板母材试件拉伸所得应力-应变曲线。从拉伸结果可见,焊缝的延伸率很低,相对母材有很高的屈服强度以及抗拉极限,最大应变小于10%,体现了高强度、低塑性的特性。图7-8(a)为焊缝宽度区域硬度分布图,图7-8(b)为所测量的焊缝宽度,其中,$d_1 \approx 0.8mm$,$d_2 \approx 1mm$。从焊接硬度分布图中可以看出,激光焊缝有较高的硬度和较陡的硬度梯度。

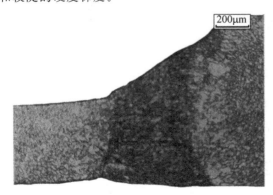
图7-5　激光拼焊板焊缝区组织特征

图7-6　焊缝拉伸试验试件

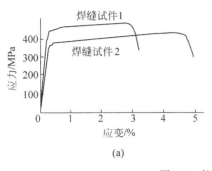 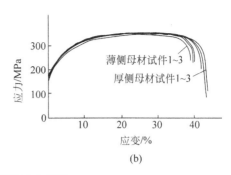

图 7-7 拉伸试验应力应变

(a) 焊缝；(b) 母材

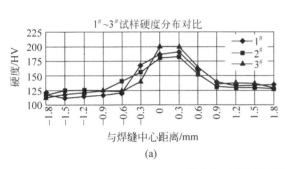 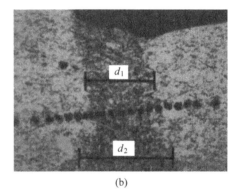

图 7-8 焊缝宽度区域硬度分析

7.2.3 影响激光拼焊板质量的因素

1. 材料

（1）基板表面要求：钢板表面需干燥或有少量涂油，钢板表面无锈迹、无污染物。

（2）材料焊接边有严格的要求：保持很好的接触，直线度约为厚度的 5%，剪切断面形状及要求如图 7-9 所示，其中，D 表示塌角区高度，Z_L 表示光亮带高度，Z_A 表示撕裂带高度，P 表示撕裂带宽度。剪切质量高且焊接面必须保持清洁。

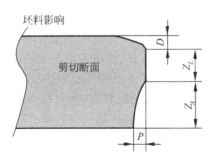

图 7-9 剪切断面形状及要求

2. 激光拼焊设备和工艺

激光拼焊板装备制造在国际上兴起于 20 世纪 90 年代，最多时有 50 多家，随着竞争和兼并逐步形成了几家大的汽车板激光拼焊成套设备公司，如苏泰克公司、蒂森-克虏伯激光拼焊设备公司（现为武钢国际激光技术公司）、小矢部三家占据了国际市场较大份额，尤其是前两家占据全球一半以上份额。

由于汽车板激光拼焊要求加工精度高、速度快、自动化程度高、批量大、焊缝质量好等，因而对激光拼焊设备各项性能要求相对也很高；由于长期以来各家还形成了一些自己的专利及保护，因此不同设备商在拼焊板定位、夹紧、预成形、识别、焊接、跟踪等方面各有差异。另外，还有成本性价比，国际大牌公司设备具有功能全、精度高、质量好等特点，相应的价格贵，国内的相对便宜很多。因此，设备的差异会一定程度造成焊缝质量有差异。

激光拼焊工艺的好坏是影响拼焊质量的一个重要因素，如激光加工参数，包括激光功率、焊接速度、焦点大小和离焦量等因素对激光焊接质量的影响。焊前精确定位、夹紧、预成形、间隙识别功能的好坏和焊后跟踪监测等都会影响交付给用户拼焊板的批次间质量稳定性。图 7-10 为不同工艺下拼焊焊缝，左边是间隙为 0 的焊缝，中间是间隙为 0.1mm 的焊缝，右边是间隙为 0.2mm 的焊缝，图 7-10 显示间隙越大焊缝凹陷越多。

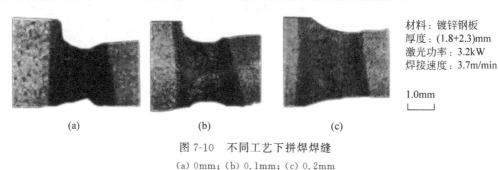

图 7-10　不同工艺下拼焊焊缝
(a) 0mm；(b) 0.1mm；(c) 0.2mm

7.2.4　激光拼焊板冲压成形基本原理

激光拼焊板可分为等厚激光拼焊板和不等厚激光拼焊板。等厚激光拼焊板主要应用在超宽汽车冲压件上，如卡车、客车等的大顶盖、侧围等零件，有时也会出于提高材料利用率的目的而采用拼焊板。激光拼焊板应用中绝大部分都是不等厚激光拼焊板，其中既有同材不等厚，也有不同材不等厚，其相应的应用技术是当前激光拼焊板应用技术的主要部分。

由于目前激光拼焊板大量应用的是薄板，因此本节介绍的是薄板激光拼焊板冲压，其基本原理是一般冲压的一种扩展，主要的冲压工艺、模具、设备等与传统冲压相似，都是利用冲压模具冲压板料产生塑性变形成形出符合形状尺寸要求的钣金零件。薄板激光拼焊板冲压的主要工艺工序形式也是落料、拉延、冲孔、切边、整形、翻边等，只是多了激光拼焊工序，并且其成形、模具、工艺等又有一些特征与一般冲压显著不同。

激光拼焊板冲压与传统非拼焊板冲压的主要不同之处：

（1）不等厚拼焊板一般是一面为平齐，另一面厚板与薄板连接处有高度差台阶。这样，拼焊板模具型面也相应在一面具有高度差台阶。

(2) 厚板薄板两边受载变形的能力也不一样,往往是薄板承受更多的变形,因而造成焊缝横向不均匀移动。

(3) 激光拼焊板冲压还需要考虑焊缝脆性,冲压时焊缝是其薄弱区,相对较易出现开裂。

(4) 激光拼焊板焊缝较硬,冲压时容易刮伤拉毛模具和零件。

(5) 一般激光拼焊板要求在激光拼焊之前分别将每块母板切料或落料,而且每块母板激光拼焊的切边需要高精度,一般需要高精剪或高精落料或激光切割才能满足。

7.2.5 激光拼焊板冲压成形优势

传统工艺条件下,汽车各种部件的制造是由各种小的冲压零部件点焊制成。而采用了激光拼焊新技术后,则改成先将不同强度和不同厚度的板材冲裁、焊接成整体毛坯,然后进行整体冲压成形。激光拼焊产品的经济技术优势表现在能显著降低汽车产品的制造成本,并有效提高汽车产品的各项性能,为新型汽车设计及制造工艺的发展指明方向。在轿车市场占主导车型的紧凑型轿车和中型轿车的设计上,激光拼焊制造工艺的优越性体现得更加突出,采用激光拼焊加工的部件越来越多。

利用激光焊接技术生产的拼焊板具有巨大的优势,主要体现在以下六个方面。

(1) 减轻车身重量:在汽车结构件的应用中,使用激光拼焊板,就不必使用多余加强件,从而降低整体车身重量。通过在一块钢板中,不同材料和厚度的组合可以大大简化整体车身的结构。

(2) 减少汽车零部件数量:提高汽车车体结构精度,可以缩减许多冲压设备和加工工序。通过使用激光拼焊技术,将材料的强度、厚度进行合理组合,可大大改善结构刚度。

(3) 原材料利用率提高:通过在结构件的特定部位有选择性地使用高强、厚材料,从而使材料的利用率大大提高。通过在落料工序中采用排料技术,各种各样的钢板得到合理组合,从而大大提高材料利用率。

(4) 结构功能提高:通过使用激光拼焊技术,材料强度、厚度得到合理组合,使结构刚度强度得到提升,结构的耐腐蚀性能也得到提高。同时,对于有碰撞要求的部位,使用高强度钢或厚板;而在要求低的部位,使用低强钢或薄板,从而大大提高了汽车零部件抗碰撞的能力。与传统点焊工艺相比,使用激光拼焊板的冲压件,大大提高尺寸和形状精度,使车身的装配精度得到改善,这将降低汽车噪声和整体装配缺陷。

(5) 为生产宽体车提供可能:由于钢厂提供的板宽有限,受钢厂轧机宽度的限制。随着汽车工业的发展,汽车对宽板的需求却日趋紧迫,采用激光拼焊不失为一种有效而经济的工艺方法。ULSAB项目于1998年生产出样车,在这一超轻型车上运用的拼焊板零部件数量达到16件,约占车身重量的45%。由于通过采用拼焊板技术,使车身零件数量约减少25%、抗扭刚度提高了65%、振动特性改善35%,并且增强了弯曲刚度。

(6) 增加产品设计灵活性:一个零件,如果某一部分需要提高强度,则这部分的厚度也相应增加。对产品的设计者而言,在设计时只需提高某个部分的强度和厚度即可,而不需要增加整个零件的强度和厚度。在激光焊接中,材料是对接而不是搭接,这将带来如下焊缝特性:焊缝区域的体积小,例如,焊缝宽度不超过 0.5~1mm;不增加焊缝高度;焊接过程中,热影响区小;在焊缝上附加镀锌后,可保持其阴极保护功能;对冲压成形性能影响较小。

完成焊接后，焊缝区域的静态、动态强度是非常重要的指标，因此，还需对焊缝区域抽样，进行破坏性抗拉强度测试，以检验焊缝区的拉伸成形性能。一般来说，焊缝的拉伸强度比母材的强度要高。

激光拼焊板工艺与传统点焊搭接工艺的产品相比有诸多优势：减重轻量化、提高安全性及寿命等性能、降成本、减少零件和工序、提高制造装配精度、使优化设计更灵活等。不仅降低了整车的制造成本、物流成本、整车重量、装配公差、油耗和废品率，而且减少了外围加强件数量，简化了装配步骤及工艺，同时使车辆的碰撞能力增强、冲压成形率及耐腐蚀能力提高。此外，由于避免使用密封胶，也为环保带来利益。图 7-11 是轿车传统门内板与铰链及反光镜固定板点焊设计和激光拼焊设计，其中激光拼焊门内板设计省去了传统的铰链及反光镜固定板及其点焊连接。图 7-12 是轿车前纵梁传统点焊设计和激光拼焊设计，激光拼焊纵梁设计省去了传统设计中的 6 个小零件及其点焊连接。

图 7-11　轿车传统门内板与铰链及反光镜固定板点焊设计和激光拼焊设计

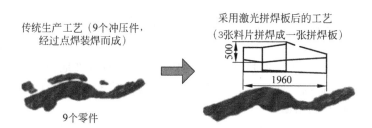

图 7-12　轿车前纵梁传统点焊设计和激光拼焊设计

7.2.6　激光拼焊板冲压成形模具设计

由于激光拼焊板往往是两块以上不同厚度不同材料拼焊成的一整块板，再加之需要考虑不同材料的成形差异以及激光焊缝特性，因而，拼焊板冲压模具设计具有与传统冲压模具明显的区别。图 7-13 是激光拼焊板及其模具厚度差台阶示意图，拼焊板是一面为平齐，另一面厚板与薄板连接处有高度差台阶。这样，拼焊板模具型面也相应在另一面具有高度差台阶；另外，薄板不同位置受载变形的能力也不一样，往往是薄板两边承受更多的变形，因而造成焊缝横向不均匀移动。模具设计时模具焊缝台阶设计位置与零件焊缝设计台阶位置一般不在同一位置，需要考虑实际零件成形时焊缝的移动位置及移动量，同时还需考虑实际冲压定位及冲压波动的窜动间隙。

激光拼焊板冲压还要考虑焊缝脆性，冲压焊缝是其薄弱区，相对较易出现开裂。因此，焊缝区域模具设计要尽量控制焊缝区域的剧烈变形。

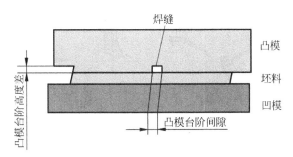

图 7-13 激光拼焊板及其模具厚度差台阶

拉延筋设计时,激光拼焊板模具应考虑厚板或强板整个成形中变形不充分的特点,将其对应部分的拉延筋尽量设计为相对较弱的拉延筋,以利于厚板或强板的充分流动。因板料两边会产生横向伸长变形,所以在焊缝压边部位适当设计拉延筋,可以控制焊缝延伸率低引起的开裂。

此外,激光拼焊板坯料形状尺寸确定需考虑激光拼焊加工特点的可行性,激光拼焊板一般是先剪切或落料出每块母板,然后再激光拼焊。激光拼焊时需要有合适的定位和夹持;另外,焊缝形式只能是直线、折线、曲线,实际上折线、曲线都有一些特殊的要求,如大于 90°的折线。图 7-14 是拼焊门内板拉延模具实物示例,由于拼焊板两边厚度不同,模具对应焊缝位置需设计厚度差台阶,并且模具焊缝台阶应设计避让过渡区。模具材料方面,因焊缝较硬,容易刮伤拉毛模具和零件,所以较好的措施是在压边入模区域采用镶块结构。

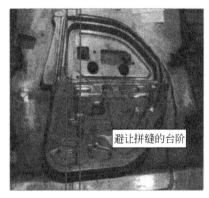

图 7-14 拼焊门内板拉延模具实物示例

激光拼焊板模具设计除了上述与传统设计的不同特点外,其他设计方面与传统冷冲压相同,主要过程:根据产品数模确定工艺工序,如主要的拉延、冲孔、切边、整形、翻边;根据分析及产品数模确定坯料形状尺寸、回弹控制及补偿、工艺补充、压边面、拉延筋等设计,设计模具形式、型面、结构、模具材料等;制定技术要求,如模具硬度、尺寸及表面精度等;配件明细、装配要求等。

7.2.7 激光拼焊技术在车身中的典型应用

目前,几乎所有的著名汽车制造商都采用了激光拼焊技术。采用拼焊板制造的结构件有车身侧框架、车门内板、风窗玻璃框架、前风窗框、轮罩板、地板、中间支柱(B 柱)等,如图 7-15 所示。最新统计表明,最新型的钢制车身结构中,50% 采用了拼焊板制造。激光拼焊技术在 20 世纪 90 年代末引入中国,一汽、上汽、长城、奇瑞、吉利等汽车公司在前纵梁、门内板和 B 柱加强板等都有应用。

激光拼焊在白车身冷成形件焊接上的应用比较多,其优点包括焊接精度高、焊缝区域小、焊接强度高、热影响区小等。热成形 B 柱的板料采用激光拼焊技术后,可以实现不同材

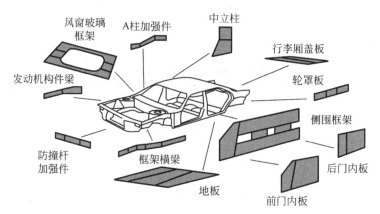

图 7-15 车身上采用拼焊板制造的结构件

料、不同料厚的板料拼接,给 B 柱设计带来了更大的灵活性,进一步提升了性能。例如 B 柱上部硬区采用 22MnB5(Usibor 1500P),下部软区采用 Ductibot 500P(HS 350Y 500T),上下板料激光拼焊后,同时进行加热和成形,成形后的力学性能不同。与通过控制加热过程来实现的硬度分区相比,激光拼焊的 B 柱在热成形时不需要加热炉具备分区加热功能,其焊缝可以控制在 5mm 左右,如图 7-16 所示。

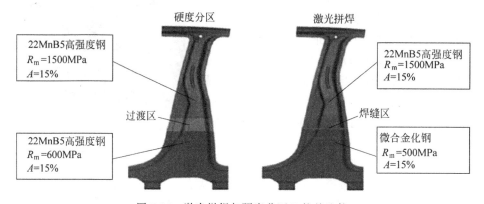

图 7-16 激光拼焊与硬度分区 B 柱的比较

7.3 变厚度板轧制技术及其应用

7.3.1 变厚度板轧制技术基本原理

变厚度板轧制技术,实质上类似于传统轧制加工方法中的纵轧工艺。但两者最大不同之处是在轧制过程中,轧辊的间距可以实时地调整变化,从而使轧制出的薄板在沿着初始轧制方向上具有预先定制的变截面形状,如图 7-17 所示。

VRB 轧制是传统横向轧制和纵向周期性连续变化轧制的有机结合,其最大的特点是在轧制过程中,轧辊的辊缝必须连续、周期性地按预先确定的钢板形状变化。而轧辊压下量的实时调整，使得轧辊的弯曲跟随发生变化，因此辊缝的调整变化必须和轧辊横向变形相协调。此外，还必须借助高性能计算机对轧辊的横向和纵向进行实时控制，以快速协调辊缝的连续变化和横向进给变化。图7-18表示了变厚度轧制轧机的典型控制系统。

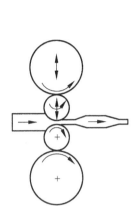
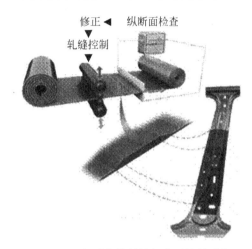

图7-17　VRB轧制原理　　　图7-18　变厚度轧制轧机典型控制系统

VRB的特点是轧制过程中能使轧件的厚度按预先设计的曲线要求变化，由于VRB生产是一个连续过程，为了使计算机能直接控制被控对象，保证轧辊的定位精度，必须采用高精度的辊缝位移传感器在线直接测量辊缝的变化，并通过计算机与伺服阀控制液压缸动作来快速调节辊缝的周期性连续变化。

在轧制过程中，各种因素都可能对钢板的精度产生影响，例如钢带的来料厚度误差、硬度波动、压下力、前后带钢张力、工作辊的速度变化、轧制变形区摩擦条件的变化所诱发的前滑和后滑的影响以及来自轧机本身的轧辊偏心、润滑状态和轧制速度变化所带来的摩擦系数波动和张力波动影响。因此在轧制过程中，需对采集的数据进行及时修正，如图7-19所示。

VRB的厚度控制包含两个方面：一是周期性连续变厚度控制，二是钢带全长厚度的精度控制。前者主要受预设的板形厚度方程约束，同时也受下压力、张力、工作辊的速度和摩擦所诱发的前滑和后滑影响；后者主要受钢带的来料厚度误差、硬度波动以及轧机本身的轧辊偏心、润滑状态、轧制速度变化所带来的摩擦系数波动和张力波动影响。这些因素都是非线性的，并具有强烈的耦合性，而且其数学模型难以精确化。为此，应采用现代控制方法（如多变量控制、最优控制、自适应控制等）和智能控制方法（如模糊控制、专家系统、神经网络）相融合的人工智能自适应板形控制方法对VRB板形厚度进行控制。因此建立VRB板厚综合系统模型以使钢板的板厚曲线与设定的目标曲线相吻合才是最佳的控制方案。

由于VRB板厚是实时控制的，因此除了钢板的板形方程、张力方程、轧制力方程和轧制塑性方程外，板厚方程在VRB轧制控制方程中起到关键作用。变厚度钢板每个区段板厚方程的通用差分式可表达为

$$\Delta h_i = \Delta S_i + \frac{\Delta P_i}{C_p} + \frac{\Delta F_i}{C_F} \tag{7-1}$$

式中：Δh_i为板厚波动量；ΔS_i为辊缝的变化量；ΔP_i为轧制力的变化量；ΔF_i为工作辊

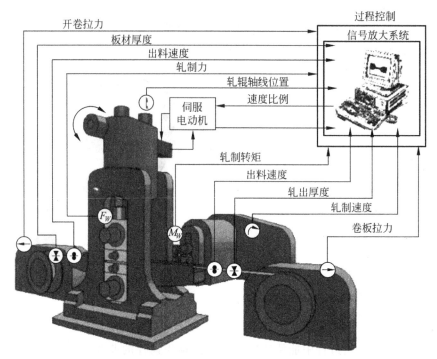

图 7-19 变厚度钢板柔性轧制控制系统

弯辊力的变化量;C_P 为轧机纵向刚度系数;C_F 为弯辊刚度系数;i 为钢板的区段数($i=1,2,\cdots$)。

由于 VRB 板出口厚度和形状取决于实际轧制过程的辊缝大小,而辊缝值又受轧制力、原始辊缝和轧制加载时轧辊的刚度系数、板坯的前滑和后滑程度等影响。因此,通过在线精确测量实际辊缝值和轧制力大小,并进行曲线拟合,与给定 VRB 曲线进行比较,以达到对伺服系统的控制,进而实现对实际辊缝值的测控。同时,板坯的移动量是控制和测量的一个难点,它必须满足塑性方程和体积不变规律,同时必须考虑辊缝变化和轧制力波动所带来的影响,因此板坯的移动量必须是这两个因素的综合。图 7-20 为变厚度板轧制过程控制框图。

轧机的压下液压缸是实施辊缝调整的直接执行机构。液压式压下厚度自动控制系统(液压 AGC)借助于轧机的液压系统,通过液压伺服阀调节液压缸的油量和压力来控制轧辊的位置,以实现对钢带厚度的自动控制。为了精确测定实际辊缝值,一般在轧机上安装位移传感器来检测辊缝位置的变化。

轧制是生产变厚度板工序的核心,但是得到满足冲压成形需要的钢板还要经过一系列的后续工艺过程,例如退火、平整、酸洗、矫直、涂层、剪切等。由于 VRB 钢板厚度变化的特点,在轧后热处理时要考虑特殊的退火工艺才能使材料的热处理特性均匀。同时在后续的平整和矫直工序,也要采取特殊的控制方法来满足厚度变化的需要。

不同于等厚度板,在 VRB 钢板的成形过程中,要求板料的定位相当精确。不当的板料定位将会使冲压件的性能发生变化。严重的情况下,错位的 VRB 钢板将会破坏模具,从而影响正常的生产过程。因此在钢板剪切时,要求有非常精确的定位,这就要求生产线要具有高精度的纵向剪切定位测试和剪切执行手段。同时在冲压板料的设计时也要考虑板料的尺

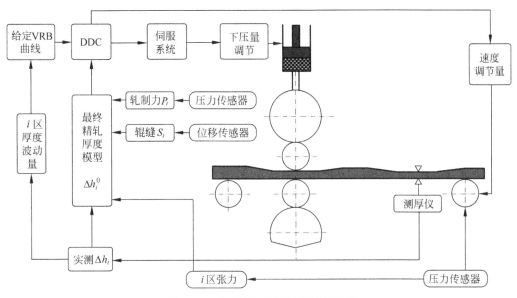

图 7-20 变厚度板轧制过程控制框图

寸裕度来抵消由于轧制参数波动而带来的长度方向的尺寸偏差。

VRB 钢板的生产过程是一个复杂的、多领域、多学科的工艺体系,完美地实施变厚度板的产生和应用,将涉及高精度动态厚度控制技术、合理的热处理工艺、柔性精整和矫直技术以及高精度的长度跟踪和周期剪切技术。正确实现每一技术细节将是实现 VRB 钢板轧制工艺过程建模、缩短开发周期、降低生产成本、提高板型质量的基础,也是推动 VRB 技术在汽车车身轻量化上应用的保证。图 7-21 所示为变厚度板制造和使用技术流程图。

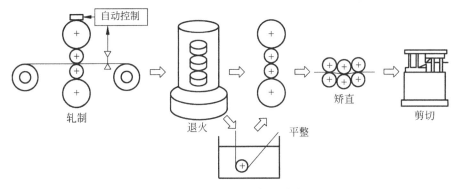

图 7-21 变厚度板制造和使用技术流程图

7.3.2 变厚度板应用关键技术

了解柔性轧制技术的过程原理和轧制工艺特性仅仅是触及了 VRB 技术的部分领域。使 VRB 技术特点得以充分体现的另一重要领域是 VRB 钢板的成形技术,该技术使该设计理念通过零件的手段得以实现。VRB 钢板的厚度变化以及这种变化在钢板成形过程中金属流动的特性将使其在成形模具设计、金属流动规律的正确评判上产生重要影响。

1. 变厚度板冲压成形数值模拟技术分析

几何形状上,变厚度板相对于等厚度板一个显著特点是,变厚度板在其初始轧制方向上的截面形状是连续变化的,即厚度在过渡区存在连续变化。

由于在轧制过程中的加工硬化等现象具有明显的正交各向异性,因此在考虑钢板成形流动准则时,必须考虑各向异性,同时应注意冲压成形过程使板料各向异性发生的改变。对于热处理之后的钢板也要考虑不同厚区、薄区以及厚度过渡区的特性,以便为冲压过程的数值分析等提供依据。

通过等厚度区域的单向拉伸试验和变厚度板数字散斑单向拉伸试验,可以有效地探究不同厚度位置材料性能参数的差异性。通常所说的数字散斑相关方法是指二维的数字散斑相关方法,该方法是根据物体表面随机分布的散斑场在变形前后的统计相关性来确定物体的变形。数字散斑相关方法在测量变厚度板的单向拉伸过程中具有实时性、非接触、光学系统简单等优点。应用数字散斑相关方法的前提是被测物体的表面有随机分布的、黑白相间的斑点,可以是人工斑点,也可以是物体表面的自然纹理、晶粒等。但一般情况下,都采用人工制作斑点的方法。制斑流程为先在试样表面喷涂白色底漆,然后在白色底漆上面喷涂黑色斑点。试验装置如图 7-22 所示。相对于常规的单向拉伸试验,数字散斑试验装置增加了拍摄单拉过程的摄像机以及处理相关图片的硬件和软件设备。

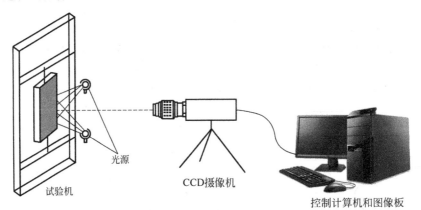

图 7-22 数字散斑试验装置示意图

图 7-23 给出了变厚度板在不同厚度区域的数字散斑单向拉伸试样力学性能拉伸曲线。从不同厚度位置的真实应力-应变曲线、变厚度板数字散斑单向拉伸试样的力位移曲线和试样中不同厚度位置的主应变随时间变化曲线,皆可以得出一个结论:变厚度板过渡区不同厚度位置的力学性能参数同样存在差异。

行业内普遍应用的钣金成形分析软件也越来越重视变厚度板技术,目前最新版的 Autoform、Dynaform 中已经嵌入了变厚度板模块,已经能进行前期的变厚度板零件冷冲压和热冲压的成形性分析。

虽然目前 Autoform、Dynaform 已经完成变厚度板的商业软件嵌入,但是其功能还是存在一些不足,例如暂时无法进行不同厚度区域材料性能差异性的设置,只能通过对板料节点厚度的模拟来实现变厚度设置;同时无法提取出变厚度板过渡区偏移曲线以指导模具设计等。因此,商业软件方面还有进一步优化的空间。

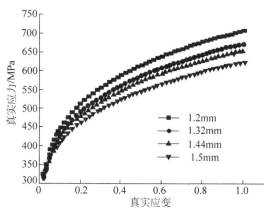

图 7-23 数字散斑拉伸试验结果

2. 变厚度板零件设计及其服役性能评价

目前借助整车数字化平台,可以实现变厚度板零件在整车环境下使用性能的 CAE 分析、评估,借助外形、厚度、不同强度区域分配、相关结构的优化,实现性能提升、制造成本可控。同时,变厚度板零件设计本身,需要深度结合变厚度板的生产线规格以及生产能力等,需要从量产角度对相应 VRB 变厚度板零件的工程设计以及可行性分析给予充分确认。目前,在欧美新车型上,变厚度板已经投入在汽车工业的实际应用中。以目前占比最大的汽车零件 B 柱加强板为例,B 柱是影响汽车侧碰性能的关键敏感零件,理想的 B 柱设计既要防止侧碰时乘员区发生过大的侵入位移以伤害乘员,又要让某些区域(门槛加强板相连接区域)在侧碰时发生压溃变形以吸收能量。为了使热冲压 B 柱不同区域有不同的强度,传统设计方法采用了热冲压零件和冷冲压零件分别冲压再焊接的方法,或统一采用相对较薄的热冲压零件,再在需要强化的区域打补丁。传统设计方法制造工序多、制造成本高。而目前在欧系的一些中高档车型上,普遍采用新的热冲压工艺来实现变强度的热冲压零件,虽然实现一个零件整体成形,但不同区域强度不一样,以减少补丁板工序和冲压工序。由于 VRB 板本身的优点,VRB 热冲压工艺是新工艺中实现变强度 B 柱加强板零件中轻量化效果最好的。Ford 新福克斯车型 B 柱采用变厚度板设计,如图 7-24 所示。

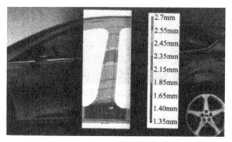

图 7-24 Ford 新福克斯车型 B 柱

由此可见,变厚度板技术的应用,需要充分考虑到零件自身的受力状态,借助整车 CAE 仿真分析,应用数值模拟手段研究相关零件及其在整车环境下的使用性能,开展外形、厚度、不同强度区域分配和相关结构优化。同时,结合三点弯曲和碰撞试验等手段,对 VRB 变厚度板零件(或整车)进行实际性能测试和评估。

3. 冲压模具设计制造关键技术

对于变厚度板来说,原来基于等厚度板所建立的模具设计及制造方法已经不再完全适用,需要针对变厚度板的具体变化特征来重新梳理相关冲压模具设计及制造技术。变截面薄板的冲压成形模具设计难度很高,但汽车制造业已经在车身覆盖件模具设计方面积累了大量的知识和经验,找到了解决问题的方法,可以使技术人员从共性之中挖掘其相同的本质,找到新的出路。如采用阶梯式压边圈技术消除凸缘区域的薄侧材料皱曲问题;采用分区变压边力的最优控制技术减少附加应力,防止变形不均匀所带来的起皱和破裂;借鉴等厚度板拉延筋布置技术,设计多重、高度连续变化的拉延筋;借鉴多点成形技术使凸模工作型面形状与 VRB 的板形一致,以减少或消除变形不均引起的起皱和破裂问题等。

同时,对于变厚度板模具的制造,变厚度板冲压模具坯料定位、连续厚度过渡区域模具间隙、模具上下型面加工方式、拉延筋、压边圈几何设计、零件成形性能和回弹处理等关键问题,都值得深入的研究。特别值得注意的是,变厚度板冲压模具需要重视变厚度板在成形过程中的板料稳定性,可以通过坯料靠模、定位销以及活料芯压料等多方面对板料成形状态进行综合优化,防止板料在成形过程中窜动导致的零件成形后厚度与设计不符。

德国亚琛工业大学塑性成形研究所的 Kopp 教授在研究变厚度板成形时,通过不同的模具垫片来与变厚度板匹配,并针对不同长度的厚度过渡区进行成形试验。试验材料为 DC04,板厚 1.1~1.6mm,其厚度过渡区分别为 20mm、80mm 和 300mm,深冲件过渡区变形大小的情况见图 7-25。

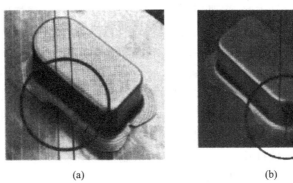

图 7-25 变厚度板料的深冲试验
(a) 过渡区有较大的横向流动; (b) 过渡区有较小的横向流动

变厚度板过渡区大小的相关变形试验结果(图 7-26)说明:

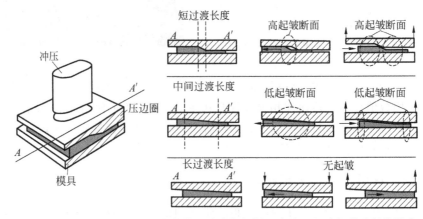

图 7-26 变厚度板的深冲试验中模具设计与板料尺寸的匹配对变形过程的影响

(1) 在钢板的变厚度设计时,如结构及装配允许,尽量减小其减薄率;

(2) 平缓的厚度过渡区将使得板料成形时的压边力设定和压边模的设计变得简单,也使得板料产生皱褶的可能性降低;

(3) 如果根据等强度的原理来合理设计零件,将会使板厚过渡区长度加大,既可使成形变得容易,又可使产生成形缺陷的可能性减小。

因此,加大板厚过渡区将从结构力学特性和增大板料成形性两个方面使变厚度板的优点和可成形性得到突出。

7.3.3 变厚度板的检测评价

1. 检测项目

由于变厚度轧制过程不改变母材的化学成分,对于变厚度板的检测不包括化学成分分析。针对变厚度板的检测项目包括外观、尺寸、基板厚度、镀层厚度、力学性能以及其他客户要求事项。

2. 评价标准

(1) 外观:对于无镀层变厚度板,表面按较高级的精整表面来控制。表面允许有少量不影响成形性及涂、镀附着力的缺陷,如轻微的划伤、压痕、麻点、辊印及氧化色等。对于镀层变厚度板,表面不允许有露出底层基材的划伤。表面结构的粗糙度按客户要求,或按相对应的同牌号同厚度等厚钢板控制。

(2) 尺寸:变厚度板以方板形式交付时,尺寸管理包括板料总长度、板料总宽度和每厚度段长度。对于总长度和总宽度,在客户没有特殊要求的情况下,按±2mm 控制。客户有特殊要求按客户要求执行。对于每厚度段的尺寸管理,以方板的端面为零点,等厚段到过渡段的拐点设为 $a_1 \sim a_n$,每个拐点的实际位置,与图纸要求的位置偏差控制在±2mm 以下。

(3) 基板厚度:变厚度板的厚度只对等厚段进行控制。仍以方板的端面为零点,等厚段到过渡段的拐点设为 $a_1 \sim a_n$,在图纸规定拐点的位置向等厚段偏移一定距离进行测量。厚度符合同牌号等厚钢板的厚度公差要求即为合格。一般偏移距离由客户根据后续加工的模具设计指定。如客户无要求,按偏移距离 3~5mm 来测量。

(4) 镀层厚度:带镀层的钢板在变厚轧制后,镀层厚度会发生减薄。一般认为,镀层减薄率与基材减薄率相同。如变厚度板的某段,母材厚度 2.0mm,轧制后厚度 1.0mm,减薄率即为 50%,相对应的厚度段镀层厚度也减薄 50%。客户一般会指定板料镀层厚度的下限,因此在选择轧制原料卷时需考虑减薄后的镀层最小厚度满足要求。

(5) 力学性能:对于热冲压用变厚度板,轧制后对力学性能不做测量。对于冷冲压用变厚度板,按客户要求控制。分别有不同厚度段按同牌号钢材的性能控制和不同厚度按不同牌号钢材的性能控制两种方式。力学性能只对等厚段做检测,检测项目包括屈服强度、抗拉强度、总延伸率等指标。一般对 0°、45°、90°三个方向进行检测。在等厚段尺寸允许时,采用 A80 标样,尺寸过小时,采用 A50 标样。遇特殊尺寸时与客户协商试验方法。

(6) 其他客户要求事项:如客户有特殊要求,按客户要求实施。

3. 评价方法

变厚度板在检测时,只考虑等厚段,因此可作为对应牌号对应厚度的等厚钢板来实施。对外观的检查一般采用目视。尺寸测量采用直尺、钢卷尺,并用塞尺配合检验平台检查不平度等。厚度采用千分尺测量。镀层厚度采用显微镜测量。力学性能按照 ASTM E8M 或 GB/T 228.1-2010 的要求取样试验。

7.3.4 变厚度板在汽车行业的典型应用

根据目前汽车零部件的加工技术水平,变厚度板除了可在常规冷冲压工序中应用,也可应用在管形件的液压成形和激光焊管、开口或闭口的辊压件、热冲压件成形的各类零件中。VRB 技术的充分利用将会在满足结构对强度、刚度以及寿命要求的情况下,从根本上改变结构设计的理念,为结构轻量化提供最佳的解决方案。由于利用柔性轧制技术可以轧制出"量身定做"特性设计所需要的变厚度板,因此在设计时可根据结构对每个零部件的力学要求,依据结构总体性能最优,得到满足轻量化要求的理想零件。

用轧制方法生产变厚度板的技术出现之后很快得到应用,德国 Mubea 公司报道其生产出的变厚度板已供给奥迪、宝马、大众等汽车制造厂家,广泛应用于制作轿车车身的各种梁、柱、板、管类零部件,见图 7-27。

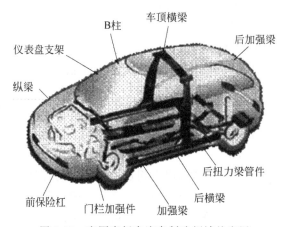

图 7-27 变厚度板在汽车制造领域的应用

图 7-28 所示为沃尔沃已经连续多年在 ECB 欧洲车身会议上展示的结合变厚度板和拼焊板的技术方案。作为其车身结构的重要亮点之一,沃尔沃已经展示含有该技术方案的车型,包括 XC90(2014 年)、V90(2016 年)、XC60(2017 年),通过利用该技术可以有效提升其侧面碰撞安全性,并实现减重降本。

图 7-29 为变厚度板前纵梁内板零件实物图,该零件需要经过拉延、修边、翻边及冲孔 4 道工序,试制零件无开裂、起皱等缺陷,零件尺寸精度符合验收要求。基于 VRB 变厚度板开发的前纵梁内板零件的成形安全裕度可达 22%,能很好地满足该零件的成形要求,从零件质量来看,零件厚度变化均匀且尺寸精度较好。

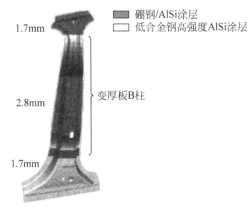

图 7-28　沃尔沃 XC90 车型变厚度板 B 柱　　图 7-29　变厚度板前纵梁内板零件实物图

7.4　激光拼焊与变厚度板轧制技术发展趋势

7.4.1　激光拼焊技术发展趋势

热成形技术、差厚板技术、液压成形技术等汽车轻量化新技术的出现，在一些应用范围内部分取代了激光拼焊技术；但作为车身轻量化的关键技术之一，激光拼焊技术在汽车车身应用领域不会被完全取代，未来还将长期存在并继续发展，并将进一步向着低能耗、低成本、高效率、高质量、新材料、多样化、复合化以及多学科交叉的方向发展。

1. 低能耗、低成本

激光拼焊技术向低能耗、低成本方向发展的主要表现就是激光器的发展。激光拼焊生产线所用激光器的发展趋势是逐渐用新一代的固体激光器代替传统的 CO_2 激光器。同 CO_2 激光器相比，新一代固体激光器具有光电转换效率更高、光束质量更好、传输更加方便、运行和维护成本更低的优势。图 7-30 所示为美国激光焊接 8 年平均综合运营成本，可见光纤激光器的综合费用最低。

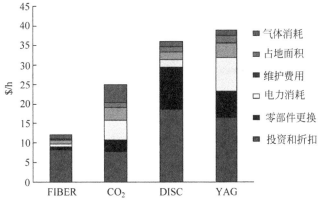

图 7-30　美国激光焊接 8 年平均运营成本

2. 高效率

蒂森（Thyssen）最近开发了名为 Turbo-Weld 的激光拼焊新技术，如图 7-31 所示。该技术的特点是采用双焊接头焊接，循环时间短，有效提高了焊接效率，尤其是长焊缝的焊接效率可以提高 30% 以上。

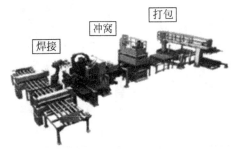

图 7-31　蒂森 Turbo-Weld 技术示意图

3. 新材料

随着轻金属材料及合成材料的发展，铝合金、镁合金、夹层板等轻量化材料也已用于激光拼焊件制造。此外，随着汽车用钢的迅速发展，尤其是涂层技术的发展，用于汽车拼焊件的汽车板也出现了许多，如不锈钢、镀铝板、有机涂层钢板等。

4. 多样化

随着汽车行业对车身减重及安全性要求的不断提高，车身设计理念也在发生着巨大的变革，由此激光拼焊产品变得越来越多样化，具体体现在三个方面：①激光拼焊件结构的多样化，目前最复杂的激光拼焊件由四种以上的材料组成，且焊缝布局复杂，需要经过两次拼焊才能完成；②激光拼焊件形式的多样化，除了传统的拼焊板之外，还出现了拼焊钢卷、拼焊管等其他形式的拼焊件；③激光拼焊件用途的多样化，除了车身覆盖件和结构件之外，已经开始应用于传动系统、排气系统等其他领域。

5. 复合化

热成形技术、液压成形技术、辊压成形技术等汽车轻量化技术的出现对激光拼焊技术带来了挑战，但同时也为激光拼焊技术的发展提供了一个崭新的方向。激光拼焊技术与其他技术的复合技术，成为目前车身轻量化领域的一个新的研究热点。比如，激光拼焊板与热成形技术结合，形成了热成形拼焊技术，已开始应用于 B 柱等安全件的制造。

由于 TWB 和 VRB 在减重、力学性能、制造工艺等方面各有自己的特色和不足之处，因此，人们又提出一种更好的方案，即把 VRB 与 TWB 组合在一起，制成真正意义上的"任意拼接板"（TB），这样既能保证截面的连续变形，又能实现将不同材料的结合，从而得到一种新型的汽车轻量化用材，如图 7-32 所示。

图 7-32　新型轻质材料

7.4.2　变厚度板轧制技术发展趋势

差厚度板的出现，使传统单一厚度板坯不能满足零部件不同部位不同性能要求的问题得到了解决,对减少加工工序、提高生产效率、减轻汽车重量等方面具有非常重要的作用。差厚度板必然会替代宽度相同、板材相同、厚度不同的激光拼焊板。

  差厚度板的一个重要应用是汽车零部件。汽车零部件需要经过冲压成形,由于差厚度板厚度存在过渡区,使其塑性变形与传统的等厚度板坯不同,因此差厚度板在汽车车身的应用首先需要解决其冲压成形性和冲压模具设计。研究表明,差厚度板的成形性能会随着厚度差的增加而降低,在一定厚度差范围内具有好的延展性。当超过这个范围,便会出现二次断裂现象,而厚薄两侧板坯的变形不均匀性和压边力是影响差厚度板成形性能的主要因素。因此在使用差厚度板作为汽车零部件之前,要通过模拟软件及大量试验,设计出合理的厚度变化曲线以适应不同的零部件。

习 题

1. 简述激光拼焊板和变厚度板的概念。
2. 简述激光拼焊的原理及实现方法。
3. 影响激光拼焊板质量的因素有哪些?如何提高激光拼焊板的力学性能及成形性能?
4. 简述激光拼焊冲压成形的基本原理及成形优势。
5. 激光拼焊板冲压与传统非拼焊板冲压相比,有哪些不同之处?
6. 举例说明激光拼焊板和激光拼焊板冲压件的应用现状,并简要分析其发展趋势。
7. 简要分析变厚度轧制技术的基本原理。
8. 如何对变厚度钢板的冲压成形过程进行数值模拟?需要用到哪些设备或软件?简要分析整个数值模拟的过程。
9. 基于等厚度板材所建立的模具设计制造方法能否直接用于变厚度板冲压模具的开发?为什么?
10. 举例说明变厚度板在汽车工业中的典型应用,并简要分析其发展趋势。

第8章

液压成形技术

8.1 概　　述

　　液压成形是近年来得到大力发展的一种新型加工技术,广泛应用于航天航空、汽车制造等领域,其中在汽车制造方面应用最为广泛。与普通的加工技术相比,液压成形技术不但能成形复杂零件,还能够提高零件质量、减少成形工序、降低加工成本,特别适合于小批量零件的加工生产,受到世界各国学者的一致关注。

　　液压成形是指利用液体作为传力介质或模具使工件成形的一种塑性加工技术,也称液力成形。按使用的液体介质不同,可将液压成形分为水压成形和油压成形。水压成形使用的介质为纯水或由水添加一定比例的乳化油组成的乳化液;油压成形使用的介质为液压传动油或机油。按使用的坯料不同,液压成形可以分为三种类型:管材液压成形、板料液压成形和壳体液压成形。

　　从工艺技术角度来说,液压成形相对于冲压焊接具有以下主要优点:

　　(1) 减轻重量,节约材料。对于底盘和车身框梁类结构件,液压成形件比冲压件减重20%～40%;对于空心轴类件可以减重40%～50%。

　　(2) 减少零件和模具数量,降低模具费用。液压成形件通常仅需要一套模具,而冲压件大多需要多套模具。例如,副车架冲压件零件数量有6个,液压成形件减少到1个。

　　(3) 减少后续机械加工和组装焊接量。以散热器支架为例,散热面积增加43%,焊点由174个减少到20个,装配工序由13道减少到6道,生产率提高66%。

　　(4) 提高强度与刚度,尤其是疲劳强度。仍以散热器支架为例,垂直方向的疲劳强度能提高39%;水平方向的疲劳强度能提高50%。

　　(5) 材料利用率高。液压成形件的材料利用率为90%～95%,而冲压件材料利用率仅为60%～70%。

　　(6) 降低生产成本。采用液压成形技术,能减少成形件和模具数量,降低费用。

8.2　板料液压成形工艺

　　随着环境污染、能源危机、资源枯竭等社会问题的日益突出,以及在高效率、低成本、柔性化为制造目标的需求下,板料零件向大尺寸、薄壁、深腔、复杂曲面以及使用难变形材料的方向不断发展。板料液压成形技术具有成形极限高、道次少、尺寸精度高、工艺可控、制造成本低等优点,在高精度、复杂形状、薄壁曲面件的成形方面显示出巨大的潜力,已成为塑性加工领域的研究热点之一。

8.2.1 板料液压成形原理及方法

板料液压成形采用液体介质代替刚性模具传递载荷,使板料在液体介质的压力作用下贴靠凸模或凹模,通过控制液体介质的压力和压边力使板料成形为所需形状的曲面零件。根据液体介质取代凹模或凸模,可将之进一步分为充液拉深成形和液压凸模拉深。充液拉深是用液体介质代替凹模,而液压凸模拉深是以液体介质作为凸模,如图 8-1 所示。板料液压成形工艺特点可归纳如下:

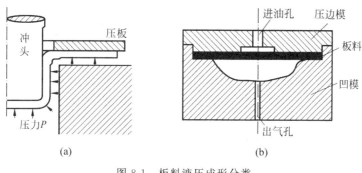

图 8-1 板料液压成形分类
(a) 充液拉伸;(b) 液体凸模拉伸

(1) 板料液压成形仅需要凹模或凸模,另一半被液体介质所代替,减少了模具制造费用,一般模具费用可降低 30% 以上。同时,液压成形的模具可以用便宜的材料来加工,不同厚度和不同材料的零件可以在同一套模具上生产。

(2) 板料液压成形能提高产品的质量,并能显著改善产品的性能。板料成形的零件有重量轻、强度高、硬度高、质量好、材料利用率高、尺寸精度高、回弹小、残余应力低等优点。

(3) 可以通过改变凹模或凸模的形状来成形各种各样形状的零件。板料液压成形可以单道次成形一些形状复杂的零件,而传统的冲压成形则需要多道次才能实现复杂零件的成形。

(4) 更换模具和成形所需的时间相对较短,大大提高生产效率。

板料充液拉伸成形工艺可分为四个阶段。①首先开动液压泵将液体介质充满液室至凹模表面,在凹模表面上放好坯料;②施加压边力;③凸模开始压入凹模,自然增压或者通过液压系统使充液室的液体介质建立起压力,将板料紧紧压贴在凸模上;④流体沿法兰下表面向外流出,形成流体润滑,直至成形结束。

板料充液拉深成形的基本原理是采用液体作为传力介质传递载荷,使板料在传力介质的压力作用下贴靠凸模以实现金属零件的成形。由于在拉深过程中压力使板料与凸模之间产生有益摩擦,如图 8-2 所示,该摩擦力的数值可接近成形力,充液室压力越大,摩擦力越大。在充液室压力达到某一临界值时,液体的压力作用使坯料法兰部分脱离凹模圆角,消除坯料与凹模圆角之间的摩擦。在没有密封的情况下,如图 8-2(a)所示,充液室内液体介质强行从法兰与凹模之间流出,在整个法兰区形成流体润滑,从而有效降低法兰与凹模间的摩擦,缺点是无法精确控制充液室压力。如果采用密封,如图8-2(b)所示,液体介质无法从法兰下流出,不能形成流体润滑,但此时却可以用溢流阀调节充液室压力。完全靠凸模进入凹模的自然增压方式往往使初期液压不足,不能抵消凸模圆角处坯料的拉应力而发生破裂,此时可采用强制增压,就是在施加压边力之后,启动液压泵向充液室内注入液体增压,然后再使凸模进入凹模,实现充液拉深。

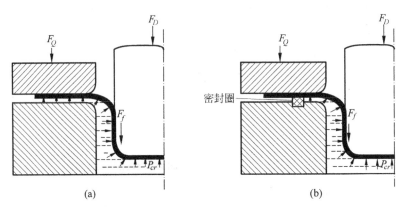

图 8-2　充液拉伸的流体润滑与有益摩擦
(a) 无密封情况；(b) 有密封情况

8.2.2　板料液压成形的形式

为了进一步提高成形极限和零件复杂性,板料液压成形技术出现了新的工艺改进,如径向主动加压充液拉深、预胀充液拉深、正反向加压充液拉深、双板成对液压成形和热态液压成形等。适用材料也由低碳钢、不锈钢进一步扩展到高强度钢、铝合金、镁合金等。

1. 径向主动加压充液拉深

不同于传统轴向加压充液拉深,径向主动加压充液拉深是在成形坯料的法兰外缘施加独立、可控的径向液压,径向液压不受液室压力的限制,可根据变形材料、成形极限优化控制,增加了工艺可控性,适合极限拉深比达到 2.5 以上的铝合金、低碳钢、不锈钢等深筒形件成形,实现径向主动加压的充液拉深设备需要配置两台增压器和加压控制系统。径向主动加压充液拉深可使法兰区坯料产生一个明显的径向应力分界圆,如图 8-3 所示,其中包含径向应力和环向应力。随着径向液压增加,分界圆的位置逐渐向凹模口移动,从而使危险断面的拉应力降低,壁厚减薄率明显改善。

2. 预胀充液拉深

虽然高强度钢板的应用越来越广泛,普通拉深仍存在变形不均匀、不充分的问题,无法充分发挥材料的应变硬化性能。预胀充液拉深可以在拉深变形前通过预胀变形提高板料的应变硬化量,使零件成形后获得足够的刚度、强度、抗弯、抗凹等性能,其原理如图 8-4 所示。该工艺适合航空航天领域贴模度 0.25mm 以下的复杂曲率铝合金整流罩、头罩等以及汽车发动机罩、顶盖、外门板等覆盖件成形。

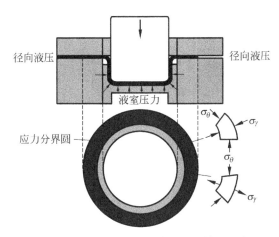

图 8-3 工艺原理及径向应力分界圆模型示意图

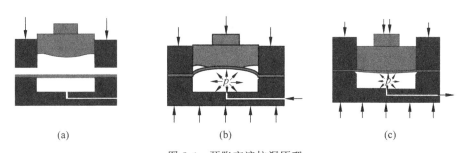

图 8-4 预胀充液拉深原理
(a) 成形前；(b) 预胀成形；(c) 充液拉伸

3. 正反向加压充液拉深

为了进一步提高成形极限,同时避免悬空区的反胀破裂问题,在施加液室压力(反向液压)的同时,在板料的上表面同时施加正向液压,即正反向加压充液拉深；适合高径比达 1.2 以上的深筒形件、薄壁曲面件及低塑性铝合金复杂件成形,其工艺原理如图 8-5 所示。正反向液压同时加载时,板料处于明显的三向应力状态,静水压效果增强,传力区板料承载能力提高,拉伸比进一步强化。

4. 双板成对液压成形

进行液体凸模拉伸时,保持成形液压所需合模力较大,导致法兰区板料的流动困难。针对复杂变截面薄壁空腔零件的成形需要,国内外学者提出板料成对液压成形技术。该方法采用两张周边焊接的板料,在成形初期采用较小的合模力,通过预留的充液孔充入液体,使上下板料在液压的作用下分别贴模到上下模腔内；成形后期采用较高的合模力和液体压力,成形出小圆角等局部特征,其原理

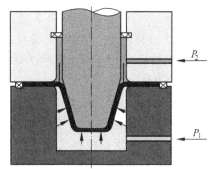

图 8-5 正反向加压充液拉伸工艺原理示意图

如图 8-6 所示。该技术适合具有复杂异形截面特征和局部特征的汽车 B 柱、副车架、防撞杆、油箱等零件的成形。

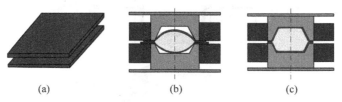

图 8-6　双板成对液压成形工艺原理示意图
(a) 双板；(b) 预成形；(c) 整形

5. 热态液压成形

针对奥氏体不锈钢、高温合金板料应变硬化显著、成形难度高、回弹大、残余应力大以及镁、铝合金等轻合金板料室温下塑性较低、成形性差等问题，国内外学者提出热态液压成形技术。如 304 不锈钢在液室压力 50MPa 下，采用微温充液拉深 (90℃) 可一次成形出拉深比为 3.3 的深筒形件，成形压力比室温降低 38%，残余应力降低 52%，如图 8-7(a) 所示。AZ31 镁合金板料在温热状态下 (225℃) 充液拉深，板料塑性明显改善，拉深速度为 1mm/s 时，可以成形拉深比为 3.0 的平底筒形件，如图 8-7(b) 所示。

图 8-7　热态充液拉伸成形的筒形件
(a) 不锈钢筒形件；(b) 镁合金筒形件

8.2.3　板料液压成形装备发展现状

近年来，板料液压成形技术得到世界各国的极大关注并投入巨资，促进了相关技术和装备的突破。但截至目前，世界上只有 3～5 家机构系统掌握了板材液压成形的核心技术，具备大型装备的研发能力，代表板材液压成形装备的最新发展方向。

德国 Schuler 公司研制出合模力 100MN 的四柱式液压成形机，如图 8-8 所示。该设备采用 6 缸压边，压边力达 30000kN，成形液体由多个增压器提供，液室容积 500L，最大液体压力 30MPa，设备台面尺寸达 6000mm×2200mm，质量为 1230t，并采用 NUMERIC-HM 系统实现液压成形控制。

瑞典 AP&T 公司研发的 5000kN 板料液压成形机，能提供的最大液体压力为 100MPa，可以成形各种复杂曲面零件。该装置的液压成形部分相对独立，可以安装在不同的 AP&T 液压机上，实现给液、增压、保压、卸压等过程，液压加载曲线可以通过数控编程实现控制。

图 8-8　德国 Schuler 公司研制的 100MN 液压成形机

日本 Amino 公司北美分公司已经建成一条板料液压成形车身覆盖件生产线。其中，板料液压成形机吨位为 30000kN，如图 8-9 所示，工作台面尺寸为 4500mm×2500mm，最大压边力为 6000kN，最大液压 30MPa，最大拉深深度为 450mm。该设备可以一步拉深出十分复杂的车身覆盖件，利用 2 台 8000kN 普通液压机可以完成修边、冲孔和翻边、整形工序。

哈尔滨工业大学从 1990 年开始系统研究液压成形工艺和装备，研制的 13000kN 第三代数控板材液压成形设备，高压液体容积为 90L，最高液体压力为 100MPa，工作台面尺寸为 2800mm×2500mm，具有预胀成形、径向加压成形、双向加压成形等复合功能，可实现成形全工艺过程的拉深位移、压边力、高压液体流量和压力的数控加载，压力控制精度和位移控制精度高，成形设备如图 8-10 所示。

图 8-9　日本 Amino 北美分公司板料液压成形机

图 8-10　哈尔滨工业大学研制的 13000kN 双动板料液压成形设备

8.2.4　板料液压成形的应用

目前，板料液压成形已经成为美国、欧洲和日本等先进制造国家和地区解决复杂薄壁件精确、高效、整体成形的关键技术，并已经应用于高档轿车车身覆盖件、航空发动机、运载火箭整流罩等复杂零件、难成形材料的成形。成形零件种类覆盖几百种，包括筒形、球形、锥形、抛物线形等旋转体零件以及具有复杂曲面的非旋转体零件，成形材料涵盖低碳钢、不锈钢、高强度钢、高温合金、铝合金、镁合金、钛合金等，厚度 0.2～3.2mm，最大零件尺寸达到 2200mm×1600mm，成形精度（贴模度）小于 0.25mm，最大壁厚减薄率小于 12%。

在车身覆盖件制造领域，德国的 Schuler 公司采用厚度为 1mm 的 6016T4 铝合金板并通过预胀-充液拉深成形出大吉普车顶外板零件，提高了零件的整体刚度，如图 8-11(a) 所示。德国 Thyssenkrupp 公司成形出 0.60mm 的 DP500 双相车顶外板，零件抗凹性增加 7%，外表面达到 2 级表面质量，优于普通拉深成形。日本 Amino 北美分公司实现了发动机罩外板、发动机罩内板、门外板、侧围内外板等铝合金车身覆盖件的液压成形，如图 8-11(b) 所示。此外，德国 AP&T 公司研制出许多复杂形状深腔零件，如图 8-11(c) 所示。

国内的哈尔滨工业大学最早开展了板料液压成形技术的研究，其研制的铝合金深筒件、复杂曲面整流罩、头罩、五通等零件已经在航天领域获得应用，零件成形精度（贴模度）小于 0.22mm，最大减薄率小于 12%，如图 8-11(d) 所示。此外，随着高档轿车、新能源汽车的开发以及铝合金车身的应用，我国自主汽车制造企业已经将目光关注到板料液压成形领域，并

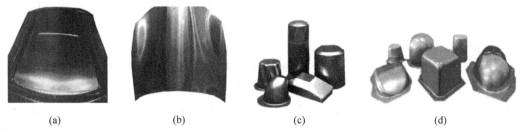

图 8-11 国内外研制的典型板料液压成形件

(a) 铝合金顶盖；(b) 铝合金发动机罩外板；(c) 复杂深腔零件；(d) 典型液压成形零件

着手引入相关技术和设备,制造更加复杂的板料液压成形车身覆盖件。

8.3 内高压成形工艺

内高压成形是一种加工空心构件的先进制造技术,适用于加工汽车、航空、航天等行业中使用的各类轻体构件和复杂管件。内高压成形零件具有质量轻、刚度好、零件数量少、减少后续机械加工和组装焊接量、成本低等优点。

8.3.1 内高压成形的原理和方法

内高压成形原理如图 8-12 所示。它利用金属塑性变形的原理,向密封金属管件毛坯内注入高压液体介质,同时借助专用设备在管件两端施加轴向挤压力,使毛坯管在预先设计好的模具型腔内不断发生塑性变形,直到模具内表面与管件外壁贴合,进而得到形状与精度均满足技术要求的产品。

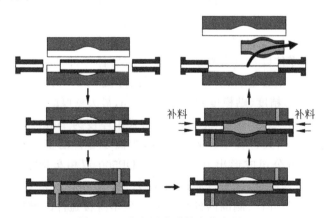

图 8-12 内高压成形技术基本原理

内高压成形是以管状坯料为加工对象,以液体为主要传力介质,具有许多突出的优点:
(1) 节省原材料,提高材料利用率,减轻零件重量。

内高压成形工艺所使用的坯料为空心坯料,在保证零件满足使用要求的情况下,空心坯料较实心坯料可减轻零件重量40%～70%,提高材料利用率30%～50%。

(2) 加工道次少,产品精度高。

内高压成形中的轴向力可以起到密封和补料的作用。通过轴向补料可以改善管坯的应力-应变状态,增加其塑性变形能力,对于复杂零件可以一次成形。同时由于原始坯料具有良好的整体性,且加工过程为有模成形,因此大部分内高压成形零件不需要后继组装焊接或在很大程度上减少了后继组装焊接量,从而降低甚至消除了焊接变形对零件精度的影响。

(3) 模具数量少,生产成本低。

内高压成形工艺基本属于一次成形,极大地减少了生产用模具的数量,并且由于内高压成形工艺所使用坯料的几何相似性,大型零件的模具往往可以作为小型零件的模架使用,这也在很大程度上降低了生产成本。

(4) 加工零件强度高,刚度好。

内高压成形工艺属冷加工工艺,通过变形过程中的加工硬化可以在很大程度上提高零件强度和刚度,因此特别适合于生产汽车及航空航天等领域中的承载结构件。

管件内高压成形技术根据坯料塑性变形的特点可分为变径管成形、弯曲轴线管成形和多通管成形等。

1. 变径管内高压成形技术

变径管是指中间一处或几处的管径或周长大于两端管径或周长的管件,其主要的几何特征是管件直径或周长沿轴线变化,轴线为直线或弯曲程度很小的二维曲线。从结构上看,变径管又可以分为对称和非对称两种形式。

变径管内高压成形工艺过程可以分为三个阶段:①填充阶段,将管材放在下模内,然后闭合上模,使管材内充满液体,并排出气体,将管的两端用水平冲头密封;②成形阶段,对管内液体加压胀形的同时,两端的冲头按照设定加载曲线向内部推进补料,在内压和轴向补料的联合作用下使管材基本贴靠模具,这时除了过渡区圆角以外的大部分区域已经成形;③整形阶段,提高压力使过渡区圆角完全贴靠模具而成形为所需的工件,这一阶段基本没有补料。从截面形状看,可以把管材的圆截面变为矩形、梯形、椭圆形或其他异形截面。

根据受力和变形的特点,零件分为成形区和送料区两个区间。成形区是管材发生塑性变形,直径发生变化的部分;送料区在模具内限制管材外径不变,主要作用是向成形区补充材料。

变径管内高压成形是在内压和轴向进给联合作用下的复杂成形过程,主要缺陷形式如图8-13所示。轴向进给过大,会引起屈曲或起皱;内压过高,会过度减薄甚至开裂。只有给出内压力与轴向进给的合理匹配关系,才能获得合格的零件。

屈曲是由于管材成形区长度过长,成形初期还没有在管材内建立起足够大的内压时,施加过大的轴向力造成的。这种缺陷可以通过选择合理管材长度,增加预成形工序和控制工艺参数来解决。

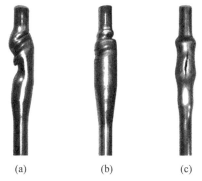

图8-13 变径管内高压成形缺陷形式
(a) 屈曲;(b) 起皱;(c) 拉裂

当轴向力过大时，将产生皱纹。皱纹可以分为两类，一类后期加压整形无法展平，这类皱纹称为"死皱"，它是一种缺陷，可以通过调节加载路径防止这类皱纹产生，但工艺复杂；另一类皱纹通过后期加压可以展平，称为"有益皱纹"，这类皱纹可以作为一种预成形手段，在成形初期将管材推出皱纹以补充材料，但前提条件是后序整形压力能将皱纹展开。

对于低碳钢材料，当管件的膨胀率大于 40% 时，内压过高容易使管件发生开裂。破裂由管壁的局部减薄所引起，破裂开始的时刻取决于管壁厚度、材料力学性能和加载条件。为了避免开裂，必须保证管壁在发生颈缩前贴靠模具。对于膨胀率较大的零件，采用中间预成形坯或退火是避免开裂的主要方法。

变径管内高压成形技术适用于制造汽车进、排气系统，飞机管路系统，火箭动力系统，自行车和空调中使用的异形管件和复杂截面管件等。

2. 弯曲轴线管内高压成形技术

弯曲轴线管件的内高压成形工艺过程包括弯曲、预成形、内高压成形等主要工序，如图 8-14 所示。

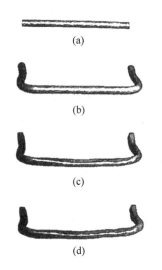

图 8-14　弯曲轴线管件内高压成形工艺过程
(a) 管材；(b) 弯曲；(c) 预成形；(d) 内高压成形

由于构件的轴线为二维或三维曲线，因此先要经过弯曲工序，将管材弯曲成与零件轴线相同或相近的形状。用于内高压成形的弯曲件与普通的弯曲件相比，除了保证弯曲轴线形状尺寸满足要求外，更重要的是控制弯曲过程中的壁厚减薄，因此采用合理的弯曲工艺来控制壁厚减薄是保证内高压成形顺利进行的前提。用于内高压成形的弯曲工艺主要有 CNC (computer numerical control) 弯曲和压弯等。根据是否采用内压支撑，压弯又可分为普通压弯和充液压弯两种。

弯曲后，如果零件截面简单或管材直径小于模具型腔最小宽度，则可以直接将弯曲后的管材进行内高压成形，否则，还需要进行截面预成形工序。截面预成形工序主要有三个方面的作用：①对于初始管材直径大于模具型腔宽度的情况，通过预成形使管材能够顺利放到内高压成形模具中，避免在合模的过程中出现飞边缺陷；②预先合理地分配坯料，使零件在内高压成形过程中变形均匀，避免皱纹和破裂缺陷；③通过获得合理的预成形形状，降低过渡圆角整形压力和控制壁厚，减少设备合模力，降低模具费，提高生产效率。

内高压成形工序是将预成形后的管材放到内高压成形模具中，首先用快速充填系统把管材充满乳化液，再通过一端冲头引入高压液体，并按照一定的加载曲线升压，在高压液体的作用下管材或经过预成形的管材贴靠模具型腔形成所需形状的零件。

弯曲轴线管件典型截面形状包括四边形、多边形、椭圆形以及不规则截面。四边形截面包括正方形、矩形和梯形等形状；多边形截面包括正五边形、正六边形和其他形状的五边形、六边形；椭圆形包括长短轴不同的形状和长椭圆等形状；不规则截面是不包括上述截面形状的其他复杂形状,主要用于规则截面之间的过渡。

弯曲轴线管内高压成形缺陷主要有开裂、死皱和飞边。

(1)开裂常见的部位是弯曲段外侧、多边形截面过渡区和焊缝热影响区。弯曲段外侧开裂的原因是弯曲过程造成壁厚过度减薄和加工硬化使材料塑性不足,预防措施主要是弯曲时控制壁厚过度减薄。过渡区开裂是过渡区先满足屈服条件产生塑性变形,引起环向应变增加和壁厚持续减薄,从而导致开裂。焊缝开裂的主要原因是因焊缝质量不良造成在焊缝及附近热影响区开裂。

(2)死皱产生的主要原因是管材直径过大,预成形截面形状和内高压成形模具分模面设计不合理。当预成形零件截面的某段长度大于模具上该段的长度时,在该处容易产生死皱。

(3)飞边产生的主要原因是零件某处截面形状特殊,且预成形截面形状和内高压成形模具分模面设计不合理,造成管材的一部分与模具先接触,在模具闭合前被挤出分模面而形成。

3. 多通管内高压成形技术

多通管件的种类很多,按照多通数量可以分为直三通管(T形管)、斜三通管(Y形管)、U形三通管、X形四通管和五通以上的多通管,如图 8-15 所示。按主管、支管直径大小分为等径和异径多通管;按轴线形状,分为直线和曲线多通管;按对称性,分为对称和非对称三通管;按照壁厚大小,分为厚壁和薄壁多通管。T形和Y形三通管件是应用最多的结构形式。

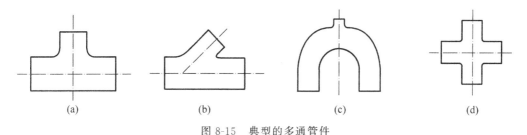

图 8-15 典型的多通管件
(a) T形三通管;(b) Y形三通管;(c) U形三通管;(d) X形四通管

三通管的成形工艺过程分为三个阶段:①成形初期,中间冲头不动,左右冲头进行轴向补料的同时,向管材内施加一定的内压,支管顶部尚未接触中间冲头,处于自由膨胀状态;②成形中期,从支管顶部与中间冲头接触开始,内压继续增加,按照给定的内压与三个冲头匹配的曲线,左右冲头继续进给补料,中间冲头开始后退,后退中要保持与支管顶部接触,并对支管顶部施加一定的反推力,以防止支管顶部的过度减薄造成开裂,在这一阶段已经完成支管高度的成形,但支管顶部的过渡圆角尚未成形;③成形后期,左右冲头停止进给,中间冲头停止后退,迅速增加内压进行整形使支管顶部过渡圆角达到设计要求。

多通管内高压成形过程中,由于内压、左右两端轴向进给量及中间冲头后退量匹配的不合理,会出现不同的缺陷形式。T形三通管内高压成形的主要缺陷形式有支管顶部破裂、主管起皱。而Y形三通管由于结构的不对称性还会出现支管过渡区内凹缺陷。

采用内高压技术成形的多通管接头是各种管路系统中不可缺少的管件之一,被广泛应用于电力、化工、石油、船舶、机械等行业,其中在汽车发动机排气系统、自行车车架、卫生洁具制造等领域运用的比较多。

8.3.2 内高压成形的装备

内高压成形设备为满足成形工艺的特殊需要而专门设计开发,应具备成形工艺所需的全部功能,属于专用设备,主要包括合模压力机、高压源、水平缸、液压系统、水压系统、计算机控制系统和模具,如图8-16所示。

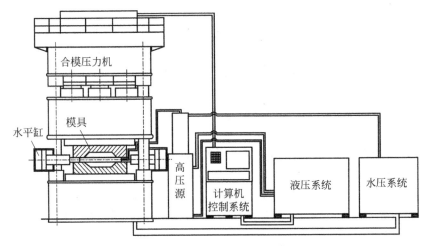

图 8-16 内高压成形机组成

1. 装备组成

1) 合模压力机

合模压力机的作用是提供模具和轴向推力油缸的安装空间及内高压成形时所需的合模力。主要参数包括公称合模力、台面有效尺寸、最大行程、开口高度和滑块速度。公称合模力是影响设备加工能力与结构的主要参数,应根据最大内压和零件的投影面积等确定。

根据工艺需要,主机可设计成各种结构形式,例如传统液压机的下压式、上顶式和刚性框架式。鉴于内高压成形需要较大的合模力,为了保证设备刚度,主机机身多采用组合预紧式框架结构。四面开挡,以方便模具的安装和操作机械的接近。为了满足柔性化生产的需要,可设置多个滑块,也可将多台小吨位设备机身并联,变成更大吨位设备使用。

2) 高压源

高压源是产生高内压的核心部件,直接影响到加工能力。最大内压力应根据零件的材料、壁厚、形状(如直径、圆角大小)等因素确定,压力范围一般为200~400MPa。

超高压发生装置通常采用单向或往复式增压器,较少采用超高压泵。当采用增压器时,输出液体压力的大小取决于液压泵的输出油压和增压比(即增压器大、小活塞的截面积之比)。通常,液压泵输出油压的范围为10~30MPa,增压比范围为10:1~25:1。由于在增压器活塞的行程终点存在着换向冲击,为了减小液体压力(即工作内压)的波动幅度,应设置高压蓄能器。输出的超高压液体通过高压管路、轴向推力油缸活塞中的内孔与管坯内腔连通。液体工作内压通过超高压传感器进行检测,并反馈给电气系统进行闭环控制。

由于输出液体的工作脉动频率在60min^{-1}以上,增压器缸体受到高水平脉动应力的作用,因此,内筒缸体的材料应选用高强度合金钢,外层则由多层预紧筒压合,或采用自增强预应力钢丝缠绕而成。

3) 水平缸

水平缸的作用是提供轴向推力,产生轴向行程,在管材成形时起到补料的作用。其主要参数是最大推力、行程和最大速度。对于伺服油缸,还有行程控制精度。轴向推力油缸的数量、位置、推力、行程等参数应根据零件材料及形状尺寸、模具结构、成形工艺要求等因素确定。安装形式多采用水平布置,通常有以下几种:

(1) 安装在机身立柱上。油缸位置固定,适合少品种刚性生产线。缺点是位置不易调节,床身受到侧向力作用,仅适合框架式机身结构的压力机,实际应用较少。

(2) 安装在专用模架上。可根据产品种类更换模块,具有一定的生产柔性。

(3) 直接安装在模具上。连接可靠,多用于大型模具。

(4) 安装在液压机工作台上,通过 T 形螺栓紧固,位置不易精确控制。

4) 液压系统

增压器的低压腔和水平油缸的动力由共同作用的液压泵站提供,油泵的流量应保证油缸快速进给与增压器快速增压,为避免液压系统功率过大,可采用蓄能器提供快速增压时的流量,以降低液压泵功率。对于液压伺服系统,泵站需配备高精度过滤器。在大批量生产中液压系统发热严重,还需配备冷却系统降低油温。

5) 水压系统

水压系统是指为液压成形机进行乳化液的快速填充、回收和过滤处理的循环系统。快速填充是指在加压前向管材内充入乳化液、排出气体,以及向增压器高压腔补液。为了提高效率,水压系统应具有较大流量和一定的压力。在成形结束后,水压系统将流入导流槽的乳化液回收和过滤,以便循环利用。

6) 计算机控制系统

内高压成形机前述五大部分,均需要通过计算机控制系统联合起来,才能按照工艺、工序要求和设定加载曲线实现生产过程的自动化,达到要求的生产节拍。

计算机控制系统以工业控制计算机或 PLC 为核心,其他控制元件包括数据采集卡、压力与位移传感器和信号放大器等。控制系统通过专用控制软件,根据设定的加载曲线向各控制元件发出指令,驱动执行元件动作,同时由压力传感器、位移传感器将内压和轴向位移的变化反馈给计算机,使计算机按照加载曲线要求输出控制量,实时控制各执行元件的动作,完成轴向位移和内压匹配,实现液压成形的全自动化控制。

2. 典型结构形式

内高压成形机按合模压力机主油缸行程分类,可分为长行程和短行程两类。

1) 长行程内高压成形机

长行程内高压成形机的合模压力机可采用传统的通用液压机,由液压机的主缸进行模具提升与闭合,并在成形过程中施加合模力,典型结构如图 8-17(a)所示。长行程内高压成形机主缸行程一般在 400mm 以上。

通用液压机技术成熟度高,在其基础上制造的长行程内高压成形机具有设备通用性好、设备结构系列化、配件系列化的优点,便于维护和产品变更,将内高压成形机上水平缸和模具取下,即可用于板料冲压生产等其他用途。

长行程内高压成形机的主要缺点是:

(1) 主油缸容积大,需要大流量泵;

(2) 液压油压缩量大,建立合模力时间长,能量损失大;

(3) 模具提升和闭合均使用主油缸,开合模具时间长,效率低。

长行程内高压成形机多在立柱式液压机基础上制造。立柱式内高压成形机常见结构为四柱式,即以通用三梁四柱式液压机作为合模压力机,配合其他部件构成内高压成形机。对于某些吨位较小的情况,也可采用双柱式合模压力机。

2) 短行程内高压成形机

如图 8-17(b)所示,短行程内高压成形机的主油缸行程一般小于 50mm,开模、合模均由辅助的小吨位提升缸完成,因此合模与开模速度较快,主缸行程小,容积小,可快速建立合模力,生产效率较高。

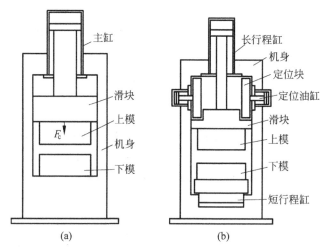

图 8-17 内高压成形机典型结构形式
(a) 长行程类型;(b) 短行程类型

该合模压力机仅可在很短的行程内输出最大压力,只能专用于内高压成形生产,设备通用性差。压力机上还附加了 2 个水平定位油缸和 1 个长行程缸,机械结构较复杂,对机架的刚度要求也比较高。

短行程内高压成形机多采用框架式机身。框架式机身一般为空心箱形结构,前后敞开,但左右封闭,立柱部分做成矩形截面或 π 形截面,并在内侧装有两对可通过螺栓调节的导轨,活动横梁的运动精度由导轨保证。

8.3.3 内高压成形的模具设计

1. 内高压成形模具注意的问题

内高压成形模具设计包括两个方面:分模面设计和模具型面设计。

分模面设计对内高压成形零件的成形质量和可制造性有重要影响。对于预成形及液压胀形模具而言,在合模之后要形成一个封闭的空间,从而将管坯包含在其中。不合理的分模面设计会导致材料在成形过程中被挤压到分模面之间,从而使零件发生"咬边",无法从模具中取出。内高压成形模具在设计中需要考虑下面两个问题:

(1) 预成形过程中,材料可能会被挤压到分模面之间;

(2) 在胀形结束后,零件可能无法顺利地从模具中取出来。

内高压成形最终是使得管材与模具的型面完全贴合,所以内高压成形模具的型面应与零件的形状相同。

复杂截面零件的破裂通常发生在零件的过渡圆角处。为保证在液压胀形过程中,有足够的材料流向过渡圆角,在预成形过程中,通常通过使管壁发生适当的塌陷,减小液压胀形开始阶段零件外表面与液压胀形模具内表面之间的接触面积,从而减小零件与模具之间的摩擦力,使材料易于向过渡圆角处流动。

2. 模具结构和材料

图 8-18 所示是典型的内高压成形模具结构。内高压成形模具的主要部分包括上模、下模、左冲头和右冲头。与其他模具一样,还要通过上垫板和下垫板分别与机器滑块和台面连接固定。

冲头是内高压成形模具的特殊部分,起密封管端和轴向进给补料作用。冲头端头的密封结构是非常重要的,关系到整个内高压成形过程能否顺利进行及生产效率。冲头的直径和长度要根据管坯直径和长度的不同而变化。模具上、下垫板两端均可加工出承力槽,以便于水平缸法兰在合模时嵌入模具垫板,形成封闭力系,平衡掉作用在冲头上的轴向推力。

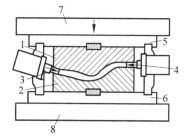

图 8-18 内高压成形模具结构
1—上模;2—下模;3—左冲头;4—右冲头;5—上垫板;6—下垫板;7—滑块;8—台面

上下模具与冲头接触滑动部分可以采用镶块结构,镶块可以使用耐磨材料,损坏后便于及时更换。同样对于大批量生产用的模具,模腔采用镶块结构也可以降低模具的制造成本。

内高压成形模具具有闭式和开式两种基本形式。闭式结构是生产中常用的一种结构,优点是管坯导向好且屈曲倾向小,缺点是管坯与模具内表面有较大的摩擦,会对模具内表面造成磨损、增大补料时需要的水平轴向推力。开式结构在开始阶段两块模具是分开的,随着胀形的进行而逐渐闭合,使管坯在模腔内成形。其优点是管坯与模具内表面无摩擦且不会产生折叠缺陷;缺点是在成形初期容易产生屈曲,而且导向也存在困难。

模具材料选择应遵循以下一些基本原则:

(1) 满足内高压成形的工作条件要求,即耐磨性、强韧性、疲劳断裂性能,并根据模具不同部位的工作条件选择不同的材料和相应的热处理工艺。

(2) 满足模具加工工艺性能要求,即可锻性、切削加工、淬透性和磨削性等。内高压成形模具形状复杂,模具尺寸精度和表面粗糙度要求高,因此加工难度大,应采用加工性能好的材料保证模具技术要求。

(3) 满足经济要求。应考虑产品产量、材料性能和工艺参数,合理选择低成本模具材料,并根据加工成本优化模具结构。对于产量较小、成形压力较低的零件,可采用优质碳素结构钢,如 45 钢等;对于批量大、成形压力高的零件,可采用合金模具钢。

3. 模具的密封设计

管件内高压成形中采用几百兆帕的高压液体压力作为成形载荷,高压液体的密封需要特殊处理。例如,侧缸活塞与侧推头之间的密封,需要进行特殊设计,如图 8-19 所示,这是一种典型的内高压成形的密封方式;侧推头与管件端面之间的密封采用双重密封方式,即斜锥面扩张式密封和平台端面压紧式密封,如图 8-20 所示,在侧推头与管件接触区域采用斜锥面过渡成垂直端面的形式。管件 4 的端部内表面恰好接触侧推头斜锥面而不发生变形时,管端面到侧推头垂直台面有一段距离。当侧缸推力推进侧推头时,管件端部管径由于推头斜锥面的扩张作用而变大,此时管件外径受模具的约束作用,在模具内表面、管壁、斜锥面形成第一道密封。变形过程中的管件 3 端面完全接触侧推头垂直台面后,依靠侧推力作用,侧推头垂直台面与管端面形成第二道密封。

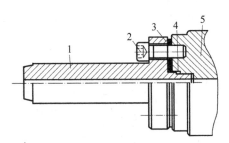

图 8-19 侧推头与侧缸活塞杆间的密封
1—侧推头;2—内六角螺钉;3—密封环;
4—密封圈;5—侧缸活塞杆

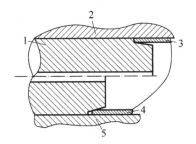

图 8-20 管端密封方式
1—侧推头;2—上模;3,4—管件;5—下模

8.3.4 内高压成形的应用

早在 20 世纪 40 年代,液压成形技术就开始被人们尝试用于汽车制造业。直到 20 世纪 90 年代,德国率先将管件液压成形技术应用到汽车零部件制造领域,管材液压成形技术开始在汽车制造业得到广泛应用。目前,国际上主要以瑞典 AP&T 公司、德国 SPS 公司和 Schuler 公司、美国 Hydrodynamics 技术公司和 ITC-Literiaken 技术公司为代表的公司能提供管件液压成形成套技术与设备。国内方面,哈尔滨工业大学率先于 1998 年开始对管材液压成形关键技术进行研究,并于 2001 年成功研制了国内首台管材液压成形机。利用管材液压成形工艺生产的汽车零配件根据其结构和用途可分为 3 大类。

1. 排气系统零件

为适应整车结构或满足特殊功能,部分汽车导管被设计成形状复杂,沿轴线存在变截面区域或轴线非平面直线的形状。在这种情况下通过合理的设计与参数控制,可利用液压成形技术达到一次成形。这类零件主要包括排气管、催化转化器、压力管尾部导管、插接器等,如图 8-21 所示。

2. 副车架类零件

副车架类零件因其特殊的承载作用,通常需要较高的强度和刚度。内高压成形技术可充分利用材料的加工硬化现象,有效保证零件的强度和刚度。同时,内高压成形可有效减少零件数及焊点数,整体提高结构强度。这类零件主要包括车架纵梁、副车架、后桥车架、散热器支架等,如图 8-22 所示。克莱斯勒 300C 轿车仪表盘支架和底盘前桥均为管材液压成形件,其生产都采用了国内研制的管材、工艺和设备,产品通过了道路跑车测试和撞车试验,达到美国标准要求,是首批实现国产化批量生产的汽车管材液压成形件。

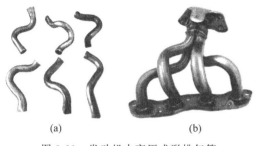

图 8-21 发动机内高压成形排气管
(a) 排气管部件;(b) 组合排气管件

图 8-22 内高压成形在汽车上应用零件

3. 发动机及动力系统零件

此类零件主要包括驱动轴、齿轮轴、中间凸轮轴、曲轴、涡轮增压系统元件等,如图 8-23 所示。发动机及动力系统零件需具有一定的稳定性与精确度,传统汽车制造主要通过对实心坯料进行机加工生产,零件质量较大。采用液压成形技术可以实现零件空心化,在保证负荷的前提下有效减轻整车质量,节省材料,提高尺寸精度。

图 8-23 内高压成形中控凸轮轴

8.4 液压成形技术发展趋势

近年来,伴随汽车工业的快速发展,薄壁、大尺寸、复杂曲面、深腔及难变形合金等更为复杂的异型薄壁零件的研制速度加快。对传统液压成形技术而言,需要提高液体成形压力,增加设备吨位,甚至需要额外增加加热装置辅助其成形。与此同时带来了诸多现实问题,例如提高了生产成本,增加了超高压系统整体的密封难度,成形过程中容易出现起皱、折叠和破裂等缺陷,大大限制了复杂异型薄壁零件的推广和应用,新型液压成形技术由此产生。

8.4.1 压力顺序成形技术

压力顺序成形是在模具还没有完全闭合之前向管坯内填充高压液体介质,利用液体介质作为内压支撑和传力介质,通过压力机闭合模具产生的机械压力和管内液体压力的共同作用来实现管材的塑性变形。压力顺序成形原理如图 8-24 所示:从尺寸等于待成形截面的管坯开始着手;当模具闭合到预充位置,液体泵入管坯并且施加较小的压力;随着模具闭合,角开始成形,在模具闭合期间降低内部压力,在管坯和模具腔之间形成低摩擦,从而使壁厚分布均匀,然后增加压力,结束成形。与传统工艺相比,压力顺序成形具有以下特点:

(1) 成形压力低,合模压力机吨位小,运行速度快,生产效率高。
(2) 适合于高强度钢和铝合金等成形性较差的材料。
(3) 管坯与模具之间摩擦力小,模具使用寿命长。

  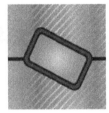

图 8-24　压力顺序成形原理

压力顺序成形技术主要应用在车身 A、B 柱等高强度钢管的成形,如福特全系、吉普 SUV 车型全系、克莱斯勒部分车型等 A 柱全部采用压力顺序成形设计。

8.4.2 热气胀成形技术

为了提高轻质难变形管件及高强度管板材的成形效率,在传统超内高压成形、超塑性成形和热胀成形的基础上,美国韦恩州立大学提出了热态金属气压成形技术(Hot Metal Gas Forming),如图 8-25 所示,其主要工艺过程:将经过预热的管材或者板材置于陶瓷模具中,合模密封之后,通过感应加热实现成形过程中对成形件的快速加热和保温,达到所需温度之后,通入一定大小的气体压力并配合管件轴向推力使材料膨胀成形,然后将工件取出,立即进行淬火处理,整个过程在 10s 左右完成。

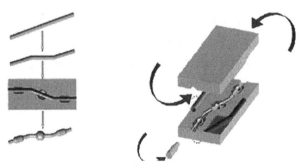

图 8-25　热态金属气压成形技术

8.4.3 冲击液压技术

冲击液压成形技术是通过将充液拉深成形技术与高速冲击成形技术相结合的一种成形技术。冲击液压成形工艺可以很好地解决难变形轻质合金的成形难问题，通过高应变速率成形，有效提高材料的成形性能和极限。该工艺同样适用于铝合金、镁合金、钛合金等。

基于这项技术，国内研发了首台新型冲击液压成形专用设备，如图 8-26 所示。该设备采用冲击动力发生源组合结构实现了大质量冲击体的高能高速驱动及控制，由于采用了液体这一柔性成形介质，成形零件具有良好的表面质量。通过室温高应变率成形，无须热处理即可提高材料在室温条件下的塑性。设备的最大冲击能量 200kJ，最高冲击速度 80m/s，具有适合于工业化应用的自动操作模式。该设备最大可用于 500mm×500mm×3mm 的铝、镁、钛等低塑性合金的板材成形，也可用于需要同等成形能量的管材成形、汽车板件成形、板材与管材的冲孔等，如图 8-27 所示。

图 8-26　冲击液压成形自主研发装备

图 8-27　冲击液压成形零件

习　题

1. 简述液压成形技术的概念及其工艺优点。
2. 板料液压成形的工艺特点有哪些？如何实现板料的充液拉伸成形？
3. 板料液压成形有哪几种典型的形式？简要论述之。
4. 液压成形的主要工艺参数有哪些？如何对成形件的质量进行评价？
5. 世界上有哪些机构能够提供板料液压成形成套装备？结合具体产品说明其技术优势及适用性。
6. 举例说明液压成形技术在汽车工业中的典型应用，并简要分析其发展趋势。
7. 简要分析内高压成形的原理及工艺优点。
8. 根据坯料塑性变形的特点，管件内高压成形技术可以分为哪几类？
9. 内高压成形模具设计包含哪几个方面？应注意哪些问题？
10. 简要论述内高压成形技术的应用现状及发展趋势。

第9章

热冲压成形技术

9.1 概　　述

既要轻量化又要提高汽车性能的一个手段就是采用高强度轻量化材料。目前,乘用车为提升被动安全性,越来越多地在主要安全件中采用超高强度钢,其抗拉强度和屈服强度可分别达到1500MPa和1200MPa,如此高的强度之所以能够实现,在于热成形钢材与工艺技术的发展。材料的加工成形性与屈服强度和延伸率有密切关系,而材料的断裂应变和屈服强度与材料的温度有密切关系。在900℃时,热成形钢屈服强度下降至150MPa,断裂应变达到50%以上,具有良好成形性和可加工性;在热成形之后,随之进行冷却淬火达到高强度,同时还可以固定热成形状态下的零件形状。

超高强度钢热成形的产生,是由于用普通的成形工艺难以满足成形后零部件的要求。对于高强度汽车构件的冲压成形,主要有以下两种形式。

(1) 采用提高钢厂交货状态下的钢板强度的方式,即钢板强度的提高主要在钢厂的制造过程中完成,采用这种方法可实现钢板最高抗拉强度达到1500MPa。当钢板原始抗拉强度大于1000MPa后,用传统的冷冲压方法就难以生产出结构和形状相对复杂的零件,尤其是当钢板抗拉强度达到1500MPa时,常规的冷冲压成形工艺几乎无法成形。因此这种交货状态下就达到很高强度的钢板主要用于制造结构比较简单的零件,且多采用辊压成形。

(2) 在钢厂交货状态下,若强度相对较低,可通过热处理的方式提高零件强度,其方式可分为以下两类。

① 采用热成形方式,即钢板首先加热到900℃左右的奥氏体区,然后进行冲压,而冲压的模具通过水冷功能实现对零件的冷却,零件通过这种热循环,可以大大提高钢板的抗拉强度,由交货状态下的抗拉强度约500MPa达到热成形后零件的抗拉强度约1500MPa,实现零件的高强度化。

② 对零件进行热处理的方式,即钢板首先通过冷成形冲压成零件,然后再对零件进行热处理。常用的热处理方式是感应淬火,可对整个零件也可对零件的局部进行热处理,零件的形状可以是管状或其他较规整的形状。

热冲压成形是板材塑性加工中的新技术,其在工艺原理和步骤上有别于传统的冷冲压成形工艺,与传统的冷冲压成形技术相比,热冲压成形技术有如下优点:① 成形件强度高,成形后的零件抗拉强度可达1500MPa以上,而且具有良好的耐磨性;② 成形性好,板料在高温下具有更好的流动性,加工几何形状更加复杂的零件时可一次成形;③ 成形件质量好,成形后零件尺寸精度高,回弹量小;④ 成形负荷小,成形所需压力机吨位比冷成形低;⑤ 材料焊接性能好。

9.2 热冲压成形工艺

9.2.1 热冲压成形技术原理

热成形技术是超高强度钢生产过程中的关键工艺之一。该技术最先由瑞典的 HardTech 公司（现今 GESTAMP—HARDTECH）于 20 世纪 80 年代提出，经过 30 多年的发展，成功实现了产业化应用。超高强度钢板热成形技术就是将超高强度钢板料加热至奥氏体化温度以上，并保温一段时间使之完全均匀奥氏体化，然后将其迅速转移到模具中快速冲压成形，并且保持合模状态一段时间使工件形状尺寸趋于稳定，同时在模具内冷却淬火，使工件的奥氏体组织完全转变为板条状马氏体组织的一种金属板材塑性加工技术。由于在该工艺中，工件材料发生了奥氏体到马氏体组织的转变，成形后零件强度和硬度得到较大幅度的提高，因此该项技术又被称为冲压硬化技术。热成形工艺特点是板料内部温度场与应力场同时共存，相互作用，并对板料在成形过程中的流动、变形等产生影响，从而使板料微观组织发生变化，进而实现材料热力学性能提高（图 9-1）。

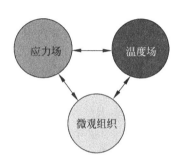

图 9-1 热成形工艺中的相互作用

高强度钢板热冲压成形工艺流程大体分为：钢板炉内加热保温阶段、转运阶段、快速冲压成形阶段、模具内淬火阶段以及抛光喷丸阶段等，热冲压成形工艺流程如图 9-2 所示。

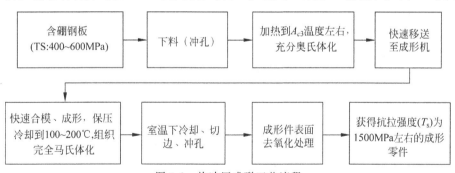

图 9-2 热冲压成形工艺流程

（1）加热保温阶段：硼钢板需要加热到 900℃ 以上，并且炉内继续保温 3min，使钢板完全奥氏体化。如果温度过低，则影响奥氏体转变量，导致钢板欠奥氏体化；如果温度过高，则会导致钢板奥氏体晶体生长以致粗大，淬火后影响板条状马氏体的含量。

（2）转运阶段：完全奥氏体化的钢板需要用机械手转运至冲压模具的指定位置，在转运过程中常常会有喷雾冷却装置对高温钢板适度降温，使得钢板成形时为最佳冲压成形温度，这样能有效地防止淬火后成形件开裂等缺陷的产生。

（3）快速冲压成形阶段：高温钢板转运至模具内指定位置后，需要快速液压机进行冲压成形。

(4) 模具内冷却淬火阶段：钢板快速冲压成形后，需要保持一定的冲压压力，利用带有水冷管道的模具快速冷却淬火，冷却速率需要达到 27℃/s 以上，使得高温奥氏体组织充分地转变为马氏体组织，获得高强度、高硬度的成形件，同时保压淬火还能有效地保证成形精度，减小成形件的回弹量。

(5) 抛光喷丸阶段：未带有防氧化涂层的硼钢板在热成形后，成形零件表面会附有一层分布不均匀的氧化层，在对成形件进行喷涂之前需要对零件表面进行喷丸处理，除去表面的氧化层；对成形件进行抛光喷丸还能够有效地减小成形件残余内应力，增强零件的抗疲劳性等服役性能。

9.2.2 热冲压成形板的镀层

热冲压成形时钢板要加热到奥氏体状态，为了防止钢板在加热条件下被氧化，对钢板进行涂层保护。20 世纪 90 年代初期，Arcelor 钢厂开发出带 Al-Si 镀层的热成形钢板。21 世纪初期，德国大众公司首先在帕萨特车型大量使用热成形钢板。之后热成形钢板在大众公司应用日益增加，如大众公司采用的 MQB 平台热成形件比例由原来的 10%～15% 提高到 20%～30%，并且绝大多数热成形钢板为镀 Al-Si 的热成形钢板。其他的欧洲主机厂，如奔驰、宝马等在 2000 年以后也大规模应用热成形钢板。宝马公司热成形钢板除无镀层的 22MnB5 外，考虑耐蚀性原因，热成形钢板多为镀锌钢板，但其生产难度大。美系主机厂，如通用、福特等从 2007 年开始也大量应用热成形钢板。通用公司除使用无镀层的 22MnB5 和 Al-Si 镀层热成形钢板外，为降低成本，将铝硅复层热成形板改为合金化热镀锌（GA）钢板。目前热成形钢板的表面供货状态有三种：裸板、铝硅镀层板、镀锌板（GA）。

在奥氏体加热时，高温下的裸板抗氧化性差，必须用保护气氛的炉子进行加热，保护气氛应进行干燥，控制稳定的露点。裸板表面氧化后会在热冲压时摩擦力增加，影响成形性，同时造成模具磨损。

目前较常见的是镀 Al-Si 层，由于铝硅涂层有良好的抗氧化作用，热冲压成形件不需要进行喷丸处理，有利于改善生产中的环境；其次在冲压时可减少模具磨损，有利于改善零件的防腐和表面的粗糙度。但是铝硅镀层板熔点低，600℃ 左右就会发生熔化，在用辊道式炉子进行加热时，会在莫来石制成的辊道上造成粘辊，影响辊子的寿命，同时粘辊较多时，影响辊子的表面清洁度，使工件在辊道上传输时容易跑偏。另外，铝硅镀层板镀层较厚，一般为 $(80+10)g/m^2$，在加热时，镀层和基体材料的热膨胀系数相差较大，产生热应力，涂层发生微裂纹。因此在加热涂层板时需缓慢加热，以避免由于加热时的应力而产生微裂纹。长期以来，热成形时加热涂层板规定 300～330s，就是考虑快速加热时涂层板的微裂纹问题。

另一种表面保护的工艺为热镀锌板，通常为 GA 板，即热镀锌合金化板。热镀锌板具有良好的冷冲压性能，通常用于间接热冲压成形工艺。这类工艺分两步成形，首先预成形，然后加热，加热后迅速移到模子中，在一定的接触压力下，整形淬火，因此尺寸精度更高。但这类工艺要多一次预成形，比较麻烦。在 2017 年第 6 届国际热冲压成形会议上，一个重要的热点就是用镀锌板进行直接热成形。由于这种涂层的特点，使零件可以快速加热，大大缩短了加热时间，节省了能量，提高了生产率，同时降低了镀层板的成本。

锌镀层板的另一个优势是摩擦系数较低，可以改善热成形板材的成形性，从而提高成品率,减少模具的磨损,但部分锌在模具上的残留,会影响零件的成形精度。

Zn 涂层的摩擦系数一般低于 Al-Si 涂层,其稳定性也较 Al-Si 涂层好,但 Zn 涂层板在点焊时会有 Zn 蒸气出现,会造成车间空气污染。在加热温度超过 850℃ 以后,Zn 涂层变得不稳定;一般加热温度低于 900℃,这可能影响工件转移时的节拍和要求。

为提高热冲压成形板材加热时抗氧化的能力,相关企业对热冲压成形板开发了相关的有机涂层。也有在热冲压成形板加热前涂上抗氧化表面涂层,这种方法对于少量样品的试制还可以考虑,大批量应用存在人力成本和生产力等问题,应用前景需要进一步研究。

9.2.3 加热工艺

热冲压过程的首要环节就是加热,对板材进行有效均匀的奥氏体化是获得理想全马氏体组织的前提。通过实验研究奥氏体化的温度和时间、厚度对固体淬火后硬化效果的影响。实验中,固体淬火的接触压力是 40MPa,淬火效果用硬度来表征,测量了不同奥氏体温度下奥氏体化时间和不同板材厚度达到要求硬度值时对应的各参量。结果表明,对 1.75mm 厚的板材,达到淬火要求的硬度,随奥氏体化温度升高,加热时间缩短。在 950℃ 加热温度下,不同厚度的板材,达到所要求的硬度,随板材厚度增加,加热时间增加。镀 Al-Si 的板材的加热时间与镀层板的厚度有关。在一般辐射加热条件下,镀层板的黑度和对热的反射能力都会对加热时间有影响。一般情况下,钢板辐射加热时的镀层厚度不宜超过 $40\mu m$。板材的加热工艺和方法对热冲压零件的性能、工艺时间和效率影响很大。如何保证板材均匀加热和缩短加热时间是热冲压成形工艺的重要发展方向。目前主要的加热类型包括辐射加热、感应加热和电传导加热三种。

辐射加热是热冲压成形的主要加热方式,最长的辊道式辐射加热炉已经达 30~40m。通过提高辐射加热速度,减少板材的加热时间,提高加热效率,以节约能源和改善板材的表面质量。辊道式炉子适合于大批量少品种生产,工件传输的自动化过程比较简单。辐射加热的多层箱式炉则适合于多品种、小批量或中等批量生产,工件传输的自动化过程较为复杂,空气中工件的等待时间高于辊道式炉子。电极接触加热只适合于形状规则和简单的板材,要合理设计接触方式,控制好接触压力,以保证对板材加热的均匀性。采用感应加热时,感应线圈与板材的距离会影响加热系统的效率,感应线圈与板材之间需有绝缘材料,同时感应线圈与板材之间距离不能太小,以避免工件和感应线圈之间的干扰,或损坏加热系统。

在热冲压试验过程中,利用电阻对放入模具中的板材直接加热以防止板材在成形前温度降低,这个加热过程非常快,几乎与冲压过程同步发生。这种加热方式不用考虑移动工件所需时间和由此产生的温降。传统加热方式靠提高加热温度,以补偿工件移动时的温降,但这对工件氧化和晶粒长大不利。直接通电加热的原理见图 9-3。

重庆新材料工程中心曾对镀锌板和铝硅镀层板进行了直接通电加热和感应加热试验,发现两种加热方式对镀层板的质量和镀层微裂纹的产生都有明显的不良影响。最近也有人提出将感应加热或直接通电加热与短的辊道式炉子相结合,以提高加热效率,改善加热的均匀性,使工件得到必需的保温时间,并缩短辊道式炉子的长度,但目前仍在研发中。

热冲压成形包含有加热、工件传递、热冲压和冷却等工艺过程,热冲压工艺过程中加热工艺将影响到奥氏体的晶粒大小、合金含量,从而影响冲压成形后的组织组成、奥氏体的淬

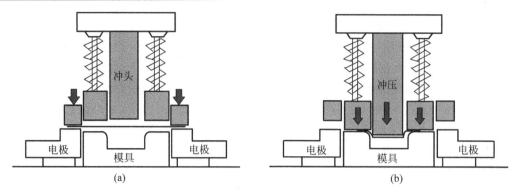

图 9-3 电阻直接加热示意图
(a) 通电加热；(b) 冲压成形

透性以及冲压成形件的力学性能,细晶粒组织的钢将有利于构件强韧性的改善,加热过程中奥氏体晶粒随加热温度升高和保温时间的延长而粗化。因此这一过程中组织的模拟将对加热工艺的制定和加热工艺的选取都会产生影响。

9.2.4 成形和冷却

热处理后的热成形板坯迅速移动到模子中在全奥氏体状态下进行冲压成形,同时通过模具的固体淬火进行冷却,获得高强度的马氏体零件。零件进行冷却时,其冷却速度必须大于钢淬火时的临界冷却速度,并保持一定的接触压力,才能使热成形零件达到淬火的目的,因此热成形的冷却技术也是重要的关键技术。

热成形冷却时热的传导包括板料与模具之间的传热、模具内部传热和模具与冷却系统传热。前两者可以通过提高板料与模具之间的接触面积、减小空隙、使用高热传导系数的模具材料来解决。冷却系统传热就需设计合理有效的冷却线路和通过降低冷却介质的温度来提高冷却速率。

由于冷却管道的设计必须考虑加工的合理,事实上这二者是冲突的,有的研究者提出在模具的铸模中直接生产出冷却管道,优点是冷却系统的设计不受限制。另外一种是将模具分为几段,分段模具之间通过螺栓连接成完整的模面和冷却系统。但这种方法成本太高,且对零件的表面质量和模具内部传热有负面影响。

要达到良好、高效、短的热循环时间,最重要的是要在零件和模具之间获得尽可能最佳的接触。液压机在底座和滑块上所使用的特殊液压垫技术,强制性地要求在零件内部本身以及在多个零件生产时,所有的零件必须达到所需的接触。因此,舒勒开发出 PCH (Pressure Controlled Hardening,压力控制硬化)技术。PCH 的液压垫能补偿模具和压力机的变形、材料公差和不同模具的高度。形状复杂的零件也可用 PCH 技术制造,并且质量也很高。用传统技术可达到 $0\sim1500\text{W}/(\text{m}^2\cdot\text{K})$ 的热传递系数。用舒勒的 PCH 技术,热传导系数将在 $2500\sim3000\text{W}/(\text{m}^2\cdot\text{K})$ 之间。用理想的冷却管理,将 1s 的冷却时间用于 1mm 厚的零件是可行的。与快速传输和后续冷却结合在一起,就能达到 6s 的总循环时间。这意味着在出 1 件的生产线上,每分钟可生产 10 个零件。有人提出将后续冷却处理连接到热成形生产线上,需要将零件冷却到室温,否则就无法达到要求的 0.1mm 公差。要在循环时间内实现后续冷却的唯一可靠方法是,将零件浸在水中,并保持冷却水的温度。这样做,就可在 3s 之内将零件从 250℃ 冷却至 20℃。当用 3s 进行处理时,就可用极小的设备空间,达到最小的 6s 循环时间。实际上控制一定的出模温度可使淬火马氏体进行自回火,有利于稳定尺寸和提高零件的强韧性。

当零件冲压成形后的冷却速度大于钢的冷却速度时,零件就会淬火形成马氏体,这一过程非常复杂,涉及成形力学、相变、冷却时的流体力学、热传导等多种因素,因此要预测这一过程中的影响因素、成形结果,计算机模拟是一种有力的手段。

9.2.5 热成形零件的性能检测

1. 准静态力学性能和高速拉伸性能

热冲压成形钢抗拉强度较高,延伸率较低。准静态力学性能达 1500MPa 的 22MnB5 在做准静态拉伸时,如何保证拉伸试样的对中性、测出准确的强度和延伸率值,Zwick 公司应用了拉伸时夹持试样对中性的方法,如光学校对仪器、应用专用的夹具等。

在热冲压成形材料和零件的各种性能检测时,试样的制备是关键。热冲压成形材料多为板材,考虑到热成形板坯的制备,对板材供货状态的性能要进行系统测试,以保证板坯制备时的原材料供货状态的性能要求。对预成形的板材,要求成形性更高。热处理后性能的检测,样品制备时应尽可能与热成形状态一致,样品性能的制备最好用硬模淬火,硬模淬火压力和零件热冲压时的接触压力相一致。另一种方法是从零件上直接取样,测量相关的力学性能。硬模淬火既能保证试样的形状,同时也和热冲压成形工艺的条件比较一致。热成形钢中 B 是提高淬透性的重要元素,但酸溶 B 的检测一直是个难题,因为只有酸溶 B 才是提高淬透性的。酸溶 B 的检测是化学分析中操作精细的试验工作,因此在进行力学性能检测时,如果数据出现反常,要进行金相组织观察,看是否满足全马氏体的要求,并进行淬火工艺的检测、脱碳层的检测以及 B 含量的检测,找出性能反常的原因。

考虑到热冲压成形零件都是高强度状态下使用,主要用于汽车的各类安全件承受应力,都是高应变速率下的材料响应特性,因此应进行材料高应变速率下性能测试。高应变速率下的材料响应特性要用专用的高速拉伸设备测量,这类数据对于热冲压成形零件的计算机模拟特别重要。

2. 热冲压成形钢板的尖冷弯

宝马公司曾提出为保证热冲压成形零件的强韧性匹配,冷弯角度要求大于 60°,奔驰公司要求大于 65°,其冷弯试验的方法按德国标准 VDA 238-100 late bending test for metallic materials,试验试样的样品宽度大于厚度的 20 倍,试验的弯曲夹具如图 9-4 所示。

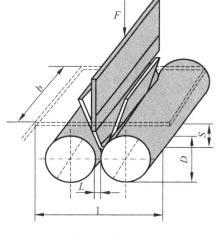

图 9-4 试验夹具

3. 热冲压成形质量的检测和构件功能的检测

对热成形零件应进行力学性能、显微组织、尺寸精度、刚度及动态性能检测。基于磁性 MBN(magnetic Barkhausen noise)开发了热冲压成形零件硬度的非破坏检测装置,为热冲压成形零件的质量快速检测提供了有前景的检测手段。在这些相关参量合格后,还要进行零件整体的性能检测,包括静压、冲击、落锤等。热冲压成形安全件如门防撞杆、前后保险杠等要进行零部件的相关试验。热冲压成形零件又是轻量化的零件,因此必须进行刚度和碰撞吸能等方面的检测,还需增加整个零件的冷弯性能检测。

9.2.6 热冲压成形零件的后续加工

1. 零件的激光切割技术

激光切割是热冲压成形零件最后加工成形的工艺技术,激光切割的工艺参数将影响切割面的质量、加工精度和切割加工面邻近的热影响区组织,激光切割输入能量的大小还会影响到切割面附近工件的变形,因此对激光切割技术和装备应进行合理的制定和选择。

2. 热冲压超高强度板的点焊技术

通常,点焊焊核的直径和板材的厚度相关,并已经提出了一系列的经验方程,这类经验方程多半是对低碳钢或低强度钢应用计算板厚和焊核大小的,但这类方程中哪一个更适合高强度钢的应用,尚需要进行较多的试验。同时,点焊工艺对电焊后工件的失效模式有重要影响,不同的失效模式如交界面剪切、纽扣拔出和焊接部位的撕裂,其冲击吸能相差一个数量级。

3. 喷丸

为降低热成形原材料的成本,裸板的应用越来越多,即使在有保护气氛的炉中,由于工件传输在空气中,也很难避免工件表面发生氧化。为去掉这层氧化皮,喷丸处理是一种简单有效的方法。目前的喷丸设备,其喷丸参量包括丸粒的速度、喷丸的流量,丸粒的大小等。喷丸机的生产厂家对于不同工件的喷丸效果和相关喷丸参量之间的关系缺乏相关试验数据的支撑,因此喷丸工艺以及喷丸机的功能、柔性化和各种参量数据库的建设,尚需进行大量的工作,以使不同类型热成形工件在喷丸处理时既可有效地消除工件表面的氧化皮,达到工件的光亮,满足使用要求,又不产生过喷丸,导致工件由于残留应力的影响发生变形。

9.3 热冲压生产线及模具

钢板热冲压的技术特征以及零件的成形工艺,决定了其成形装备有别于传统冷冲压。目前用于冷冲压的压力机和成形模具不能完全适用于钢板热冲压工艺,因为冷冲压的液压机滑块运动速度较慢,不具备快速合模、冲压以及保压的功能;另外,普通高强度钢冲压模具不具备温度控制功能。因此,热冲压成形设备以及模具需要量身定做。

9.3.1 热冲压生产线

热冲压生产线主要组成部分为拆垛系统、加热系统、上料自动化设备、热成形液压机、下料自动化设备、零件堆垛系统等,如图9-5所示。

1. 拆垛系统

拆垛系统中,落好的料片被放入料箱中,通过机械手抓取料片放入加热炉中。在拆垛系统中,还包括自动打标装置、双料检测装置以及板料预对中系统等(图9-6)。

图9-5 热成形生产线

2. 加热系统

加热系统主要设备是加热炉,其功能是将硼钢加热到奥氏体化温度(图9-7)。目前加热炉有两种:一种是多层箱式炉,这类炉子灵活、节能、使用方便、占地面积小,适合于多品种、小批量生产。对于某些零件,在工艺和设备调试稳定的条件下,也可以大批量生产。另一种是辊道式炉子,其投资大、占地面积大。加热炉的最大加热能力根据产品确定。

图9-6 拆垛系统

图9-7 加热炉

在热冲压成形的加热方式中,除了图9-7所示加热炉采用辐射加热外,目前的加热方式还有直接通电加热,最高加热温度不低于1000℃,加热精度控制在10℃。

对于加热不带涂层的22MnB5钢板,加热炉中需要有保护气氛,而对于带涂层的USIBOR1500P钢板,加热炉中没有保护气氛。

图9-8 上料自动化

3. 上料自动化设备

上料自动化设备有高速机械手和机器人(图9-8),其功能是将加热完成的钢板从加热炉的传送辊轮上快速放入模具中。设备传送零件的速度需要满足整条生产线上自动化运行的最大节拍要求,在换模时机械手要满足整线半自动换模的时间要求。

4. 热成形液压机

热成形液压机的作用是在板料成形时提供成形力。热成形液压机的特点：可以快速合模成形以及保压；配有模具冷却系统；配有过程监控；吨位相对较小等。

5. 下料自动化设备

下料自动化设备有高速机械手和机器人，其功能是将成形后的零件从模具中取出。设备传送零件的速度需要满足整条生产线上自动化运行的最大节拍要求，在换模时机械手要满足整线半自动换模的时间要求。

6. 零件堆垛系统

零件堆垛系统所用的设备多为机器人，功能是将成形后的零件从传送带中取出放入工位器具中。

9.3.2 热冲压成形模具设计

热冲压成形模具的功能即在热状态下使板坯进行成形，在成形的同时又在模具中淬火，从而得到超高强度且成形精度能够满足汽车结构件要求的热冲压成形件。为保证板坯在高温下能够有足够的成形性和预测成形效果，就需要对高温下板坯的成形性进行计算机模拟；要保证淬火效果，模具应该稳定在恒定的温度，使奥氏体状态下的工件能够在大于临界冷却速度时，将板坯冷到 M 点以下，使板坯淬火成马氏体。这类模具具有成形、冷却、淬火等多种功能，比一般的模具要复杂。

在热冲压成形时，模具的工作条件和成形坯料的性能与冷冲压不同。要使加热的板坯在热状态下冲压成形，由于这种状态板坯本身强度低、延伸率高，应具有良好的成形性，但成形过程中还需要考虑材料的摩擦特性，高温加热后的铝硅镀层板表面镀层可能产生微裂纹，在冲压过程中微裂纹扩展或剥落，都会增加摩擦系数；无镀层的裸板在出炉到压机的过程中表面会产生氧化，从而会增加表面摩擦系数，影响材料的冲压和拉延成形。

高温拉伸时，在一定的温度下，材料软化非常明显，变形能力提升；同时，在高温下，材料的硬化能力下降，即随着温度的上升，应变硬化指数下降，强化系数下降。测定这类材料流变特性时的应变速率，最好和冲压时材料的流变速率相同。同时要考虑成形前后奥氏体、马氏体的密度变化、比热容变化以及热导率的温度关系（图9-9）。

考虑到材料的流变应力、硬化特性和摩擦系数随温度的变化（表9-1），热冲压成形钢的成形极限图最低点 FLD_0 的值随温度变化的回归方程见式（9-1）。

$$FLD_0 = 0.0997 + 0.003T \tag{9-1}$$

表 9-1 不同温度下试验钢板的摩擦系数

室温	600℃	650℃	700℃	750℃	800℃
0.14	0.38	0.41	0.45	0.50	0.53
0.12	0.36	0.44	0.47	0.49	0.54
0.11	0.33	0.43	0.47	0.48	0.57
0.123	0.357	0.427	0.463	0.490	0.547

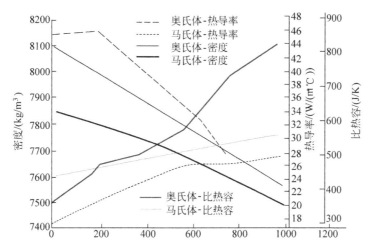

图 9-9　22MnB5 成形前后奥氏体和马氏体密度、比热容和热导率随温度变化

在上述条件下,材料成形时的破裂模式也和冷成形不同。冷成形时,失效的开裂处在样品应变的最高处,即板材减薄的样品最高端。高温成形时由于摩擦力的影响,失效的开裂处向偏离顶部的侧边移动。

现以 B 柱为例,展示在热成形模具设计时进行成形模拟的过程和结果。B 柱根据热成形零件设计要求、工艺要求及结构功能要求,确定零件特征和设计模型,即 3D 图(图 9-10)。根据该模型对冲压该零件的板坯进行形状优化。根据成形时的变形过程,模拟板料厚度的变化及分布。在热冲压成形时,尽可能减少零件的减薄,一般零件的减薄率不超过 20%(图 9-11)。

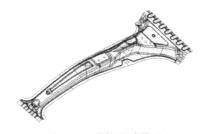

图 9-10　零件设计模型

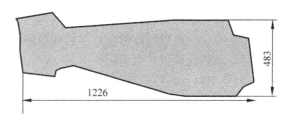

图 9-11　优化后的板料形状

热冲压成形时除了保证零件有较高的成形精度,还必须赋予零件超高强度,即在成形的同时板坯在模具中发生马氏体转变,得到形状好、回弹小,而又具有超高强度的汽车热冲压成形安全件,因此在成形时还应该进行冷却分析。

冷却水道的开发,要根据硼钢的冷却转变曲线来决定,其冷却速度要保证冲压构件的奥氏体转变为马氏体。在模具的冷却水道设计时,水道进口的压力为 7.5Pa,出口压力为 5.8Pa,液流速度为 1.1~2.8m/s,根据生产节拍和模具冷却需要带走的热通量进行水道冷却性能的设计和优化。

凹凸模采用镶块结构,内置冷却水道;采用可升降定位热坯料托料杆;采用模块水槽串联各模块的冷却水道。

模具材料一般选用热作模具钢 HOTVAR 和 ORVAR SUPREME。

热作模具钢 HOTVAR 的特点：①高温耐磨性好；②高温下力学性能好；③热疲劳寿命长；④具备优异的回火稳定性；⑤导热性好。其化学成分如表 9-2 所示。

表 9-2 HOTVAR 化学成分

化学成分	C	Si	Mn	Cr	Mo	V
质量分数/%	0.55	1.0	0.75	2.6	2.25	0.85
标准规范	无					
供货状态	软性退火,硬度约 180HB					
色标	红/棕					

热作模具钢 ORVAR SUPREME 的特点：①优异的抗热冲击性和抗热疲劳性；②高温强度高；③优异的各向韧性和延性；④机加工性能和抛光性好；⑤高淬透性；⑥淬火过程中尺寸稳定性好等。其化学成分如表 9-3 所示。

表 9-3 ORVAR SUPREME 化学成分

化学成分	C	Si	Mn	Cr	Mo	V
质量分数/%	0.39	1.0	0.4	5.2	1.4	0.9
标准规范	Premium AISI H13,W.-Nr.1.2344					
供货状态	软性退火,硬度约 180HB					
色标	橙					

9.4 汽车零部件热冲压成形实例

众所周知,汽车零部件的性能与质量取决于其成形工艺条件。热冲压成形工艺涉及高强度钢在成形过程中的奥氏体化、冷却、淬火和马氏体转化等工艺过程。这些工艺过程的工艺参数变化都将影响成形制件的微观结构和最终性能。

超高强度钢热成形技术主要用于 B 柱、A 柱、防撞梁、前后保险杠、车顶构架、车底通道框架、仪表台支架以及车门内板等部件,如图 9-12 所示。目前凡是达到 U-NCAP 碰撞四星

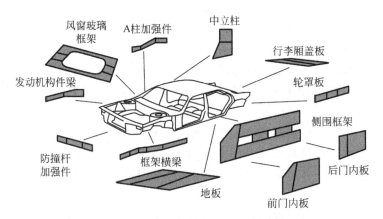

图 9-12 高强度钢板热成形零部件

或五星级水平的乘用车型,其安全件(A/B/C 柱、保险杠、防撞梁等)大都采用了抗拉强度 1500MPa、屈服强度 1200MPa 的热成形钢。例如,日系本田 2011 年 11 月上市的 N Box 的 B 柱就采用了热成形的高强度钢板,不仅提高了碰撞安全性,而且这一部件可使得车身整体重量减轻 2kg,如图 9-13 所示。

图 9-13 汽车 B 柱

9.4.1 B 柱热冲压工艺

1. 零件特性

B 柱是重要的汽车承力零件,用来连接车体和车顶,位于前门和后门之间,保证在汽车承受一定撞击下前车门能打开。同时它也是前车门锁扣、前排安全带卷收器及后车门铰链的安装部位,需要有足够的刚度和强度。为了防止汽车翻滚或倾覆时由于汽车的挤压变形而导致车内人员受到伤害,B 柱普遍采用高强度钢板冲压成形。然而钢板的强度越高,成形的难度越大,各种成形缺陷出现的概率也越高,很难保证零件的尺寸精度。当强度在 1000MPa 以上时,对于一些几何形状比较复杂的零件,一般传统的冷冲压工艺几乎不可能成形,所以采用热冲压成形技术。

以某汽车 B 柱加强板为研究对象,采用 22MnB5 高强度钢进行热冲压成形,分析 B 柱热冲压工艺。汽车 B 柱模型如图 9-14 所示。B 柱顶部凸台较高,两端头有较深的台阶,且局部形状变化剧烈,因此成形时易发生开裂;B 柱一端存在较大平面,成形时易发生起皱。热冲压时,由于高温下的板料流动性非常好,因此在模具设计时要考虑如何控制板料的流动以及保证模具和板料的良好接触以利于冷却。

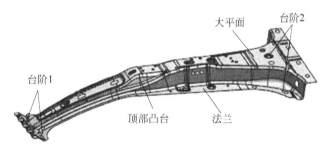

图 9-14 汽车 B 柱三维模型

B 柱零件的成形性分析主要是研究热冲压成形过程中的走料状况。由于零件深度较大,且采用直接成形,成形后法兰边材料可能会产生起皱现象。因此在法兰两边热冲压深度较大的地方设计先行吸料凸台,以控制板料流动,避免起皱。

在工艺设计中,各部位成形深度取决于压料面的位置,材料的塑性流动情况取决于压料面的曲面构成及平滑光顺度。考虑到板料的热辐射、热传递和热对流,采用压边圈会引起压边圈区域的板料快速冷却甚至提前发生淬火相变,因此在设计 B 柱模具时去掉压边圈,改为局部使用压料板设计。由于 B 柱大平面处曲率变化不大,设计模具时可增加一个压料板将 B 柱压住,以控制料流。由于加强筋等鼓包类的突起会增加压力机的吨位需求,并且高强度钢的热成形零件已具备高的强度和硬度,因此设计 B 柱模具时没有添加加强筋。同时,由于热冲压材料的屈服强度都很高,一般在后序无法进行正常的模具切边、翻边和翻孔等步骤,所以需在热冲压过程中把所有的特征全部成形出来,在零件冷却淬火之后采用激光切割、冲孔等。通过以上工艺分析,设计汽车 B 柱模具型面如图 9-15 所示。

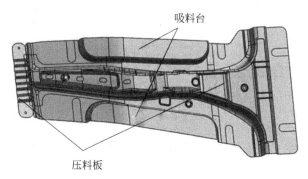

图 9-15　汽车 B 柱模具型面设计

2. 参数设定

在 Autoform 软件中建立 direct hot forming 计算过程,B 柱热冲压有限元模型如图 9-16 所示。由于热冲压件成形过程受温度、塑性变形以及相变的影响,因此 B 柱有限元模拟采用热-力-相变耦合的方法进行分析。材料模型选用 Autoform 软件 ASII 材料库中给出的 22MnB5 钢。板料厚度设为 1.2mm,板料加热后的最终温度设为 950℃。在热冲压的初始阶段,模具的温度会因为模具与板料的接触而升高,又由于模具内部布置有冷却水道,因此,在热冲压成形阶段模具温度被看作近似不变,模具温度设为 50℃。板料相对模具的热传导系数 HTC 设为 3500W/(m^2·K),环境温度为 20℃。压料板 1 的压边力为 24kN,压料板 2 的压边力为 15kN。冲压速度为 100mm/s,淬火保压压力 40kN。在冲压过程中,压料板 1 先与板料接触以固定板料,之后压料板 2 再与板料接触,所有的摩擦系数被设置为 0.35。

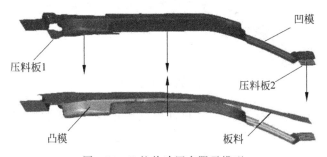

图 9-16　B 柱热冲压有限元模型

整个有限元模拟过程分为加热、传输、冲压成形、淬火、冷却 5 个阶段。在加热和传输过程中,热量传递主要是材料和环境之间,因此热量传递方式除了材料本身的热辐射外,还有和周围环境的对流,选择对流和辐射模式;在之后的过程中,由于板料与模具之间的接触导热系数远大于对流和辐射换热系数,因此仅考虑板料与模具间的接触热量传递。模具间隙直接影响模具/板料之间的接触热传导。根据模具间隙一般为$(1\sim1.1)t$(t为板坯厚度),取模具间隙为1.2mm,传输时间取5s,保压淬火时间取10s。

3. 数值模拟结果分析

板料初始厚度为1.2mm,加热后板料发生热膨胀,厚度变为1.21mm。在输送过程中,由于时间较短,厚度变化不大。B柱热冲压模拟最终板料厚度变化如图9-17所示,最终成形后板料厚度为1.03~1.36mm(图9-17(a)),从整体来看,板料成形后的厚度分布较均匀,这是因为在高温状态下板料处于高温奥氏体化状态,其晶粒为面心立方结构,成形性能好。从减薄率模拟结果(图9-17(b))可见,零件圆角处的减薄率一般较大,这是由于圆角处与侧壁温差较大,在最后弯曲变形时圆角处部分板料与侧壁相切部位板料发生极大的不均匀变形,减薄程度较大。减薄率最大值为14.195%,低于标准值25%。

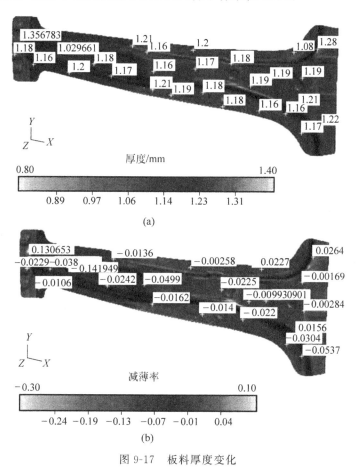

图 9-17 板料厚度变化

4. 零件测试分析

从厚度测试值(表9-4)可看出,零件整体厚度较均匀,减薄率明显低于标准值25%,测试结果验证了数值模拟结果的正确性。

表 9-4 零件的厚度测试以及减薄率

观察位置	1	2	3	4	5	6	7	8
厚度/mm	1.18	1.30	1.34	1.19	1.18	1.18	1.16	1.22
减薄率/%	1.67	8.33	11.67	0.83	1.67	1.67	3.33	1.67

9.4.2 保险杠热冲压成形

1. 零件特性

图 9-18 是某车型前保险杠总成,其厚度为 1.6mm,成形后零件的力学性能为屈服强度≥1175MPa,抗拉强度≥1790MPa。

2. 模具结构设计

在保险杠热冲压成形中,模具设计采用了直通式冷却系统,热效率提高约 20%。

3. 样件调试

热成形模具调试过程中完成了零件尺寸调整、力学性能整体调整、落料优化等内容,实现了零件尺寸质量目标、性能质量目标的达成。

图 9-18 某车型前保险杠总成

在模具调试过程中,由于夏季空气湿度大,板料在存储、加热、传输过程中产生了氢扩散,并在成形、保压以及开模空冷过程中发生了不同程度的晶界处氢富集。这种氢富集产生的内应力造成零件生产后立即进行性能检测时出现了强度和延伸率均偏低的现象。而同批零件在放置 3~5 天(视生产时环境湿度而定)后再进行力学性能试验时强度和延伸率恢复正常。

针对此问题,调试过程分析了氢扩散的条件,对加热炉露点传感器进行了检定。在确认露点传感器无问题的前提下设计分区温控试验,最终通过分区控制解决了力学性能暂时偏低的问题。该问题并未在常规 1.5GPa 热成形零件生产中出现过,属于 1.8GPa 热成形零件生产的特有问题。

4. 样件检测

对得到的零件进行力学性能检测,成形后零件的屈服强度为 1251MPa,抗拉强度为 1920MPa,延伸率为 6%,显微硬度为 HV565。

9.5 热冲压成形技术发展趋势

9.5.1 热成形材料

随着主机厂对车身重量和刚度的要求越来越高,除了传统的 1500MPa 级别热成形钢板材料外，国内外钢厂已经开展1800MPa、2000MPa级别热成形钢板的开发。此外，轻合金板材热成形已经在国外高端车型开始实现批量应用。

2017年，东北大学研发出抗拉强度超过2000MPa的热冲压成形超高强韧钢，该钢种于2017年6月在本钢集团成功完成小批量生产，并在北汽新能源纯电动两座车型LITE车门防撞梁装车验证，实现减重10%～15%。

轻合金(铝和镁)板材热成形是将板材加热到一定温度后，快速转移到模具中实现冲压成形，其成形原理与硼钢热成形类似。其特点有：显著提高材料的成形性能、成形后零件回弹小。

目前，采用铝板热成形的零件主要包括轿车车门内板、车底护板、保险杠横梁和车门防撞梁等拉延深度较大的零件。

分区硬化技术是近几年发展起来的新工艺，是在热成形时通过控制材料显微组织变化过程及最终状态，使零件不同位置达到所需的力学性能的工艺。

实现分区硬化有两种工艺：一种是板料在加热炉内分区加热，实现不同部位加热温度不同，然后在模具内完成成形；另一种是板料在加热炉内均匀加热，然后在模具内实现分区冷却成形。

采用分区硬化技术具有以下优点：
(1) 热成形零件不同位置定制强度和韧性，利于进行轻量化设计；
(2) 零件无焊缝和焊接接头，保证零件材质的连续性，碰撞性能及抗弯扭性能好。

存在的技术难点有：
(1) 零件性能的分区精确控制；
(2) 性能过渡区的宽度控制；
(3) 性能过渡区的性能变化控制；
(4) 模具或设备的适应性调整。

补丁板(Patchwork Blank)热成形是将两层或多层板坯采用无填充材料连接后进行热冲压成形的工艺，如图9-19所示。

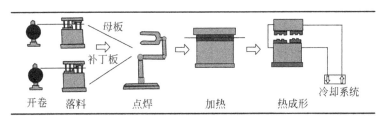

图9-19 补丁板热成形工艺

采用补丁板热成形技术具有如下应用优势：
(1) 能根据产品性能需要对特殊部位局部补强。
(2) 能在零件"窄、深"位置设置焊点，平板连接无焊接间隙。

(3) 内外零件完全贴合,零件补丁位置整体性能增强。
(4) 内外零件同时成形,无分体成形尺寸误差导致的零件尺寸不匹配。
(5) 补丁零件无须再开模具,减少工装投入;整体冲压成形,降低生产成本。

存在的技术难点有:
(1) 多层板间氧化控制及氧化物去除。
(2) 热成形过程导致焊点(焊缝)变形失效或组织转变失效。
(3) 补丁板位置零件组织性能控制。
(4) 批量生产时补丁板位置漂移。

9.5.2 热成形设备

为了加快生产节拍,国外先进热成形生产线制造商 Schuler 公司开发了 PCH 技术。借助 PCH 技术,在模具硬化期间实现对成形和冷却速度的控制。全新的压力机技术采用拉伸垫系统,可在模具中实现制件压力均匀受控,最终成效在于零部件刚度得到提升,并且改善了某些车身结构部件的碰撞特性。

PCH 技术主要优点有:
(1) 带液压垫功能。
(2) 工艺的参数化控制。
(3) 确保零件与模具的接触压力可控且充分接触,冷却时间短。
(4) 平均生产速度:6~20 件/min(一模双件高达 20 件/min)。
(5) 整线集成控制。

习 题

1. 什么是热冲压成形?与传统的冷冲压成形技术相比,具有哪些优点?
2. 简述高强度钢板热冲压成形的工艺流程。
3. 热冲压成形的加热和冷却方式各有哪几种?
4. 为什么要对热冲压成形的钢板进行涂层保护?目前常用的表面保护工艺有哪几种?
5. 热冲压成形后的零件可以直接装配吗?需要进行哪些后续加工?
6. 目前用于冷冲压成形的设备及模具可以直接用于热冲压成形吗?为什么?
7. 简要论述热冲压成形生产线的基本组成。
8. 热冲压成形模具设计应具有哪些基本功能?
9. 举例说明热冲压成形技术在汽车工业中的典型应用。
10. 简要分析热成形材料、热成形技术及热成形设备的发展趋势。

第 10 章

辊压成形工艺

10.1 概 述

随着汽车工业的发展,燃油经济性、低碳排放及更高的安全性对汽车轻量化提出了新的要求和挑战,超高强度钢材料也因此在车身上获得越来越广泛的应用。据相关报道,本田 Civic、日产 Cima、马自达 Axela、沃尔沃的 XC60 等众多最新款车型中超高强度钢比例都已超过 10%。超高强度钢在获得更多应用的同时,也给零部件制造带来了新的挑战。由于其超高的强度及有限的塑性,带来传统冷冲压工艺极难解决的开裂、回弹、模具磨损等问题。热冲压工艺可在加热成形的同时通过淬火强化来实现高强度,但由于其带来的高能耗及高成本,不适合在车身零件冲压中大规模采用。辊压成形技术因其工艺特点非常适合超高强度钢零件的成形,且其成本、效率极具竞争力,故辊压成形技术已成为主机厂进行车身轻量化、提高整车安全性的必经之路。

辊压成形,又称为辊弯成形或冷弯成形,是指以金属卷料或板材为原料,通过多架装配了特定形状成形辊的成形机组对材料逐步进行弯曲变形,从而得到特定截面产品的塑性加工方法,如图 10-1 所示。

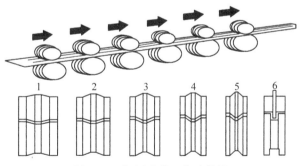

图 10-1 辊压成形工艺示意图

当材料送入机架时,在成形力的作用下,材料沿横向发生弯曲变形。在上下成形辊相切处(塑形变形区)达到该道次设计弯曲角度时,纵向(材料前进方向)相应产生一定程度的塑性变形。材料离开模具后,成形应力释放而产生回弹(回弹释放区),之后随着材料进一步前进,受到下一道次变形约束,材料开始发生新的塑性变形(变形过渡区)。变形过程中,材料经过不同弯曲角度逐步弯曲,最终成形为所要求的截面。从一个角度弯曲至下一个角度不是在板材全长上同时进行的,而是在一个平缓过渡的过程中逐渐弯曲成形的,因而可以获得更小的弯曲半径。在多道次的弯曲过程中,材料经历反复的"加载-卸载"过程,有利于减小最终成形应力。

辊压成形工艺的技术优势有以下方面:

(1) 辊压成形适用的材料广泛,适用各种力学性能及不同组织结构的钢、铝合金、镁合金等,特别是高强度钢、超高强度钢。

(2) 辊压成形采用多道次渐进弯曲成形,相较于冲压成形,可以获得更小的弯曲半径,且能成形各种开放或封闭复杂截面形式的零件,成形后零件刚度较好。

(3) 辊压成形通过多个道次的变形来进行回弹补偿,回弹调整空间大,成形精度高,且零件表面质量好。

(4) 辊压成形可集成其他加工工艺,如冲孔、焊接、压花、弯圆等,生产中成形速度可超过 10m/min,生产过程自动化程度和生产效率高。

(5) 辊压成形过程中除冲孔外,几乎无其他工艺废料,材料利用率高。

(6) 辊压成形模具加工简单,使用寿命长,模具制造成本低。

10.2 辊压成形

10.2.1 辊压成形材料特性

材料辊压成形特性的研究对于高强度钢辊压成形技术是至关重要的。与传统低强度钢相比,高强度钢材料在最小弯曲半径、回弹特性上存在如下差异:

1. 最小弯曲半径

随着材料强度的提升,相同料厚下不发生弯曲开裂的最小半径极限值也相应地提升,典型超高强度钢弯曲特性见图 10-2。在设计产品圆角半径时,除考虑功能要求外,应当同时考虑高强度钢材料的辊压最小弯曲半径,并给予一定的成形安全裕度,以保证产品在量产及服役过程中的安全性和稳定性。

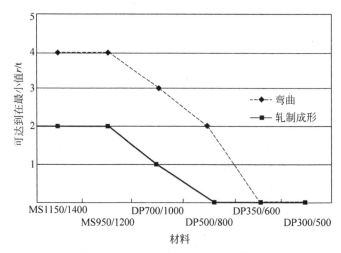

图 10-2 典型超高强度钢弯曲特性

2. 辊压回弹特性

影响圆角辊压回弹的主要因素有材料屈服强度、材料厚度及弯曲的圆角半径,同等厚度下,弯曲圆角半径越大,回弹角度越大;材料屈服强度越大,回弹角度也越大。图 10-3 所示为不同超高强度钢回弹特性。因此工艺设计上,要充分考虑到圆角成形后的回弹水平并给予充分的回弹角度补偿;同时,由于高强度钢材料屈服强度波动水平范围普遍更大,回弹补偿装置上要具有一定的调整空间,以适应不同批次高强度钢的性能波动。

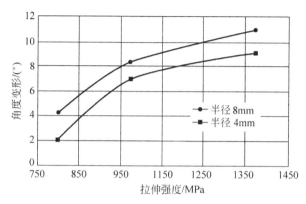

图 10-3　超高强度钢回弹特性

10.2.2　等截面辊压成形技术

在辊压成形过程中,板带随着辊轮的回转向前送进,通过进行多道弯曲成形,从而获得所需截面形状的制件。可见,辊压成形是一种连续的弯曲成形方法。

辊压成形工艺流程如图 10-4 所示。

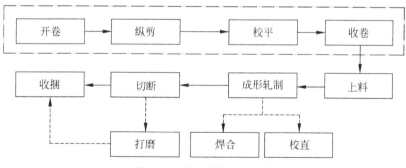

图 10-4　辊压成形工艺流程

根据辊压流程,辊压成形机一般由多道水平辊机架和校直辊机架,以及开卷、校平、截断等辅助机构组成。辊压成形机如图 10-5 所示。

按型材成形要求配置不同辅助变形辊和立辊。水平辊是传动机架,承担变形的主要任务。辅助辊是被动的,设立于两架水平辊间或成组设立,主要作用是对平辊无法压实的盲角部分进行变形,并减少水平辊的道次。立辊设置在水平辊孔型的同一平面内,用于最后几道的边部成形。对于咬口的封闭截面,还要设置芯子、拉杆、咬口压痕等部件。

图 10-5　辊压成形机

轧机的压下形式可分为螺旋机械压下和液压压下。机械压下成本较低,液压压下操作方便。传动方式为万向轴式,上下水平辊可有较大的调整范围,以适应多品种型材的生产。为便于轧辊的更换,外侧机架与底板多用可翻转的铰链连接。轧组间传动多采用链条传动,以保证传动的同步性。

10.2.3　变截面辊压成形技术

变截面辊压成形技术主要指三维辊压成形技术,是辊压成形技术中一种全新的技术领域,其成形原理如图 10-6 所示。与传统的辊压成形相比,它的成形过程并不是一个纯弯曲的过程。三维辊压成形能够使板材横截面在纵向、横向以及高度方向按所需产品样式逐渐成形。将数控技术引入辊压成形技术中,通过修改执行的控制参数适时地调节成形轧辊的位置,可实现成形截面几何形状的实时改变。其具体过程是由数控系统控制电机运转,电机按照已设定的程序驱动机架,使机架带动成形轧辊进行横向平移运动,机架同时可以带动成形轧辊进行旋转运动,成形轧辊自身也在电机驱动下旋转,带动板料向前成形。通过这三组运动共同协调配合,达到在成形过程中成形轧辊相对位置发生改变的目的,最终满足同一型材上不同截面处产生不同几何形状的成形需求。

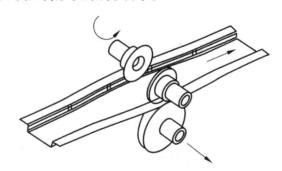

图 10-6　三维辊压成形原理示意图

三维辊压成形技术对解决金属材料截面几何形状复杂多变、板材成形困难等问题有着重大意义,它攻克了板材在三个维度连续一体成形的难题,而且能适用于不同板材厚度、不同截面形状零件间的成形。对于实际生产来说,三维辊压成形技术还具有操作简便、效率高的优点,有利于企业提高生产效率。图10-7所示为经三维辊压成形后的产品。

图10-7　三维辊压成形技术产品

采用链式成形方式的辊冲成形技术也具备变截面辊压成形的可行性。辊冲成形有效结合了辊压及冲压各自的技术特点,利用多道次连续回转的超大轧辊(等效半径大于10m),通过依据产品形状设计的上下分块模具,对板料或卷料进行渐进式弯曲或拉延。由于辊冲成形区域足够长,模具与板料的接触面积得以增大,接触形式由辊压中的线接触变为了面接触,即模具与板料通过型面接触而成形,则其成形过程接近冲压成形,相当于在一个道次内实现了多步冲压成形且为渐进连续,因此辊冲成形具备了冲压成形的特性以及加工变截面零件的可能。在实际生产中可将轧辊分解出模具部分,并参照冲压成形方式将模具按照零件型面进行设计,这样即可将辊冲技术应用于成形变截面零件,运用辊冲技术成形的变截面零件如图10-8所示。

图10-8　运用辊冲技术成形的变截面零件

10.2.4　辊压成形零件的检测与评价

对于高强度钢辊压成形后的零件,除基本的产品尺寸检测外,应注重圆角区域成形质量检查;对于成形后的高强度钢零件,可以通过静态性能检测、动态性能检测以及延迟开展性能检测以确保最终产品满足服役性能要求。

圆角区域成形质量是高强度钢辊压成形零件检测的重点区域。高强度钢材料由于塑性下降,在小圆角弯曲成形时,容易产生开裂或微裂纹,对于零件的服役性能有重大影响。微裂纹检测可以采用高倍放大镜或者金相试验进行观察,图10-9所示为高强度钢辊压零件圆角微裂纹示意图,对于接近高强度钢材料弯曲极限半径的辊压零件要予以重点关注,对于带镀层高强度钢材料,还要关注成形后圆角区域镀层质量。

静态性能检测一般以三点弯曲为主,对于辊压成形后的产品,在指定的跨距和加载速度下,记录零件抵抗变形的最大载荷,要求零件峰值力变化连续,不发生突变现象,且试验过程中零件未发生断裂现象。图10-10、图10-11分别为三点弯曲试验设备和试验后的辊压零件样件状态。

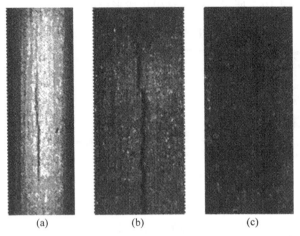

图 10-9　不同放大倍数下高强度钢辊压零件圆角微裂纹示意图
(a) 7.5 倍；(b) 16 倍；(c) 40 倍

图 10-10　三点弯曲试验设备

图 10-11　实验后的辊压零件样件状态

动态性能检测一般以小总成碰撞试验(图 10-12)为主，通过特定的碰撞试验台来模拟零部件在整车碰撞过程中的变形状态。碰撞后的零件状态如图 10-13 所示。通过模拟试验可以验证辊压零件碰撞吸能性能，为整车级别的试验改进提供基础。

图 10-12　小总成碰撞试验

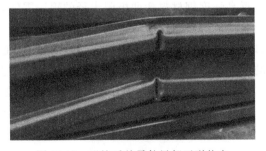

图 10-13　碰撞后的零件局部开裂状态

10.2.5 辊压成形工艺设计及装备

辊压零件的设计基础是辊压成形辊花图,辊花图是将辊压成形各道次的成形截面叠加在一起,可以反映整个辊压成形变形过程。图 10-14 为 C 形截面的辊压成形辊花图。

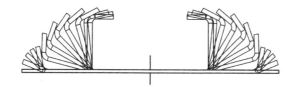

图 10-14 C 形截面的辊压成形辊花图

超高强度钢辊压成形辊花设计上,要考虑以下关键因素。

(1) 型面开口方向:型面开口方向选择上要综合考虑成形过程难易程度、切断工艺难易程度以及冲孔等其他工艺的限制;对于超高强度钢材料,冲切方向对于切断刀具寿命和切断质量有重要影响,在工艺设计之初要予以考虑。

(2) 成形基准平面:辊压成形过程中要保证材料变形过程有足够的驱动力,基准平面优先选择零件较大的特征平面,尽可能使零件在基准点两侧的弯曲量相等,以充分利用各成形道次,减少成形切断后的扭曲现象。

(3) 弯曲角度分配:变形角度设计上,要遵循初始道次弯曲角度较小,以便高强度钢材料导入模具;中间道次根据产品特征尺寸来确定弯曲角度大小;成形结束阶段的道次弯曲角度也不能过大,以减少切断后的产品张开变形问题。

辊压成形过程属于三维弹塑性大变形问题。在成形过程中,它不仅是纵向弹性拉压和横向弹塑性弯曲等变形的综合,同时还受到外部边界摩擦、材料本身的加工硬化和材料横截面壁厚分布不均等因素的影响,这些因素均可能使变形形态发生改变,引起带钢横向扭曲以及纵向拉伸和压缩。对于高强度钢材料而言,由于其变形过程更为复杂,设计人员如不具备相关经验,无法初步判断金属变形是否合理、辊型设计是否合理,因此行业迫切需要数值分析技术指导设计过程。

早期的数值分析技术主要采用简单分析法,将板料在辊弯成形过程中的变形,分为纵向变形与横向弯曲变形单独加以计算。由于在计算过程中,需要对模型做出太多的假设,因此计算结果与实际情况相比有较大的差距。该方法只能对简单截面进行初步分析,无法合理求解板料三维变形问题。到了后期,开始采用半解析方法对辊弯成形过程进行研究,其中心思想是将板材在相邻两个成形辊间的变形构形预先以含有待定参数的某种函数来描述,通过使板材在成形辊的变形能或塑性功达到最小值,反求出函数中的待定参数,进而计算板材的变形以及应力、应变分布,其优点是计算简便、对计算工具的要求较低、计算效率较高,且在对成形的分段研究中能够考虑变形历史。成形辊间的变形曲面取决于一个有待定系数的相关形函数,该形函数的确定对构造曲面与真实曲面之间的计算误差有着决定性的影响,同时还需要对板料的边界条件与本构关系做相关的假定。为了能对复杂成形辊的变形进行研究,目前多采用有限元仿真技术对其进行分析。

10.3 汽车零部件辊压成形实例

为了满足越来越严苛的碰撞安全要求、迎合当下节能减排的趋势,辊压成形技术在汽车上的应用越来越广泛。高强度的辊压件在汽车上的应用有助于汽车车架在碰撞时更好地吸收并传递能量,提高了整车的安全性,同时在满足强度要求的前提下实现轻量化,有助于提高经济性。辊压成形还具有模具投资成本低的特性,非常适合整车平台化开发,缩短研发周期。得益于以上优势,辊压成形技术现已被各大厂商重视,并有了诸多应用实例。

10.3.1 汽车等截面纵梁及典型断面

传统的车架纵梁工艺多数采用金属模具、大型压力机进行制造,主要有两种工艺,分别为:①开卷校平→切断成大平板→大型剪板机纵切成平板纵梁→平板制孔→大型压力机成形;②开卷校平→切断成大平板→大型剪板机纵切成平板纵梁→大型压力机落料冲孔及成形。

目前,纵梁新工艺采用了辊压成形工艺,具体工艺为:钢卷→纵剪生产线→纵梁辊压成形线→U形纵梁三面冲孔线→等离子切割工作台→数控大梁弯生产线→主衬纵梁自动点焊生产线。采用了辊压成形工艺不仅提高了产品表面质量,而且保证了尺寸的精准度以及装配质量,提高了生产效率。等截面纵梁典型断面如图10-15所示。

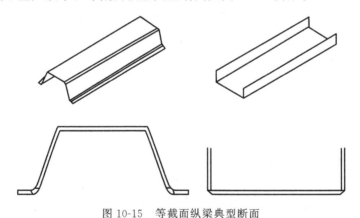

图 10-15 等截面纵梁典型断面

10.3.2 汽车车门窗框及典型断面

轿车车门窗框根据其造型和车型定位可以分为整体式窗框和辊压窗框。整体式窗框即窗框和车门内外板整体冲压成形,通过焊接包边与玻璃导槽相连;辊压式窗框即车门框通过辊压技术成形,并通过焊接方式与车门相连。

整体式窗框在强度、刚度、精度等方面具有优势,但同时也具有模具成本高、材料利用率低等缺点;辊压窗框的一体化程度较高、外观较美观,为许多高档车型所使用,但其在强度、刚度、精度等方面需要更为苛刻的工艺要求。

辊压式车门窗框通常由车门上窗框、车门前后窗框、车门玻璃导槽、后视镜安装板、小支架等组成。辊压式车门因其车门内外板材料利用率远优于整体式车门，目前越来越多的车型采用此种结构形式。图 10-16 为辊压式门窗典型断面。

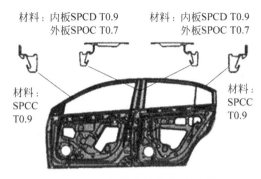

图 10-16　辊压式门窗典型断面

10.3.3　某车型门槛辊压案例分析

辊压门槛在国外主流汽车厂商和合资品牌厂商中应用较为广泛，比如上汽通用、长安福特、上汽大众等。近年来，随着碰撞安全、车身轻量化要求的提升以及辊压工艺的发展成熟，自主品牌车型也在借鉴采用，特别是长安汽车、奇瑞汽车等品牌厂商，都已经在新开发的车型上采用了辊压门槛。表 10-1 为辊压门槛的应用实例。可以看出，辊压门槛在门槛内板和外板上都有所应用，但零件的牌号和料厚选择不尽相同。

表 10-1　辊压门槛零件案例

车型	零件	主机厂	牌　　号	料厚 t/mm
迈锐宝	门槛外板	上汽通用	CR980T/700Y-MP-LCE-HD60G60G-U	0.9
科鲁兹	门槛内板	上汽通用	CR980T/700Y-MP-LCE-HD60G60G-U	1.3
英朗	门槛外板	上汽通用	CR980T/700Y-MP-LCE-HD60G60G-U	1.0
	门槛外板		CR980T/700Y-MP-LCE-HD60G60G-U	1.3
赛欧	门槛内板	上汽通用	CR780T/420Y-DP-UNCOATED	1.2
名爵 GT	门槛内板	上汽集团	DOCOL 1100M	1.2
	门槛外板		DOCOL 1100M	1.0
标致 308	门槛内板	神龙汽车	DP780	1.2

1. 重量分析

对于某车型门槛加强板，采用冲压方案，料厚为 1.4mm，零件净重 8.9kg；而采用辊压方案，料厚 1.2mm，净重仅为 7.63kg。辊压方案可实现减重 1.27kg。

2. 成本分析

辊压方案（包含材料、辊压线、检具费）与冷冲压方案（含材料、模具、检具、冲次费）成本对比见表10-2。辊压成本核算分析如表10-3所示。

表10-2 某车型辊压门槛与冲压门槛成本对比

成形方式	冷冲压 HC420/780DP/1.4mm	辊压成形 HC550/980DP/1.2mm
模具费/万元	213.5	180.0
单件/元	（材料）61.04＋（冲次）17＋（模具分摊）21.35＝99.39	（产品到厂价）79.34＋（模具分摊）18＝97.34
质量/kg	8.90	7.63

表10-3 辊压门槛成本构成分析

零件名称	材料厚度/mm	材料牌号	材料规格/(mm×mm)	材料质量/kg	总费用/元	工序名称	模具总价/万元	工序价格/万元
左门槛加强板	1.2	HC550/980DP	1475×290	3.815	22.76	在线冲孔	13.5	0.71
						辊压、校平、切段	89	5.53
						检验	2	
						压型整形	12.5	2.73
						修边冲孔	12.5	2.73
						检验	5	
						包装		0.40
						仓储＋运输		0.95
右门槛加强板	1.2	HC550/980DP	1475×290	3.815	22.76	在线冲孔	13.5	0.71
						辊压、校平、切段	借用	5.53
						检验	2	
						压型整形	12.5	2.73
						修边冲孔	12.5	2.73
						检验	5	
						包装		0.40
						仓储＋运输		0.95
合计					45.52	模具费用合计/万元	180	26.10

左、右件合计成本价（未含税、未含模具摊销）：71.62元（材料费＋加工费）

3. 性能分析

辊压方案：门槛材料采用高强度钢板DP980，料厚为1.2mm，屈服强度为550～730MPa。冲压方案：门槛材料采用高强度钢板DP780，料厚为1.4mm，屈服强度为420～550MPa。采用高强度辊压形式门槛有利于减轻车身重量，同时提高碰撞安全性能，且成本低于冲压形式。从表10-4的CAE分析对比结果可以看出，B柱和前门辊压方案侵入量相比冲压方案侵入量减小，采用辊压方案优势显著。

表 10-4 辊压方案和冲压方案碰撞安全性能对比分析

考察项	动态(Max)	辊压方案 HC550/980DP 1.2mm	冲压方案 HC420/780DP 1.4mm	静态(@160ms)	辊压方案 HC550/980DP 1.2mm	冲压方案 HC420/780DP 1.4mm
B柱顶端高度A51处侵入量/mm	50	56.26	58.74	40	21.6	23.02
B柱顶端高度A52处侵入量/mm	70	92.83	94.11	56	36.15	38.83

10.4 辊压成形发展趋势

随着市场竞争的加剧以及社会对节能环保的要求,汽车生产企业迫切需要新的成形工艺以降低生产成本、提高材料利用率以及生产效率。诸如热辊压成形、分枝辊压成形以及非等厚辊压成形等新兴工艺的出现正迎合了生产企业的需求,这些新兴工艺的应用不仅能大幅提高材料利用率、降低成本,还能提高产品的力学性能。

10.4.1 热辊压成形

局部加热技术可将冷弯成形过程中受力最大、金属变形最剧烈的变形区域加热到指定温度,从而降低材料的强度、提高金属的塑性,其适用于强度比较高、延伸率低的高强度钢的成形,同时能够得到弯曲半径较小的型钢产品。该技术特点是以比较经济的方法加热冷弯成形中厚板料的变形区域,从而降低了因板材强度对冷弯成形设备的要求、提高了板材的塑性,使得冷弯型钢产品的截面形状更加多样。

整体热冷弯成形技术是将冷弯成形和淬火工艺集成在同一工序的成形技术,如图 10-17 所示。该成形技术的特点即将板料在进入到轧辊之前就加热到奥氏体状态,之后经过轧辊成形、淬火处理得到马氏体组织。整体热冷弯成形技术有效提高了生产效率,且被加工产品的长度不受限制,板料的使用率高达 90%,因此可以大幅节省材料,从而实现环保以及降低成本的目标。

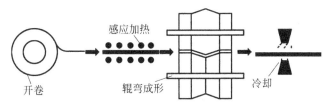

图 10-17 整体加热辊压成形工艺

10.4.2 分枝辊压成形

传统的分枝成形技术在焊接、层压、再加热等工艺条件下加工成形,其成本高、资源浪费严重。新型的分枝成形技术不再需要焊接、层压、再加热等工艺条件,其在常温下通过冷弯成形机组进行逐个道次的变形从而形成整体分枝截面。在成形过程中,变形区的成形性能提高,同时保证了局部的大应变。分枝辊压成形工艺可使产品的力学性能提升,还提高了工件的整体刚度,有利于表面的加工硬化。图 10-18 所示为分枝辊压成形工艺示意图。

10.4.3 非等厚板辊压成形

非等厚板辊压成形技术的出现顺应了现代汽车行业的发展趋势,该新型辊压成形技术注重于变截面型钢的重量优化,其截面的厚度尺寸可根据不同部位所承受载荷的不同而改变。因此主机厂在研发时可根据不同截面的受力要求选用不同的截面厚度,有利于进行结构优化,进而实现车身轻量化。非等厚板冷弯成形技术可将厚度均匀的板材经过辊缝不同的冷弯成形机组成形为非等厚板,如图 10-19 所示。

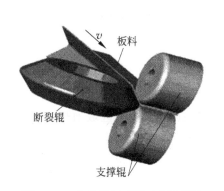

图 10-18 分枝辊压成形工艺示意图

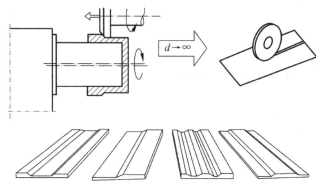

图 10-19 非等厚板辊压成形

习 题

1. 简述辊压成形的概念及技术优势。
2. 简述辊压成形的工艺流程。
3. 什么是变截面辊压成形技术?如何实现辊压成形的变截面控制?
4. 辊压成形机一般由哪几部分组成?
5. 如何保证辊压成形件的质量?在对辊压成形零件的质量进行检测时,一般包含哪些检测项目?
6. 什么是辊花图?高强度钢辊压成形辊花设计上,应考虑哪些关键因素?
7. 举例说明辊压成形技术在汽车轻量化上的应用。
8. 简述辊压成形技术的发展趋势。

第 11 章

半固态成形与先进铸造技术

11.1 概 述

半固态成形技术是在固液相区直接成形的一种新型材料成形技术,同传统的铸造方式相比,具有节能高效、金属收缩小、气孔率低、偏析轻、组织均匀细小的优点,而且半固态成形制备的零件尺寸精度高,产品力学性能优异。同锻造成形的方式相比,半固态成形具有模具使用寿命高、金属流变性能好、金属变形抗力小、坯料的成形性好等优点。

半固态成形技术按工艺路线可分为三大类:①流变铸造,即在金属液凝固过程中进行搅拌,当固相分数达到一定值时,进行挤压或压铸成形,这种方法能耗低、成本低、工艺简单,但不利于浆料的保存和运输。②触变成形,即将镁合金坯料重新加热到固液相区,进行半固态挤压或铸造成形。由于坯料易于运输以及加热过程便于控制,因此是镁合金半固态成形的主要工艺方法。③半固态注射成形技术,包括触变注射成形和流变注射成形。

压力铸造工艺(简称压铸工艺)是一种用于制造大批量部件(如发动机机箱、汽缸盖)的铸造工艺,而其更多的是应用在难以铸造的薄壁结构部件中。采用压力铸造工艺可以制造具有出色表面特性的、尺寸精确的铸件,主要的铸造材料是铝、镁和锌。由于凝固速度快,特别是薄壁铸件的凝固速度很快,因此与重力金属模铸造工艺制造的铸件相比,压力铸造工艺制造的铸件具有更精致的微观结构和较高的力学性能。然而,由于充模过程的液流呈湍流状态,以及氧化物和孔隙度等原因,可能达到的理论力学性能水平会有所下降。

低压铸造、差压铸造、真空吸铸和调压铸造是使液态金属在外力作用下,逆重力流动并充填型腔、凝固成形的一类铸造方法,这些特性是区别于其他铸造方法的基本特征。

11.2 半固态成形技术

半固态金属(SSM)加工技术出现于 20 世纪 70 年代,其原理是金属凝固过程中进行强力搅拌,使枝晶破碎,得到一种液态金属母液中均匀地悬浮着一定固相组分的固-液混合浆料(固相组分甚至可高达 60%),具有很好的流动性,利用普通的加工方法便可制成产品,并冠以半固态金属加工。随后,半固态加工技术研究、开发和应用获得迅速发展,经历从基础研究、技术开发、设备研制、商业化生产等阶段,开创了金属材料成形技术的新领域。

11.2.1 半固态加工用材料及其制备方法

1. 半固态加工用材料

在汽车工业中,半固态成形工艺已应用于生产高安全性铝和镁合金零件,包括汽缸、连杆、发动机支架和座椅靠背等。与其他成形工艺(重力铸造、常规压铸、液态模锻)相比,具有模具寿命长、回收时间短、高安全性(压力致密性和力学性能)的优点。

对任何一种工艺方法,要想制造出具有与使用性能相适应的理想力学性能的零件,合金的选择是非常重要的。目前,在使用的各种铝合金中,A356 和 A357 是半固态成形的主要合金。对于这些合金,通过单纯改变热处理状态,可以得到很好的强度和塑性。另外,在半固态成形中,铝合金所处的发展阶段有:AlSiCulMg 用于仅需一次 T5 状态下取得比 A357 更高的强度;AlSi6Cu3Mg 用于在 T6 状态下获得更高的拉伸性能、屈服强度及硬度,但损失了一部分塑性,这种合金被用于耐磨和保持高温的性能零件中;AlMg5Si2 用于需要中间屈服强度和延伸率的不经过热处理的薄壁零件。

2. 半固态加工用材料的制备方法

从原理上讲,对任何金属材料体系而言,当它的液相和固相共存于凝固点以上的某一温度范围时,该金属浆料就可以用来进行半固态加工。其中铸造铝合金、锻造铝合金及铸造镁合金均被加工成各种类型的零件。但这类合金系最关键的问题是浆料的固相率和黏度强烈依赖温度,而重熔坯料时,准确控制温度和温度梯度是相当困难的。半固态材料的初生相要细($d<100\mu m$),呈球状,并且无夹杂和卷入氧化物。

半固态材料的制备方法可归纳为液相法、固相法和控制凝固法三种。

所谓液相法,是指对正在凝固的液态金属进行机械的、电磁的和振动的处理过程,使其初生相被打碎,成为球状晶的半固态组织。液相法主要分为机械搅拌加工、电磁搅拌法、超声波振动法三种。

固相法包括喷射沉积法、粉末冶金法和应变诱导融化激活法(SIMA 法)三种。喷射沉积制备半固态金属或合金坯料的工艺过程是:首先利用 Ospray 工艺将金属熔体雾化、喷射沉积到基板上,制成组织非常细小的棒状固态坯料,然后将该棒料固态坯料重新加热至金属的固液两相区,这种半固态坯料就可以进行触变成形。粉末冶金法制备半固态金属坯料的一般工艺路线是:首先制备金属粉末,然后进行不同种类金属粉末的混合,再进行粉末预成形,并将预成形坯料重新加热至半固态区,进行适当保温,即可获得半固态金属坯料。SIMA 法是一种较成熟的制备半固态坯的工艺方法,其工艺原理是:晶粒破碎,等温重熔。

控制凝固法原理,即控制液态金属生成枝晶的外部条件,或加入某种添加剂,以细化晶粒。

3. 半固态金属坯料二次加热

经二次加热,可获得不同体积的半固态材料,同时,也可使在制坯工序所获得破碎枝晶组织球化、均匀化,有利于触变成形。在半固态棒坯触变成形之前,先要根据零件质量,精确分割经流变铸造获得的半固态棒坯,即所谓下料。然后在感应炉中加热至半固态,以供后继成形,这便是二次加热。从半固态重熔加热工艺上看,为了满足金属半固态触变成形的需要,金属坯料的半固态重熔加热应满足以下基本要求:①对于不同的成形合金,应确定不同和合理的重熔加热温度,使半固态重熔加热后的金属坯料能够方便搬运,同时又具有较理想的触变成形性能,以便获得轮廓清晰的零件毛坯;②对金属坯料的重熔加热温度要求控制精确、坯料内部的温度梯度应尽可能小,以获得固相分数准确和固相分布均匀的重熔半液态坯料;③半固态重熔加热应具有一定的速度,以防止在重熔加热过程中坯料表面的过分氧化和初生晶粒的过分长大;④金属坯料的重熔加热时间应与触变成形过程的时间匹配,以便于组织生产。坯料二次加热的方法有电磁感应、电阻炉和盐浴炉三种。

11.2.2 半固态压铸

1. 半固态压铸基本原理

半固态压铸实质是在高压作用下,使半固态坯料以较高的速度充填压铸型腔,并在压力作用下凝固和塑性变形而获得制件的方法。

高压和高速充填压铸型腔是半固态压铸的两大特点。通常压射比压为 20～200MPa,填充时的初始速度为 15～70m/s,填充过程在 0.01～0.2s 时间内完成。

半固态压铸通常分为两种:第一种将半固态坯料直接压射至型腔里形成制件,称为流变压铸;第二种将半固态浆料预先制成一定大小的锭块,需要时再重新加热到半固态温度,然后送入压室进行压铸,称为触变压铸。图 11-1 是半固态压铸工艺布置示意图。

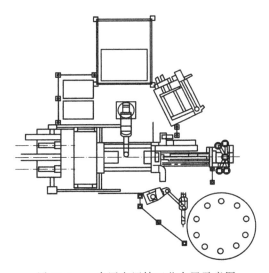

图 11-1 半固态压铸工艺布置示意图

2. 半固态压铸设备

在金属半固态压铸工艺中,压铸机是成形的核心设备之一,压铸机性能的优劣将直接影响触变压铸生产的正常进行。半固态金属在充型流动时的特点与液态金属不同,半固态金属的表观黏度还在不断发生变化,因而其流动阻力较大。为了满足触变压铸的要求,所用压铸机应该具备以下功能:①具有较高的压射压力和增压力,便于充满型腔和获得较高强度的压铸件;②具有实时数字化控制压射压力和压射速度的能力,可以任意改变压射曲线,以稳定的层流充填型腔,获得致密的压铸件;③具有放置半固态坯料的特殊压射室,满足触变压铸的基本工艺要求。例如瑞士 Buhler 公司研制的 H-630SC 型压铸机就具有上述功能。该液压机使用了更大的压射缸,并通过中央控制阀和控制回路来控制压射过程,可以设定 9 种不同的压射曲线,包括压射过程中的加速和减速。该压铸机的控制系统还使用了两类特殊的传感器。其中一类传感器的功能是监测充填金属的流头,即确定金属的充填位置,以评估压射情况,借以调整压射过程,尤其对于大型复杂件,利用这种监测信号可以保证复杂压射工艺的实现。另一类传感器属于压电类传感器,可以直接读出检测数据,它们安装在压铸型腔内或者浇道内,直接监测半固态金属充填型腔时的压力变化。该压力的变化与半固态坯料的表观黏度有关。坯料的表观黏度越高,半固态金属的流动充型阻力越大,压射所需要的压射力就越大,这样可以判断和调整金属半固态坯料重熔加热的程度;该压力变化也可以作为压铸件质量的检测信号,对压铸件的质量进行分类;也可以通过该压力的变化判断压铸件的凝固过程,因为压铸件某处压力的迅速下降,意味着那里已经凝固了。

3. 半固态压铸工艺参数

一般来说,影响触变压铸工艺的参数主要包括:半固态合金坯料的液相分数或半固态合金坯料的温度、冲头的压射速度或浇道中半固态金属浆料的流动速度、动态压射压力和静态增压压力、压射室和压铸型的预热温度、浇注系统的设置等。另外,原始半固态金属坯料的制备工艺和半固态坯料的重熔加热工艺也会影响金属半固态触变压铸的工艺过程。

4. 半固态压铸实例分析

AlSi7Mg 涡轮盘的制备采用的是半固态压铸技术。AlSi7Mg 合金在平衡凝固(在凝固过程中的每一时刻都能达到完全的相平衡)下,高熔点的初生 α 相与低熔点的共晶组织几乎各占一半,因此该合金的半固态压铸容易实现。实验发现,压铸速度越小,熔体经过结晶器的时间越长,搅拌越充分,而且熔体冷却速度小。实际发现,熔体平均冷却速度控制在 0.5~3℃/s 为最佳。半固态压铸采用 J1125 型压铸机,如图 11-2 所示,半固态坯规格为 ϕ65mm,坯料温度为 580~585℃,模具温度为 280~300℃,内填口厚度为 4.0mm±0.5mm,压射比压为 50~60MPa。图 11-3 为半固态压铸涡轮盘。

图 11-2　J1125 型压铸机　　　　　　图 11-3　半固态压铸涡轮盘

实践证明,在轿车或轻型车的泵体、悬挂件、转向器壳体等高强度、高密度和高要求的铸件中,如果运用半固态铸造技术可大大降低成本并提高质量。当前,铝合金、镁合金半固态铸造技术在西方发达国家已步入了工业化生产的阶段,特别是在镁合金铸造领域。在全球的范围内,镁铸造件总产量的90%以上采用的是压铸工艺。虽然镁合金有着良好的压铸工艺性,但和铝合金相比,热裂性比较大。通过半固定铸造技术可以在一定程度减少成形温度区间以及凝固收缩,提升镁合金强度并降低生产成本。

11.2.3 半固态模锻

1. 半固态模锻基本原理

半固态模锻是将一定质量的半固态坯料加热至半固态温度后,迅速转移至金属模腔,在机械静压力作用下,使处于半熔融态的金属产生黏性流动、凝固和塑性变形,从而获取毛坯或零件的一种金属加工方法。图11-4为一套立式半固态模锻生产线的平面布置图。

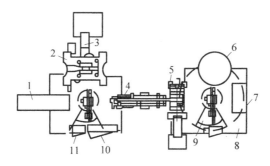

图 11-4　立式半固态模锻生产线的平面布置图

1—送料装置;2—立式半固态成形机;3—残渣清除装置;4—半固态成形件冷却装置;5—去毛刺机;6—后处理系统;7—集装箱包装系统;8—安全护栏;9—工业机器人;10—系统控制柜;11—机器人控制柜

机器人将冷坯料装入位于立式成形机的加热圈内。位于机器下部平台上的感应加热圈将坯料加热到合适的成形温度。在完成模具润滑以后,两半模下降并锁定在注射口处。在一个液压圆柱充头作用下,将坯料垂直地压入封闭模具的下半模内。在压入过程中能使坯料在加热时产生的氧化表面从原金属表面剥去。当冲头在垂直方向上运动时,剥去氧化皮的金属被挤入模具型腔内。零件凝固后,两半模分开,移出上次铸射的成形件。但是,铸件残渣仍留在下半模内,通过一个自动化系统将这些残渣清除并放入残渣箱内以备回收。连续生产中,再装入另一坯料进行下一零件的生产。

2. 半固态模锻设备

1)对半固态模锻设备的要求

(1)半固态模锻时要求设备有足够大的压力,并持续作用一定时间。这个特点决定了半固态模锻的设备属于液压机类型,而不是锤、曲柄压力机、螺旋压力机等类型。

(2)半固态模锻要求尽量缩短半固态浆料置入模具后的开始加压时间,故要求加压设备有足够的空程速度和一定的加压速度。

（3）需要有模具的开闭装置。一般来说，有上、下两个压缩缸就可以达到要求。上缸用来施加压力并拉出上模，下缸则可用来顶出成形件。

（4）如果要在垂直分模面的模具中压制成形件，而模具本身没有锁紧机构或没有足够的位移可以退出成形件时，则压力机就需要有两个互相垂直的压缩缸，以使水平方向上能拉出半模，退出成形件。

（5）金属收缩时，将把上模的型芯紧紧地"咬住"，为了能使上模从成形件中拔出，垂直缸应有足够的提升力量。水平缸也应有足够的压力，以便在上模施压于金属浆料时，能使模具保持闭紧状态，不使半固态浆料挤出。

（6）液压机的结构和辅助装置必须适应于生产批量的要求。

2）在通用液压机上进行半固态模锻

在通用立式液压机上，按照半固态模锻工艺参数的要求，调整某些参数，或进行相应改装而成。这种液压机仅有工作缸和顶出缸，没有辅助油缸。

3. 半固态模锻工艺参数

1）加压参数的影响

（1）比压值/MPa。

压力因素是半固态模锻成败的关键，常用比压值来衡量。比压主要与下列因素有关：

① 加压方式。平冲头压制比压高于异形冲头压制。

② 制件几何尺寸。实心件比压高于空心件，高制件比压高于矮制件。

③ 合金特性。逐层凝固合金选用的比压高于糊状凝固的合金。

一般来讲，利用材料触变性实现充填流动后，成形主要是在高压下凝固和塑性变形密实中复合。因此，主要考虑后者，比压值应考虑 40~60MPa 为宜。

（2）加压开始时间(s)。

半固态坯料置入模膛至加压开始的时间间隔。从理论讲，半固态坯料置入模膛后，从速加压为宜。

（3）保压时间(s)。

升压阶段一旦结束，便进入稳定加压，直至加压结束（卸压）的时间间隔，为保压时间。

（4）加压速度(m/s)。

加压速度指加压开始时液压机行程速度。加压速度过快，浆料易卷入气体和飞溅；过慢则自由结壳太厚，降低加压效果，或者半固态模锻无法实现。加压速度的大小主要与制件尺寸有关。对于小件，取 0.2~0.4m/s；对于大件，取 0.1m/s。

2）温度参数的影响

（1）转移温度。

转移温度实质上指二次加热温度，必须科学选定。坯料没有足够强度，机械手很难夹持移入模具中；温度过低，将增加自由凝固结壳厚度，或者使下一步加工转变为固态加工。因此，二次加热温度应严格控制，搬运平稳，时间短，是保证半固态加工顺利进行的必要条件。

（2）模具温度。

模具温度低，使半固态浆料迅速结壳、增加冷隔，甚至导致半固态加工无法实现；模具温度高，容易粘焊，加速模具磨损。模具温度选用与合金凝固温度、制件尺寸形状有关。

(3) 模具涂层和润滑。

半固态模锻模具受热腐蚀和热疲劳严重，为此常在模具与半固态金属直接接触的模腔部分涂覆一层"隔热层"，该层与模具本体结合紧密，不易剥落。压制前，在涂层上再喷上一层润滑层，以利于制件从模具取出和冷却模具。这种"隔热层"上复合润滑层，效果最好。但目前多数不采用"隔热层"，而直接涂覆润滑剂，效果也不错，尤其对于有色合金半固态模锻，效果更佳。从各国情况看，半固态模锻使用的润滑剂和压力铸造基本相同。

4. 半固态模锻实例分析

利用半固态模锻制备装甲车负重轮。复合材料耐磨圈与本体半固态复合成形的装甲车负重轮、履带板的接触部位均采用镶钢环以便耐磨，如图 11-5 所示。这样不仅降低了负重轮轻质化效果，而且不能克服原来钢圈与本体纯粹机械咬合的缺陷。因为钢圈与本体接合会脱落，所以现改用复合材料，并与本体实现半固态复合。

首先，制备预制坯。按 SiC_p/Al_2O_{3sf} 一定比例混合，浇入耐磨圈模具中，最后制成如图 11-6 所示的坯。再将耐磨圈预制件放入模具中，然后浇入液态金属，并合模，使液态金属渗入耐磨圈制件中，成为半固态坯，施以高压，使耐磨圈半固态坯与本体复合。

图 11-5 铝合金装甲车负重轮实物

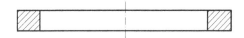

图 11-6 耐磨圈半固态预制坯

用半固态模锻代替低压铸造生产汽车及摩托车 ZL101 铝合金车轮，不仅能达到成品率高、力学性能好、材料利用率高及生产率高的目的，还可以明显减少轮毂机械加工量及能源消耗。

铝合金半固态模锻工艺既是一项先进的高技术，又是一项早已大规模进入商业性生产的成熟工艺。美国已建立 7 个铝合金半固态模锻工厂，其中最大的一个在 1995 年投产，设计生产能力为每年 5000 万件，专门为汽车、家用电器、通信设施生产半固模锻铝合金零件。

11.2.4 触变注射成形

半固态金属触变注射成形工艺是由美国 DOW 化学公司于 20 世纪 70 年代中期发明的，并由 Thixomat 公司实现商业化生产，该技术以颗粒状镁合金材料为原料，采用了塑料注射成形的方法和原理。镁合金的触变注射成形是半固态成形工业中增长最快的部分。1998 年美国、加拿大、日本、德国和瑞典等国家和地区在 30 多个领域里应用了该工艺。

1. 触变注射成形原理

镁合金触变注射成形原理如图 11-7 所示,基本过程为:将普通铸造镁或者镁合金锭坯用机械加工的方式切削成轴长为 3～6mm 的粒状料,并将其加入料斗内;在给料器和螺旋作用下向前推进,并加热至半固态;半固态浆料在螺旋前端积累;最后在注射缸作用下,半固态金属液经由喷嘴注射入模内成形,触变注射成形采用了压铸和注塑工艺合二为一的一体化成形方式。模具和成形材料与压铸相似,工艺过程则接近于注塑成形。

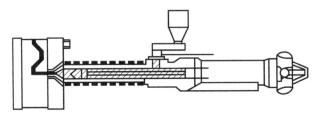

图 11-7　镁合金触变注射成形原理

在该工艺方法中,原料的尺寸取决于成形装置的吨位,大吨位装置可采用轴长 5～6mm 的粒状原料,小吨位装置可采用轴长 3～4mm 的原料。原料的输送、加热、半固态注射成形过程均在惰性气体保护下进行,浆料在螺旋杆的剪切作用下组织得到均匀化,形成了一种固相颗粒均匀分布于液相中的组织。注射成形所用的注射压力为 80～120MPa,射出速率为 1.5～3.0m/s。该技术已用于 AZ91D、AM60 和 AM50 等镁合金产品的生产。

2. 触变注射成形的工艺特点

1) 工艺稳定性和重复性

触变注射成形机筒体容量和射嘴体积小,从而成形温度波动幅度非常小(大约±2K)。该工艺一致性和重复性好,满足高速成形工艺条件。操作中,手工和自动浇注以及压力传输系统的误差会导致工件质量变化,模具溢料过多和熔体损失都会影响产品成本和质量。

2) 尺寸精度高

触变注射成形可以严格控制公差并且重复性好。由于触变成形件中残余热应力减小,大平面工件的平面度差不多可以提高 2 倍,注射模具的收缩率为 0.4%,比热室压铸低 20%,比冷室压铸低 40%。对于薄壁产品,发生变形和翘曲的程度和概率极低。由于成形温度低,产品收缩率低,尺寸精度极高。触变注射工件的型芯孔测量标准偏差为压铸件的 28%,收缩率是压铸件的 50%,制件力学性能显著提高,超过了 ASTM 标准,并接近传统拉伸试样的实验值。

3) 产品表面状态和内部组织大为改善

触变注射成形件力学性能优异,耐腐蚀能力也有较大提高。在触变成形过程中,不会因搅拌而在工件中引入气孔;由于不使用熔剂,也没有氧气存在,故也不会导入夹杂、氧化皮。因此,触变注射成形镁合金力学性能优异,耐腐蚀能力大大提高。制件表面粗糙度低和平整性好,无收缩龟裂。压铸件用作气密性或液体容器时,通常要求压铸件防漏。薄壁件通过侵染树脂来降低渗透性是相当昂贵的,此外还要进一步检测以保证质量。触变注射成形孔隙率低,不存在连通孔隙,可用作气密性零部件,这与压铸工艺显著不同。

11.2.5 半固态成形发展趋势

随着节能环保问题的日益紧迫,产品的轻量化引起世人关注,人们除了追求钢铁材料的超薄、超强性能外,也在致力于寻求新型的轻型合金材料。因此,钢铁材料朝着超强方向发展的同时,又出现了新型的高性能合金材料。铝镁合金与镁合金具有质量轻、强度较高、外表美观、回收再生性强的特点,用它取代塑料对环保非常有利,铝镁合金与镁合金越来越受到人们的青睐。尤其是镁合金除了具有高强度之外,还具有良好的电导率、传热性能、抗振性能,因此在电子、通信与计算机硬件工业中有很大应用前景。此外,预计未来在汽车行业中,为汽车轻量化减少油耗、节约燃料、保护环境,铝镁合金与镁合金的市场需求越来越大。但是镁属于密排六方结构,镁合金塑性较差,而镁合金的半固态成形可以很好解决其成形性能差的问题,从而为镁合金的工业应用提供了广阔的天地。我国是镁资源大国,目前由于缺乏成熟的镁合金成形技术,我国的镁资源尚未得到充分利用,大部分镁原料还是以原材料出口,因此在我国开发适于进行镁合金成形的半固态成形技术具有重要意义。

从材料加工的角度来看,轻型、高性能、功能型材料是未来制造行业的需求,半固态成形技术正具有这种开发的潜力,它必将在未来的汽车、通信、计算机设备方面以及航空、航天、国防等尖端领域都具有广阔的应用前景。

11.3 压力铸造技术

11.3.1 铸造原理和工艺过程

压力铸造是将液态或半液态金属,在高压高速作用下填充压铸模的型腔,并在压力下快速凝固而获得铸件的一种方法。

压铸时常用压力是 20~120MPa,填充初始速度在 0.5~100m/s 范围内。因此,高压和高速是压铸法与其他铸造法的根本区别。压铸过程循环图如图 11-8 所示。

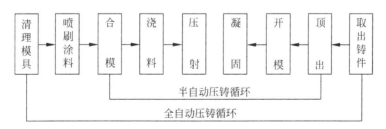

图 11-8 压铸过程循环图

压力铸造工艺分为两种:冷室压铸和热室压铸。这两种工艺的区别在于压铸室的设备技术连接,热室压铸工艺的压铸室就在熔池中,且熔体填充也在此处进行。与铁质材料相比,铝熔体的侵蚀性较强,因此热室压铸工艺不适用于铝合金铸造。由于冷室压铸工艺是最常用的压铸工艺,因此下文仅对冷室压铸工艺进行介绍。

冷室压铸工艺实施的位置，可通过手动方式或通过一个与铸造机分离的熔炉自动进行铸造室填充。压铸时，熔融合金在压力的作用下被铸入永久铸模中，这时出现的金属压力可达 10～200MPa，铸造速度可达 30～150m/s。图 11-9 为冷室铸造机的结构原理图，其压铸工艺流程原理如下所述。

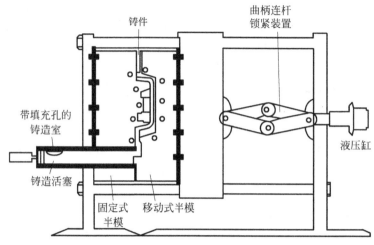

图 11-9　冷室铸造机的结构原理图

工艺流程循环从半模闭合开始，如果铸造室关闭，则其将被熔体填充。

铸造活塞缓慢移动或线性加速移动，以使熔体翻滚，从而防止氧化物增多。在铸造活塞移动的过程中，熔体会堵住浇铸口（第 1 阶段）。在第 2 阶段，即填充阶段，铸造活塞加速移动，液体金属通过浇铸口流入铸模中。在完成充模后，铸造活塞突然停止。为了密封铸件，应保持压力或在必要时加压。在凝固过程中，可通过接通倍增器来提高密封性。熔体在铸造活塞的作用下凝固，完全凝固后，打开铸模取出铸件。

如上所述，在铸造工艺流程中，应将熔体通过铸造活塞加速到较高的铸造速度。离开浇铸口时，熔体变成自由射流的形式，熔体会强烈膨胀形成涡流甚至雾化，气体被铸造材料挡住，并存在于凝固铸件的气孔中。试验表明，铝的最大浇铸速度为 50～60m/s。而对于镁合金，应保证其最小流动速度不低于 27m/s，以防止完全成形前熔体提前凝固。

除非采用了特殊工艺（例如真空压力铸造），压铸铸件的结构大多呈细孔状。典型压力铸造工艺的缺陷是气穴，这是由涡流填充方式以及通风不足造成的。此外，产生气孔的原因还有润滑剂和脱膜剂的燃烧，以及模间空隙中蒸发水的存在。

在铸造过程中，几乎无法避免形成涡流。尽管如此，应尽量将涡流控制在相对较低的水平。铸造室的填充度，铸造活塞的速度，浇道、铸口和模间空隙的几何形状都会对涡流的形成造成影响，因此，应避免在气体含量过高的压铸件上进行热处理和焊接作业。较低的铸造温度、成形温度以及较低的金属浇铸速度会导致表面缺陷，例如冷焊和堆叠。由于使用不洁净金属或在铸造过程中形成强烈涡流，可能导致氧化物夹杂情况的发生。

近年来，对具有高强度、高韧度的铸件的需求不断增加。虽然这种铸件应是可热处理和焊接的，但是只有当有效排出铸造室和模间间隙内存在的剩余空气和铸造气体时，才可以进行热处理和焊接，因此，为了满足较高的要求，压力铸造常采用真空技术。如果铸件质量要求较低,则适当进行强制通风就足够了。

11.3.2 压力铸造特点

1. 生产效率高

主要是压铸机生产效率高,可实现机械化或自动化,能压铸出从简单到相当复杂的各种铸件。与其他铸造方法相比,其特点见表11-1。

2. 产品质量好

(1) 尺寸精度高,表面粗糙度值低,与其他铸造方法比较见表11-2。

表11-1 压力铸造与其他铸造方法比较

铸造方法	材料	零件重量	生产速度	零件的复杂性	壁厚	外观及表面处理	费用
压力铸造	锡、铅、锌、铝、镁、铜合金	受压铸机限制,锌合金约70kg;铝合金约50kg	非常快	复杂	0.3~25mm	良好,可以电镀和化学处理	设备和压铸模费用高,加工费用低
金属型铸造	铁、铜、镁、铝合金	介于压铸与砂型之间	稍慢	比压铸简单	比压铸厚	比压铸差,比砂型好	设备费用比压铸低,金属型的费用低
砂型铸造	铁、钢、铝、铜合金	小、中、大铸件	非常慢	比较简单	厚壁	外观差,机械加工易	设备、铸型费用低,加工费较高

表11-2 压铸与其他铸造方法铸出铸件的相对等级[①]

比较项目 \ 铸造方法	砂型铸造	金属型铸造	压力铸造
铸造尺寸公差	6	4	1
表面粗糙度	6	4	1~3[②]
铸件气孔率	1	3	3~5[③]
每个铸件费用	3	3	1

① 表内1为最好,6为最差。
② 表面粗糙度,取决于对表面的使用要求。
③ 压铸易产生气孔,但冷压室压铸金属比压增加,所以气孔率比热室压铸件低,离心铸造的铸件比表中所列铸件致密。

(2) 力学性能好。
(3) 互换性好。
(4) 轮廓清晰,铸件壁薄,复杂,花纹、图案、文字等能获得高的清晰度。

3. 经济效果好

(1) 经济指标优良,压铸件尺寸精确,表面光洁,加工量小,既节约了金属又减少了加工工时,劳动生产率高。

(2) 压铸件成本低,采用压铸方法大量生产时,较其他铸造方法成本低。

(3) 可作零件组合,压铸可以代替部分装配,能节省装配工时。

4. 目前存在的问题

(1) 普通压铸法压铸的铸件易产生气孔,不能进行热处理。压铸某些内凹件、高熔点合金铸件还比较困难。

(2) 压铸设备投资高,压铸模制造复杂、周期长、费用高,一般不宜于小批量生产。

11.3.3 压铸机和压铸模

1. 压铸机

压铸机是压铸生产过程中重要的基础技术装备,压铸件的要求就是压铸机的发展方向,从而决定了压铸机与压铸工艺的互存、互动关系。压铸工艺的改进或采用新的技术,都要有与之相应的或新型的压铸机作为技术支撑。所以,在压铸技术的发展进程中,压铸机始终担负着重要的角色,起着积极的、直接的推动作用。压铸机通常以压铸形式分类,主要分为冷压室和热压室两大类,见图 11-10。

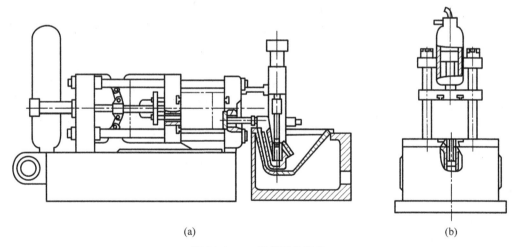

图 11-10 压铸机的结构
(a) 热室压铸机;(b) 全立式冷室压铸机

2. 压铸模

压铸模是由定模和动模两个主要部分组成的。定模固定在压铸机固定板上,并与压铸机的压室连通。动模安装在压铸机的移动板上,并随移动拖板与定板合拢或分开。

压铸模的组成如图 11-11 所示。压铸模由下面几部分组成:

(1) 成形部分:决定铸件几何形状和尺寸精度的部位,形成铸件外表面的称为型腔;形成铸件内表面的称为型芯。

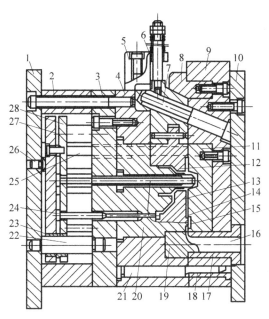

图 11-11 压铸模的基本结构

1—动模座板；2—垫块；3—支撑板；4—动模套板；5—限位块；6—滑块；7—斜拉杆；8—楔紧块；9—定位套板；10—定模套板；11—定模镶块；12—活动型芯；13—型腔；14—内浇口；15—横浇道；16—直浇道；17—浇口套；18—导套；19—导流块；20—动模镶块；21—导柱；22—推板导柱；23—推板导套；24—推杆；25—复位杆；26—限位钉；27—推板；28—推杆固定板

(2) 模架部分：将压铸模的各部分按一定规律和位置加以组合和固定后，使压铸模能够安装在压铸机上的构架。

(3) 浇道系统：沟通压铸模型腔和压铸机压室的部分，即金属液进入型腔的通道。

(4) 排溢系统：排除压室、浇道和型腔中的气体，以及前沿冷金属和涂料余烬。排溢系统一般包括排气道和溢流槽。

(5) 顶出机构：顶动铸件使之从压铸模上脱出的机构。

(6) 导向零件：引导模具各滑动（或移动、对插）部分的零件。

(7) 其他：除上述各部分外，还有抽芯机构、冷却系统、加热系统、安全装置以及螺钉、销钉等紧固零件。

11.3.4 应用范围与发展趋势

由于压力铸造的发展而出现和发展了真空压铸、加氧压铸、半固态压铸和双压射冲头压铸以及钢铁分属压铸等。此外，可溶型芯、超声波等新工艺在压体上应用，不仅扩大了压铸的应用范围，而且展现了压铸生产的广阔前景。

压铸发展的主要趋势是：压铸机要实现系列化、大型化、自动化并向柔性加工单元发展；压铸模要研发提高使用寿命的新材料及压铸模表面处理新技术，以降低成本；压铸工艺采用真空压铸、充氧压铸、慢压射及半固态压铸、挤压压铸等无气孔压铸新技术，以及在压铸生产中广泛采用并行工程和快速原型制造技术来加快市场反应速度，提高铸件质量。

11.4 反重力铸造技术

低压铸造、差压铸造、真空吸铸和调压铸造，本质是使液态金属在外力作用下，逆重力方向流动并充填型腔、凝固成形的铸造方法，又可统称为反重力铸造。金属液逆重力方向充填铸型型腔是反重力铸造的重要特点，也是区别于其他铸造方法的基本特征。

11.4.1 低压铸造

1. 低压铸造原理

低压铸造依据其建立压力方式的不同，可分为气压型低压铸造和电磁泵低压铸造两种。

（1）气压型低压铸造。该方法是依据帕斯卡原理来工作的。通过在液态金属表面施加一定的气体压力，使金属液逆重力方向充填型腔并凝固成形，由于所用的压力较低，所以叫作低压铸造，其基本原理如图 11-12 所示。在装有金属液的密封容器中，通入干燥的压缩空气（或惰性气体），作用在保持一定浇注温度的金属液面上，造成密封容器内与铸型型腔之间的压力差，使金属液在气体压力的作用下沿升液管上升，通过浇口平稳地进入型腔；待金属液充满型腔后，适当增大压力并保持坩埚内液面上的气体压力，使型腔内的金属液在较高压力作用下结晶凝固；然后解除液面上的气体压力，使升液管中未凝固的金属液依靠自重流回坩埚中；开型并取出铸件，即完成一个低压铸造过程。

（2）电磁泵低压铸造。该方法是利用电磁泵原理开发的一种反重力铸造方法。其工作原理为对液态金属施加电场和磁场，使金属液在电磁推力的直接作用下流动，从而实现反重力铸造浇注过程。其控制技术主要是通过电流密度和磁感应强度来实现对压头大小的控制。电磁泵低压铸造的原理如图 11-13 所示。

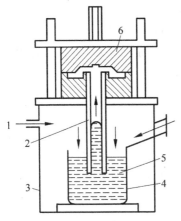

图 11-12　气压型低压铸造设备工作原理图
1—压缩气体；2—升液管；3—密封容器；
4—坩埚；5—金属液；6—铸型

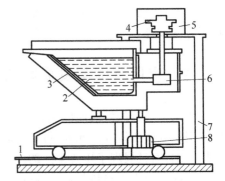

图 11-13　电磁泵低压铸造原理图
1—导轨；2—金属液；3—保温炉；4—铸件；5—铸型；
6—电磁泵；7—平台；8—液压顶升机构

与气压型低压铸造相比,电磁泵低压铸造具有非接触式输送金属液的特点,使金属液处于与大气隔绝的状态,并可在保护性气氛下工作,从而减少气体侵入,防止金属液被二次污染,减少了气孔及二次氧化夹杂的形成。同时金属液的流动速度精确可调,从而容易按低压浇注规范来获得优质铸件,可用于铝镁等合金铸件的生产。但受硬件条件的限制,电磁泵低压铸造的电磁驱动力较弱,充型和增压能力有限,因此,只适用于中小型铸件的成形。

2. 低压铸造工艺过程

低压铸造工艺过程可由作用在金属液表面的压力-时间曲线来反映,典型的砂型低压铸造压力-时间曲线如图 11-14 所示,包括升液、充型、结壳增压、结壳保压、结晶增压、结晶保压和卸压 7 个阶段。

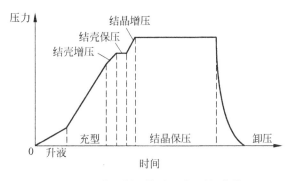

图 11-14 典型低压铸造压力-时间曲线

(1) 升液阶段。将一定压力的气体通往密封容器中,使金属液沿着升液管平稳上升到升液管口处。

(2) 充型阶段。继续增大压力,迫使金属液继续上升,由浇道沿浇注系统进入型腔直至充满铸型。该阶段对铸件的最终质量有重要的影响,需对金属液的流动速度进行控制,以利于金属液平稳充型,既保证型腔中的气体排出,又可避免冷隔、氧化夹渣等缺陷的产生。

(3) 结壳增压阶段。当金属液充满型腔时,继续增加一定的压力,使型腔内的金属液在一定压力作用下开始凝固结壳。对于金属型或型壳强度较高的铸型则可省去结壳阶段。

(4) 结壳保压阶段。停止增压并保持压力,使型腔内的金属液在一定压力作用下,在型腔表面形成一定厚度的壳。该阶段主要是为了避免金属液在随后的增压过程中渗入砂型(芯)中,减少机械粘砂和改善铸件表面质量。

(5) 结晶增压阶段。当壳形成时,继续增加一定的压力,使升液管及浇注系统中的金属液能够在压力作用下实现对铸件凝固过程的持续补缩。增压大小与铸型的强度和工装有关,压力越高,金属液的凝固补缩能力就越高,有利于提高铸件的整体性能。

(6) 结晶保压阶段。在铸件凝固期间保持恒定的压力,增加凝固补缩,可以减少缩松,提高铸件的内在质量。

(7) 卸压阶段。铸件完全凝固后,通过排气阀排出密封容器内的压缩气体,卸去压力,在重力作用下金属液由升液管回流到坩埚中。

3. 低压铸造的工艺特点

(1) 金属液浇注速度可控,充型速度大小可根据工艺要求进行准确控制,可保证液体金属充型平稳,减少或避免金属液在充型时产生的翻腾、冲击和飞溅现象,从而减少了氧化夹渣的形成,提高了铸件质量。

(2) 金属液在压力作用下充型,可提高金属液的流动性,铸件成形性好,有利于形成轮廓清晰、表面光洁的铸件,对于大型薄壁铸件的成形更为有利。

(3) 铸件在压力下结晶凝固,可以得到充分的补缩,故铸件组织致密、力学性能好。

(4) 提高了金属液的工艺收得率,一般情况下不需要冒口,可通过升液管和浇注系统实现对铸件的补缩。此外,浇注结束后,尚未凝固的金属液可流回坩埚中,减少了金属的损耗,工艺出品率可达 90%。低压铸造与其他铸造方法的工艺出品率比较见表 11-3。

表 11-3 低压铸造与其他铸造方法的工艺出品率比较

工艺方法	工艺出品率/%
低压铸造	80~90
砂型重力铸造	50~70
金属型重力铸造	60~90
压力铸造	60~90

(5) 低压铸造对合金牌号适用范围较宽,不仅适用于非铁合金,而且适用于铸铁、铸钢。特别是对于易氧化的非铁合金,能有效防止金属液在浇注过程中产生氧化夹渣。

(6) 劳动条件好,生产效率高,易于实现机械化与自动化。与压铸相比,工艺简单、制造方便、投资少。

(7) 应用范围广,不仅可采用各种铸型材料,也可生产各种大中小型复杂铸件。

4. 应用范围

低压铸造对铸型材料没有特殊要求,凡可作为铸型的各种材料,都可以用作低压铸造的铸型材料,各种铸型如砂型(黏土砂、水玻璃砂、树脂砂等)、壳型、金属型、石墨型、石膏型、熔模精铸壳型、陶瓷型等都可应用。

气压型低压铸造可以生产各种大中小型铸件,目前采用该方法生产气缸盖、轮毂、气缸体、叶轮、活塞、螺旋桨、泵体、整体舱段等,已在工业中得到了广泛的应用。此外,由于低压铸造时铸型处在常压环境中,设备结构对所生产铸件的尺寸没有限制,因而适用于生产超大型优质铸件,目前国内已可生产单件浇注重量达 2t 的铝合金铸件。电磁泵式低压铸造由于其电磁感应产生的压头位移有限,因而适用于生产中小型铸件。

11.4.2 差压铸造

差压铸造又称"反压铸造",是液体金属在压差作用下,充填到预先有一定压力的铸型中,进行结晶、凝固而获得铸件的一种工艺方法。

1. 差压铸造的工作原理及分类

1) 工作原理

差压铸造的工作原理如图 11-15 所示。差压铸造按压差产生的方法不同,可分为下室增压法和上室减压法。

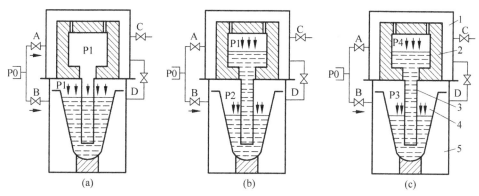

图 11-15 差压铸造的工作原理
(a)同步减压；(b)下压增压法；(c)上室减压法
1—上压力室；2—铸型；3—升液管；4—坩埚；5—下压力室

(1) 下室增压法

下室增压法的工作原理如图 11-15(a)、(b)所示。首先打开阀门 A、B、D，使压力为 p_0 的干燥压缩空气进入互通的上下压力室内。当达到所需的同步压力 p_1 时，关闭阀 A 和 B，此时，上下压力室内压力平衡。然后关闭互通阀 D，使上下压室隔绝。打开阀 B，压缩空气向下压力室充气，其压力由 p_1 增至 p_2，如图 11-15(b)所示。此时，上下压力室之间产生一个压力差 $\Delta p = p_2 - p_1$，在压力差 Δp 的作用下，坩埚内的金属液沿升液管经浇道进入型腔。充型结束后，继续充气升压，达到较高的结晶压力时，关闭阀门 B，并保持一段时间，使型腔内的合金液在较高的压力下结晶凝固。待铸件完全凝固后，打开互通阀 D，消除上下压力室之间的压差，升液管中未凝固的金属液靠自重流回坩埚。再打开阀门 C，上下室同时排气，完成浇注过程。

(2) 上室减压法

上室减压法工作原理在上下压力室同步建压阶段与下室增压法相同。在同步压力达到 p_3 时，关闭阀门 A、B 和 D。然后打开阀门 C，使上压力室的压力由 p_3 逐渐降至所需的压力 p_4，如图 11-15(c)所示。此时，上下压力室间产生压力差 $\Delta p' = p_3 - p_4$，坩埚内的金属液在压差 $\Delta p'$ 的作用下，通过升液管充型。充型结束后，继续增大排气量，达到较高的结晶压力时，关闭阀门 C，保压一定时间。待铸件完全凝固后，打开阀门 D，消除上下压力室之间的压差，升液管中未凝固的金属液靠自重流回坩埚。接着打开阀门 C，上下压室同时排气，完成浇注过程。

2) 分类

按工作时的同步压力大小可分为三类：①低压差压铸造，同步压力 $p \leqslant 1.6 \mathrm{MPa}$；②中压差压铸造，同步压力 $p = 1.7 \sim 8.0 \mathrm{MPa}$；③高压差压铸造，同步压力 $p > 8.0 \mathrm{MPa}$。

2. 差压铸造工艺特点

(1) 提高铸件的内在质量和力学性能

铸件凝固时处于较高的外界压力环境，有利于提高铸件的内在质量和力学性能，这是差压铸造最突出的优点。铸造时，金属液在较高的外界压力环境下结晶凝固，抑制了金属液中气体的析出,减少气孔、针孔缺陷,提高铸件的力学性能及致密度,降低了铸件的壁厚效应。

(2) 可以实现可控气氛浇注

由于合金液和铸型型腔上部气体分压可以控制,如果使有害气体分压趋于零,则可生产出有害气体含量非常低的铸件;另外,高压下能提高气体的溶解度,如在钢中溶入 N_2,可提高合金的强度和耐磨性。

(3) 适合生产中小型厚壁优质铸件

由于差压铸造充型过程中,铸型型腔的反压较大,因而薄壁件不易成形,适合生产容易充型且凝固时间较长的厚壁铸件。同时,铸件的轮廓尺寸受到上压室直径的限制,适合于生产中小型铸件。

(4) 缺点

与低压铸造相比,差压铸造建立及卸除同步压力需要一定的时间,工作效率较低。

3. 应用范围

差压铸造适合于生产各种类型的复杂厚壁或中等壁厚优质铸件,可用于砂型、金属型、石膏型、石墨型及壳型,单件及批量生产,并适用于铝合金、锌合金、镁合金、铜合金、铸铁及铸钢,特别是铝、镁合金。生产的铸件有电机壳、阀门、叶轮、气缸体、轮毂、导弹舱体、增压器涡轮等。国内已能铸造直径 1600mm,高 1000mm 以上,壁厚 8~20mm 的大型复杂整体舱段类铸件,单件浇注重量可达 400kg。保加利亚已能生产 0.5t 含氮合金钢铸件。

11.4.3 真空吸铸

真空吸铸是将铸型浇口(或升液管)插入金属液中,再将铸型抽真空,使铸型型腔内为负压,在负压作用下使金属液沿浇口(或升液管)上升并充满铸型、凝固成形,从而获得铸件的一种铸造方法。

1. 真空吸铸工艺分类

根据真空吸铸工艺建立压差的不同,可将真空吸铸分为直接吸铸法和特殊真空吸铸法。

1) 直接吸铸法

以 CLA 法(将合金液吸入型壳中)为例,首先把普通熔模工艺制作的型壳放在密封室内,密封室下降,直浇道插入液态金属。起动真空泵将密封室抽成真空,液态金属同时充型。待型壳内金属液凝固后,使密封室接通大气,消除真空,浇道内尚未凝固的液体金属再流回到坩埚内。最后取出型壳清砂得到铸件。除 CLA 法,还有倾转倒置法真空吸铸,即在真空吸铸充型完成后,将铸型倒置,由直浇道内剩余的金属液为铸件凝固提供补缩。此种方法易于实现连续化生产,具有很高的生产效率。

2) 特殊真空吸铸法

此类真空吸铸方法主要是根据所浇注的铸件工艺要求或合金种类对真空吸铸的过程增加了一些特殊化的操作。比如,上密封室抽真空后,增强真空吸铸的补缩能力(图 11-16(a));金属液充满型腔后,下密封室接着通入压缩气体,提高上下密封室之间的压差(图 11-16(b)),从而增强铸件结晶凝固期间的金属液补缩能力。还有采用惰性气体保护的真空吸铸,主要用于生产高温合金及易氧化合金的真空熔炼及浇注的吸铸法(又称CLV法),该方法是将金属在真空下熔化后,向真空熔炼室和吸铸室同时通入惰性气体,并使它们保持相同的气压。将型壳浇道或升液管插入金属液,然后降低吸铸室压力,进行吸铸。在保持一定时间后,卸压,直浇道中金属液流回坩埚。

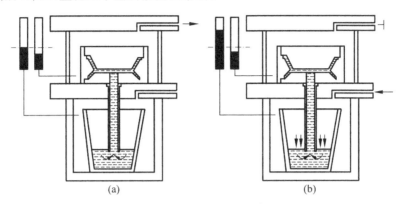

图 11-16 增强补缩的特殊真空吸铸工艺过程图

2. 工艺特点

(1) 成品率高,铸件质量好。

吸铸时,金属液充型平稳,氧化夹渣和飞溅少,减少了铸件的气孔和夹渣等缺陷,提高了成品率。此外,可以采用较低的浇注温度进行浇注,使铸件晶粒细化,力学性能提高。真空吸铸与砂型铸造的铸件力学性能对比见表 11-4。

表 11-4 真空吸铸与砂型铸造力学性能的比较

材　料	铸造方法	抗拉强度 R_m/MPa	生长率 A/%	布氏硬度/HBW	备　注
ZcuSn10Zn2	真空吸铸	373	14.6	107	耐磨性比砂型铸造提高 7%
	砂型铸造	235	13	97	
ZL105A	熔模真空铸造	344.6	14.0	—	—
	熔模重力铸造	311.5	8.0	—	—
ZG0Cr17Ni4Cu4Nb	熔模真空铸造	1275.7	13.5	—	—
	熔模重力铸造	1246.1	11.0	—	—

(2) 良好的充型性能。

吸铸时,铸型型腔内的反压小且充型速度可调,因而充型能力强,铸件最薄处可达到 0.3mm。

(3) 大大提高了金属液的利用率和工艺出品率。

(4) 简化工艺,降低成本。

(5) 易于实现机械化,劳动生产率高。与普通熔模铸造工艺相比,每个模组可多组装蜡模,一般可提高产量 85%～135%。

3. 应用范围

真空吸铸适用于熔模铸造、陶瓷型铸造、壳型铸造、石膏型铸造、石墨型铸造及砂型铸造，可用于生产铝合金、镁合金、钛合金、不锈钢及高温耐热合金等平均壁厚小于 5mm 的复杂薄壁铸件，以及单件浇注重量小于 100kg 的铸件。

11.4.4 调压铸造

调压铸造是将铸型和金属液同时置于负压场中，向金属液所在的下压室中通入压缩气体，使金属液在可控气氛下逆重力充满型腔，并在一定压力下凝固结晶的一种铸造方法。

1. 调压铸造的工作原理

铸造时采用上下压室结构，上压室放置铸型，下压室放置熔融的金属液。工作时先对上下压室建立同步负压环境，接着向下压室以一定速度充入压缩气体，建立上下压室间的压差，上室维持负压，使合金液逆重力方向充型。充型结束后迅速对两压室加压，并始终保持上下压室间压差恒定，使铸型中的金属液在正压环境下凝固成形。调压铸造方法由于充型时铸型处于负压环境，减少了型腔背压，有利于型腔中气体的排出，因而适用于薄壁铸件的生产，同时又能发挥差压铸造在压力下凝固的特点。

2. 调压铸造的工艺特点

（1）充型压力可调、充型能力好。

充型过程中的压力可调节，并且铸型的型腔保持负压，减少了型腔内气体反压对充型的阻碍作用，因而提高了充型能力，可充填局部壁厚仅 0.5mm 的薄壁铸件，非常适合生产复杂薄壁铸件。

（2）有利于坩埚中金属液的除气。

在下压室保持负压过程中，熔炼过程中溶解在金属液内的气体易于析出。此外，在负压条件下金属液面也不易发生氧化，有利于金属液的纯化和净化。

（3）有利于铸件结晶。

铸件在可调压力下结晶，压力随凝固过程的进行而逐渐增加，能够抑制气体的析出，防止针孔，有利于铸件的补缩，提高铸件性能。

（4）工艺简化，适应性强。

与其他反重力铸造方法相比，对铸型强度、透气性和排气能力均无特殊要求，可减少型壳的涂挂层数，简化工艺，缩短生产周期。

（5）对控制系统的压差控制精度及上下室破真空（破坏真空状态）速度有较高的要求。

3. 应用范围

（1）调压铸造方法以其优良的充填性能非常适合于薄壁或壁厚差异较大的铸件生产；适合于几乎所有的铝合金、锌基合金等非铁合金精密铸件的生产制造。

（2）调压铸造对铸型的透气性要求较低，对铸型的适应性较强，可适用于金属型、树脂砂型、陶瓷型、石膏型、熔模型壳等。

习　题

1. 什么是半固态成形技术？可以分为哪几类？有什么优点？
2. 反重力铸造技术可以分为哪几类？
3. 在汽车工业中，半固态加工技术主要用于哪些合金的成形？
4. 简述半固态压铸的基本原理、成形设备与典型应用实例。
5. 简述半固态模锻的基本原理、成形设备与典型应用实例。
6. 简述半固态成形技术的发展趋势。
7. 简述压力铸造的原理、分类及成形特点。
8. 简述压力铸造技术的发展趋势。
9. 简述低压铸造的原理、工艺流程及工艺特点。
10. 简述差压铸造的原理、分类及工艺特点。

第12章

汽车轻量化连接技术

12.1 概　述

汽车轻量化设计是在保证汽车刚度、强度、舒适性和安全性的前提下,通过优化车身结构实现减轻车身重量的目的。材料轻量化应用是选用铝、镁合金、高强度钢和工程塑料、纤维增强复合材料等轻量化材料制造零部件来减重。高强度钢代替普通钢曾是汽车轻量化设计的一个重要手段,在保证构件使用性能的前提下使其更薄更轻。然而,在现阶段条件下,单纯采用高强度钢进行车身轻量化的空间已十分有限。轻质合金与复合材料虽然可以获得更佳的减重效果,但其应用通常受限于高昂的成本。合理的轻量化设计应综合考虑成本与轻量化效果,遵循"合适的材料用在合适的地方"这一原则,即在轻量化设计中采用多材料结构设计。随着新材料的不断开发,多材料结构设计将成为今后汽车车身轻量化设计的趋势。

多材料结构设计为汽车轻量化提供更多选择的同时,也需要满足轻量化零部件之间高强度、安全可靠的连接工艺和连接方法。轻量化连接工艺是决定汽车安全性和轻量化应用结果是否成功的关键。目前,车身装配时采用的连接技术主要包括机械连接(如自穿刺铆接、无铆钉铆接)、熔化焊接(如电阻点焊、激光拼焊)、黏合连接及固相连接(如摩擦焊、超声焊)等几类,通过上述先进连接技术将轻量化构件连接成总成,达到良好的刚度和结构强度。但考虑到加工难度、加工时间、加工/模具成本、接头强度、异种材料的可连接性等多种指标,任何一种连接技术都有其优缺点,应用时应视具体情况选择。

本章将概要介绍多材料车身结构设计中的连接技术及其主要应用,分析各种连接技术的优缺点,并探讨其发展趋势。

12.2 机 械 连 接

12.2.1 自穿刺铆接

自穿刺铆接也叫自铆,是一种使用实心或半空心铆钉连接两层或多层板材的冷成形连接工艺。其中,使用半空心铆钉的自铆技术在汽车板材连接中得到大量应用。连接时,在凸模压力的作用下,半空心铆钉穿透上层板材之后继续下行刺入下层板材,而后铆钉尾部的中空部分在下板内扩张,在不刺穿下板的前提下形成机械自锁。

1. 连接过程

自穿刺铆接的连接过程可分为预紧、穿刺、扩张和释放四个阶段,如图12-1所示。

图12-1 自穿刺铆接连接过程

(1)预紧。压边圈向下运动,将待铆板件夹紧于压边圈和模具之间;铆钉在凸模驱动下下行至上板表面。

(2)穿刺。铆钉在凸模作用下下行并穿透上板,铆钉附近板材同时发生塑性变形。

(3)扩张。凸模继续以适当速度下压,推动铆钉穿透上板,使得铆钉腿部在凹模内向外翻转扩张,同时也迫使下板逐渐填充凹模,最终形成机械自锁结构。

(4)释放。压边圈释放压边力,并与凸模返回初始位置,铆接完成。

2. 接头参数及设计准则

在实践中,自铆的工艺参数往往由试验决定,铆接质量与众多因素相关,如铆钉尺寸、模具尺寸、凸模压力、铆接速度等。工艺参数的合理与否一般可通过观察接头形貌进行初步验证。自铆接头的剖面图如图12-2所示,除待铆接板材以及所选用铆钉的尺寸参数外,底切量、底部厚度以及剩余厚度是自铆接头最主要的三个参数。其中,底切量为铆钉腿部外边缘到上层板与铆钉接触的下边缘点之间的水平距离,代表了铆钉与下层板所形成的互锁程度,底切量越大,接头强度越高;底部厚度为铆钉腿部尖端到下层板底部的轴向厚度,而剩余厚度则表示铆钉腿部内侧下层板最薄处的厚度,两者均为下板在铆接后的强度和密封效果的评价参数,数值过大则接头整体强度不足,过小则可能出现开裂,甚至可能导致铆钉腿部内侧的下板脱落而影响密封性。

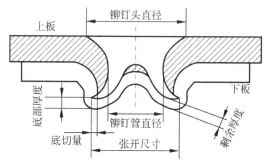

图12-2 自铆接头剖面及主要参数

理论上讲,为得到最优的铆接接头质量,待铆板件与铆钉、模具应是一一对应关系,即"一模一用",并通过试验手段获得优化的铆接工艺参数。然而在实践中,为简化工艺、降低生产成本,往往使用同一模具对应不同型号的铆钉,以完成不同厚度组合板材的连接。在满足铆接质量要求的前提下,同一铆钉/模具组合有时也用于不同厚度组合的板材的连接。此外,自穿刺铆接具有方向性,大量实践证明,连接厚度或牌号不同的板材时,应遵循薄板在上、厚板在下以及低强度板在上、高强度板在下这两个基本原则。

3. 技术特点及在汽车工业中的应用

近年来,随着钢、铝混合结构的大量应用,自穿刺铆接技术已经成为电阻点焊技术的强有力的竞争者。与电阻点焊技术相比,自穿刺铆接技术的优点包括:可用于连接焊接性差的材料、含涂层料及异种材料;可用于连接多层板料;不散发烟雾和热量,噪声低,符合环保要求,能量消耗低等。除此之外,自穿刺铆接工艺连接快速,接头强度高;无须预冲孔,冲、铆一步完成,尤其适合汽车车身制造大规模自动化生产。

自穿刺铆接技术是目前钢铝混合车身以及全铝车身装配时采用的最主要的连接工艺。该技术在多款轻量化车身设计中得到应用,如保时捷911、雪佛兰Corvette Z06等。图12-3所示就是自穿刺铆接技术的具体应用示例。

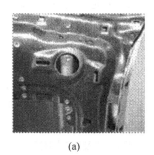
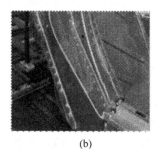

图12-3　自穿刺铆接技术的具体应用
(a) 保时捷911；(b) 雪佛兰Corvette Z06

当前,由于成本等因素的限制,钢铝混合车身乃至全铝车身还仅在产量较低的豪华车型中得到应用,铝合金等轻质合金在汽车车身的大规模应用还将经历较长的过程。尽管自穿刺铆接技术是此类车身的主导连接技术,然而其在整个汽车车身连接技术中仍不能与电阻点焊技术相提并论。但是,随着汽车轻量化设计的不断深入,多材料结构设计的不断应用,自穿刺铆接具有极大的应用前景。

12.2.2　无铆钉铆接

无铆钉铆接也叫压铆,是一种在压力作用下板件局部变形形成机械自锁的机械连接方法。在凸模压力作用下,板件产生拉伸塑性变形并逐渐接触到凹模底部;此后凸模继续下行,材料发生塑性流动并填充凹模,达成两板相互咬合状态,形成连接接头。

1. 连接过程

压铆凭借板件局部的变形而非额外的铆钉或螺栓进行连接,凹模的形状对接头的形成以及性能有重要影响。根据凹模的形式,可将压铆分为两种:单冲程压铆及多冲程压铆。

单冲程压铆加工过程简单,然而改变板料厚度组合时需要变更连接参数以及凹模尺寸;多冲程压铆能够使用一套设备对一定厚度范围内的板材进行连接,但设备昂贵,工艺更复杂。

单冲程压铆是汽车工业中最常采用的压铆工艺,这种工艺还可以细分为凹模直壁整体式、凹模分体式以及凹模平面式。以凹模直壁整体式为例,其具体连接过程(图12-4)包括:

(1) 预紧阶段。凸模和压边圈向下运动接触板件,施加压力使压边圈夹紧工件。

(2) 凸模压入阶段。对凸模施加压力使其向下运动,带动工件材料发生塑性流动向下流入凹模型腔。

(3) 流动成形阶段。凸模继续向下运动,工件材料在凹模内发生横向流动并逐渐填充凹模,形成自锁。

(4) 退模阶段。当凸模压力或位移达到设定值时,释放压力,凸模上行,完成连接。

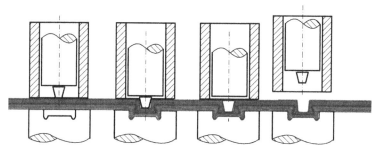

图 12-4　单冲程压铆连接过程

2. 接头参数及设计准则

压铆接头的剖面如图12-5所示。其中,底切量反映了上、下板的自锁情况,而颈厚是上板本身的薄弱环节,两者决定了接头的连接强度。这两个参数又受凸模直径、凹模直径和深度以及设定的凸模最大位移(或载荷)等的影响。研究发现,底部剩余厚度可以和接头强度很好地联系起来,因此在工程实践中常将这一参数作为接头质量无损检测的指标。

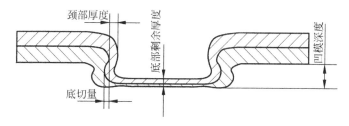

图 12-5　压铆接头界面及主要参数

压铆技术既可用于连接同种金属,也可用来连接异种金属。与自穿刺铆接相似,压铆接头也具有方向性,尤其在连接强度/厚度不同的材料时,对上、下板的顺序(连接方向)有严格的要求。考虑到上板、下板在连接过程中的变形量,连接时一般要求厚板"侵入"薄板,高强度板"侵入"低强度板,即连接时将厚度较大、强度较高的板材作为上板;厚度较小、强度较低的板材作为下板进行铆接。

3. 压铆在汽车工业中的应用及发展趋势

与其他连接技术相比,压铆技术具有多重优点:能实现异种金属的连接、接头外观质量好且无表面损伤、连接过程中板件无热变形、长期使用成本低以及不会额外增加质量等(主要是铆钉)。但其缺点也比较明显:压铆对铆接工艺要求较高、对板材的厚度组合有限制,连接成功率比自穿刺铆接低,静强度低,对于承载力较高的车体部位难以应用等。

图12-6 Audi TT 压铆技术应用

压铆技术目前在多种轻量化车身设计中得到应用,然而由于压铆接头强度较差,主要用于非承载部件的连接。例如,全新奔驰 SL 级(R231)白车身中有 213 个压铆接头,均用于车身覆盖件的连接,占覆盖件连接接头总量的 16%。压铆技术在 Audi TT 白车身装配中也得到应用,绝大部分压铆接头位于门板和行李厢盖等覆盖件处;少数压铆接头还用在 B 柱、后轮拱等部位,用来进行铝板/铝板、铝板/钢板的连接,如图12-6所示。

12.2.3 盲铆

盲铆技术广泛应用于汽车制造业,随着盲铆技术的逐步成熟,很多飞机制造商和轨道车辆制造商还在使用数以百万计的盲铆钉。盲铆钉是机械连接元件,其由一个盲铆套和一个铆钉销组成,可在铆接过程中进行盲铆连接,尤其适用于仅一侧可达的结构部件。

1. 选择盲铆钉的一般原则

(1) 结构设计准则:在确定盲钉的强度时要追溯标准数值,应将结构设计的参考值以及带拉断和剪断力数据的产品标准提供给设计人员,根据此标准来检查盲铆钉。拉断力是指盲铆钉沿其纵轴方向承受的作用力(图12-7)。盲铆钉应始终承受均匀载荷,直至其完全损坏。通过实验测定的最小拉断力,只作为参考值,不作为部件连接的设计标准。

在同一个标准中,规定了通过实验来确定剪断力的方法(图12-8)。剪断力是指在承受负荷时盲铆钉可承受的垂直于纵轴的作用力,在该实验中盲铆钉始终均匀承受载荷,直至其完全损坏。通过实验测定的最小剪断力,也只作为参考值,不作为部件连接的设计标准。

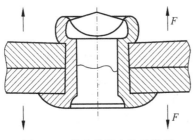

图12-7 检验拉断力的示意图

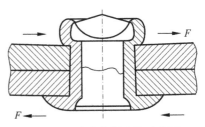

图12-8 检验剪断力的示意图

(2) 生产技术准则：可以在部件上以各种方式打铆接孔，例如钻孔或者激光穿透。应注意铆接孔的最大公差不得超过所使用盲铆钉的允许公差。此外，铆接孔在放入铆钉前不得有毛刺。在使用埋头铆钉的情况下，在沉孔时应按规定操作。否则，有缺陷的沉孔会导致现有的夹紧长度受到影响并由此导致铆接缺陷。具有最小夹紧区的盲铆钉对应最小铆接总部件厚度，如果要铆接的总部件厚度低于该尺寸，则必须使用另外的盲铆钉。同样，有与盲铆钉最大夹紧长度相对应的最大可铆接总部件厚度，如果总部件厚度超过该尺寸，则也必须使用其他盲铆钉。

2. 盲铆的质量保证

确保连接质量时可以使用非破坏性方法和破坏性方法。非破坏性质量控制可以在生产过程中不间断地进行；相反，由于破坏性质量控制在检查后部件不再能正常运行，因此其只能以抽样的方式进行。

(1) 非破坏性试验：一般来说，盲铆钉属于一种自检的连接元件，只有盲铆连接的铆钉镦头完全变形且达到最大销钉断裂力时，销钉才会在预先确定的断裂点断裂。诸如遵守正确的钻孔公差和预先规定的拧紧范围，铆钉头应平整铆接并避免铆接间隙等必要的前提条件应由用户检查和确认。

借助目视检查可发现连接有无一般性异常。在这种情况下可检查剩余铆钉销是否位于铆钉头上或者剩余铆钉销是否不在盲铆套内。还可以目视或借助量规检查铆钉头是否紧贴在部件上。为了确定用于铆接过程评价的分析窗口和/或公差范围的参数，应使用限定范围的样品在部件上画出参考曲线并就相应获得的连接质量进行分析。在加工过程中，标示的工艺参数必须在该分析窗口和/或公差带内移动，以确保连接合格。标示的工艺参数与规定的分析窗口和/或公差范围有偏差会导致得出连接不合格的评估结果。

工艺参数与分析窗口或者公差范围出现偏差的类型说明了缺陷类型并可使人们参考偏差类型迅速排除故障，但没办法根据关键工艺参数的变化明确推断故障的原因。图 12-9 以标准盲铆的铆接为例给出了分析工艺数据时使用的一个带有分析窗口和公差带的典型的拉力和拉伸位移曲线。

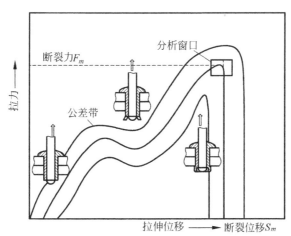

图 12-9 评估加工标准盲铆钉的拉力-拉伸位移特征曲线

(2) 破坏性试验：对于某些类型的盲铆钉，剩余铆钉销承担着一个重要的功能。为确保在铆接后剩余铆钉销留在铆钉镦头内，需要有一个铆钉头侧的钉销锁紧装置并对其进行测量。用一台手持设备可无损地检验铆钉销锁紧力或者按照标准进行破坏性试验。

在进行盲孔铆接时应特别注意以下几点：
① 盲铆钉头和铆钉头侧连接表面之间的区域应尽量无间隙。
② 铆钉镦头应对称成形。
③ 成形的铆钉镦头和镦头侧钢板表面之间的区域应无间隙。
④ 应将铆钉直直地插入钻孔中或在其中成形。
⑤ 对于高强度的铆接系统，铆钉销应在连接件平面的上方断裂。

3. 技术特点及在汽车工业中的应用

在过去，研发的基本对象是高强度的盲铆钉，以能承受高剪切负荷和拉伸负荷著称。盲铆钉的结构设计可确保形状配合或力配合，从而确保铆钉销即便在连接部位的动态负荷下也不会脱落。盲铆技术的实质特点如下：

(1) 可单侧接近连接部件，只有在连接外形紧凑的框架结构时才需要这样的连接技术。

(2) 可连接不同的材料。相对于焊接来说，盲铆钉不要求材料兼容性，因此可连接钢、铝、镁和塑料。

(3) 承受较高静态和动态负荷。如果承受较高的负荷和形变能，连接元件会损坏。因此，盲铆钉还适用于承受碰撞负荷的结构。

(4) 连接不松脱。盲铆钉不会因粗暴使用或者类似的不符合规定的使用而发生松脱。

(5) 可实现有存档记录的连接。通过现代的过程监控系统可借助盲铆技术将连接部位存档记录。

(6) 可使用直径为 2～19mm 的盲铆钉，并可连接厚度为 0.5～80mm 的部件。

盲铆技术可应用于高强度车架，将相同或不同的车架部件材料以非加热的方式相互连接在一起。通过现代化的工艺监控系统，盲铆也用于汽车制造和安全性相关部件。如果在汽车制造中要防止部件功能故障直接导致危及汽车乘员和其他交通参与者安全的情况发生，则必须对这些部件的连接进行监控并持续记录连接质量。典型的示例包括安全气囊、控制单元、碰撞传感器、安全带固定装置、转向机构和转向柱，如图 12-10 所示。

图 12-10 盲铆技术的应用示例

12.2.4 自攻螺纹连接

自铆、压铆等机械连接技术可以很好地实现异种材料的点连接，然而两者的应用均要求铆枪两端（凸模、凹模）能够接触到待连接板材的两侧。在白车身装配过程中，连接设备只能接触到待连接件一侧的情况时有发生，此时，上述连接方式将不再适用。自攻螺纹连接是一种能克服这种困难的机械连接方式，该方法可在仅能接触到连接件单侧的条件下实现高强度、高稳定性的点连接。借助穿孔自攻螺钉进行的直接螺钉连接方法原则上划分为两种类型。除了设置卷边并在冷冲压成形行程中通过特殊的螺钉几何形状形成内螺纹的冷冲压螺钉之外，人们还使用热熔自攻螺钉。

1. 铆接侧连接件带预钻孔的热熔自攻螺钉连接

铆接侧连接件带预钻孔的热熔自攻螺钉连接的 6 个工艺步骤如图 12-11 所示，首先根据要连接的材料对螺钉施加一个压紧力并以高转速铆接在部件上（步骤 1）。借助产生的摩擦热使加工成形的连接件材料发生局部塑化，此时，一部分被加热的材料首先逆着螺钉拧紧的方向流动。通过夹紧侧部件中的穿孔吸收这些材料凸起，然后，塑化的材料开始沿进给方向流动，直至圆锥形的螺钉头将材料穿透。螺钉头上设置的成形边会在拧入的部件内变形而形成一个圆柱形的卷边，这增加了螺钉连接可用的螺纹长度（步骤 2、3）。在下一阶段，借助螺栓的前两个螺纹轮廓侧面以不切削的方式在变形的卷边中形成螺母螺纹（步骤 4）。然后，在成形步骤完成后，将螺钉拧入成形的对应螺纹中并以规定的力矩拧紧（步骤 5、6）。在连接区冷却时，螺钉螺纹形成的卷边将发生径向和轴向收缩。

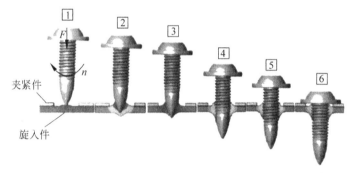

图 12-11　连接侧带预钻孔的热熔自攻螺钉的连接工艺原理

通过采用摩擦热，热熔自攻时连接件材料发生塑化变形并流到螺钉的螺纹之间，由此产生一个理想的螺纹轮廓侧面覆盖，从而可以产生一个不间断的力流。相对于具有空腔和纤维方向中断的切螺纹来说，这种方式在静态和动态负荷下都能达到明显更高的承载能力。

2. 连接侧不带预钻孔的热熔自攻螺钉连接

热熔自攻螺钉的继续发展是不在连接位置上进行预钻孔的工艺的变型。最新的研究结果表明，通过优化螺钉连接工艺，不在连接部件上预钻孔也可以实现连接。该技术的发展，除了可以减少预钻孔操作的成本之外，也可以避免将螺钉定位在冲孔内的公差问题。

图 12-12 给出了不带预钻孔的热熔自攻螺钉的工艺步骤并以举例的方式显示了取决于工艺时间的转矩和转速这两个过程参数。相对于使用预钻孔的热熔自攻螺钉的工艺步骤，它以更高的压紧力和更高的转速使两个连接配合件受热直至达到形成螺纹的力矩，然后在将螺钉拧入对应螺纹中时再次降低力矩，同时降低转速，以免在旋入时损坏螺母的螺纹并以可靠的工艺达到选定的拧紧力矩。此外，根据连接任务，转速过程可能还包含一个中间阶段，其缩短了螺纹成形后直至达到拧紧力矩的旋入时间。

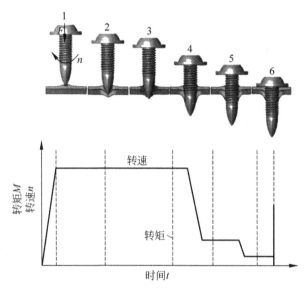

图 12-12　连接侧不带预钻孔的热熔自攻螺钉的连接工艺原理

3. 连接件连接侧带和不带预钻孔的冷成形螺栓连接

冷成形螺栓系统具有特殊的螺栓几何形状,借助该形状可实现"冲眼""冲孔和形成卷边"以及"内螺纹滚压"这些工艺步骤。在将螺栓放在部件表面上后,首先根据材料用螺栓尖端施加压紧力形成一个孔眼,然后进入该孔眼直至螺栓的尖端整个螺距旋入形成螺纹,随后将螺栓旋入材料中。与热熔自攻螺钉连接技术类似,这会形成一个卷边,同时滚压出螺纹。而与热熔自攻螺钉连接技术不同的是,该过程受到的热影响明显更低,原因是形成连接时不一定要对材料进行塑化。此类工艺变型也分为连接件在连接侧带预钻孔和无预钻孔两种螺栓连接工艺。图 12-13 以示例的方式给出了带预钻孔的工艺变型。

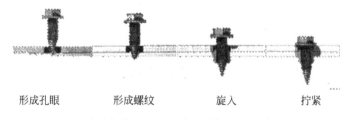

图 12-13　连接侧带预钻孔的冷成形螺栓的连接工艺原理

根据使用情况,有上述两种螺栓尖部规格不同的穿孔自攻螺栓可供选择。

4. 自攻螺纹连接在汽车工业中的应用

自攻螺纹连接技术具有多重优点,例如,连接时仅需接触到待连接件的一侧,无须对板件预打孔;不产生金属碎屑,接头质量稳定、力学性能优异,适合大规模自动化生产;设备使用寿命长、成本低等。该技术目前主要在单侧接触的条件下用于连接异种金属材料。

Audi TT 采用了自攻螺纹连接技术,结合结构胶粘接技术对铝合金/高强度钢结构进行了连接,如图 12-14 所示。自攻螺纹连接技术还在、Cadillac CT6 等多款车型的装配中得到应用。随着多材料车身结构设计的不断发展,自攻螺纹技术将具有广阔的应用前景。

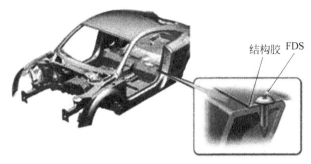

图 12-14　Audi TT 车身上的自攻螺纹连接技术

12.3　熔 化 焊 接

12.3.1　电阻点焊

电阻点焊是一种对搭接焊件施加大电压/电流,利用电流通过时焊件本身电阻及各接触表面间的接触电阻产生的焦耳热进行焊接的连接方法。该方法具有焊接时间短、生产成本低、无额外增重(相对于铆接等机械连接而言)、不会增加材料回收困难等优点,尤其适用于大规模自动化生产,是目前钢制车身装配过程中应用最广泛的连接工艺。

1. 焊接原理

电阻点焊原理如图 12-15 所示。当外加电流通过焊件时,电阻热使局部金属熔化,通电结束后熔融金属冷却凝固形成焊接接头。整个电阻点焊过程由四个基本阶段组成:预压、焊接、保持以及休止阶段。外部焊接参数包括电极压力(F)、焊接电流(I)以及焊接时间(t)。此外,影响焊点形成的另一个重要参数为焊接电阻(R),它由焊件体电阻和各接触面间的接触电阻组成。外部焊接参数与焊接电阻共同决定了产热,并最终影响焊接质量。

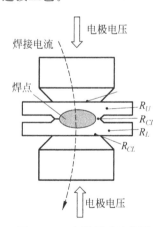

图 12-15　点焊原理示意图

由于热量的产生由多个参数共同决定,因此对于特定的焊件材料在给定焊接设备下,可接受的焊接参数并非固定的一组,而是在焊接工艺窗口内的一系列参数组。典型焊接工艺窗口如图 12-16 所示,横、纵坐标分别为焊接电流以及通电时间。图中左侧边界意味着此焊接参数下得到的焊点直径为可接受尺寸的最小值;右侧边界代表飞溅边界;曲线内部则为"安全"的工艺窗口。若焊件材料发生变化,需重新确定新材料的工艺窗口。

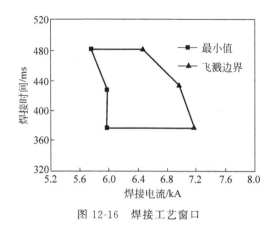

图 12-16 焊接工艺窗口

2. 多材料结构设计对工艺、应用的影响

传统钢制车身具有良好的焊接性,焊接工艺成熟,焊点质量稳定。因此,电阻点焊长期在钢制车身装配中占据主导地位。然而,随着先进高强度钢、超高强度钢以及高强度铝合金在多材料轻量化车身中的应用,电阻点焊技术正面临巨大挑战。

先进高强度钢正被大规模应用于车身部件,与低碳钢相比,此类钢材的碳含量和合金元素增加,显著提高了奥氏体稳定性。然而,在焊点冷却过程中因冷却速度过快而产生了淬硬马氏体,导致接头发生熔核界面断裂。此外,焊点熔核结晶过程中方向性很强,先进高强度钢接头容易出现合金元素偏析、结晶裂纹等缺陷,导致焊点的综合力学性能降低。尽管工业界采取了多种手段对焊接工艺进行改进(如磁控电阻点焊技术),以提高接头的静强度和抗疲劳性能,然而在实际应用时尚存在许多技术问题有待解决。

超高强度钢正逐渐应用于车体侧翼等对碰撞安全要求较高的区域。然而,尽管母材强度较先进高强度钢显著增加,但焊点处的力学性能提升有限,导致构件的整体强度并无显著提高。此外,焊接时热影响区会出现软化效应,强度和硬度均有较大损失。如何改善热影响区的软化效应,提高焊点强度是目前超高强度钢点焊研究中亟待解决的问题。

铝合金具有较高的比强度,目前主要应用于车身覆盖件。但其在车身结构件上的应用潜力巨大,某些高端车型甚至已经采用了全铝车身设计。与高强度钢相比,铝合金电阻点焊存在诸多问题:铝合金具有良好的导电性和导热性,对其进行电阻点焊需要采用硬规范,对焊接设备的要求很高;铝合金表面易形成致密氧化膜,使电极与焊件之间的接触电阻不均匀,低电阻率区域电流密度大,严重时可导致局部过热熔化甚至飞溅,影响焊件表面质量并降低电极寿命;铝合金的线胀系数大、高温塑性差,凝固时易在焊点内部产生缩孔、裂纹等缺陷;对焊接参数的敏感度很高,焊接过程中易引起飞溅、焊点尺寸不足或未焊透等缺陷。通过对工艺进行改善,目前铝合金焊点的质量已经可以满足工业生产的要求,同时电极寿命也得到了显著提升。然而,受限于铝合金本身的应用范围以及焊点相对较低的强度,铝合金点焊一般应用于非承载部件的连接。

前面仅讨论了同种金属的电阻点焊,对于钢铝混合车身,如何实现钢、铝结构的连接是不可回避的问题。由于二者的熔点、导电性差异巨大,传统电阻点焊工艺难以实现钢、铝的可靠连接。使用机械连接手段进行钢-铝连接是一种可行的办法;若能对现有点焊工艺进行改进,利用改进的点焊工艺进行连接,也将是一种非常有竞争力的方法。

为实现钢-铝的电阻焊接,Fronius 公司开发出一种改进的电阻点焊工艺——Deltaspot 电阻点焊工艺。如图 12-17 所示,该工艺在电极与焊件接触面上分别使用电阻率不同的电极带,人为改变点焊时的热量分布,实现钢-铝异种金属的电阻点焊。采用该工艺进行焊接时,输入电流显著降低,得到的钢-铝异种金属焊点质量稳定,电极带对电极进行了有效的保护,使电极寿命得到明显提高。然而,这种方法得到的接头在铝合金一侧热影响区的软化现象较为严重,热影响区强度有所降低,这些缺点限制了此方法的应用。

学术界也提出了改进的电阻点焊工艺,帕德博恩大学将机械连接与电阻焊接相结合,提出电阻单元焊接法,具体过程如图 12-18 所示。这种方法实际是将焊件预先进行装配,再对可焊接或较为容易焊接的部位进行电阻点焊,得到连接接头。该方法不但可以实现钢-铝异种金属的连接,也可实现金属-非金属的连接,具有很大的应用潜力。

图 12-17 Deltaspot 电阻点焊工艺

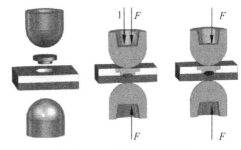

图 12-18 电阻单元焊接法

3. 电阻点焊在汽车工业的应用

电阻点焊广泛应用于传统白车身装配中,是一种稳定、可靠、高效的连接方式,图 12-19 是电阻点焊在凯迪拉克车身上的应用。在解决了焊接性差、电极寿命低、焊点质量不稳定等缺陷之后,电阻点焊技术也逐渐被应用在铝合金车身零部件的连接上。但是,由于铝合金点焊接头的强度较钢焊点低,故铝合金电阻点焊主要应用于非承载部件的连接,且通常与结构胶粘接同时使用。随着电阻点焊工艺的不断完善,该技术在多材料车身结构的装配中仍然具有很大的应用潜力。

图 12-19 凯迪拉克车身点焊应用

12.3.2 激光焊接

激光焊接具有多重优点:焊接仅从焊件一侧进行;凸缘宽度较电阻点焊更小;接头强度高,车身扭转刚度得到提升;热影响区更窄,焊接热变形更小;满足高速自动化生产的需求以及具有更高的设计自由度等。激光焊接技术不但在发动机、变速器等系统零部件中得到广泛应用,在某些场合中,还可取代电阻点焊技术用于车身面板的焊接。

1. 激光焊接原理

激光焊接是一种利用高能量密度的激光作为焊接热源进行焊接的连接方法,按照激光功率密度的不同分为激光热导焊和激光深熔焊。

激光热导焊采用较低的激光功率密度和较长的照射时间,焊件材料从表面开始熔化,随着热量由表面向内部扩散,液-固界面逐渐向焊件内部移动,最终实现焊接,如图12-20(a)所示。这种焊接方式得到的焊缝熔深浅、热影响区小、焊接变形小且质量易得到保证,其缺点是焊接速度较慢。

激光深熔焊采用高功率密度的激光进行焊接,激光束使材料局部迅速熔化形成"小孔",并透过"小孔"深入熔池内部,随激光束的运动形成连续焊缝,如图12-20(b)所示。连续激光焊时,"小孔"随激光束沿焊接方向不断前进;金属在小孔前方熔化并在此过程中形成的压力梯度的作用下绕过小孔流向后方,重新凝固形成焊缝。深熔焊的激光束可以深入到焊件内部,因而形成的焊缝深宽比较大,可得到稳固的焊接接头。

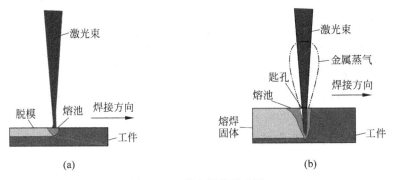

图12-20 激光焊接示意图
(a)激光热导焊;(b)激光深熔焊

按激光器的工作原理,激光焊接可分为脉冲式激光焊和连续式激光焊。脉冲式激光焊主要用于微电子元件和精密元件的焊接;而在汽车工业中主要采用连续式激光焊,接头类型包括平板对接、搭接、角接等。

2. 不同金属材料激光焊接的特点

(1) 钢的激光焊。绝大多数钢结构都可进行激光焊,且无须特殊的填充材料或预热。激光焊接钢材时需要控制杂质的含量,如S、P含量不可过高,以免产生结晶裂纹。对各类钢材进行激光焊接,若工艺得当,一般均能得到不输于母材力学性能的接头强度。

(2) 铝合金的激光焊。很多铝合金都可以采用激光焊接技术进行焊接,但是焊缝的力学性能较母材可能会有所降低。铝合金对激光束的反射率很高,且铝合金的热导率大,对铝合金进行激光焊接时必须采用高能量密度的激光束。因此,铝合金激光焊对激光器的输出功率和光束质量有较高的要求。

较差的工艺控制会导致铝合金激光焊接头出现多种缺陷,如气孔、焊接热裂纹等。气孔是铝合金激光焊的最主要缺陷形式,产生原因包括:①高温下熔池金属溶解的氢在冷却过程中溶解度下降形成氢气孔;②合金中高蒸气压的合金元素蒸发产生气孔;③铝合金表面氧化膜吸收水分出现气孔。焊接热裂纹形成于凝固过程中,是铝合金激光焊中常见的缺陷形式。合金元素对铝合金焊接热裂纹有显著影响,添加某些合金元素有助于细化晶粒,抑制热裂纹的形成;调整焊接工艺参数,控制热输入及冷却速度也有助于减小热裂纹倾向。

激光填丝焊是铝合金激光焊中常采用的技术。通过对焊丝进行成分设计可有效地改善焊缝区的冶金特性,防止产生气孔和热裂纹,进而提高接头的宏观力学性能。

(3) 异种材料的激光焊接。由于激光束能量密度很高,可以同时熔化热导率和熔点不同的金属,使得异种金属激光焊成为可能。但是,由于冶金原因以及不良金属间化合物的影响,并不是所有异种金属都可以进行激光焊接。异种金属的焊接性以及接头性能取决于材料本身的物理性质,可以通过两种金属材料的熔点和沸点对焊接性进行简单的判断。例如,金属 X 的熔点和沸点分别为 X_m 和 X_b,金属 Y 为 Y_m 和 Y_b,若 $X_m < Y_m < X_b$,或 $Y_m < X_m < Y_b$,意味着两种金属的熔点和沸点之间存在重叠区,焊接过程中调节焊缝温度在重叠区内部,即可使两种金属同时熔化实现异种金属的焊接;反之,若 $X_m > Y_b$ 或 $Y_m > Y_b$,即两种金属材料的熔点和沸点之间没有重叠区,那么很难实现两者的激光焊接(图 12-21)。对于此类焊件,可考虑采用在两者之间加入中间层(第三种金属)的方法进行焊接。

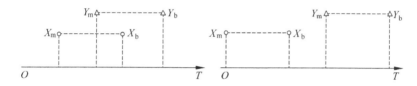

图 12-21　熔点、沸点与焊接性

3. 激光焊接在汽车工业中的应用及发展前景

传统激光焊接技术在汽车零部件装配中的应用包括发动机零部件、变速器零部件等。采用激光焊接技术对此类经过预先精密加工的零部件进行焊接的优点在于能够严格控制热量输入、焊接变形小。图 12-22 所示的是采用激光焊接技术加工的汽车上传动部件。

在某些车身板件装配中,激光焊接技术正逐渐取代电阻点焊技术而得到应用。其中,车顶的焊接是其最主要的应用场合,图 12-23 所示为车顶与侧围激光焊缝。除此之外,激光焊接技术在白车身上的应用还包括车门及其他覆盖件翻边结构的焊装。

图 12-22　激光焊接齿轮　　　　图 12-23　车顶与侧围激光焊缝

为适应不同的应用场合,近年来激光焊接技术得到不断改进,如 TRUMPF 公司开发的激光扫描焊接技术。该技术极大地提高了焊接时间在整个流程中所占的比例(约为 90%),效率更高;增加了设计的自由度,能够实现任意焊缝形状。

当前对激光焊接技术研究的热点集中在如何改进焊接技术以扩展该技术能够焊接的金属材料组合。例如,通过增加焊丝、优化焊接工艺参数的方法对铸铁和钢材进行激光焊接,在提高接头强度的同时避免因焊缝区含碳量较高而引起的热裂纹。随着技术的不断革新,激光焊接技术还有可能用于压力成形件与液压/挤压成形管件的焊接,包含板材焊接的加强件制造、铝合金铸造/挤压支点结构的焊接以及镁合金零部件的焊接等。

12.3.3 气体保护焊

1. 气体保护焊原理

气体保护焊是一种以气体保护电弧、熔池进行电弧焊接的连接方法。按照电极及保护气体的不同,气体保护焊主要包括非熔化极(钨极)惰性气体保护焊(TIG)、熔化极惰性气体保护焊(MIG)以及熔化极氧化性混合气体保护焊(MAG)等。

电弧是气体保护焊的主要热源,电弧的产生是电荷通过两电极之间的气体空间的放电过程。借助这种气体放电过程,电能转变为机械能和热能,为焊接提供热量输入。非熔化极惰性气体保护焊以钨棒为一个电极,以焊件为另一个电极;而熔化极气体保护焊则以焊丝(填充金属)为一个电极,以焊件为另一个电极,焊接过程中需连续送进焊丝以保证引弧、稳弧。两者的示意图分别如图 12-24 和图 12-25 所示。

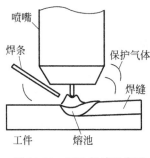

图 12-24　TIG 焊接示意图

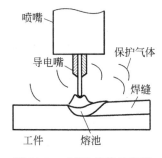

图 12-25　MIG 焊接示意图

绝大多数金属易与氧发生反应生成氧化物,同时也具备一定的与氮反应生成金属氮化物的性质;此外,氧还能与碳反应产生一氧化碳等产物。这些反应是造成焊接缺陷,如孔洞、夹渣、熔核区脆化等的重要因素。若不对熔池进行保护,焊接缺陷便极易形成,保护气体的主要作用是阻止空气与熔融金属接触。保护气体可分为两类,即惰性气体和活性气体。惰性气体主要指氦、氖、氩、氪、氙等稀有气体;而活性气体是指化学性质较为活泼的气体,包括氧化性气体、还原性气体及氮气等。惰性气体保护焊以氦气、氩气或其混合物为保护气体,可以焊接大部分钢铁材料及非铁金属,从成本的角度考虑主要用于铝、钛合金以及不锈钢、耐热钢的焊接。氧化性混合气体保护焊采用在惰性气体中混入少量活性气体而成的混合气体作为保护气体,这类保护气体能够提高熔滴过渡的稳定性;控制焊缝质量,减少焊接缺陷;同时还能降低焊接成本。一般采用 MAG 焊焊接低碳钢、合金钢等钢铁材料。

2. 气体保护焊的主要应用

在汽车工业中,气体保护焊常被用于连接较厚的结构件,如铝合金铸件、挤压件以及厚度大于 2mm 的板材等。该方法可以在单侧接触的条件下进行连续焊接。雪佛兰蒙特卡罗发动机支架由 15 个铝合金挤压件以及 2 个冲压件组成。采用挤压成形技术可满足不同位置对构件壁厚的要求,整个结构的壁厚变化范围为 3.0~20.5mm。整个支架结构由自动熔化极惰性气体保护焊(MIG)焊接而成。除此之外,气体保护焊还在车体连接方面得到了应用,Volvo V70 便是一个典型代表。该车在 A、B 柱,挡风玻璃法兰等多处的连接均采用气体保护焊,焊缝总长达到数米,如图 12-26 所示。在轻量化车身尤其是大量使用铝合金的车身设计中,熔化极惰性气体保护焊得到越来越广泛的应用,MIG 焊缝总长度均高达数十米。随着汽车轻量化设计的不断深入,气体保护焊势必得到更多的应用。

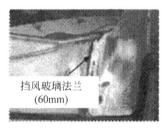

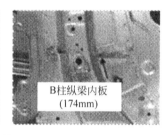

图 12-26　Volvo V70 气体保护焊接

12.4　黏 合 连 接

使用黏合连接技术可加工具有子结构的复杂部件。其中,连接必须满足某些要求,这些要求可从部件的应用情况推导出来。由于是为了匹配所期望的功能而选用某些材料,所以在大多数情况下也可从使用的材料推导出所需的特性。此外,通过黏合可实现整体结构无法达到的特性,例如为减少噪声排放,使用电气绝缘件或者减振装置。在此背景之下,在设计适合黏合的几何形状时要区分不同的材料等级及与此相关的应力和环境条件。选择黏合剂和设计部件时还必须考虑湿度、极端温度、温度变化、油或溶剂类介质等的影响。

目前生产上使用的黏合剂被划分为物理连接黏合剂和化学硬化黏合剂。其中,物理黏合剂常用的有含溶剂的黏合剂、塑料溶胶、水基黏合剂等;化学黏合剂常根据化学反应的类型区分,分为双组分体系和单组分体系。

除了合适的表面预处理和扩大黏合面之外,在可能有介质进入时,要将黏合缝进行密封以防介质进入。并且在任何情况下,都要注意将水排出以确保水不会持续作用在黏合层上。否则,黏合层自身弱化(内聚力破坏)或者黏合层和连接配合件之间的边缘层弱化(黏合力破坏)都会造成黏合连接弱化。对于适合黏合的结构,必须考虑这些边界条件。

12.4.1 适合黏合的结构

在大多数情况下,黏合层的强度和刚性都要明显低于用黏合层连接的连接件的强度和刚性。常见的黏合剂具有 1~40MPa 的拉伸抗切强度和 1~10000MPa 的弹性模量。与具有 350~2000MPa 的强度范围和约 210000MPa 的弹性模量的不同钢种相比,黏合层的强度为其 10~1000 倍,刚性为其 1~100 倍。

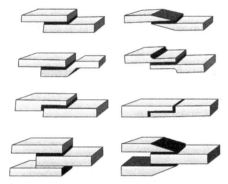

图 12-27 在降低应力集中的同时加大黏合面的黏合几何形状

为了平衡这个差异,必须为黏合缝选择一个合适的几何形状。例如,使用高强度的环氧树脂黏合剂来黏合钢板,则黏合面必须约为钢板横截面的 10 倍,才能充分利用钢材。这说明,必须用一个较大的黏合面来均衡黏合剂相对较低的强度。在平面材料上加大黏合面的几种方法如图 12-27 所示。此外,在这种情况下,多界面叠加可以确保作用力的集中施加,避免出现破坏性力矩。切口处理的末端和过渡区会使作用力被均匀施加,这会减少应力集中从而提高连接的承载能力。

一般情况下,如果应力集中,则其对黏合连接的额定强度(黏合强度=通过黏合可传输的最大力/黏合面的面积)有负面的影响。连接件的延伸率不同,尤其是力的施加不是在平面上(这会导致黏合连接产生剥离或间隙负荷),可能会引起应力集中。剥离负荷仅施加在黏合层的一个极小的范围内,这会造成局部过载从而导致逐步损坏。据此也需要将由剥离应力造成的应力集中降低到最小。针对此可能的特别设计方案如图 12-28 所示。

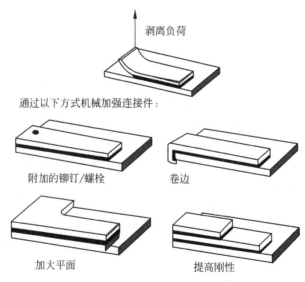

图 12-28 减小剥离应力的几何形状优化

轴对称部件也有类似的情况,在这种情况下,可通过叠加来加大黏合面的面积。但是在设计和建立黏合连接时很难静态调节连接部位。因存在部件公差,如果间隙尺寸过小,会导致连接填充不足并污损部件;如果间隙过大,黏合剂会填不满,使得黏合强度较低并且黏合不太牢固。通过旋转连接相应的部件,在对轴进行冷却的同时加热轮毂,以将工艺的收缩和黏合这两个优点结合成所谓的"收缩黏合",由此产生的连接强度极高。

12.4.2 钢板的黏合

由于表面能量高对浸润连接件有利,所以钢材很容易黏合。因此,在湿度负荷较小的情况下可考虑对表面进行预处理。如果表面的涂层松动,则必须将其清除掉,可使用无油的细粒金刚砂进行喷丸。在工序链条准备阶段的变形过程中,为了避免腐蚀,通常要对钢板进行涂油处理。而在使用大量黏合剂之前需要除油,因为对于许多黏合剂来说,油涂层会引发干扰。但将其除去是一项很大的成本,需要考虑成本方面的问题。现在某些黏合剂允许机油含量最多为 $4g/m^2$,有些甚至允许更多,并且试验表明,即使机油含量更多也可获得足够的强度。但是,关键问题是无法重新在含油的表面上涂上未硬化的黏合带。

使用单组分环氧树脂、各种橡胶黏合剂和塑料溶胶作为黏合剂时,可通过高温时效处理来提高黏合剂的吸油能力。但对于冷作硬化的双组分黏合剂,技术上常见的涂油程度就会造成黏附问题。于是,近年来人们全面使用了在室温下硬化具有非常好的吸油能力的丙烯酸-环氧化物体系。另外,当湿度负荷很高时,要在表面上另外添加增附剂,在这种情况下建议使用密封材料来密封胶缝。

如果要保证长期的防腐蚀性,就要为准备黏合的部件涂漆,那么在黏合剂选用问题上必须加以注意。一般情况下,在涂漆前要在水浴中对部件实施除油处理和预处理。黏合剂通常同时与油漆一起在油漆干燥间进行硬化,因此应确保在水浴中不将还处于黏着状态的黏合剂胶缝冲掉。这可通过在涂漆前对黏合层进行硬化实现。双组分黏合剂无须额外热输入就可进行硬化,但是会出现上述吸油问题。另一方面可借助感应加热或者空气循环加热炉加热来硬化黏合剂,但由于附加的投入和持续的能量消耗,这会再次导致成本增加。

12.4.3 铝板的黏合

由于铝对氧气具有很高的亲合力,因此铝板始终具有一个天然的氧化层。这个氧化层在湿气进入时耐抗性较低,因此在黏合时会渗入黏合层导致连接损坏。所以,在任何情况下去除氧化层都是有益的。此外,当黏合剂暴露在潮湿环境中时,必须通过相应的表面处理来防止黏合面发生腐蚀。在对黏合的要求降低或者湿度负荷低的情况下可机械去除氧化层,在湿度影响较强时可进行湿化学预处理。

在这种预处理的框架内,首先通过一个酸洗过程去除存在的氧化层,接着在充分冲洗后产生一个新的氧化层,其可防止表面发生后续腐蚀。汽车制造中预处理铝板的典型工艺工序如图 12-29 所示。

以前,为生产转化涂层的操作主要是在铬硫酸浴中进行阳极电镀,但是因为铬硫酸有毒且有致癌性,所以禁止了这种操作。目前,人们在酸性水状溶液(含有钛、锆的复合氟化物)

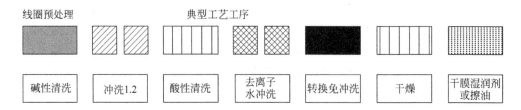

- 喷射中的典型工艺
- 通过传导性或pH测量值自动补充工艺水浴
- 通过滴定法控制水浴
- 通过测量传导性来控制冲洗水质量

图12-29 在汽车制造中涂覆转化涂层时的过程工序

中进行酸洗和阳极电镀工艺，以生成一个转化涂层，其可防止黏合层渗透，还防止整个部件腐蚀。表面钝化质量的一个量度是最终得到的过渡电阻。在自然生成的氧化层上该电阻可达 $100\mu\Omega$，钝化后低于 $20\mu\Omega$，在暴露放置一个多月后，该数值也只缓慢的升高。最终表面涂层的结构示意如图12-30所示。

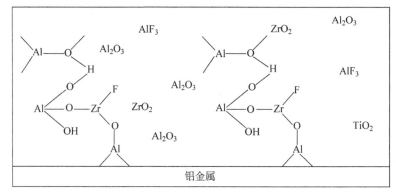

图12-30 Ti/Zr转化涂层示意

铝和铝合金的一种新型表面预处理方式是激光预处理。借助不同波长的激光器进行局部表面预处理，在选择相应处理参数的情况下其可使铝材黏合达到极佳的抗老化性。在这种情况下，起决定性作用的是连接件材料表面附近的涂层所发生的化学和形态改变。

可以通过组合使用增附剂/涂底漆和激光处理来获得突出的抗老化性能。在这种情况下首先涂覆增附剂/涂底漆混合物，然后通过激光器照射使其附加固化在表面上。等离子涂层在改善抗老化性方面具有巨大的潜力。涂涂层工作可以在真空(低压等离子)或者大气条件下(大气等离子)下进行。

12.4.4 铝压铸件的黏合

在压铸件脱模时人们会用脱模剂浸湿压铸模具，从而在每次将压铸件取出后可重新使用模具。由于成形温度最高为300℃，因此人们在液相状态或气相状态进行涂覆。

如果工艺实施过程中清洁过程较顺利,则表面上只会有很少的脱模剂,但是脱模剂会通过铸件组织结构进行迁移,因此在后续过程中会造成浓度平衡调整,这会造成表面再次污染。污染的时间范围和程度取决于脱模剂类型、铸件组织结构、氧化层、压制的脱模剂数量和温度控制。

因为不能避免脱模剂的存在,所以在黏合铸件和给铸件涂漆时要特别注意。原则上,所有脱模剂都会明显降低黏合牢固性,降低的程度取决于使用的黏合剂和脱模剂,所以对于使用环氧树脂基热淬火黏合剂未清洁的部件,其强度为 0.5~5MPa。图 12-31 为对涂覆不同脱模剂的铝压铸试样进行黏合连接时的拉伸剪切强度。

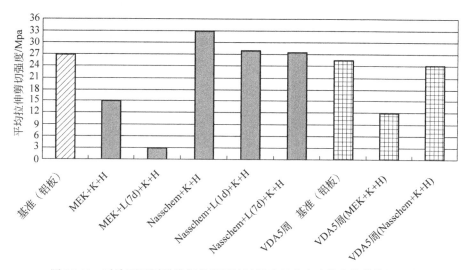

图 12-31 对涂覆不同脱模剂的铝压铸试样进行黏合连接的拉伸剪切强度
MEK=丁酮;Nasschem=酸洗;L=黏合前时效;K=黏合;H=硬化;VDA=交变气候试验

在一般情况下,从整个铸件外皮上用水状或者含溶剂的清洁剂完全去除脱模剂是无法实现的,所以,在这种情况下人们会一再迁移脱模剂。此外,如果要完全除去脱模剂,就要采用去除工艺。

12.4.5 镁材的黏合

从黏合技术的角度来看,镁合金的特性与铝极为相似。由于它的活性很高并与空气中的氧气具有较高的亲和力,因此也会形成天然氧化层,在黏合前必须除去。图 12-32 给出了采用不同的预处理方法在 60 天的气候腐蚀试验后黏合镁板的应力-应变性状。

12.4.6 钛材的黏合

对钛合金来说,黏合也是一种很有前途的连接工艺。空气中,只允许在不超过 300℃ 的温度下使用钛,否则黏度特性会降低。

在黏合钛合金时会遇到以下困难:
(1) 为与黏合剂进行充分相互作用而对表面进行的活化处理。

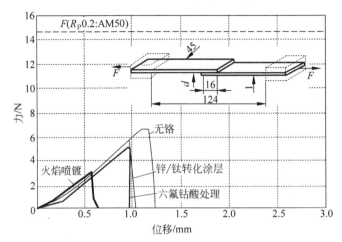

图 12-32　60 天的气候腐蚀试验后采用不同预处理方法的黏合镁板的应力-应变性状

(2) 无确定的氧化层,也无预处理工艺,难以经济且更可靠、更环保地进行黏合。

(3) 不能确保黏合连接对湿气(热湿气)和不同介质的长期耐久性。

(4) 缺少对长期耐久性的验证。

(5) 热稳定性被所使用黏合剂的热稳定性所限制。

12.4.7　塑料的黏合

通常,塑料的黏合可分为热塑性塑料、合成橡胶和热固性塑料的黏合。

1. 热塑性塑料的黏合

可以用扩散的方式,也可以用黏附的方式黏合可溶性的热塑性塑料。如果进行扩散黏合,则应使用合适的溶剂溶解连接件,然后通过压力进行连接,这会使溶剂扩散到近表面的聚合物链中,并由此导致分子间产生作用力。这种工艺的优点在于表面状态仅起到次要作用并会产生一个相对鲁棒的工艺,缺点是大多数塑料会因与溶剂接触而发生损坏,这会导致形成应力裂纹而使连接件过早损坏。

2. 合成橡胶的黏合

合成橡胶可理解为具有所谓橡胶弹性特征的一种极为多样化的塑料和塑料混合物类别。由于种类繁多,很难概述这种材料类别的可黏合性。但是一般来说,合成橡胶的黏附性很差,通过一定的预处理也只能略微增强黏附性。可以通过溶解或熔化活化近表面涂层,以助于黏合剂扩散来实现良好的黏接强度。

3. 热固性塑料的黏合

一般情况下,热固性塑料很好黏合。起决定性作用的是,连接件表面上不应有与生产有关的辅助材料。这些辅助材料通常会导致黏附性降低或者边界层的结构弱化。如果确保表面上没有辅助材料,例如用砂纸或喷丸工艺使表面粗糙或者去除剥离层,就可以不进行化学表面预处理,仅通过机械预处理就能达到足够的黏附强度。

12.4.8 纤维复合材料的黏合

由于纤维复合材料,尤其是碳纤维增强塑料具有极高的强度和刚性,因此目前它们在轻量化结构中被广泛使用。这种极高的数值来自纤维的特性,其弹性模量可达 600 GPa,抗拉强度可达 6000MPa。基体材料(一般为环氧树脂)的弹性模量约为 10GPa,强度为 50MPa。从这些数据可以看出有益的特性主要来自沿负荷方向布置的纤维。为了在黏合的部件中保留基础材料的有益特性,除了要将良好的粘附作用在基质上以外,还应将相邻的负荷传导到纤维中。图 12-33 给出了黏接纤维增强塑料部件的几何形状变形。

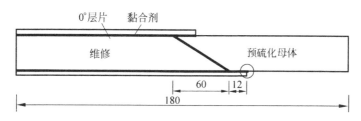

图 12-33 碳纤维增强塑料的配置结构

12.5 固相连接

固相连接是指在低于母材熔点温度下,依靠原子扩散或材料塑性流动实现连接的一类连接方法。视连接方法的不同,在连接过程中可能会借助外部压力、待连接件之间的相对运动等辅助手段。这一类连接方法包括摩擦焊、冷压焊、超声焊和扩散焊等。需要注意的是,尽管被称为焊接,这类连接方式与传统焊接技术有很大区别。它们最大的特点是连接过程中没有熔化再凝固过程,连接完成后接头处力学性能与母材相当,避免了熔化焊中容易产生的热影响区缺陷(如脆性的金属间化合物)。在连接异种金属材料时,导电性和热胀系数的差异对接头质量的影响也被降到最低程度。

12.5.1 摩擦焊

摩擦焊依靠粗糙表面相互摩擦产生的热量进行连接,摩擦热可由待连接件之间的相对运动产生或由额外的搅拌头与待连接件进行相对运动产生。

摩擦焊的种类很多,如依靠工件相对运动连接的旋转摩擦焊和线性摩擦焊,以及依靠搅拌头摩擦工件进行连接的搅拌摩擦缝焊和搅拌摩擦点焊等,如图 12-34 所示。其中,搅拌摩擦缝焊是汽车工业常用的连接技术,用于连接铝合金或钢-铝异种金属。例如,梅赛德斯-奔驰 R231 白车身上搅拌摩擦焊焊缝的长度为 0.8~1m,图 12-35 所示为 R231 白车身上采用搅拌摩擦缝焊连接的车身底板。搅拌摩擦点焊也是一种重要的替代电阻点焊的连接方式,最早被马自达用于车身部件的连接(图 12-36)。

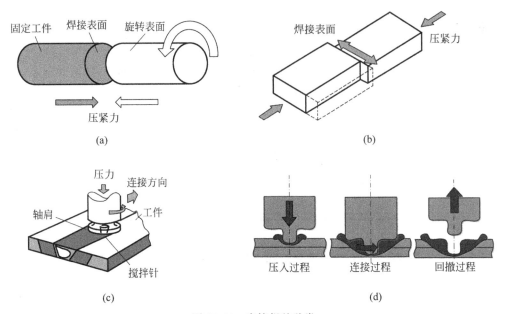

图 12-34 摩擦焊的种类
(a) 旋转摩擦焊；(b) 线性摩擦焊；(c) 搅拌摩擦缝焊；(d) 搅拌摩擦点焊

图 12-35 采用搅拌摩擦缝焊连接的车身底板

图 12-36 搅拌摩擦点焊车身部件

12.5.2 超声焊

超声焊是利用超声波频率的机械振动能量在工件表面产生塑性变形并在压力作用下破坏表面层，实现焊接的一种连接方法。这种连接方法既不向焊件输入电流，也不引入高温热源，仅靠高频振动产生的能量使焊件在固态下实现连接。

超声焊多用于进行搭接接头的连接，接头形式包括点焊、缝焊和环焊等，图 12-37 所示为超声点焊设备和焊件接头剖面图。这种连接方法的优点在于能量输入低、连接时间短，尤其适合连接铝合金。它正逐渐被汽车工业视为一种替代铝合金电阻点焊的连接技术。当然，该技术的应用还需解决一系列的问题，如对焊件尺寸的限制(通常要求焊件厚度小于 1mm)以及接头强度略有不足等。

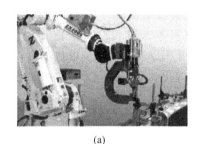
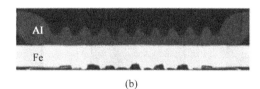

(a) (b)

图 12-37 超声焊设备及接头示例

(a) WeldmasterTM 超声点焊机；(b) 钢-铝异种金属超声点焊

12.6 金属-非金属材料连接方法

随着汽车轻量化设计的不断深入，车身设计中采用的材料种类越来越多，如何将不同材料的零部件有效地连接起来是车身装配过程中面临的巨大挑战。随着工程塑料、复合材料的逐渐应用，如何有效地对金属-非金属材料进行连接，是当前研究的热点和难点。前面介绍的连接方法，主要针对金属材料之间的连接。有些方法无法实现金属-非金属材料的连接，有些方法在改进之后能够实现，但可能无法满足构件的使用要求。本节不再对这些方法进行讨论，而将介绍专门为连接金属-非金属材料而开发的连接技术。

12.6.1 金属-工程塑料的连接

金属与工程塑料的连接接头一般不是承载接头，实践中结构胶粘接技术和某些改进的机械连接技术最为常见。其中，铆接是一种简单、可靠且易于实现自动化生产的金属-塑料连接方法。需要注意的是，由于塑料的线胀系数比金属材料高数倍，对于处于变化温度环境下的大型金属-塑料装配结构，应采用沉头铆钉/螺栓进行连接，以严格限制两种材料之间的相对移动。

BASF 公司提出了一种压力连接方法，该方法要求预先对金属板打孔；然后凸模沿圆孔向下运动，迫使孔边金属向下翻边成套筒状；连接时在凸模压力下翻边金属刺入工程塑料，压紧后形成连接。采用该方法可以有效地对 PBT（聚丁二烯）、PP（聚丙烯）材料与金属板料进行连接，且接头形貌较好，接头附近无明显龟裂或裂纹，如图 12-38 所示。

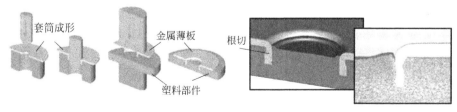

图 12-38 铝合金-塑料铆钉连接

利用激光技术进行塑料和金属材料的连接也是一种行之有效的方法。可以连接的金属材料包括钢材、钛合金及铝合金,塑料则包括 PET(聚对苯二甲酸乙二醇酯)、PA(尼龙,聚酰胺)和 PC(聚碳酸酯)等。根据塑料的透明度,激光可从金属侧射入也可从塑料侧射入,加热金属与塑料界面并使局部塑料熔化,局部高压迫使熔化的塑料紧靠金属界面并依靠糙面粘接效应、范德华力及塑料与金属氧化层发生化学反应形成的化学键实现稳固的连接(图 12-39)。

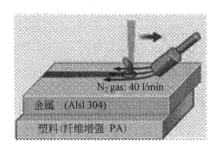 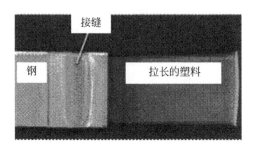

图 12-39 金属-塑料激光连接技术

除以上方法外,还可将金属与塑料的连接在塑料件的加工过程中进行。Lanxess 公司提出将金属冲压件与塑料件的连接与塑料件本身的注塑成形过程相结合,在注塑设备上预先固定好冲压件,并将其作为注塑模具的一部分,进行注塑成形后得到金属-塑料整体结构,如图 12-40 所示。

 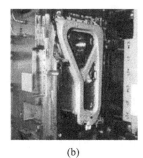 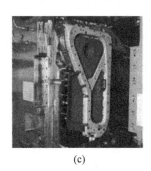

(a) (b) (c)

图 12-40 金属-塑料一体注塑成形
(a) 注塑模具;(b) 固定冲压件位置;(c) 一体注塑成形

12.6.2 金属-复合材料的连接

对金属和复合材料进行的连接通常由结构胶粘接和机械连接共同完成。与工程塑料不同,复合材料通常具有很强的各向异性,其力学性能在不同的纤维取向上有很大差异,设计接头时需考虑到各向异性以获取最优的接头性能。除此之外,碳纤维增强材料在与铝合金接触时会引起腐蚀问题,需要对构件做好防腐处理。

常见的金属-复合材料机械连接方式包括自穿刺铆接和自攻螺纹连接等,如图 12-41 所示。除此之外,还有"热压铆接方法"用于连接金属和高分子复合材料(图 12-42)。该方法是对连接处的高分子材料进行加热,在压力作用下使其变形,冷却后形成自锁结构。

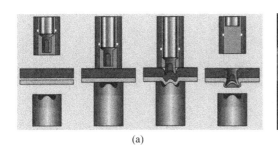
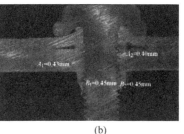

(a) (b)

图 12-41 金属-复合材料连接

(a) 自穿刺铆接;(b) 自攻螺纹铆接

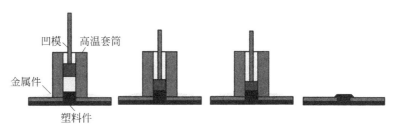

图 12-42 热压铆接

金属-非金属的连接技术仍在不断发展之中,本节仅对常见方法做了简单介绍。事实上,在学术界和工业界的共同研究下,新的方法不断涌现。

习　题

1. 机械连接可以分为哪几类?
2. 自穿刺铆接的连接过程可以分为哪几个阶段?为保证铆接的可靠性,接头设计应遵从什么原则?
3. 单冲程压铆的连接过程可以分为哪几个阶段?为保证铆接的可靠性,接头设计应遵从什么原则?
4. 为保证盲铆的连接质量,在进行盲孔铆接时应注意哪些问题?
5. 根据连接件上是否需要预钻孔,自攻螺纹连接主要分为哪几种类型?
6. 熔化焊接可以分为哪几类?
7. 简述不同金属材料激光焊接的特点,结合实例说明其在汽车工业中的典型应用。
8. 什么是气体保护焊?可以分为哪几种类型?在汽车工业中各有什么应用?
9. 铝板黏合相对于钢板黏合有什么不同之处?
10. 常见的金属与非金属的连接方式有哪几种?

第三篇

汽车轻量化结构优化设计

第13章

汽车轻量化设计目标

13.1 概 述

　　轻量化、电动化和智能化是当今世界汽车工业的发展方向。根据2012年国务院颁布的《节能与新能源汽车产业发展规划(2012—2020)》,到2020年,当年生产的乘用车平均燃料消耗量降至5.0L/100km,节能型乘用车燃料消耗量降至4.5L/100km以下,商用车新车燃料消耗量接近国际先进水平。为实现上述目标采取的众多节能减排措施中,降低车重的效果最明显。世界铝业协会研究表明,汽车的整体质量每降低10%,燃料消耗量可降低6%~8%;汽车整备质量每减轻100kg,燃料消耗量可降低0.3~0.6L/100km。汽车轻量化是汽车节能减排的重要途径,是当今世界汽车厂商的共同选择和技术研究前沿,是"中国制造2025"重要的技术需求。什么是"轻量化"呢？简而言之,轻量化是对构件进行设计,使构件在满足使用性能要求的前提下,尽可能轻(更准确地说,是构件占用尽可能小的质量)。车身轻量化就是在保证汽车的强度和安全性能的前提下,尽可能降低车身重量,从而提高汽车的动力性能,减少燃料消耗,降低排气污染。

　　能源短缺和气候变暖已成为全球问题,国际能源机构的统计数据表明,2001年全球57%的石油消费在交通领域,预计到2020年交通用油将占全球石油消耗的62%以上。2020年以后,全球石油需求与常规石油供给之间将出现净缺口。汽车排放污染已成为大气污染的主要根源之一,给环境保护带来了严重的压力。为了解决这个问题,世界各国都在不断制定日益严苛的汽车排放法规。在节能、环保的双重压力下,汽车产业必须承担起越来越多的社会责任,以便在社会发展进程中承担更重要的角色。汽车轻量化正是在这种背景下成为世界汽车发展的潮流,它的优势不难理解,除了节能减排,重量轻了还可以带来更好的操控性,以及起步时更好的加速性能、制动时更短的制动距离。汽车轻量化设计主要涉及车身、底盘、内外饰、电子电器以及动力总成等系统。其中由于车身结构重量占整车重量的1/3以上,而且车身设计一般是主机厂自主设计。相对而言,车身轻量化减重工作的可控性更强,近年来针对车身结构轻量化设计方法的研究越来越多。

　　车身是汽车的重要总成部件,承担着保证驾乘人员安全性、舒适性等重要作用。车身重量约占乘用车整车重量的1/4,轻量化空间大,车身结构的有效减重对整车轻量化具有十分重要的作用。自从1886年第一辆汽车诞生后,历经100多年的发展,汽车已经成为人类社会不可或缺的交通运输工具。随着消费者的个性化、舒适性和娱乐性需求的增长,以及对汽车安全轻量化性、耐久性与NVH性能要求的不断提高,要加装相应的配置使汽车的重量不断增加。这导致汽车平均重量在过去30年实际上是在缓慢上升的。

作为一个开发战略,轻量化具有越来越重要的意义。轻量化的目标是在给定的边界条件下,实现结构自重的最小化,用时满足一定的寿命和可靠性要求。为了实现这个目标,需要选择适当的构造、轻质材料、连接技术,尽可能准确的设计以及可实现的制造工艺。另外,还要考虑到成本。因此,激进的轻量化解决方案往往无法实现,通常要在技术和经济之间做出妥协。汽车轻量化涵盖设计、材料和制造三方面:设计是龙头,材料是基础,工艺是纽带,装备是保证。轻量化设计是汽车轻量化的重要途径之一,是轻量化汽车产品开发的基础和前提。通过轻量化设计使合适的材料、最优的结构形状和尺寸用在汽车结构合适的位置,使每部分材料都能发挥出其最大的承载、加强和吸能作用,可提高材料利用率、降低车重,减少材料成本,实现节能、减排、降耗。轻量化的所有努力都在于将设计的自重降到最低值,同时也必须考虑到所受到的约束,即不能妨碍到功能、安全与耐用性。目前采用的轻量化方法如下所述:

1. 采用先进的构造

轻量化设计的第一步就是要选择构造形式,车身制造是选择车身构造形式的首要因素。根据汽车生产批量的不同,车身构造方法的选择是不同的,选择一个空间框架的构造方案,或是选择一个集成板壳的结构方案。如今,车身构造的最终确定往往取决于系统经济性。轻量化中的基本构造方式可以分为差动构造、整体构造、集成构造等几种。

(1) 差动构造:在结构轻量化中,差动原理属于传统的设计构造技术。在差动构造中,结构由单个(常常是很多的)单一件通过连接技术组合在一起,在车身板材轻量化中,差动构造通常采用搭接、铆接或者焊接等方法进行加工。

(2) 整体构造:在整体构造中,构件或者整个结构尽量采用一个构件来制造。其原理是将构建的数量减少到最低,最好能以一件式的方式实现。近年来,整体构造原理得到了进一步的发展,即通过造型实现多种功能(孔、轴颈等)的一体化。从实现汽车最小重量这一点来说,整体构造是合适的方法。比如,车身上热成形或铝合金的 B 柱。

(3) 集成构造:出于损坏行为与必要的修理、更换或者回收等方面的考虑,应对构造一体化集成加以限制。在保留基体的同时,可以尝试实现部分结构一体化。

2. 结构轻量化

车身结构轻量化也就是结构优化设计,即通过采用先进的优化设计方法和技术手段,在满足车身强度、刚度、模态、碰撞安全性等诸多方面的性能要求,以及相关的法律法规标准的前提下,通过优化车身结构参数,提高材料的利用率,去除零部件冗余部分,同时又使部件薄壁化、中空化、小型化、复合化以减轻重量,实现轻量化。

(1) CAD/CAE。在汽车结构设计上应用轻量化的手段之一就是对汽车总体结构进行分析和优化,实现对汽车零部件的精简、整体化和轻质化。利用 CAD/CAE 技术,可以准确实现车身实体结构设计和布局设计,对各构件的开头配置、板材厚度的变化进行分析,并可从数据库中提取由系统直接生成的有关该车的相关数据进行工程分析和刚度、强度计算。对于采用轻质材料的零部件,还可以进行布局进一步分析和运动干涉分析等,使轻量化材料能够满足车身设计的各项要求。

(2) 结构小型化目的是在不增加成本的情况下,维持车身功能与抗击安全性的同时减轻汽车重量。采用轻量化技术可以减少车身重的25%。

3. 材料轻量化

（1）轻金属在汽车上的应用。铝、镁、钛合金材料是所有现用金属材料中密度较低的轻金属材料，因而成为汽车减轻自重，提高节能性和环保性的首选材料。

① 铝合金：自20世纪70年代开始，汽车用铝量不断增加。作为一种轻质材料，铝合金正日益受到汽车制造企业的青睐。目前，全世界耗铝量的12%～15%以上用于汽车工业，有些发达国家已超过25%。

② 镁合金：镁是极重要的有色金属，它比铝轻，能够很好地与其他金属构成高强度的合金。

③ 钛合金：钛合金将是替代钢铁的轻量化和高性能的材料，是最具有潜力的汽车用材料。钛和钛合金应用的最大阻力来自于其高价格，所以钛合金的研制和生产工艺的开发重点都在于降低成本。

（2）高强度钢在汽车上的应用。高强度钢强度优于普通钢板、成本低于铝镁合金，使高强度钢板成为未来汽车结构材料的主体。

（3）其他材料的应用。蠕墨铸铁具有更高的刚度和强度，而简单地以蠕墨铸铁代替灰铸铁不会使零件质量减轻，但通过减小铸件壁厚即可减轻其质量。国外轻型发动机缸体应用蠕墨铸铁较多。在车用发动机上陶瓷基复合材料也有着广泛的应用，表13-1列出了各类轻质材料及其减重效果，以及三个技术困难。

表13-1 各类轻质材料并对其减重效果及三个技术困难数据表

轻质材料	减重效果	阻碍广泛应用的三个主要技术条件
碳纤维	50%～70%	缺少高效的转化方法 设计模型和研究方法目前还不成熟 缺少制造非环氧树脂体系的方法
镁	30%～70%	成本效益较低、对环境影响大 较差的耐腐蚀性和延展性 性能的预测与改良性较差
铝	30%～60%	和其他材料的结合性较差 建模仿真和设计工具不完善 高性能铸件的加工技术不完善
玻璃纤维	25%～30%	和其他材料的结合性较差 建模仿真和设计工具不完善 高性能铸件的加工技术不完善
先进复合材料	10%～30%	与其他材料的结合性较差 建模仿真和设计工具不完善 高性能铸件的加工技术不完善
高强度钢	10%～30%	结构了解不充分 结合技术不完善 建模与仿真软件不成熟

4. 汽车造型轻量化

汽车造型设计是汽车设计师最重要的工作,而汽车造型也是可以通过设计来表现轻量化,通过外观造型在人们的视觉上体现出轻量化设计,这也就是说通过汽车的造型设计来传达轻量化的意味。在汽车局部增加网格状的造型结构或者通过特殊的、视觉效果强烈的材质效果来体现轻量化。例如,Smart 2017 年推出的 Smart vision EQ for two concept 概念车如图 13-1 所示,该车对于未来汽车提供了一个新的概念,在造型设计增加了很多更有活力的元素,EQ 沿用了 Smart 的设计风格,整体造型小巧灵动。玻璃的使用显得汽车整体十分的通透,Smart EQ 可容纳两人乘坐。Smart EQ 的完全自行驾驶颠覆了传统汽车的理念,没有踏板或方向盘。仅通过一块屏幕满足日常驾驶需要。这让内饰设计更加简洁,并且将很多传统汽车无用的东西都省略掉,让汽车有了更好的视觉效果。因此,对于汽车轻量化来说不光需要在技术上的推进而且在未来运用汽车设计的表现手法让汽车变得更加的简洁和轻盈。

图 13-1　Smart EQ

5. 制造轻量化

轻量化制造技术指的是以车辆轻量化设计为基础,在综合考虑所采用轻量化材料的特性和产品控制成本要求的前提下而采用的制造技术。目前使用最广泛的有激光焊接技术、液压成形技术、高强度钢热成形技术、高强度钢辊压成形技术、电磁成形技术以及连接技术。

1) 激光焊接技术

经不同表面处理、不同材质和不同厚度的钢板通过激光焊接组合成一个毛坯件,然后再将其冲压成所需的零部件。与传统点焊工艺的产品相比,激光焊接技术的特点是减少零件数量、减轻结构件的质量,并且改进车身结构的安全性能和耐久性。

2) 液压成形技术

把管状或板状材料放在密封的模具中,再把流水介质引入管件的内腔或板件与模具的内腔,通过增加液体的压力,使工件在常温下变形,经过膨胀、压缩和成形三个阶段,最终成为所需零部件形状。

3) 高强度钢热成形技术

将板材加热奥氏体化,然后在模具中进行热成形,通水冷却,在保持模具良好形状的前提下得到高强度的马氏体组织。

4) 高强度钢辊压成形技术

以轻量化和一体化为特征的一种三维空心变截面轻体构件的新型辊压成形技术。

5) 电磁成形技术

利用电流通过线圈产生的磁场,在磁力作用下使坯料产生塑性变形的一种成形方法。

6) 连接技术

连接技术包括机械连接技术和复合连接技术。机械连接技术包括压焊、钳铆、自冲铆接、盲铆和折叠等;复合连接技术是将两种连接方法组合在一起的连接技术。

采用新技术实现汽车轻量化意味着需要完整独立的设计开发成本和技术研究、试验、运用上的成本。由于必须考虑成本与收益的因素,在汽车设计制造中可实现的轻量化程度往往被限制在很窄的范围内。在绝大多数情况下,其上下浮动的空间非常有限。为了使收益大于成本,在汽车制造中,重量与成本的变化之间一般存在着直接的内在关系。轻量化的所有努力都在于将设计的自重降到最低值,同时也必须考虑到所受到的约束,即不能妨碍到功能、安全与耐用性。

通常来说,一种采用更高轻量化度结构的生产成本会显著增加,原因如下:来自设计、计算与试验的工程费用在轻量化设计中要比常规设计高出5~10倍。随着体积质量降低,材料通常变得更贵。由于更高的模具与加工成本,轻量化制造成本比常规的最多高出3倍。因此,在机械与汽车制造中,每减重1kg,成本增加15%,通常要做出妥协。基于此,轻量化的目标通常为优化的轻量化,即尽量在开销与收益之间找出一个合适的平衡点。图13-2表明了轻量化设计的主要成本组成的几个基本趋势。

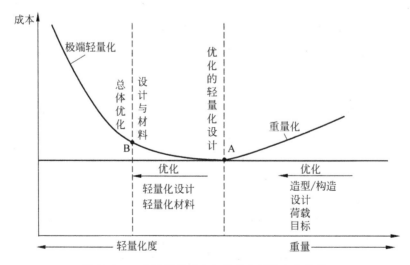

图 13-2 一个系统的成本与重量之间的内在关系

以上罗列的趋势清晰地表明:①轻量化是跨学科的工程科学,由计算技术、材料学和制造技术等领域的知识基础构成。经过多年发展,轻量化设计已经形成了特定的原则,因此在掌握理论知识的同时,丰富的设计经验也是不可或缺的。②越来越高的要求促使轻量化工程师必须不断学习并适当运用所有新的技术和知识,采取有针对性的方法解决所面临的轻量化体系问题。

13.2 设计原则

在植物和生物的世界里,自然界遵循着多样性的原则,它证明了生态构造永远是以最小能源消耗方式制造出来的,并且总是重量轻,寿命长。这一点也是必要的,因为生物所消耗的材料要通过新陈代谢生产出来,为了达到必要的运动自由度,须尽量合理地分配物体的质量并保持一定的刚度。

人类通过模仿大自然成功地解决了很多的技术问题。自然界里有150万种动物种类和50万种植物种类,图13-3所示为自然界中的结构构造,对于寻求高性能技术解决方案的工程设计来说,这些自然界的样板提供了无穷尽的可参考资源。

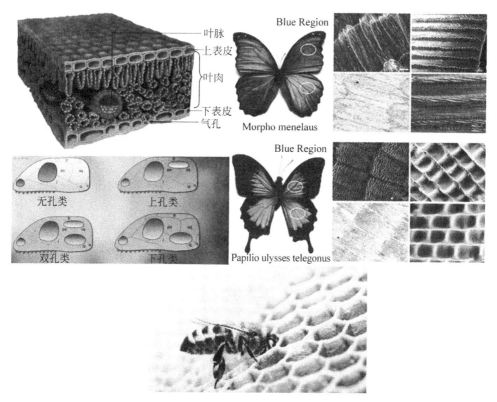

图13-3 自然界的构造

举例来说,甲壳虫的甲壳基于其三明治结构具有极高的抗压强度;小麦的茎展现出的管形复合结构具有特别高的抗弯强度;哺乳动物(水牛、大象)的头颅骨从空气动力学角度(泡沫材料)来讲则是意想不到的轻盈。经验表明,向自然界学习不能是简单的接受,而是需要有目的地加以消化吸收。

轻量化设计的基本前提是构件要满足使用要求,也就是意味着在设计构件时要考虑到不同的失效形式。车身轻量化设计往会采用薄壁细长的结构形式。因此,在任何情况下,都不能只考虑强度要求(材料失效),在更大程度上还要注意满足刚度要求,即变形不能超过允许的范围,而且必须确保结构具有足够的稳定性。这意味着,轻量化设计不仅要考虑到静态不稳定,如压弯、倾斜、凸起、击穿或者达到塑性载荷极限,还要考虑到动态不稳定的形式,如颤动或者参数谐振。因此,稳定性分析的概念在轻量化设计中有着特别的意义。轻量化设计是一个多层级的过程,即在方案及其实现的不同回路中要进行多次的循环反复。为了节省费用和时间,应当将已有经验知识引入到方案设计中。实践表明,遵循自然法则会实现智能化的设计。所有违反自然法则的行为则会导致在材料使用、连接技术与制造加工方面付出较高的代价。仿生学在许多方面给轻量化设计指明了方向及如何对结构进行优化的方法。汽车轻量化设计中应遵循的原则如下:

1. 尽量直接的力导入与力平衡

设计中应使受力直接导入到主承载结构上。偏转或者回转设计通常会由于其复杂的应力状态而产生更高的载荷,其结果是构造更加复杂、自重增加(大约重10倍),示例如图13-4所示。

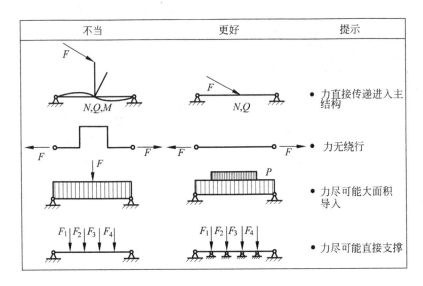

图13-4 支撑结构中典型的力导入问题

如果可能,应将不对称的设计改为对称的设计,其好处是可利用结构内部力平衡。在纯支承性设计中,这样的方式会使得剪力场设计得到更好地利用。闭口型材比开口型材可承受高得多的载荷(约30倍),而产生的变形则小得多(约1/300),这一点适用于每种截面几何形状。总的原则就是,设计或者型材应该是封闭的,在相应的情况下至少是可以分割的,说明如图13-5所示。

2. 尽量大的面积惯性矩与阻力矩

在承受弯曲、扭转和压弯载荷的设计中,应在尽可能的面积上实现大的惯性矩和阻力

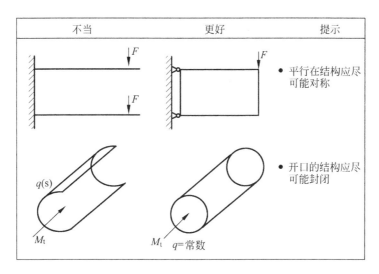

图 13-5　支撑结构与截面的典型力平衡问题

矩,也就是说,剖面形状因子要达到最大。

这种做法是将较多的材料从结构中心移开,并将其设置在外部的高承载区域。图 13-6 显示了这一步骤的设计步骤,即从实心横截面到空心横截面、直到三明治桁梁的设计。空心型材的面积惯性矩通常比实心截面的面积惯性矩高出很多倍。空心型材的局限是:按照规律结构的尺寸会增大,但自重会降低。对于三明治结构来说,通过适当的型芯结构,可以很好地适应受控载荷的类型。在三明治结构中,采用结构化型芯,结构的抗弯刚度要比采用均匀化型芯高出大约 4 倍。

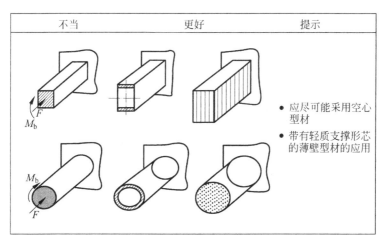

图 13-6　大剖面形状因子的横截面

3. 轻盈的结构

通过松散的轻盈结构的构造,可大大加固小横截面面积的平面支承结构。带有加强筋或下弦杆的支承结构,以及三明治结构的刚度比实心支承结构的刚度要高出很多。图 13-7

为柔性辊轧平板通过加强筋、下弦杆以及网格板、节点板进行加固的方式。

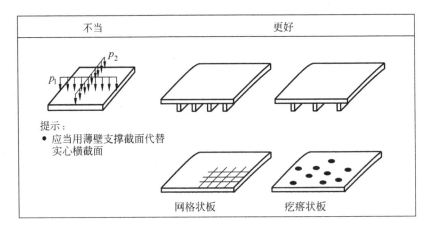

图 13-7　用筋或桁梁来增加板的刚度

4. 利用曲率的自然支承作用

可通过预弯曲设计利用曲率的自然支承作用极大地提高直盘和直板的抗弯刚度、压弯刚度和翘曲刚度,因为这种设计增加了面积惯性矩,消除了不稳定达到的趋势。这一设计原理的应用示例如图 13-8 所示。

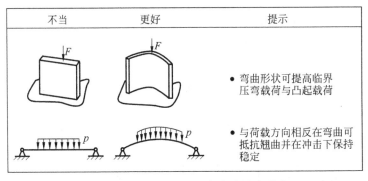

图 13-8　通过预弯曲的构件提高支承荷载

5. 在未承载方向进行有针对性的加固设计

有目的地引入正交各向异性设计可以提高构件在确定优先方向上的刚度,这里应尽量利用设计上或者材料力学上的各向异性,以此提高结构的承载能力和不稳定极限。还可以通过不同板材厚度来增加刚度,如采用激光焊接的方法将不同厚度与强度的板材焊接在一起,并通过整体加工成形。另外,还可以采用指定刚度的材料组合,如钢-铝型材复合(激光轧制转换接头)。这里所采用的连接技术为有针对性的表面堆焊与挤压。应该尽量利用设计上或者材料力学上的各向异性,以此提高结构的承载能力和不稳定极限,如图 13-9 所示。

6. 优先遵循一体化原则

在已知条件下,轻量化设计结构应优先遵循一体化原则,由尽量少的单一件构成。为了

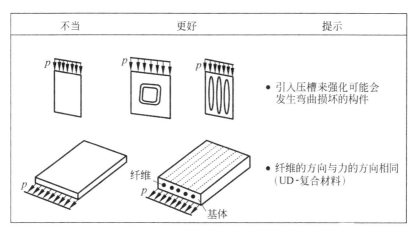

图 13-9　有针对性地加强刚度的构造单元

将各个单一件(往往由多种材料组成)连接在一起,需要更多的连接工作和材料消耗,这也可能会引发装配与可靠性方面的问题,图 13-10 展示了解决方案的示例。

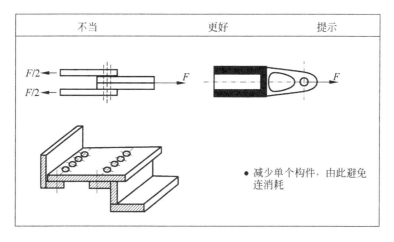

图 13-10　将多个单一构件集成为一件式结构件

7. 引入空腔

为了在保持刚度不变的条件下减轻重量,可以在承受很小载荷的区域引入"释放孔",即引入空腔。在确保安全的前提下,才可以考虑实现轻量化。一定要充分考虑潜在的影响安全性的因素,满足足够的安全系数要求。在动态应力载荷的轻量化设计中,除了以上的规则外,还必须达到预定的使用寿命。在按照轻量化标准进行结构设计时,要选择合适的材料和计算方法,还要考虑经济与生态的要求,产品使用的舒适性、可维护性和可修复性的要求,以及产品的美观等,这些要求需要采用基本的设计理念来加以实现。

8. 充分挖掘设计的潜力

只有在确保安全(出于对无法明确掌握的边界条件的担忧)的前提下,才可以考虑实现轻量化。其前提条件是:对力的准确了解(大小、方向、位置);采用规格可以准确得到确实保障的高价值材料；应用准确的计算方法(FEM)；优化的几何尺寸(缺口,力流)；确保对设计细节进行有针对性的先期试验。安全问题在钢铁制造中特别有意义，因为在发生失效时会威胁到人身安全。在动态载荷的轻量化设计中，除了以上规则外，还必须要达到预定的使用寿命。

13.3 成本模型

正如前面所强调的，轻量化本身并不是目的。采用轻量化设计产生的开销与所获取的收益之间应当有一个合适的比例关系，以使所采取的轻量化措施是值得的，正如当今电动车所展示的发展趋势那样。也就是说，应当在经济观点下对所有付出的努力与所采取的措施进行评估。为此应当首先建立一个质量成本模型，通过参数相关性来表示结构重量、制造成本与经济效益之间的关系。只有基于一个平衡的方程，才能实现最优化的轻量化解决方案。

为了对所有轻量化措施进行经济性评估，下面来讨论几个相关性因素。为清晰说明起见，这里引入一个商用车(卡车)模型。在模型中引入了有效载荷与用来抵消开支的收益，据此可以简单地进行以下比较：重量关系：G_S(结构重量)$+G_N$(有效载荷$\approx 5G_S$)$=G$(允许总重量)；成本估计/周期：K_E(收入)$-K_S$(系统成本)$-K_B$(运营成本)$=K$(成本上限或下限)。

在系统成本K_S(用来弥补生产成本)中，重要的部分是开发的设计成本(K_D)与研发的轻量化附加成本(K_L)、材料成本(K_W)、模具成本(K_{Wzg})与制造成本(K_F)：$K_S=(K_W+K_{Wzg}+K_F)+(K_D+K_L)$，轻量化附加成本($K_L$)由工程师的工作量($\Delta K_I$)、试验($\Delta K_V$)与生产工具方面的额外开销($\Delta K_{Wzg}$)组成。这里，材料成本占成本的主要份额(占系统成本K_S的35%～40%)由以下方程确定：

$$K_W = \sum_{i=1}^{n} k_{Wi} \cdot G_{Si} \tag{13-1}$$

式中：k_{Wi}为每个结构件的材料每千克的价格。

运营成本与总重量成比例关系，可采用运营成本因子k_B计算：

$$K_B \approx k_B \cdot G \tag{13-2}$$

收入则与有效载荷成比例，可采用有效载荷因子k_E计算：

$$K_E \approx k_E \cdot G_N \tag{13-3}$$

一个使用轻量化商用车的企业在收入和运营成本方面可施加的影响是有限的，因此所能努力做到的是在最大的意义下尽量限制轻量化附加成本。其目标是应当在尽可能低的系统成本下实现结构的轻量化。一般来说，当通过更佳尺寸设计和结构简化降低结构重量时，轻量化附加成本将会更低。相反，当通过精细化构造和采用更贵的材料降低结构重量时，轻量化附加成本将会提高。

从经济观点考虑，一辆商用车的有效载荷应当明显高于其结构重量($G_N \geqslant G_S$)，因为只有这样才可以尽快地抵消附加的开支。通常来说，在机动车达到一定的重量关系时，其价值较高。但是，即使达到规划的整备重量(这也是以往所有假设的基础)，也并不意味着研发成

功,有必要根据下述方程表述的相互关系来采取相应的措施:

$$G_1 \approx G_0 + \alpha \cdot \Delta G_S \tag{13-4}$$

也就是说,在设计上应该考虑到还有一个放大因子在起作用,即需要有针对结构甚至整套设备的附加措施,以确保在给定的行程内能运输同样大小的有效载荷。放大因子可如下确定:

$$\alpha = \frac{\Delta G}{\Delta G_S} = \frac{总重量变化}{针对结构的后续措施} \tag{13-5}$$

按照经验,放大因子一般在以下范围内变动:

汽车制造: $\alpha \approx 1.1 \sim 1.5$

飞机制造: $\alpha \approx 2 \sim 3$

航天工业: $\alpha \geq 5$

如果出现超重的情况,可以考虑两种替代方案。

替代方案一:有效载荷 ΔG_N 保持不变,结构 $(+\Delta G_S)$ 必须重新设计。由此产生额外的开销,其比例关系大约为

$$\Delta K \approx C(K_S + K_B) \cdot \alpha \cdot \Delta G_S \tag{13-6}$$

替代方案二:降低有效载荷 $(-\Delta G_N)$,结构保持不变,则经济性变化比例关系大致为

$$\Delta K \approx C(K_S - K_E) \cdot \alpha \cdot \Delta G_N \tag{13-7}$$

具体应用中,需按照使用领域和约束条件来选择最合理的方案。

电动车今后的发展必须要克服重量问题。对电动车电池系统功率的需求是与电动车的自重成比例关系的。按照目前的成本关系,在行驶里程极限为 120km 的情况下,电动车 1kg 的重量对应大约 13 € 的电池成本,或者 16 € 的动力系统成本。与此相对应,燃油发动机动力系统的相应成本为 5 €/kg,其中 € 为欧元。因此对于电动车来说,减重是非常重要的任务。

一般来说,当通过优化尺寸设计和结构简化来降低结构重量时,轻量化附加成本将会降低。相反,当通过精细化构造和采用更贵的材料降低结构重量时,由于结构的复杂性,制造工艺复杂,材料成本更高,这些都增加了投入成本,轻量化附加成本将会提高。为了评估采用轻量化技术后的经济性,下面采用一个简单的成本模型例子来说明。这里对一台小轿车的整体骨架进行轻量化优化设计,其车身骨架如图 13-11 所示。

图 13-11 小轿车车身骨架

迄今为止,汽车的骨架网格结构都是采用高强轧制钢型材生产出来的。本章要研究和探讨的是,从经济成本和利益方面考虑,什么时候采用铝型材或者玻璃纤维增强塑料型材(GFK)是有利可图的。对于材料特征参数如表 13-2 所示。可做如下假设:

表 13-2 材料特征参数

参　　数	钢	铝	GFK
ρ/(kg/dm^3)	7.85	2.7	1.95
E/MPa	210000	70000	40000
kw/(元/kg)	8	24	32

假设钢骨架的重量分布为:结构重量 $G_S=1200$kg;有效载荷 $G_N=900$kg;总重量 $G=2100$kg。

$$E_{St} \cdot J_{St} = E_X \cdot J_X = 常数 \tag{13-8}$$

则可以推导出构造要求为

$$J_X = \frac{E_{St}}{E_X} \cdot J_{St} \tag{13-9}$$

对于替代材料的面积惯性矩则要求为

$$J_{Al} = 3J_{St}, J_{GFK} = 5.25J_{St} \tag{13-10}$$

为了进一步简化,可假设承载横截面为矩形截面,$J = b \cdot h^3/12$。对应于有意义的约束 $b = $ 常数,则可以得出型材的高度为

$$h_{Al} = \sqrt[3]{3} h_{St}, h_{GFK} = \sqrt[3]{5.25} h_{St} \tag{13-11}$$

由此,可以形成下面的相对重量函数(比结构重量):

$$G_S^* = \frac{G_S}{g \cdot b \cdot L} = \rho \cdot h \tag{13-12}$$

从而

$$\frac{G_{S,Al}^*}{G_{S,St}^*} = \frac{\rho_{Al} \cdot \sqrt[3]{3} \cdot h_{St}}{\rho_{St} \cdot h_{St}} = \frac{2.7}{7.85} \cdot 1.44 = 0.49 \tag{13-13}$$

$$\frac{G_{S,GFK}^*}{G_{S,St}^*} = \frac{\rho_{GFK} \cdot \sqrt[3]{5.25} \cdot h_{St}}{\rho_{St} \cdot h_{St}} = \frac{1.95}{7.85} \cdot 1.73 = 0.43 \tag{13-14}$$

最后,可以得出结构重量,如表 13-3 所示。

表 13-3 各种材料骨架重量

参　　数	钢	铝	GFK
G_S/kg	1200	588	516
G_N/kg	900	900	900
G/kg	2100	1488	1416

通过对经济性的讨论,可以得出以下结论:

运营成本(燃料、油、维修、磨损)与总重量呈比例关系:$K_B = k_B \cdot G$,$k_B = 0.09$€/(kg·100km),从而可得:$K_{B,St} = 190.18$ €/100km(100%),$K_{B,Al} = 134.75$ €/100km(67.4%),$K_{B,GFK} = 190.18$ €/100km(100%);骨架的总生产成本与材料成本比例关系:

$$K_H = H \cdot I \cdot k_M \cdot G_S \tag{13-15}$$

这里,应该满足表 13-4 所示的关系。

表 13-4 各种材料成本比例因子

成本比例因子	钢	铝	GFK
生产费用因子 H	100%	120%	200%
工程师费用因子 I	100%	130%	150%

对于折旧,则可以形成比例因子:

$$f_{\mathrm{t,x}}[100\mathrm{km}] = \frac{K_{\mathrm{H,X}} - K_{\mathrm{H,St}}}{K_{\mathrm{B,St}} - K_{\mathrm{B,X}}} = \frac{\Delta K_{\mathrm{H}}}{\Delta K_{\mathrm{B}}} \tag{13-16}$$

也就是说,在一定的情况下,更高的材料成本必须通过降低运营成本来加以抵消。可以求出,与钢材相关的折旧因子为:$f_{\mathrm{t,St}} = 1.0$, $f_{\mathrm{t,Al}} = 1.64$, $f_{\mathrm{t,GFK}} = 2.84$。当可收回采购成本 P_{St} 相同时,采用钢结构的小轿车跑了 n km。对于铝结构,价格应当乘以 1.64;对于玻璃纤维增强塑料,价格应当乘以 2.84。由此可以看出,在假设的情况下,对于小轿车来说,采用铝骨架或者玻璃纤维增强塑料骨架还是不经济的,从而使得不同汽车企业发展和采用轻量化技术策略是不同的。

13.4 边界与使用条件

由于交通技术(汽车、机车和飞机制造)是轻量化设计的典型应用领域,因此,与可类比的实体设计相比较,轻量化设计也必须是"安全的"。要做到这一点,取决于对刚度(不稳定性)、断裂强度、可靠性与使用寿命的周密计算。这在航空工业里已经是通行的要求,很久以来就被管理机构以书面形式固定下来。在传统的工业应用中,对这类验算的要求也越来越多,如图 13-12 所示。

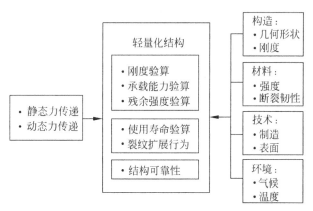

图 13-12 用于轻量化结构的验算方法

在刚度验算中,通常须按照规则确定变形极限;而在针对安全的承载能力验算中,要对流动、断裂或不稳定性进行限定。由于轻量化允许的安全系数越来越小,所需要的计算也就越来越费时。举例来说,在交通技术中要求如下:

抗流动的安全系数为

$$\frac{R_{el}（即 R_{p0.2}）}{\sigma_{计算}} \geqslant S_1 = 1.15 \qquad (13-17)$$

抗断裂的安全系数为

$$\frac{R_m}{\sigma_{x计算}} \geqslant S_2 = 1.5（最低至 1.3） \qquad (13-18)$$

抗不稳定性的安全系数为

$$\frac{\sigma_{压弯/凸起临界}}{\sigma_{计算}} \geqslant S_3 = 1.5（或小于可控失效） \qquad (13-19)$$

对于动态应力载荷情况，还应进行可靠性验算（所有构件的幸存概率 $P_A \geqslant 95\%$）与使用强度验算（即疲劳强度和耐久强度验算）。通常要求：

钢材：最少 2×10^6 个周期（在振动疲劳极限下，振幅恒定）；

铝材：最少 1×10^7 个周期。

接下来要进行的是静态或者动态的裂纹断裂或者裂纹扩展验算。

抗静态裂纹断裂的安全系数：

$$\frac{K_{I临界}}{K_{y计算}} \geqslant S_4 = 1.7（最大取 2.0） \qquad (13-20)$$

抗动态裂纹扩展的安全系数：

$$\frac{K_{Ic}(1-R)}{\Delta K_{max计算}} \geqslant S_5 = 2.0（最大取 2.5） \qquad (13-21)$$

式中：$R = \sigma_u/\sigma_o$。

根据应用情况，有两个基本要点需加以注意：要求在整个期间绝对无损坏的"safe-life-quality"（安全-寿命-质量）原则与以破坏允差和足够的残余承载能力为前提的"fail-safe-quality"（失效-安全-质量）原则。所有的轻量化措施都是以此目标为基础的。总的来说，还需要考虑以下几点：

（1）符合理想化的材料：密度低、弹性模量高、静态与动态基本强度高、足够的断裂韧性。在自然界中很难得到这种的性能组合。因此，可达到这些设计功能要求的复合材料得到了越来越多的应用。未来，"主动功能构造"（AFB）将开辟新的应用空间。如压电—纤维—传感器，以达到改变特定的功能（变形行为，稳定性行为与疲劳行为）。

（2）参数确定应始终遵循最小化设计原则。这通常是以昂贵的追加计算（求解微分方程，生成有限元/边界元模型）为前提的。

（3）以定义的力导入、松散的设计原则、达到设定的刚度、足够的可维修性与只在载荷很小的区域内的结合布置为主要标志的设计结构。

经验表明，一个好的轻量化设计往往是循环反复地采用 CAD-FEM 软件进行大量计算来逐渐完善的。不过，尽管仿真功能越来越强大，开发的最后阶段通常还是要借助与实际接近的原型进行试验验证。通过迄今为止的阐述可以看出，轻量化通常是与高成本联系在一起的。尽管如此，轻量化在很多的应用中有可持续的优点，因此在高性能机械和电动车制造中，轻量化开辟了新的领域。最显著的就是即使成本会增加，工业界也已经做好准备接受轻量化的举措。图 13-13 给出了多个应用领域准备结构轻量化增加成本的发展趋势。

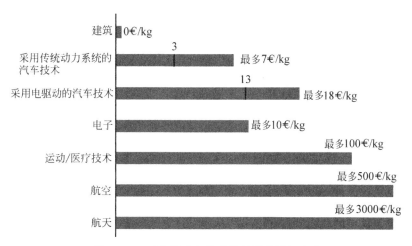

图 13-13　工业界准备接受的轻量化增加成本

轻量化的要求如下：

（1）以单一件为目标的一体化设计原则，一般采用成形技术加工出来，而不需要另外的连接加工；

（2）采用具有良好强度/单位重量或者刚度/单位重量关系的高性能材料；

（3）尽可能多的关于连接技术方面的知识；

（4）基于高性能计算方法（FEM，BEM）的准确设计；

（5）在实用领域里积累的设计经验知识；

（6）关于回收方面的知识。

如果只是将轻量化认为是重量最小化，就无法考虑到任务的复杂性（刚度、固有频率、降噪、寿命）。

习　题

1. 简述汽车轻量化的概念。
2. 目前采用的汽车轻量化设计方法主要有哪些？
3. 在汽车轻量化设计中应该遵循哪些原则？
4. 系统成本主要由哪几部分组成？
5. 所有轻量化措施的基础原则是什么？
6. 汽车轻量化设计在满足"safe-life-quality"（安全-寿命-质量）原则与"fail-safe-quality"（失效-安全-质量）原则的前提下，还需要考虑哪些因素？
7. 汽车轻量化设计的要求有哪些？
8. 制造轻量化技术包括哪些方面？
9. 材料的轻量化通常是如何实现的？
10. 试述结构轻量化的含义。

第 14 章

拓扑优化和形貌优化

14.1 概 述

车身结构件的轻量化优化设计可分为三个方面：一是拓扑优化——优化变量为杆系结构的节点布局、节点间的连接关系,或连续体结构的开孔数量和位置等拓扑信息；二是尺寸优化——优化变量为杆件的横截面尺寸或板壳的厚度分布；三是形状优化——优化变量为杆系结构的节点坐标或表示连续体结构外形的变量。

14.1.1 拓扑优化

连续体结构拓扑优化的最大优点是可在结构拓扑形状未知的前提下,根据已知边界条件和载荷条件确定出较合理的结构形式,在工程设计的初始阶段,即选型设计上具有重要意义。拓扑优化不涉及结构尺寸设计,但可以提出最佳形状设计方案。与结构尺寸优化和形状优化相比,结构拓扑优化由于在设计初期就被引入。因此,具有更大的设计自由度,能够得到更好的优化效果,是一个更具有挑战性的领域,已经成为当今结构设计研究的一个热点。

拓扑优化设计技术可分为两种：一是离散体结构拓扑优化技术；二是连续体结构拓扑优化方法。

1. 离散体结构拓扑优化技术

离散体结构拓扑优化技术起始于桁架类离散体结构的优化设计。1904 年,Michell 用解析方法研究了单载荷作用下应力约束的结构设计,提出了桁架结构设计的 Michell 准则,其二维的 Michell 桁架拓扑优化如图 14-1 所示。离散体结构优化的解析解准确度可同时得到结构的多个最优拓扑结构,能够解决一些简单构件和桁架优化,但解析方法所涉及的复杂数学推导限制了它在实际工程中的应用。因此,目前大多致力于数值求解方法的研究,一般将离散体拓扑优化问题转化为数值求解。

图 14-1 二维 Michell 桁架拓扑优化

2. 连续体结构拓扑优化方法

连续体结构拓扑优化方法又可分为均匀化方法和变密度法。均匀化方法最早起源于复合材料的微观结构领域,用于计算具有周期性结构的材料微观尺寸参数与其宏观弹性性质之间的关系,其数学基础是 Besoussan 等发展的基于摄动理论的周期性结构分析方法。该方法的基本思想是在材料中引入微结构(单胞),优化过程中以微结构的单胞尺寸为设计变量。以单胞尺寸的消长实现微结构的增删,并产生由介于中间尺寸的单胞构成的复合材料,从而实现结构拓扑优化模型与尺寸优化模型的统一和连续化。1988 年,Bendsoe 等提出了均匀化方法,均匀化方法中典型的微结构单胞形式有以下两种:

一种为单变量微结构,如图 14-2 所示,微结构单胞的密度为

$$\eta = 2a - a^2 \tag{14-1}$$

式中:a 为微结构的单胞尺寸,$0 \leqslant a \leqslant 1$。

另一种为双变量微结构,如图 14-3 所示,微结构单胞的密度为

$$\eta = a + b - ab \tag{14-2}$$

式中:a,b 为微结构的单胞尺寸,$0 \leqslant a \leqslant 1, 0 \leqslant b \leqslant 1$。

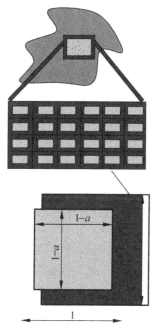

图 14-2 单变量微结构单胞图

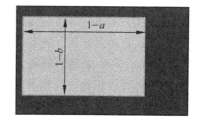

图 14-3 双变量微结构单胞图

根据所需要优化的材料特性,建立起结构或材料特性与单变量微结构或者双变量微结构的关系,利用相关的拓扑优化的算法,就可以计算出经优化的各类车身和相关结构件的性能参量。变密度法是连续体结构拓扑优化的方法之一。该方法人为地假设材料的宏观物理常数与其密度之间为非线性关系。将连续体离散为有限元模型后,将每个单元内密度指定为相同,以每个单元的密度为设计变量,以结构的柔顺度最小为目标。考虑材料质量约束(或体积约束)以及平衡条件,从而人为引进一种假想的密度可变材料,并假定该材料的相对

密度(伪密度)和弹性模量之间的关系。以每个单元的伪密度为设计变量,将结构拓扑优化问题转化为材料最优分布的设计问题,应用优化准则法或数学规划方法求解材料最优分布设计。结构拓扑优化工作流程如图 14-4 所示。

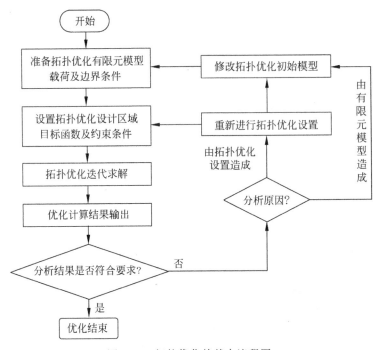

图 14-4 拓扑优化的基本流程图

作为一种新兴优化方法,拓扑优化应用前景广阔。根据国内汽车行业的特点,应着重在以下方面开展重点研究工作:

(1) 开展工艺条件约束下的结构拓扑优化研究。

(2) 开展多学科、多目标、多工况拓扑优化技术的应用研究,以满足实际工程问题中,车身结构承受多种载荷工况作用下所对应的多目标的拓扑优化。

(3) 拓扑优化数学模型及算法的研究。

目前,拓扑优化相对于尺寸优化与形状优化,仍然处于初始阶段,应开展使用先进的算法提高拓扑优化的效率方面的研究,如基于遗传算法和基于水平集方法的拓扑优化技术。同时,也应解决连续体拓扑优化中的数值不稳定现象(如棋盘格式)及其抑制的相关问题。

(4) 开发高效、方便、界面友好、计算效率高、可视化效果好的拓扑优化软件,以加速拓扑优化技术在实际工程设计中的应用,缩短产品开发周期和降低生产成本。

拓扑优化设计是对结构本质属性的设计,其理论和认识均有待深化,加速拓扑优化设计技术,一方面需要理论的突破;另一方面需要与计算机技术结合。只有同时注重两方面的研究工作,才能将其先进性应用到实际生产中,达到显著降低成本,提高汽车结构性能的目的。

对于汽车车身以及底盘结构,应用拓扑优化技术能够在满足刚度、强度及动态特性的要求下进行轻量化,对降低成本、减少油耗和环境污染方面都会产生积极的作用。

14.1.2 尺寸优化

尺寸优化是最经典的优化技术,一般也叫参数优化技术(改变模型参数值,网格模型保持不变),可以对有限元模型的各种参数,如板件厚度、杆梁截面尺寸、材料特性以及弹性元件等进行优化。根据设计阶段的不同,可分为以下两种类型:

(1) 用于详细设计的尺寸优化技术。此时,产品或者零部件的结构形式已经确定,只需确定一些规格尺寸和参数即可。在实际工程应用中,经常会采用离散变量进行优化。此外,工程上经常采用经验或者解析的方法来确定零部件尺寸和参数,可以把这些工程算法通过数学表达式,或者外部函数集成到优化问题中,从而考虑更多的实际约束。

(2) 用于概念设计的自由尺寸优化,这种技术用于确定非等厚薄板零件(用板壳单元进行模拟)的厚度分布,如航空航天结构用得比较多的机加工和化铣件。在自由尺寸优化中,设计空间每个单元(一个零部件可能包含成千上万个单元)的厚度就是一个设计变量,其优化算法同拓扑优化(每个单元的单元密度就是一个变量)类似。

14.1.3 形状优化

形状优化技术通过将网格节点移动或者变形到某个新的位置,相当于改变零部件的CAD设计,从而提高零部件的性能,如提高刚度、模态,减低应力集中等。根据网格节点变形的方式,可以分为以下两种:

(1) 基于手工建立网格变形的形状优化技术。根据可行设计空间和工作经验等,对网格进行可能有助于提高性能的变形,然后确定变形的最佳位置。

(2) 基于边界节点自由变形的自由形状优化技术。用户不需要手工对网格进行变换,只需选择边界节点集(如边上的节点或者表面节点),设定边界节点变形方式,然后通过优化算法自动确定具有最佳性能的边界形状(内部节点会进行自适应变形从而减少单元扭曲)。

14.2 拓 扑 优 化

14.2.1 拓扑优化原理阐述

拓扑优化是在一定空间区域内根据约束、载荷及优化目标从而寻求材料最佳分配和布局的一种优化方法。其基本思想是在优化前构造一个合理的优化模型(包括结构所有的材料或者可能的单元),然后利用一定的优化方法逐步删减不必要的结构元素,直至最终得到一个最优化的拓扑布局。

拓扑优化的主要思路就是将寻找结构的最优拓扑问题,转化为在给定的设计空间内寻求最佳的材料分配问题。从结构形式上来说,拓扑优化研究的问题主要分为两大类:一类是连续体结构拓扑优化,包括平面问题、板壳问题、实体结构等;另一类是离散体结构拓扑优化,包括桁架、刚架、网架等。连续体结构拓扑优化的目标一般是使结构的刚度最大,在满足一定的边界条件(应力约束、质量约束、体积分数约束、固有频率约束等)和给定的外载荷情况下,把一定的材料放到给定的设计空间中,使材料在给定的设计空间中,在某些地方聚集和在某些地方形成孔洞,从而得到结构的最优拓扑。而对于离散体结构拓扑优化,是在满足一定的边界条件下,寻求结构最优的布局形式,例如杆件的分布、连接方式等。

拓扑优化是一个根据优化参数反复迭代以寻求最优解的过程,其基本流程如图 14-5 所示。

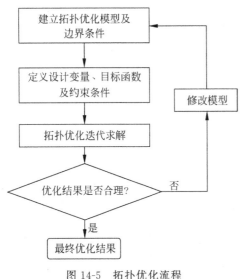

图 14-5 拓扑优化流程

拓扑优化方法主要有均匀化法、变密度法、渐近结构法等。1904 年,Michell 提出的桁架结构设计理论拉开了拓扑优化设计的序幕。1973 年,Rossow 和 Taylor 提出了变厚度板的优化设计,标志着连续体结构拓扑优化设计的开始。而连续体结构拓扑优化进入快速发展的阶段始于 Bendsoe 和 Kikuchi 提出的结构拓扑优化均匀化方法。均匀化方法是将结构拓扑优化归结为材料在一定区域内的优化分布问题,以材料微结构的几何尺寸和方向作为拓扑优化设计变量,在优化进行的过程中,如果孔洞变大以致充满整个微结构,则该微结构消失;如果孔洞变小以致消失,则该微结构为实体材料所填充。如果优化结束时,仍存在微结构,则认为该区域由某种复合材料组成。当拓扑优化后得到的结构中,微结构中不是孔洞就是实材料组成,则这样得到的结构才能实现最优,从而获得符合目标函数、性能优良的新结构。

均匀化方法适用于比较简单的平面结构(如板、壳、膜等),当应用到三维问题时具有一定的难度,进而出现了变密度法。变密度法是人为地引入了一种假设密度在 0~1 可变的材料,以材料密度 i 为拓扑优化设计变量,通过引入密度与弹性模量间假定的函数关系 $E_i = f_i(x_i)E_0$(其中,$f_i(x_i) = \begin{cases} 0 \\ 1 \end{cases}$,$E_0$ 为材料密度 $i=1$ 时的弹性模量),将结构的拓扑优化问题转化为材料的最优分布问题,然后使用准则法或数学规划法求解材料最优分布。因为变密度法会带来密度在 0~1 的材料,所以造成了最终必须处理自然界不存在材料的困难。

变密度法的关键是如何构造函数 $f_i(x_i)$,代表性的函数有 SIMP(Solid Isotropic Microstructure with Penalization)和 RAMP(Rational Approximation of Material Properties)两种。SIMP 密度刚度插值模型对中间密度的惩罚由下式进行。

$$f_i(x_i) = x_i^p \quad (i=1,2,\cdots,n) \tag{14-3}$$

式中:p 为惩罚因子,其取值越大,中间密度单元越少,离散效果越好。但太大又容易引起棋盘格问题。通过上式以连续变量的密度函数来表达单元相对密度与材料弹性模量之间的对应关系,从而获得光滑的材料插值模型。

而 RAMP 密度刚度插值模型对中间密度的惩罚则由下式进行。

$$f_i(x_i) = \frac{x_i}{1+p(1-x_i)} \quad (i=1,2,\cdots,n) \tag{14-4}$$

式中：p 为惩罚因子。

拓扑优化问题的实质是一个包含单元增删的离散型优化问题，其数学模型如下：

$$\begin{cases} \text{find} \quad x = (x_1, x_2, \cdots, x_n)^\text{T} \\ \min \quad c(x) = \boldsymbol{P}^\text{T}\boldsymbol{U} \\ \text{s.t.} \begin{cases} v \leqslant \dot{V} \\ \boldsymbol{P} = \boldsymbol{K}\boldsymbol{U} \\ 0 \leqslant x_{\min} \leqslant x_i \leqslant 1 \end{cases} \end{cases} \tag{14-5}$$

式中：x_i 为设计变量，代表离散单元的伪密度，取值在 $[x_{\min},1]$ 之间的连续值；v 为结构的体积；$\dot{V}$ 为优化后体积的上限值；$\boldsymbol{K}$ 为总刚度矩阵；$\boldsymbol{U}$ 为结构的位移向量；$\boldsymbol{P}$ 为结构所受的外力向量。为了避免出现总刚度矩阵奇异，通常取 $x_{\min}=0.001$。

在汽车车身早期的概念设计阶段，根据车型规划、总布置等要求，形成了相应的设计空间。在整体车身框架上要着重进行载荷传递路径、接头刚度、截面等结构的正向设计，从而为后期车身的详细设计打下基础。

14.2.2 拓扑优化应用实例

在特定工况下的拓扑优化对车身结构设计非常必要。以汽车悬架系统中传递车轮与车体之间的扭矩与力的汽车摆臂拓扑优化为例做详细说明，即以车身结构拓扑优化描述广泛应用的案例。

优化问题描述如下：

本次优化目标：汽车摆臂体积最小化；

本次优化约束：施加载荷的节点工况一，在 X 方向位移小于 0.05；施加载荷的节点工况二，在 Y 方向位移小于 0.02；施加载荷的节点工况三，在 X 方向位移小于 0.04；

本次设计变量：单元密度。

1. 模型的导入以及相关设置

首先将汽车摆臂的三维模型导入 HyperMesh 中，然后对导入模型进行相应的几何清理，查看几何模型中是否有缝隙，产生重合的边或者面，边界的交叉错位，局部边或者面丢失等。模型完成之后创建模型的材料、模型的属性并将材料和属性附到模型中等相关设置。通过网格划分，将三维模型转化为可进行有限元分析的有限元模型。

（1）创建模型材料

创建模型的材料，本次优化汽车摆臂的材料为钢并且只有一种材料。通过 Material 功能，建立材料钢的各项性能，在名字 Name 后输入 Steel，定义材料的颜色，选择材料类型 Isotropic，在卡片设置选项中选择 MAT1。单击"编辑"按钮对卡片 MAT1 进行设置，弹性模量为 2e+5，泊松比为 0.3，密度值为 7.9e-9。

(2) 创建模型属性

建立一个新的属性并命名为 nodegin,定义属性的颜色,在种类 type 后选择 3D,在卡片选项中选择 PSOLID,并将刚才建立的材料 steel 附到属性中。

(3) 定义模型的材料和属性

在创建好材料和属性之后,通过 Update 功能将材料和属性数据定义到导入的模型之中。通过 Comps 选项选择导入的模型,定义模型的颜色,单击属性 Property 将之前创建的属性包括材料附到模型中。

(4) 网格划分

通过 HyperMesh 中的三维网格划分模块对模型进行相关设置并进行六面体的网格划分。将模型进行网格划分成六面体单元,总共生成 189 个节点和 1434 个单元。其中蓝色部分定义为可设计区域,黄色部分定义为非设计区域,如图 14-6 所示。对汽车摆臂模型的拓扑优化在设计区域内进行。

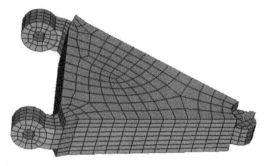

图 14-6 汽车摆臂模型网格划分

2. 建立有限元分析模型

首先建立 4 个 Load Collector,并分别命名为 Spc、Brake、Corner 和 Pothole。Spc 用来定义模型的边界条件,Brake、Corner 和 Pothole 用来定义在受力节点上的三个载荷。

(1) 创建约束

通过 Analysis 中的 Constraints 面板,对模型中三个节点进行约束。将一个套管的节点 X 轴、Y 轴、Z 轴的移动自由度进行约束,将另一个套管的节点 Y 轴、Z 轴的移动自由度进行约束,如图 14-7 所示,编号为 3239 的节点 Z 轴的移动自由度进行约束。

(2) 创建载荷

通过 Analysis 中的 Forces 面板,对模型中的 2699 号节点分别建立 X、Y、Z 方向的三个独立载荷,其中载荷集 Brake 为 X 轴方向 1000 单位的集中力,如图 14-8 所示。

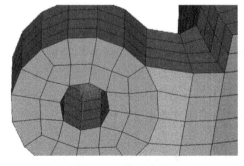

图 14-7 模型约束

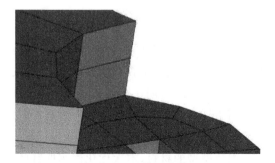

图 14-8 模型载荷

(3) 创建工况

通过 Analysis 中的 Forces 面板,对应三个独立载荷和约束建立三个独立工况。工况一为 Brake,即载荷 Brake 和约束 Spc 组成的工况;工况二为 Corner,即载荷 Corner 和约束 Spc 组成的工况;工况三为 Pothole,即载荷 Pothole 和约束 Spc 组成的工况。

3. 拓扑优化

在 Analysis 中 Optimization 面板中的 Topology 功能下创建一个拓扑优化设计空间并命名为 solid,将种类 Type 设置为三维实体 Psolid。

(1) 定义优化响应

本次优化问题中的优化目标为汽车摆臂体积最小化,优化的约束为受载荷节点的位移,因此需要创建两个响应:一个是用来定义体积的响应;另一个是用来定义位移的响应。

通过 Topology 功能下的 Reaponses 面板,创建一个名称为 Vol 的响应,在响应类型中选择体积 Volume。再次通过 Topology 功能下的 Response 面板,创建一个名称为 Disp 的响应,在响应类型中选择位移 Static Displacement。

(2) 定义优化目标函数

通过 Optimization 面板中的 Objective 子面板定义本次优化过程中的目标体积最小化。在 Objective 面板下的类型转换按钮,选择 Min,并将 Response 选择定义好的响应 Vol。

(3) 定义优化设计约束

对应三个工况,创建三个设计约束。在 Optimization 面板中的 Constraints 子面板中创建本次优化过程中的约束条件。对于工况一 Brake,定义最大位移为 0.05;对于工况二 Corner,定义最大位移为 0.02;对于工况三 Pothole,定义最大位移为 0.04。

(4) 求解计算

进入 Analysis 中 Optistruct 求解器,首先启动 Optistruct 的检查功能 Check 对本次优化计算过程中的所有信息进行检查,以保证所有信息的完整和信息的正确。检查之后,单击 Optistruct 对本次优化过程进行求解计算。

4. 查看结果和后处理

通过有限元分析软件 HyperWorks 对汽车摆臂模型进行拓扑优化,导入汽车摆臂的三维模型,并进行材料属性的相关设置;将三维模型进行网格划分以得到可以进行有限元分析的有限元模型;创建约束和载荷并定义工况;定义两个响应,设定拓扑优化的函数目标和设计约束;进行拓扑优化求解计算。

经过 18 次迭代计算,得到模型所有单元的单元密度分布如图 14-9 所示,单元的高密度区域表示此单元需要材料,单元的低密度区域表示此单元材料可以减少或者去除。

当阈值为 0.15 时,得到的模型材料结构分布最优,保留了所有高密度单元并将大部分低密度单元进行删除,结构得到轻量化设计。模型经过 18 次迭代计算结构优化结果如图 14-10 所示。

通过 Optistruct 的后处理模块,可以查看模型的密度分布结果。等值面图可以提供整个模型的单元密度信息,对指定密度阈值以上的单元进行保留,对指定密度阈值以下的单元进行删除。通过对整密度阈值的调整,可以得到最符合要求的结构。

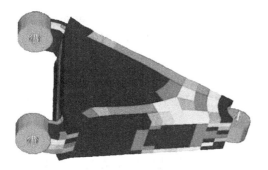
图 14-9 模型密度分布图
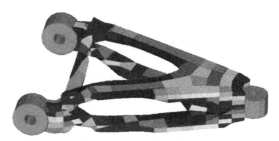
图 14-10 迭代结果

14.3 尺寸优化

14.3.1 尺寸优化原理阐述

尺寸优化设计是在给定结构的类型、材料和拓扑布局的情况下,通过具体优化算法确定结构如板的厚度、梁和杆的截面参数、弹簧的刚度和应力系数等单元的属性,以使结构重量、体积或造价最小。尺寸优化还可以设置多种结构响应为约束条件或目标函数,如应力约束、位移约束、屈曲因子、频率约束、静柔度、动响应约束等。尺寸优化是结构优化设计中最基本、最成熟的优化方法,已广泛地应用于各种结构的设计过程中。

尺寸优化中的设计变量可以是板壳单元的厚度,复合材料的分层厚度和材料方向角度,梁的高度、宽度和厚度。在求解器 OptiStruct 中可以通过优化该截面的四个参数确定梁截面的形状。因此,应用尺寸优化来优化单元的属性时,既不改变单元的形状,也不改变结构的拓扑关系,所以在优化结束后不需要对结构进行重新划分网格,直接利用尺寸优化的结果更新单元的属性便可以得到新的模型。

尺寸优化设计的变量是作为设计变量的函数定义,最简单的定义是设计变量线性组合在一个如下的函数中:

$$\rho = C_0 + \sum DV_i C_i \tag{14-6}$$

式中:ρ 为待优化的属性;C_0 为常数,一般设置为 0;DV_i 为定义的设计变量,通过上限值和下限值指定变量的变化范围;C_i 为设计变量 DV_i 的权重系数,一般设置为 1。

以大客车车身骨架的尺寸优化为例,设需要确定壁厚的车身骨架杆件总数为 n,每个构件的壁厚 ρ_i 只有一个设计变量,则第 i 个构件的壁厚参数为 $DV_i(i=1,2,\cdots,n)$;以车身骨架结构总体积的函数 $V(DV)$ 为目标函数,则车身骨架的尺寸参数优化设计数学模型可以描述为

$$\begin{aligned}
&\text{求} \quad \boldsymbol{DV} = (DV_1, DV_2, \cdots, DV_n)^{\mathrm{T}} \\
&\text{使} \quad \min V = \sum_{i=1}^{n} A_i \rho_i = \sum_{i=1}^{n} A_i (C_{0i} + DV_i C_i) \\
&\text{满足} \quad DV_{i\min} \leqslant DV_i \leqslant DV_{i\max} \quad (i=1,2,\cdots,n) \\
&\qquad\quad S_j \leqslant S_{j0} \quad (j=1,2,\cdots,m)
\end{aligned} \tag{14-7}$$

如果对应每个设计变量 DV_i 的 C_{0i}、C_i 都为 0 和 1,则目标函数为 $\min V = \sum_{i=1}^{n} A_i DV_i$,$A_i$ 为第 i 个构件所用材料的总面积,$S_j \leqslant S_{j0}$ 为约束函数。

在尺寸优化设计中,并不改变结构的拓扑形式和边界形状,只是对特定的尺寸进行调整,相当于在设计初始条件中就增加了拓扑形态的约束。结构最初始的拓扑形态和边界形状必须由设计者根据经验、试验或拓扑优化确定。在不能保证这些最初的设计是最优的情况下,即使尺寸优化的结果很好,也达不到全局最优的结果。

14.3.2 尺寸优化应用实例

在车身设计工程阶段,车身的主要结构都已确定,此时车身零件的厚度等尺寸优化尤为重要。对于车身尺寸优化分析工况,可根据实际情况做出选择。对于整个车身结构,或者系统结构,均可以对其薄弱区域进行识别。车身的许多性能分析都可尝试采用此种方法,例如刚度、模态、碰撞、噪声传函(NTF)分析、振动传函(VTF)分析等。灵敏度分析是尺寸优化的一个重要辅助手段,往往作为后续尺寸优化(如 Hyperstudy、Isight 平台)的基础和重要参数筛选的工具。本节以车身结构嵌件的自由尺寸优化为例进行详细说明。

为研究车身结构嵌件对白车身扭转刚度的影响,基于白车身扭转刚度仿真分析模型,首先通过自由尺寸优化方法找到结构嵌件在车身关键接头的嵌入位置,再用工程塑料内外饰零件的建模方法设计嵌件骨架结构,然后再次通过自由尺寸优化方法对嵌件骨架进行结构优化和轻量化,从而得到兼顾白车身扭转刚度和重量的嵌件结构。仿真分析结果表明,白车身在重量仅增加 0.4% 的情况下,扭转刚度提升 5.5%,整体一阶扭转模态频率提升 5.9%。

随着汽车轻量化技术的发展,复合材料在汽车上的应用越来越广泛,其应用方向也正在由内外饰件向结构件和功能件延伸。逐渐掌握碳纤维等纤维增强复合材料特性、零部件结构设计方法、高效制造工艺、性能控制方法和连接技术,逐渐赶超汽车工业发达国家汽车轻量化技术水平,已经作为我国汽车轻量化发展战略和路径中车身轻量化的长期发展目标。纤维增强复合材料中就包括长纤维增强热塑性复合材料(LFT),LFT 是一个广义的塑料专用词汇,在汽车复合材料工业中有一个非正式但约定俗成的定义,即指长度超过 10mm 的增强纤维(一般是玻璃纤维)和热塑性聚合物(一般是聚丙烯)进行混合并生产而成的制品。LFT 具有密度低、比强度高、比模量高和抗冲击性强等特性。LFT 材料可以替代部分结构件、金属件材料用于汽车零部件,满足零件各项性能指标的同时,对整车减重降本有明显的贡献,因此在提倡轻量化的整车上具有广泛应用前景。根据欧洲车身会议材料的记录,早在 2003 年,法国标致就在其 307CC 车型的 A 柱下接头腔体内应用过 PA6.6+环氧树脂制成的车身结构嵌件,如图 14-11 所示。但至今这种复合材料结构嵌件仍未在车身设计中大量应用,国内有应用的案例则更少。当前车身结构嵌件一般是由长玻璃纤维(或尼龙)+PP(聚丙烯)通过注塑成形,通过热膨胀结构胶粘于钣金表面,结构如图 14-12 所示。由于是注塑成形,因此可以通过更复杂的结构设计来保证其自身的刚度。通常嵌于车身接头位置或者传力路径的空腔内,如 A/B/C/D 柱及其接头、门槛梁、前后纵梁等,是很好的加强车身强度、刚度、疲劳耐久性能的解决方案,同时也有机会替代或者减薄钣金从而实现车身的轻量化。基于某 SUV 白车身扭转刚度,首先采用自由尺寸优化方法分析车身的薄弱接头,作为结构嵌件嵌入位置的参考,然后通过内外饰零件的建模方法在该接头钣金腔体内设计嵌件结构,接着再次采用自由尺寸优化方法,基于白车身扭转刚度对嵌件骨架进行结构优化和轻量化,最后对优化后的结构进行性能校核,并简单探讨复合材料嵌件在车身性能提升和轻量化上的应用前景。

图 14-11 标致 307 CC 结构嵌件

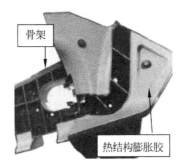

图 14-12 长玻璃纤维+PP 结构嵌件

1. 自由尺寸优化确定嵌件嵌入位置

为了研究复合材料结构嵌件对白车身扭转刚度的提升效果,以某 SUV 的白车身为研究对象。传统的零件开发流程为 CAD 建模后输入到 CAE 分析及优化,再将 CAE 的优化方案更新到 CAD 数模中,这种开发流程早期的 CAD 结构设计主要依赖于工程师的经验或对标车的逆向数据,具有一定的盲目性。近年来,CAE 驱动设计越来越多地被应用到车身正向开发中,如车身概念设计阶段运用拓扑优化技术找到车身结构最有效的传力路径,结合参数化有限元模型,得到兼顾性能和重量的车身结构,并缩短了车身正向开发的周期。本节将这种思路引入到零部件结构的正向设计中,利用优化方法找到嵌件嵌入的最佳位置。

优化问题是一种数学方法,其数学模型可以表达为:

$$\begin{cases} 设计目标:最小化 f(X) 或最小化[f(X)的最大值] \\ 设计变量:X_i^L \leqslant X_i \leqslant X_i^U \quad (i=1,2,3,\cdots,N) \\ 设计约束:g_j(x) \leqslant 0 \quad (j=1,2,3,\cdots,M) \end{cases} \quad (14\text{-}8)$$

式中:X 为设计变量;$f(X)$ 为设计目标;$g(x)$ 为设计约束。

自由尺寸优化是以 2D 单元的厚度为设计变量,优化后可以生成不同厚度在 2D 结构上的重新分布,这些厚度分布显示了 2D 结构上的传力路径,可以作为结构优化或轻量化的参考。自由尺寸优化可以将有限元模型的现有部件直接定义为设计变量进行优化,而不像拓扑优化那样需要在设计空间内另外构建设计变量,是一种简洁高效的优化方法。

针对该 SUV 白车身的优化设计定义如下:

设计目标:白车身整体应变能(Compliance)最小;

设计变量:白车身所有钣金部件的厚度;

设计约束:质量分数(Massfrac)<30%。

其中,应变能可以理解为结构刚度的倒数,在拓扑优化和自由尺寸优化中常将应变能最小定义为设计目标。质量分数表示当前迭代步质量与初始质量的比值,常用<0.3 作为设计约束。

优化分析迭代完成后车身厚度分布如图 14-13 所示,可以看到,尾门框上、下圆角处聚集了大量的厚单元,说明对这些区域加厚可以有效地提升扭转刚度。同样,在相应位置嵌入结构嵌件提升局部刚度,也能间接提升扭转刚度。因此,考虑在尾门框上、下圆角腔体内设计结构嵌件。

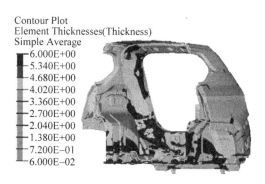

图 14-13 白车身自由尺寸优化结果

2. CAD 结构设计及仿真分析

根据尾门框上、下圆角腔体空间,用工程塑料内外饰零件的建模方法,设计出尺寸稍大、结构较复杂、预留足够的涂胶面、同时满足注塑工艺的嵌件结构,定义嵌件骨架肋板平均厚度为 4mm,如图 14-14 所示。

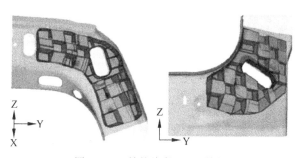

图 14-14 结构嵌件 CAD 结构

对结构嵌件 CAD 数模进行有限元建模,由于其几何特征复杂,可采用更小的单元尺寸划分网格,以便更好地反映零件结构,采用 3mm 的平均网格尺寸。嵌件骨架及发泡涂胶材料参数如表 14-1 所示。将建好的嵌件连接到白车身模型中分析扭转刚度,并校核白车身自由模态,结果如表 14-2 中初版 CAD 结构方案所示,相比原状态,在尾门框上、下圆角内增加结构嵌件后车身抗扭性能有显著提升。

表 14-1 结构嵌件骨架及发泡涂胶材料参数

嵌件材料参数	弹性模量/MPa	泊松比	密度/(t/mm^3)
嵌件骨架	9000	0.3	1.6e-9
热膨胀结构胶	8000	0.35	6.1e-10

表 14-2 白车身结构嵌件方案仿真分析结果

刚度、模态结果	仿真优化方案	初版 CAD 结构方案	原状态
嵌件骨架重量/kg	1.46	3.5	—
整体扭转刚度/(N·m/(°))	23425	23569	22195
一阶扭转模态/Hz	59.50	59.65	56.18

3. 嵌件骨架结构优化及轻量化

可以看到,增加的嵌件骨架重达 3.5kg,根据经验换成同质量的钣金结构也能达到相同的性能提升效果,并不能体现复合材料密度小的优势,因此需要对嵌件骨架进行进一步的结构优化和轻量化。嵌件骨架采用注塑工艺成形,各肋板的厚度可以任意控制,因此很适合采用自由尺寸优化方法对其进行优化。优化设计定义与前述对白车身的优化有所区别,具体如下:

设计目标:白车身整体应变能(Compliance)最小;

设计变量:嵌件骨架的厚度;

设计约束:嵌件骨架质量分数(Massfrac)<30%。

优化分析迭代完成后厚度分布如图 14-15 所示,可见厚度主要分布在骨架与尾门框圆角的胶粘面附近,与白车身自由尺寸优化厚度分布结果高度一致。将结果中厚度大于 1.5mm 的单元导出 .stl 文件,导入到白车身扭转刚度分析模型中,参照优化结果,对嵌件骨架结构进行裁剪、拆分,分别赋予不同的厚度(本书主要采用 2mm 和 3mm 两种厚度),在此基础上再次对白车身扭转刚度和模态进行校核,结果如表 14-2 中仿真优化方案所示。此时骨架结构净重降至 1.46kg,相比初版数模方案减轻了 2.04kg,且性能基本不变,从而实现了零件的轻量化设计。按仿真方案对 CAD 结构进行修改,嵌件骨架最终结构如图 14-16 所示。

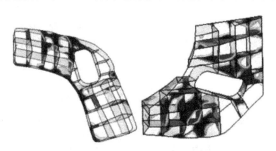

图 14-15 嵌件骨架自由尺寸优化结果

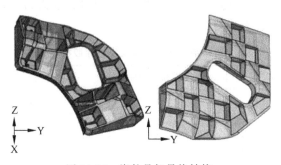

图 14-16 嵌件骨架最终结构

14.4　形 状 优 化

14.4.1　形状优化原理阐述

形状优化是设计人员对模型有了一定的形状设计思路后所进行的一种细节设计，目的是通过改变模型的某些形状参数（几何形状特征）改变模型的力学性能，以满足某些具体要求（如应力、位移等）。在形状优化中，优化问题的求解通过修改结构的几何边界实现，而在有限元中，形状则通过节点的位置确定，因此修改结构的形状亦即修改网格节点的位置。HyperMorph 是一个内嵌在 HyperMesh 软件中的网格变形模块，通过它可以使用多种交互式的方法改变网格形状，这些方法包括拖拽控制柄、改变倒角和孔的半径以及曲面映射等。在有限元中，结构的形状由网格节点的坐标定义，即结构的边界形状改变须转换成网格的内部改变。在形状优化过程中，解决网格的变形有两种常用的方法：基向量方法和扰动向量方法。

1. 基向量方法

基向量方法将结构的形状改变定义为基向量的线性组合，用基向量定义节点的位置，即

$$x = \sum DV_i BV_i \tag{14-9}$$

2. 扰动向量方法

扰动向量方法将结构的形状改变定义为扰动向量的线性组合。扰动向量用于定义与原始网格相关的节点位置改变，又称形状变量，设计变量为扰动向量的系数，即

$$x = x_0 + \sum DV_i PV_i \tag{14-10}$$

式中：x 为节点坐标向量；x_0 为节点的初始坐标向量；PV_i 为与设计变量 DV_i 相关的扰动向量。OptiStruct 采用扰动向量方法制定形状优化的设计变量。HyperMorph 模块集成了各种各样的基于网格的变形技术。在 HyperMorph 模块中，通过创建变形域（domain）、控制把手（handle）、变形约束（morph constraint）、体积块变形（morph volume）、形状（shape）及对称性约束（symmetry）等来改变模型的几何形状。HyperMorph 包含 3 种变形方法，分别为通过变形域和控制把手创建扰动向量、通过体积块变形创建扰动向量和自由变形创建扰动向量。每种方法都有自己的长处和弱点，所以在处理变形的问题上应该选择合适的方法创建扰动向量。

14.4.2　形状优化应用实例

1. 设计区域的确定

以某纯电动汽车动力电池箱为研究对象，动力电池箱模型如图 14-17 所示。由图 14-17(a)

可以看出,电池箱主要由上箱体、下箱体和托架等零部件构成。由图 14-17(b)可以看出,螺栓将上箱体和下箱体固定连接,通过焊接工艺把下箱体和托架相接,车身地板的下底部安装电池箱,电池箱与车身由螺栓相接,借助定位销准确定位。在不影响计算精度的前提下,简化不必要的细节。由图 14-17(c)可以看出,对电池箱几何模型抽取中面,并采用壳单元进行网格划分,共得到 38168 个节点,37855 个单元。根据设计要求和电池箱的结构特点,确定初始设计区域。其中,托架及与下箱体的连接区域设置为非设计区域。

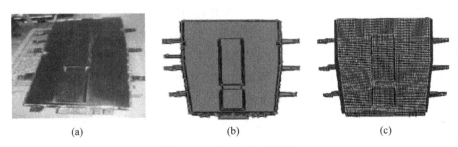

图 14-17 动力电池箱模型
(a)实物模型;(b)几何模型;(c)有限元模型

2. 边界条件模拟及制造工艺性约束

对于托架与下箱体的焊接区域,焊接的模拟方式有多种,不同类型的焊接单元在属性设置方面存在差异。这里采用精度较高的 ACM 单元进行模拟,电池箱 ACM 焊接单元如图 14-18 所示。对于上、下箱体螺栓装配区域,采用 rigids 刚性单元进行模拟。对于加强筋的形状参数,通用用户自定义设置,其最小宽度为单元均宽的 2.0 倍,最大起筋高度为 15mm,起筋角度为 60°。通过设置缓冲区域,获得分布优良的起筋宽度与起筋角度,使用单元方向来控制起筋的方向。

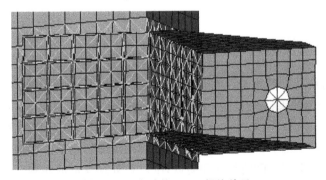

图 14-18 电池箱 ACM 焊接单元

3. 静态多工况刚度形貌优化模型

对结构静力学形貌进行优化,以获得加强筋在设计区域内的分布,并具有最小的结构柔度(即刚度最大)。而电池箱在不同的驾驶条件下,会受到不同的负载条件,所以其静力学优化设计是一种典型的多工况协同优化设计问题,称为多工况静力学优化设计问题。针对各

个典型载荷工况所对应的柔度,分别设置相应权系数,由折中规划法定义电池箱的平均柔度目标函数,其数学模型为

$$\begin{cases} \text{find } \boldsymbol{\rho} = \{\rho_1, \rho_2, \cdots, \rho_e\}^T \quad (e=1,\cdots,N) \\ \min c(\boldsymbol{\rho}) = \left[\sum_{k=1}^{m} w_k^q \left(\frac{C_k(\boldsymbol{\rho}) - C_k^{\min}}{C_k^{\max} - C_k^{\min}}\right)^q\right]^{1/q} \\ \text{s.t. } V(\boldsymbol{\rho}) = \sum_{e=1}^{N} \rho_e v_e \leqslant V_0 f \\ \boldsymbol{K}(\boldsymbol{\rho})\boldsymbol{U}_k = \boldsymbol{F}_k \quad (k=1,\cdots,m) \\ \boldsymbol{\rho}_{\min} \leqslant \boldsymbol{\rho}_e \leqslant \boldsymbol{\rho}_{\max} \end{cases} \quad (14\text{-}11)$$

式中:ρ 是柔度,为设计变量,是一个向量,在形貌优化中为形状扰动的线性组合因子;$V(\boldsymbol{\rho})$ 是平均柔度,为目标函数;设计区域的体积分数是 $f(f=50\%)$,体积是 V_0,是约束条件;N 是设计区域单元总的数目;m 是施加在电池箱上的载荷工况的数量,设定 $m=5$;w_k 是第 k 个载荷工况的权系数;$C_k(\boldsymbol{\rho})$ 为第 k 个工况的柔度值;v_e 是单元体积;$\boldsymbol{K}$ 是结构的整体刚度矩阵;$\boldsymbol{U}$ 是节点位移向量;$\boldsymbol{F}$ 是载荷向量;假设每个目标有同样的重要性,设定 $w_1 = \cdots = w_m = 1/m$;q 是惩罚因子,$q \geqslant 2$;$C_k^{\min}$ 是第 k 个载荷条件独自进行优化时的最小柔度值;$C_k^{\max}$ 是第 k 个载荷条件独自进行优化时的最大柔度值。

4. 动态多特征值形貌优化模型

在结构动力学形貌优化设计中,以某低阶固有频率最大化为目标,体积分数为约束时会出现局部模态、目标函数振荡和多重特征值等问题。为保证形貌优化设计的稳定性,采用平均特征值定义电池箱动力学形貌优化目标函数,其数学模型为

$$\begin{cases} \text{find } \boldsymbol{\rho} = \{\rho_1, \rho_2, \cdots, \rho_e\}^T \quad (e=1,\cdots,N) \\ \max \Lambda(\boldsymbol{\rho}) = \Lambda_0 + \frac{1}{\alpha}\left(\sum_{i=1}^{h} \frac{w_i}{\lambda_i \lambda_{0i}}\right)^{-1} \\ \text{s.t. } V(\boldsymbol{\rho}) = \sum_{e=1}^{N} \rho_e v_e \leqslant V_0 f \\ (\boldsymbol{K}(\boldsymbol{\rho}) - \lambda_i \boldsymbol{M}(\boldsymbol{\rho}))\varphi_i = 0 \quad (i=1,\cdots,D_e) \\ \boldsymbol{\rho}_{\min} \leqslant \boldsymbol{\rho}_e \leqslant \boldsymbol{\rho}_{\max} \end{cases} \quad (14\text{-}12)$$

式中:$\Lambda(\boldsymbol{\rho})$ 是平均频率;Λ_0 是频率函数中的初始值;h 是电池箱进行优化特征值的阶次;λ_i 是第 i 阶特征值;λ_{0i} 与 α 为给定参数;w_i 为第 i 阶特征值的权系数;D_e 是设计区域有限元模型的总自由度数。将目标函数取作前 6 阶特征值,相应的权系数设定 $w_1 = \cdots = w_m = 1/6$;参数 $\alpha = 1, \lambda_{0i} = 0, f = 50\%$。

5. 静动态多目标形貌优化模型

进行多目标优化设计时,存在目标性能量级不同和帕累托集难以求解两个难题。针对

电池箱进行多目标形貌优化设计时,需要协同考虑静态刚度和动态特征值性能。采用折中规划法,预先进行单目标求解获得最优值,归一化处理构造加权目标函数,电池箱多目标形貌优化数学模型为

$$\begin{cases} \text{find } \boldsymbol{\rho} = \{\rho_1, \rho_2, \cdots, \rho_e\}^T \quad (e=1,\cdots,N) \\ \min f(\boldsymbol{\rho}) = \omega\left(\dfrac{C(\boldsymbol{\rho})}{C_0}\right) + (1-\omega)\left(\dfrac{\Lambda_0}{\Lambda(\boldsymbol{\rho})}\right) \\ \text{s.t. } V(\boldsymbol{\rho}) = \sum_{e=1}^{N} \rho_e v_e \leqslant V_0 f \\ \boldsymbol{K}(\boldsymbol{\rho})\boldsymbol{U}_k = \boldsymbol{F}_k \quad (k=1,\cdots,m) \\ (\boldsymbol{K}(\boldsymbol{\rho}) - \lambda_i \boldsymbol{M}(\boldsymbol{\rho}))\varphi_i = 0 \quad (i=1,\cdots,D_e) \\ \boldsymbol{\rho}_{\min} \leqslant \boldsymbol{\rho}_e \leqslant \boldsymbol{\rho}_{\max} \end{cases} \quad (14\text{-}13)$$

式中:C_0 是优化静力学多刚度的初值;Λ_0 是优化动力学特征值的初值;w 为权系数,间隔是[0,1]。

6. 形貌优化结果及结构详细设计

经过优化迭代,获得动力电池箱无加强筋分布方向约束时最优形貌优化结果如图 14-19 所示。电池箱优化结构具有最佳的加强筋分布构型,同时考虑到结构优良的振动特性,从而达到结构的静动力学协同设计。从制造工艺性的角度考虑,上箱体形状比较规则,而下箱体形状不利于优化结果的提取,造成设计方案的局限性。对下箱体施加加强筋分布方向后,获得加强筋分布轴向约束的最优形貌优化结果如图 14-20 所示。结果表明,施加工艺性约束能够获得良好的形貌构型,便于后续进行详细设计。依据上述形貌优化结果,综合考虑电池箱结构特征与制造工艺性约束,经详细设计后,电池箱最优形貌优化设计方案如图 14-21 所示。电池箱总质量为 56.33kg,相较于原结构 61.72kg,质量减轻 8.7%,实现了结构轻量化设计。

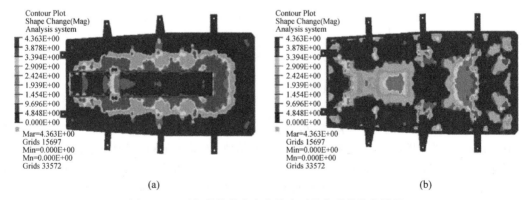

图 14-19 无加强筋分布方向约束时最优形貌优化结果
(a) 上箱体;(b) 下箱体

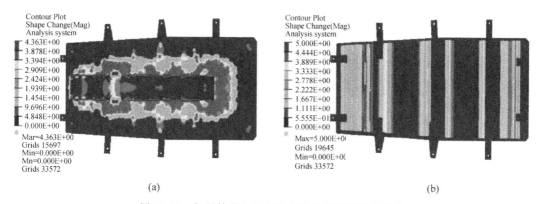

图 14-20　加强筋分布轴向约束的最优形貌优化结果
(a) 上箱体；(b) 下箱体

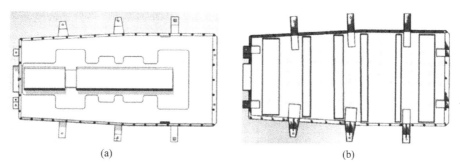

图 14-21　电池箱最优形貌优化设计方案
(a) 上箱体；(b) 下箱体

习　　题

1. 按照设计变量层级不同，结构优化可以分为哪几类？
2. 简述拓扑优化的建模和求解方法。
3. 运用拓扑优化的思想进行汽车轻量化设计时，常用的目标函数和约束函数有哪些？
4. 简述尺寸优化常用的设计变量。
5. 简述尺寸优化常用的求解方法。
6. 简述形状优化中的网格变形方法。
7. 简述形状优化中不同网格变形方法的特点。
8. 结合实例说明拓扑优化、尺寸优化和形状优化在汽车轻量化设计中的应用。
9. 建立 0.5m×0.5m×1m 的实心长方体模型，一端固定，一端中心点受载，求解当体积分数为 50% 时，以受载点位移最小为设计目标的拓扑优化结果。
10. 建立 0.5m×0.5m×1m 的空心长方体模型，一端固定，一端中心点受载，求解以受载点位移最小为设计目标的形状优化结果。

第 15 章

参数化优化

15.1 概 述

参数化设计是当前 CAD 技术重要的研究领域之一。所谓参数化设计是指参数化模型的尺寸用对应的关系表示,而不需用确定的数值。变化一个参数值,将自动改变所有与它相关的尺寸,也就是采用参数化模型,通过调整参数来修改和控制几何形状,自动实现产品的精确造型。简而言之,参数化设计方法就是将模型中的定量信息变量化,使之成为可以调整的参数。对变量化参数赋予不同数值,就可得到随参数变化大小和形状的模型。如果建模者将参数设计思想由始至终贯彻到整个模型设计过程中,那么在后续的工作中将会大量减少不必要的重复劳动,更可以将整个设计周期大大缩短。

参数化方法的本质是基于约束的产品描述方法,这是由于产品的整个设计过程就是约束规定、约束变换求解以及约束评估的约束求精过程。参数化研究工作最早可追溯到 20 世纪 60 年代早期,Sutherland 在他开发的 Sketchpad 系统中,首次将几何约束表示为非线性方程来确定二维几何形体的位置。后来 Light Gossard 进一步发展了这一思想,并使其实用化。在应用数值迭代法的过程中,人们也发现了该方法的诸多弊端,如迭代收敛性问题等。由此人们又提出了符号法用以克服这些问题,但符号法的计算量很大,在实用中受到了很大的限制。另外,人们也提出了一种应用人工智能思想的方法——几何推理法或称规则法。这种方法把约束集及所约束的几何元素用图论的方法表示出来,然后对约束图进行几何推理确定各几何元素的参数值。这种方法由于简洁、计算量小,因而在实际应用系统中得到了广泛的应用。

汽车工业激烈的竞争使得汽车生产商必须缩短其新车型的开发周期,以更快占领全球化的市场。车身约占整车质量的 25%~30%,且作为汽车的主要总成,车身性能对整车的作用至关重要,而车身的轻量化设计往往与其性能要求相冲突。在保证性能的前提下,加快车身的开发设计已成为汽车工业的艰巨任务之一。基于 CAE 的车身结构优化技术得到了业内专家的广泛关注。

车身结构优化均以板件厚度作为设计变量,属于尺寸优化范畴,处于结构优化设计的较低层次。而相对于尺寸优化,形状优化的优化效果更明显,但难度更大,在车身结构优化中应用较少。由于变量的参数化不易实现,形状优化被视为是一个更具挑战性的任务。一方面,与 CAD 参数化相结合,是形状优化的途径之一,但缺陷是与 CAD 相关联的有限元模型质量较差,或者是须将网格重划技术用于有限元模型的更新;另一方面,在网格变形技术出现之前,采用有限元模型的节点向量来定义形状的方法也极为烦琐,但网格变形操作的出现简化了形状变量的创建,为形状优化提供了有效的工具。

15.2 基于参数化几何的变形技术

参数化变量化设计技术是当前 CAD/CAM 系统的研究热点之一,是实现工程设计智能化、自动化的重要手段。在工程设计的概念设计阶段,产品的主要尺寸、结构细节难以具体化。设计师关心的是产品的基本结构、主要尺寸关系,因此无法采用具体尺寸绘图设计。在一般 CAD 系统中,设计好的图形如果要取得结构、尺寸关系,只好重新绘制有关图形,这大大影响设计师的设计效率。如何在概念设计阶段支持图形尺寸、拓扑结构的变化,使设计师将精力集中在设计创意等创造性工作上,一直是 CAD 研究者追求的目标。能够支持约束表达、求解和动态调整已成为现代 CAD 系统区别于传统 CAD 系统的最显著的特征。

15.2.1 几何造型

1. 线框造型系统

1959—1970 年,CAD 技术以线框造型(Wireframe Modeling)为主,它是最早采用的几何造型方式。线框造型是利用形体的顶点和棱边表示物体几何形状,通过对点和边的修改来改变构造形体的形状,即构造模型是一个简单的线框图,与该模型相关的数学表达是直线或曲线方程、点的坐标以及边和点的连接信息。该连接信息决定哪些点分别是哪条边的端点以及哪条边在哪个点上与其他边相邻。线框造型可以生成、修改、处理二维和三维线框几何体,可以生成点、直线、圆、二次曲线、样条曲线等,也可以对这些基本线框元素进行修剪、延伸、分段、连接等处理,生成更复杂的曲线。线框造型的另一种方法是通过三维曲面的处理来进行,即利用曲面与曲面的求交、曲面的等参数线、曲面边界线、曲线在曲面上的投影、曲面在某一方向的分模线等方法来生成复杂曲线。实际上,线框功能是进一步构造曲面和实体模型的基础工具。在复杂的产品设计中,往往是先用线条勾画出基本轮廓,即所谓"控制线",然后逐步细化,在此基础上构造出曲面和实体模型,如图 15-1 所示。

由线框造型所产生的数字模型称为线框模型。线框模型的优点主要包括数据结构简单、模型所需数据量小、处理时间短、建模方便、操作容易;线框模型包含了形体的三维数据可以产生任意视图。同时,线框模型的缺点是明显的,它用顶点和棱边来表示物体,只能表达基本的几何信息,不能有效表达几何数据间的拓扑关系。由于没有面的信息,不能表示表面含有曲面的物体。另外,它不能明确地定义给定点与物体之间的关系(点在物体内部、外部或表面上),存在"多义性"问题,所以线框模型不能处理许多重要问题,如不能生成剖切图、消隐图、明暗色彩图,不能用于数控加工,CAE 及 CAM 均无法实现,使其应用范围受到了很大

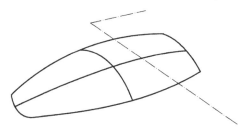

图 15-1 线框造型系统

的限制。正是由于这些问题的存在,线框造型正在逐渐被曲面造型和实体造型所取代。

2. 曲面造型系统

1970—1980 年是第一次 CAD 技术革命阶段。CAD 技术以曲面造型(Surface Modeling)为主,曲面造型是在线框造型的基础上增加面的信息,利用平面和曲面来表示形体的一种造型方法。曲面造型起源于飞机、船舶的外形放样工艺,由 Coons、Bezier 等大师于 20 世纪 60 年代奠定其理论基础。经过 60 多年的发展,曲面造型已经形成了以有理 B 样条曲面(Rational B-Spline Surface)参数化特征设计和隐式代数曲面(Implicit Algebraic Surface)表示两类方法为主体,以插值(Interpolation)、拟合(Fitting)、逼近(Approximation)三种手段为骨架的几何理论体系。

由曲面造型所构造的模型称为曲面模型。曲面模型增加了方面的信息,使得曲面造型方法丰富,扩大了线框模型的应用范围,能够满足面面求交线面消隐、明暗色彩图、数控加工等需要。但在该模型中,依然存在"多义性"问题,只有一张张面的信息,物体究竟存在于表面的哪一侧,并没有给出明确的定义,无法计算和分析物体的整体性质,如物体的表面积、体积、重心等;也不能将这个物体作为一个整体去考察它与其他物体相互关联的性质,如是否相交等。曲面造型系统通常用于构造复杂曲面,如汽车、飞机、船舶等对外形要求较高的产品的造型设计。图 15-2 是通过填充汽车线框造型获得的曲面造型。

图 15-2 曲面造型系统

3. 实体造型系统

1980—1985 年是第二次 CAD 技术革命阶段,此时 CAD 技术以实体造型(Solid Modeling)为主。早在 1970 年,就在线框造型和曲面造型研究的基础上,出现了实体造型的理论。实体造型理论为实现产品由设计到生产的环节采用同一数据信息提供了技术上的可行性,大大促进了 CAD 产业的发展。实体造型用于构造具有封闭空间、称为实体的几何形体。它在曲面造型的基础上,增加了实体存在于表面哪一侧的定义,增加了给定点与形体之间的关系信息(点在形体内部、外部或在形体表面),克服了线框造型和曲面造型的局限性。

由实体造型所构造的模型称为实体模型,与线框模型、曲面模型不同,实体模型不允许有单一的面或线。实体模型是最高级的三维物体模型,它能完整地表示物体的所有形状信息,可以无歧义地确定一个点是在物体外部、内部或表面上,这种模型能够进一步满足物性计算、有限元分析等应用的要求。图 15-3 所示是汽车的实体造型。

图 15-3 实体造型系统

实体造型技术是计算机视觉、计算机动画、计算机虚拟现实等领域中建立三维实体模型的关键技术,所以实体造型技术也称为三维几何造型技术。早期的实体造型系统一般是用多面体结构,实体的表面用小平面近似地表示。随着实体造型理论和研究的发展,先后提出了实体造型正则集理论和非正则集理论,用以描述非流形实体,一些流形、复形等拓扑学概念被引入几何造型。1979 年,SDRC 公司发布了世界上第一个完全基于实体造型技术的大型 CAD/CAE 软件——1-DEAS。由于实体造型技术能够精确表达零件的全部属性,在理论上有助于统一 CAD、CAE、CAM 的模型表达,给设计带来了惊人的方便性,代表着未来CAD 技术的发展方向。

15.2.2 参数化变量化技术设计特点

1. 参数化造型技术

形状处理在计算机图形学和动画中有着广泛的应用。为了在一定数量的约束下将原始形状转换为新形状,已经开发了多种技术。这些技术可用于开发高效的变形工具,以提供物理上合理且美观的表面变形结果,特别是要求尽可能保留其局部几何细节。任何光滑变形都可以分解为旋转、缩放和剪切三种模式。希望找到一个有效的局部编码的几何细节,以方便直观的表面操作和变形上述三种模式。

参数化造型是由编程者预先设置一些几何图形约束,然后供设计者在造型时使用。与一个几何相关联的所有尺寸参数可以用来产生其他几何。其主要技术特点是:基于特征、全尺寸约束、尺寸驱动设计修改以及全数据相关。

参数化设计的关键是几何约束关系的提取和表达、约束求解以及参数化几何模型的构造。构造精确模型必须非常细心,哪怕微小的改动都需要重新构造模型——找出发生变动的部分,用系统提供的工具建立新的几何模型。比如汽车保险杠的精确表面模型,如果要改变其形状造型,用户可能要删除大多数表面,重新构造曲线、分析曲面的交贯情况,并重构模型。

从应用上来说,参数化系统特别适用于那些技术已相对稳定成熟的零配件行业。这样的行业,零件的形状改变很少,经常只需采用类比设计,即形状基本固定,只需改变一些关键尺寸就可以得到新的系列化设计结果。

2. 变量化造型技术

变量化造型技术是在参数化的基础上又做了进一步改进后提出的设计思想。变量化造型的技术特点是保留了参数化技术基于特征、全数据相关、尺寸驱动设计修改的优点,但在约束定义方面做了根本性改变。它允许尺寸欠约束的存在,设计者可以采用先形状后尺寸的设计方式,将满足设计要求的几何形状放在第一位而暂不用考虑尺寸细节,设计过程相对宽松。变量化设计可以用于公差分析、运动机构协调、设计优化、初步方案设计选型等,尤其在概念设计时更显得得心应手。新一代设计系统可以在产品设计过程中通过捕捉模型中存在的关系及其定义过程来捕捉设计意图。这就允许对零件进行反复的编辑,允许用户试探不同的设计方案或生成不同的零件版本。对零件的编辑可以简单地通过改变其中的关系来完成。变量化设计允许设计者可以有更多的时间和精力去考虑设计方案，而无须过多关心软件的内在机制和设计规则限制，这符合工程师的创造性思维规律，所以变量化系统的应用领域也更广阔一些。

3. VGX 技术——设计就是修改

VGX 的全称为 Variational Geometry Extended，即超变量化几何，它是由 SDRC 公司独家推出的一种 CAD 软件的核心技术。在进行机械设计和工艺设计时，总是希望零部件能够随心所欲地构建，可以随意拆卸，能够在平面的显示器上构造出三维立体的设计作品，而且希望保留每一个中间结果，以备反复设计和优化设计时使用。VGX 实现的就是这样一种思想。对于设计人员而言，采用 VGX 就像拿捏一个真实的零部件面团一样，可以随意塑造其形状。随着设计的深化，VGX 可以保留每一个中间设计过程的产品信息。与传统二维变量化技术相比，VGX 的技术突破主要表现在以下两个方面：

（1）VGX 提供了前所未有的三维变量化控制技术。能够任意改变三维尺寸标注方式，这也为寻求面向制造的设计（DFM）解决方案提供了一条有效的途径。

（2）VGX 将两种最佳的造型技术直接几何描述和历史树描述结合起来，从而提供了更为易学易用的特性。

在 SDRC 公司宣布的新版软件 I-DEAS Master Series 5 中，已经用到了这一技术。这一产品自在美国宣布之日起，已经在北美、欧洲和亚太等地区，引起了不小的冲击波。福特汽车公司已经决定把 I-DEAS Master Series 5 软件应用到开发完整产品的数字样车的各个方面。

4. 共同点和差异

两种技术都属于基于约束的实体造型系统，都强调基于特征的设计、全数据相关，并可实现尺寸驱动设计修改，也都提供方法与手段来解决设计时所必须考虑的几何约束和工程关系等问题。变量化造型通过求解联立方程组来得到结果。它与参数化设计最大的不同是，参数化造型只是通过几何参数，或用来定义这些参数的简单方程来得到结果，而在变量化造型中，模型的驱动尺寸用复杂的方程组来表达。这些方程组可计算基于材料属性的结构、尺寸等。在建模时，用户不必按固定的顺序设置关系，只需赋予一些必要的参数即可。可见，参数化设计是变量化设计的子集。变量设计允许用户不必关心约束设置的顺序，这符合用户的设计习惯。变量设计的优点是它允许欠约束的几何设计——不必将模型进行完全约束。由此可见，是否要全约束以及以什么形式来施加约束是区别两种技术的关键所在。

15.2.3 参数化技术在轻型货车车身上应用

通过 UG 从现有的车身模型侧面提取车身的侧面轮廓线，其他特征曲线从现有短头货车的车身外表面提取（如前围在宽度方向的曲线，车身顶部轮廓曲线，车身侧面水平方向与垂直方向特征曲线等），并在特征曲线上提取适量的数据点、原有 B 样条曲线的阶次等信息。以草绘的形式表达参数化的特征点，并在此基础上建立参数化特征曲线。为建立光顺的参数化曲面，需对重新构建的特征曲线进行光顺检查，并运用 UG 的相关参数化功能，如 Through Curves Mesh、Sweep、Enlarge、Face Blend 等命令生成参数化曲面，从而得到整体式的车身外形，生成所需要的车身基本模型。

变量化技术将几何图形约束与工程方程耦合在一起联立求解，以图形学理论和强大的计算机数值解析技术为设计者提供约束驱动能力。由于在三维设计中用方程式进行表达极其复杂，目前的设计系统只在二维轮廓中使用了变量化设计，只有极少数除外。采用 VGX 技术，可以对复杂产品的设计进行高效和方便的管理。以汽车产品开发为例，可以对总布置设计建立一个控制结构，如建立发动机、车身、底盘等几大系统；再建立各自的子系统，如车身子系统的前围、后围、车门、地板等。控制结构只需确定总体控制参数、外形曲面等一系列最基本和主要的控制参数，而不包括细节的结构设计，如车门轮廓的形状、尺寸、位置等。然后再将控制结构最底层建立用于细节结构设计的子装配，如将车门分解为内板、外板、车门内饰、密封条等，如图 15-4 所示。

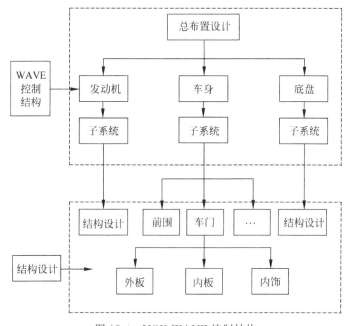

图 15-4　VGX-WAVE 控制结构

如果总体设计需要变化，总布置设计小组确定修改方案后，只需修改控制结构的有关参数或调整车身曲面，所有的细节结构设计将全部自动更新。参数化技术和变量化技术是当今的主流 CAD 造型技术。参数化技术在今天仍具有一定的领先性和相当的代表性，竞争力仍然很强。但是参数化技术的许多缺陷已经逐渐被越来越多的人所了解。更新一代的变量化技术所带来的灵活性及方便性已不断得到人们的承认，随着自身技术的不断完善，已向参数化技术提出了严峻的挑战。可以相信，随着 VGX 技术的不断发展，变量化技术在车身乃至整车设计中的应用将会越来越广泛。

15.2.4 连续性条件

在几何造型中广泛采用组合曲线或组合曲面,相邻曲线段或者曲面片之间的连接需要满足某种连续性条件,有两种不同的关于连接的光滑度的度量,一种是参数连续性,另一种称为几何连续性。

参数连续性条件:

如果曲线 $P=P(t)$ 在 $t=t_0$ 处满足左右 n 阶导数均存在且相等,即

$$\left.\frac{d^k P(t)}{dt^k}\right|_{t=t_0^-} = \left.\frac{d^k P(t)}{dt^k}\right|_{t=t_0^+} \quad (k=0,1,\cdots,n) \tag{15-1}$$

则称曲线 $P(t)$ 在 $t=t_0$ 处是 n 阶参数连续的,或称 C^n 连续。若曲线在区间 $[0,1]$ 内处处是 C^n 连续的,则称该曲线是 C^n 连续的。

函数曲线具有直到 k 阶的连续导数,称 k 次可微的,或简称是 C^k 的。类似地,参数曲线具有关于参数的直到 k 阶的连续导矢,也称是 k 次可微的,或简称是 C^k 的。由于参数曲线的这种可微性与参数有关,故又称之为参数连续性。在函数曲线里,可微性与光滑度是一致的,函数曲线是 C^1 意味着具有连续的切线方向,C^2 意味着不仅具有连续的切线方向,还具有连续的曲率。但是在参数曲线里,仅当曲线为正则时,这种一致性保持成立。当曲线上出现零切矢的点处,这种一致性不一定成立。曲线在这样的非正则点处,切线方向与相对曲率有可能出现不连续。反过来,参数曲线上 C^2 甚至 C^1 不连续的点却有可能切线方向甚至曲率是连续的。

几何连续性条件:

(1) 如果曲线 $P(t)$ 在点 $t=t_0$ 处满足位置连续,即 $P(t_0^-)=P(t_0^+)$,则称曲线在 $t=t_0$ 处零阶几何连续(G^0);

(2) 如果曲线 $P(t)$ 在点 $t=t_0$ 处满足 G^0 连续,且切向量方向相同,即存在常数 $\alpha>0$,使 $P'(t_0^-)=\alpha P'(t_0^+)$,则称曲线在处一阶几何连续($G^1$);

(3) 如果曲线 $P(t)$ 在点 $t=t_0$ 处满足 G^1 连续,且副法向量连续,曲率连续,即 $B(t_0^-)=B(t_0^+)$,$K(t_0^-)=K(t_0^+)$,则称曲线在 $t=t_0$ 处二阶几何连续。

参数曲线的参数连续性实际上是沿用函数曲线的可微性,与参数选取有关。在参数曲线上出现零切矢处虽然仍是可微的,但却可能是不光滑的。反之,光滑的曲线有可能是不可微的。参数连续是对参数曲线连接光滑度的过分限制,是人为强加的限制。参数连续与参数选取及具体的参数化有关。形状的客观内在几何特征例如光滑度不依赖于参数选取及具体参数化。由于参数连续性不能客观准确度量参数曲线连接的光滑度,取而代之的就是曾被称为视觉连续性的几何连续性。几何连续性与参数选取及具体的参数化无关,这就排除了由参数选取引起的非正则情况。几何连续性是对参数连续度量正则参数曲线连接光滑度的苛刻而不必要的限制的松弛,即对参数化的松弛。它只要求较弱的限制条件。随之而来,为形状定义与形状控制提供了额外的自由度。由于几何连续性摆脱了对参数选择的依赖,着眼于形状内在几何特征描述,获得了对形状控制更大的灵活性。这一发展无疑为人机交互进行形状设计,施展与发挥人的创造能力提供了扩大的空间与有效的工具。

15.2.5 参数优化实例

在现代汽车的开发流程中,区别于传统的是不需要逆向工程,而且一切校验过程都在计算机上完成,速度快、效率高。这时 Alias 作为一款高效、快速的设计软件就能突显出自己的优势,下面以 Alias 为媒介介绍一下现代汽车的开发过程。

首先,对所设计的产品针对市场以及所要实现的功能认真分析后进行参考图片的绘制,或者使用现成的产品参数信息的参考图片,导入 Alias 后,即可对车身的轴距、轮距以及车身大体轮廓有一个初步的界定,然后就可以开始基于参考图片的信息绘制模型。绘制模型时,先进行基础大面与基准面的绘制,其他的细节以及装饰件或面可以在整体模型绘制完成后进行,在完成车身绘制后进行内饰的设计与绘制。最后,曲面连续性的检查,检查能不能达到 A 面的要求。

汽车设计师把最初的创意用草图的形式表现出来,最终可以根据造型师设计的概念草图导入 Alias,对其进行三维数模的绘制。首先进入 Alias 2010,建立 Wire 文档。通过鼠标单击 File>Import>Canvas image…,可分别将轿车的三视图(Top,Left,Back)导入三视窗,然后调整图像,使其在三视图上的尺寸能够一一对应。一般行业标准是在侧视图中车头朝向左边,在进行图片大小的调节时可以先将前轮中心放在原点处然后画出轴距进行缩放。如果不是基于标准车型的改款或改进,则可以导入设计师的概念图,按以上方法进行调节,完成前期的准备工作。

1. 车身基础面轮廓线的制作

当对齐好三视图后,就以三视图为基础构建数字模型。首先从 Y_0 线开始勾勒出汽车型体,Y_0 线决定了最终汽车的外型,是绘图的关键线,在进行概念设计或汽车造型改款时准确地绘制 Y_0 线对车身的造型影响很大,如图 15-5 所示。

2. 车身基础曲面与内饰以及车身细节的制作

首先,建立曲线模型,然后由曲线模型再建立曲面模型。建立曲线模型的阶段要注意:要使用软件中"显示曲率梳"选项对所绘制曲线进行曲率检查,且在满足造型要求的前提下以不显示尖点为准,在曲线的过渡处能平滑过渡为最佳。在建立曲面模型时,利用先前建立的曲线分别构建车前部分、顶棚及前挡风玻璃部分和车身后部

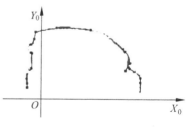

图 15-5 车身轮廓尺寸的绘制

的基础曲面,随后构建车侧围基础曲面,包括车身肩部、前后翼子板和挡泥板曲面。车身细节与内饰可以根据设计者的设计思想进行绘制,可以在车身基础曲面图里直接绘制,也可在确定尺寸的情况下单独地新建另外一个 Wire 文件进行绘制。在绘制车身基础曲面时要注意各部分之间的相互关系,分面的合理性对绘制效率与绘制图形能否准确表达设计者的思想有很大的影响。同时,也要注意各分面之间的连续性要求,在此之前的曲线建模阶段就要保证有连续关系的分面之间的曲线必须建立各种连续关系(G0 点连续、G1 相切连续、G2 曲率连续、G3 曲率变化率连续),从而在车身基础曲面建立起来之后也能达到上面所述的各

种连续关系。在车身建模阶段通过直接建面就能达到 A Class 要求，一般使用 Rail Surface、Square、Surface Fillet、Freeform Blend，使用这几个工具建面最好时能达到 G2 曲率连续，而如果在建面阶段无法达到曲率连续，可以在建面后使用 Align 工具调整达到曲率连续。同时也可以使 Dynamic section 工具按照实际情况的需要将曲面分成多段进行曲率的检查，均以不出现尖点且在过渡处能平滑过渡为最佳状态，从而保证能够做出满足汽车设计与生产要求的 A Class 面，以便在准确表达设计者的设计思想的同时制作出一个美观、漂亮的车身，如图 15-6 所示。

图 15-6　车身绘制效果图

3. 轮胎的制作

轮胎可在另一新建的 Wire 文件里面单独构建，根据具体厂家提供的轮胎参数和外观图片，也可以根据设计者自己设计产品的要求来自主地创建相应的轮胎外表面，轮毂可以根据设计者自己的设计思想在满足行驶要求的条件下自由绘制任何形式的轮毂，如图 15-7 所示。

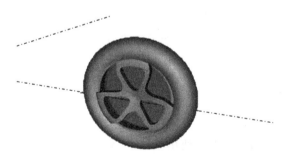

图 15-7　轮胎绘制效果图

4. 曲面连续性的检查

在完成以上的曲线建模以及曲面建模之后，最后一步就是对之前通过各种手段与方式建立的模型在分面处以及有相关关系的地方进行连续性检查。虽然在之前的建模过程中已经运用了可以达到 4 种连续（点连续、相切连续、曲率连续、曲率变化率连续）的建面工具，但是在汽车造型设计中，对车身曲面的要求非常高，单块曲面的质量必须简洁、合理与平缓。曲面要尽量用阶数来描述，同时尽量不要有多余的 Span 数产生，即在完成车身绘制后要达到 A Class 的要求。在曲率出现较大变化或转折的地方要适当加一些 CV 控制点。曲面的 CV 和 Span 分布要均匀合理，不能有明显的跳动。曲面的高光走势和曲率变化也需力求平缓。Nurbs 曲面连续性包括相切连续性、曲率连续性和曲率变化率连续性等，一般最高要求达到曲率变化率连续即可。在 Alias 中曲面连续性的判断分为三类：①数据检测；②高光环境检测；③工具检测。

1）数据检测方式

在 Alias 中的检测方式是 Deviation table 列表,将所检测的 2 块曲面交接线上的 $G_0 \sim G_2$ 的相差数值列出,如果数值小于用户所设定的连续性公差,就可以说该交界处具有某种连续性。黄色边界所示区域的连续性数值列在了列表中,而白色所框选的区域是边界检测采样点没有达到公差所设定范围的数值列表,而由于采样点未达标,反映在模型上就是所检测的曲面没有达到连续。

2）高光环境检测方式

所有曲面的连续性最终都要反映到曲面映射环境高光的视觉效果上来,而环境检测方式就是利用这个方法来判断 2 块曲面的连续性。Alias 软件有 3 种基本的环境监测方式：①直接模拟自然光线的光反射效果；②模拟多个水平白炽灯组投影效果的斑马线反射效果,如图 15-8 所示；③将曲面不连续的边界瑕疵以某种数学计算模式放大,最后以一种色彩贴图显示出来的曲率检测方法。

3）工具检测方式

在 Alias 中,有专门的曲率检查工具,它是一个可以检测出曲面连接处连续性的工具。找到工具 Surface continuity,设置需要检测的边界处需要满足哪种连续（点连续、相切连续、曲率连续）。同时在有连续性关系以及需要检查的边处单击,达到什么样的连续一目了然,如图 15-9 所示工具检测曲面的连续性均达到了曲率连续。

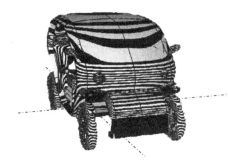
图 15-8　高光斑马线曲面检查

图 15-9　工具检查曲面连续性

5．A 面渲染模型的展示

在现代的汽车设计中,渲染制作逼真的效果图已经成为汽车设计必不可少而且越来越重要的环节,通过模型的渲染可以把建立好的虚拟模型逼真地呈现出来,给人们以更直观、更真切的感受。因此,它也成为当前世界各大汽车公司争相使用的尖端技术。这一视觉技术的核心,就是通过强大的软件与硬件能力,将数字模型转换为栩栩如生的"实物",甚至可以制作逼真的照片,使用户虽然面对的是数字内容,但仿佛处于真实世界,这样大大缩短了数字模型与真实模型间的差距,降低了人们对实物模型的依赖。这无疑也对减少油泥模型制作、加快整个开发流程、减少开发费用及增加多方案尝试等都有着重大的价值。目前,应用于这一领域的软件并不多,在国内应用最多的是 Autodesk Showcase。图 15-10 和图 15-11 是 Showcase2011 渲染的汽车外形图。

图 15-10　最终渲染汽车设计效果图（侧）　　图 15-11　最终渲染汽车设计效果图（后）

15.3　基于网格节点的变形技术

网格变形技术可以解决传统优化设计方法，每次在设计空间中取一组数据进行优化迭代后，都需要重新构建更新优化设计对象的 CAD 模型和 CAE 模型。网格变形大体可以分为两种方式：自由变形（FFD）和基于控制块的变形。

15.3.1　自由变形（FFD）

这种形式的变形需要选择控制节点、变形节点和固定节点。固定节点决定了网格中变形区的边界，变形节点变形过程中的位移由控制节点及变形形状函数决定，控制节点通过多种变换方式运动，如平移、旋转、比例缩放和投影等。其仿真分析流程如图 15-12 所示。

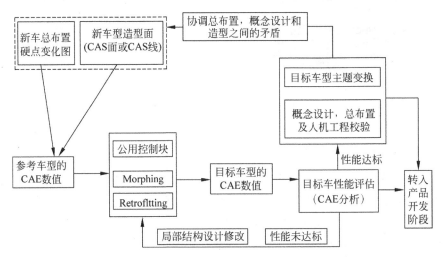

图 15-12　基于网格变形技术的概念设计阶段 CAE 仿真分析流程

1. FFD 变形特点

FFD 变形的优点：①适用于任何实体造型，变形与实体的参数化方式无关，即无须参数化,对于任意造型均可以通过一个嵌套在外部的控制体实施变形;②可以整体或者局部使用,局部使用需要保证变形区域与非变形区域的连续性;③对于参数曲线曲面变形后仍然保持参数曲线曲面性质。

FFD 变形的缺点:①变形不直观,为了得到目标形状,需要精细调整很多控制点;②对于部分造型,如圆角、过渡面等的构造难以实现;③计算量较大,对于三维情况下的自由变形算法需要进行三层嵌套,时间复杂度为 0,一般推荐各个方向的阶次不超过 10。当然对于需要精细控制变形的情况,随着控制点个数的增加,三维的累积计算量会剧增。尤其是三维网格变形,其网格数目均在百万量级,每个网格点的位置移动均需要调用不止一次的嵌套计算,其计算量巨大。

虽然自由变形方法有上述缺点,但是由于其出色的网格质量保持能力、网格形式无关性、原始造型无须参数化等优点,该方法还是引起了国内外学者的广泛关注与研究,并针对部分缺点提出了新的改进方法。

2. 基本思想

FFD 技术的基本思想是建立一个平行六面体的控制体,将物体放入控制体中,建立从物体到控制体的数学映射,从而通过调整 FFD 控制体的控制点,来改变物体的外形。FFD 技术的主要优点是变形控制直观,变形过程光滑。基本技术原理主要如下:

确定好待变形的物体,根据物体外形确定了一个平行六面体框架,称之为 FFD 控制体。在 FFD 控制体上建立一个局部坐标系,坐标系的参考点是 X_0,三个坐标轴(S,T,U),则局部坐标系里任意一点的坐标 $X(s,t,u)$ 为

$$X = X_0 + sS + tT + uU \tag{15-2}$$

式中:s,t,u 为该点的局部坐标。

建立从全局坐标系到局部坐标系的映射,使得变形物体上的每一个点(x,y,z)都能找到对应于局部坐标系(s,t,u),其中 s,t,u 由下式确定:

$$\begin{cases} s(x,y,z) = \dfrac{x - X_{\min}}{X_{\max} - X_{\min}} \\ t(x,y,z) = \dfrac{y - Y_{\min}}{Y_{\max} - X_{\min}} \\ u(x,y,z) = \dfrac{z - Z_{\min}}{Z_{\max} - Z_{\min}} \end{cases} \tag{15-3}$$

式中:(x,y,z) 为全局坐标系的坐标;$X_{\max},Y_{\max},Z_{\max},X_{\min},Y_{\min},Z_{\min}$ 分别是 FFD 控制体在(x,y,z)三个坐标方向上最大和最小坐标值。在基于 Bernstein 多项式的 FFD 方法中,映射关系为

$$x(s,t,u) = \sum_{i=0}^{l} \sum_{j=0}^{m} \sum_{k=0}^{n} [B_l^i(s) B_m^j(t) B_n^k(u)] \cdot P_{i,j,k} \tag{15-4}$$

式中:$B_l^i(s),B_m^j(t),B_n^k(u)$ 分别为第 i 个 l 次、第 j 个 m 次、第 k 个 n 次 Bernstein 基函数,分别定义为

$$\begin{cases} B_l^i(s) = \dfrac{(l)!}{(i)!(l-i)!} s^i (1-s)^{l-i} \\ B_m^j(t) = \dfrac{(m)!}{(j)!(m-j)!} t^j (1-t)^{m-j} \\ B_n^k(u) = \dfrac{(n)!}{(k)!(n-k)!} u^k (1-u)^{n-k} \end{cases} \tag{15-5}$$

这里定义 $l+1$、$m+1$、$n+1$ 为 FFD 控制体在 3 个方向上的阶数，即 FFD 控制点在 3 个方向上的数目。

物体变形的定义如下：当 FFD 控制点位移发生移动后，控制点内变形物体上任意一点 $x(s,t,u)$ 的新位移由下式确定：

$$x'(s,t,u) = \sum_{i=0}^{l} \sum_{j=0}^{m} \sum_{k=0}^{n} [B_l^i(s) B_m^j(t) B_n^k(u)] \cdot (\Delta P_{i,j,k} + P_{i,j,k}) \tag{15-6}$$

综上所述，FFD 技术的变形过程如图 15-13 所示。

3. 局部坐标求解

局部坐标求解是整个自由变形的核心部分，也是求解代价最大的部分，局部坐标求解的精确程度对最终变形的网格质量有很大影响。局部坐标求解本质上是求解任意空间向参数空间的逆映射，也是 FFD 方法中最具有研究意义的方向，该数学模型为高阶非线性方程组，几乎无法得到精确解析解，对参数空间坐标的逆映射转换为对该空间进行如式(15-7)所示数学模型的求解，也被称为参数辨识问题。

$$\min f(x) = \parallel X - F(x) \parallel \tag{15-7}$$

此处简单地叙述两种求解方法：

1) 牛顿-拉夫逊法

牛顿-拉夫逊法基本流程如下：

步骤 1：确定表达式 $f(x)$、迭代初始点 x 以及与允许误差 ε。

$$f(x) \approx f(x_k) + (x - x_k)^{\mathrm{T}} g_k + \frac{1}{2}(x - x_k)^{\mathrm{T}} H_k (x - x_k) \tag{15-8}$$

$$\nabla f(x) \approx g_k + \frac{1}{2} H_k (x - x_k) + \frac{1}{2} H_k^{\mathrm{T}} (x - x_k) \tag{15-9}$$

假设在邻域为二阶连续，则为正定矩阵

$$\nabla f(x) \approx g_k + H_k (x - x_k) \tag{15-10}$$

函数最小值处为 x^* 则

$$\nabla f(x) \approx g_k + H_k (x^* - x_k) = 0 \tag{15-11}$$

得修正量

$$\Delta x = x^* - x = -H_k^{-1} g_k \tag{15-12}$$

则在迭代过程中：$x_{k+1} = x_k - H_k^{-1} g_k$。

如果使用泰勒近似表示原始函数带来的误差较小，则该方法能够在较少迭代步内收敛，

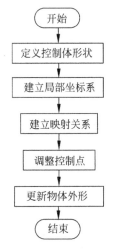

图 15-13 FFD 技术应用流程

假如 $f(x)$ 为 N 维二次函数时,该方法能够从任何起始点 1 步收敛。

步骤 2：计算梯度 $g_k = \nabla f(x_k)$ 与海森矩阵 $H_k = \nabla^2 f(x_k)$,判断 $\|g_k\|$ 是否小于 ε,如果是,停止迭代;否则转步骤 3。

步骤 3：构造正定矩阵 G_k 代替 H_k,得到下降方向 $d_k = -G_k^{-1} g_k$。

步骤 4：一维搜索确定步长因子 λ_k。

$$x_{k+1} = x_k - \lambda_k H_k^{-1} g_k \tag{15-13}$$

$$\lambda_k = 1, \frac{1}{2}, \frac{1}{4}, \cdots, 2^{-i}, \cdots \tag{15-14}$$

步骤 5：确定下一个迭代点 $x_{k+1} = x_k - \lambda_k G_k^{-1} g_k$,转步骤 2。

2) 八叉树法

八叉树法(Octree Method)将参数体分成图 15-14 所示八个区域(二维四个区域),对于每个分区计算八个角点的绝对坐标,确定需要计算局部坐标的网格节点所在的子区域,并继续细分,最终达到需要的精度。八叉树算法由于需要频繁计算角点的绝对坐标,要达到足够的精度往往需要较多的迭代步数。所以,该算法效率较低,但是鲁棒性较好,对于任意的基函数形式都能够有效求解。

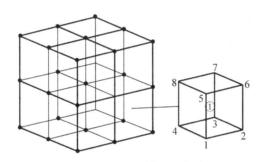

图 15-14 八叉树法示意图

由于八叉树法比较耗时,牛顿-拉夫逊方法对初值要求较高,那么将两种方法结合起来就得到了一种经济性高、鲁棒性好的局部坐标求解算法。对于部分网格节点局部坐标求解比较难收敛的情况,首先使用八叉树方法进行初值求解,随后将该解作为牛顿-拉夫逊方法的迭代初值,这样很快能收敛到精确解。

虽然八叉树法鲁棒性较高,但是在实际运用时还是出现适应性不好的情况,主要原因是：该方法需要判断网格点是否在八叉树确定的分区内,这样的方法对于规则的物体(如六面体等)没有问题,而对于弯曲程度较大的物体(如 S 形管道)在分区较为粗糙的情况下会造成求解失败。以一个二维弯道为例,如图 15-15(a)所示,参数体为黑色线条所示区域,八叉树分区区域为红色线条区域,图中 p_1 点局部坐标应处于 $I \in (0, 0.5)$,$J \in (0.5, 1)$,在用图所示的分区时,该点不处于分区内,是无法求解到局部坐标的。同样,p_2 点局部坐标应处于 $I \in (0, 0.5)$,$J \in (0, 0.5)$,用图所示的分区进行求解时求解得到的 $I \in (0, 0.5)$,$J \in (0.5, 1)$,求解结果是错误的。综上所述,在实际应用八叉树方法时,还需要根据构型的实际情况进行处理。譬如,对于图 15-15(b)所示的弯道,可以先将参数体进行细分并布置各个求解区域,然后遍历每个区域运用八叉树法进行细分,最终求解得到局部坐标。区域划分越精细,求解的稳定性越高,计算量也越大,所以求解区域细分个数应当根据实际需要进行选择。

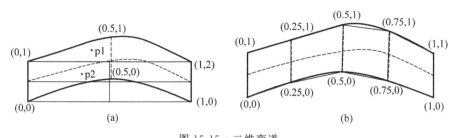

图 15-15 二维弯道

(a) 粗糙的求解区域布置；(b) 细分求解区域

下面给出完整的八叉树法 FFD 局部坐标求解算法流程。

步骤 1：根据参数坐标确定局部坐标求解区域与区域细分个数 N 以及求解精度 ε；

步骤 2：遍历每个求解区域，计算每个求解区域角点坐标，并确定网格点所在求解区域序号 I，如果没有找到，转步骤 1 增大 N，否则转步骤 3；

步骤 3：在序号为 I 的求解区域内进行八叉树法区域划分，确定每个子区域的角点坐标；

步骤 4：遍历八个子区域，确定网格点所在子区域序号 J；

步骤 5：判断子区域序号 J 八个角点之间的距离，如果最大距离 $D<\varepsilon$，求解完成，网格点局部坐标为子区域 J 中心的参数坐标，否则转步骤 3。

4. 基于 FFD 技术和 Delaunay 图映射的网格变形

通过 FFD 技术建立起从表面网格到 FFD 控制体的映射关系后，只需移动 FFD 控制体的控制点，即可以实现物体几何外形和表面网格的更新。然后将更新后的表面网格点的坐标信息传递给 Delaunay 图映射，就可以实现空间网格的更新。

对于基于 Delaunay 图映射的网格变形方法，三维网格变形原理与二维网格一致。下面以二维网格变形为例，给出了 Delaunay 图映射原理的 4 个步骤：

步骤 1：背景网格的生成，通过 Bowyer-Watson 算法和计算域的边界点，在所在空间实现唯一的 Delaunay 图三角化，计算域边界点包括远场边界点和变形边界点。完成计算区域的三角化覆盖后，就可以对区域内任意点进行三角形定位。

步骤 2：将空间网格点一一对应到 Delaunay 背景图中。因为背景网格覆盖了整个计算域，任意一个网格节点都找到其对应的三角形单元。建立如图 15-16 所示的空间网格节点

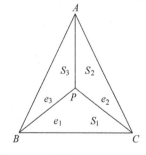

图 15-16 网格节点和 Delaunay 三角形

和 Delaunay 三角单元的关系。网格节点 P 位于 Delaunay 三角形，其相对于 Delaunay 三角单元的面积比系数是

$$e_i = \frac{S_i}{S} \quad (i=1,2,3) \tag{15-15}$$

其中：S,S_1,S_2,S_3 分别是 $\triangle ABC$，$\triangle BPC$，$\triangle APC$，$\triangle APB$ 的面积。则空间网格节点坐标和 Delaunay 三角形单元节点坐标点的关系为

$$\begin{cases} x_p = e_1 x_1 + e_2 x_2 + e_3 x_3 \\ y_p = e_1 y_1 + e_2 y_2 + e_3 y_3 \end{cases} \tag{15-16}$$

步骤3：根据变形边界点的移动来更新Delaunay背景网格。

步骤4：根据步骤2计算出的面积比系数e_i，将空间网格点P映射到移动后的背景网格中，得到新位置的坐标(x_p,y_p)，关系如下：

Delaunay图映射关注的只是空间网格节点和背景网格之间的关系，故该网格变形技术适用于不同的网格类型。此外，生成Delaunay背景网格时经常需要添加辅助点，防止物面相邻点之间建立三简化关系，提高网格变形能力。

FFD技术建立了从FFD控制体局部变形系和变形物体全局坐标系的映射关系，从而实现了几何构型和表面的变形，而Delaunay图映射实现了空间网格的变形。把FFD技术和Delaunay图映射相结合则可以自动实现从几何外形到空间网格的更新。

15.3.2 基于控制块的变形

如图15-17所示，变形操作不直接作用在已有的有限元模型，而是作用在定义控制块上。每个控制块代表了包络一小部分有限元模型的实体，变形后控制块内部节点的位置取决于控制块的顶点。对控制块进行变形操作，可以得到变形后的有限元模型。

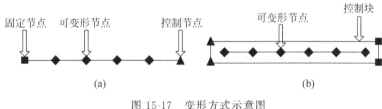

图15-17 变形方式示意图
(a) 自由变形；(b) 基于控制块

基于变形操作对象的结构复杂性，采用自由变形方式改变车身截面的形状尺寸，以定义形状变量。

在分析物面变形问题时，网格必须随外形的变化而变化，因此每一变化步网格的重新获取就成为需要首先解决的问题。采用基于无限插值方法(TFI)的变形网格技术，该方法属于一种代数方法。代数方法一般比基于求解偏微分方程的方法要快，而且网格质量有时也不见得不如偏微分方程方法的好。

这种方法的基本思路：首先确定网格块的块角位移量，然后把块角的位移量线性插值到块边界上求出边界面上各点的位移量。在边界上各点的位移量确定后，用无限插值公式求出内网格点各点的位移量，即可得到适应物面变形的新的网格分布(图15-18)。

判断块角点移动的标准是看角点周围其他块是否移动，只要角点周围有一个块是固定不动的，则该角点也是不动的。在实际问题中，块的角点往往是和物面固连的，而物面的位移是已知的，因此角点的位移也可以得到。

块边界条件设置用于非定常计算的网格中，除了与物面固连的边界，其位移在任意时刻均为已知外，另外三边上每点的位移可以通过对4个角点的位移进行插值求得。

在前述的块边界各点位移量的确定中，块边界中各点位移量的分布是连续的，并且距离物面越近的点其位移量就越接近物面对应点的位移量。内部网格点的位移量则是由4个块

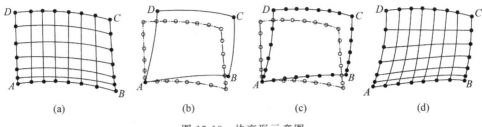

图 15-18 块变形示意图

(a) 原始网格；(b) 网格块角点位移；(c) 网格块边界面位移；(d) 网格块内点位移

边界中的对应点插值求得,用 Gordon 和 Hall 提出的无限插值(TFI)方法的原始递推公式,通过循环算法求得内部网格点的位移量。

15.3.3 网格变形的优化流程

基于近似模型的优化流程叙述如下：①分析车身的初始质量、模态频率和静态刚度；②基于网格变形技术定义车身的截面形状变量；③灵敏度分析筛选变量；④构造近似模型,用试验设计对设计空间进行采样,分析各样本点对应的响应,即质量、一阶扭转频率、一阶弯曲频率、弯曲刚度和扭转刚度,最后拟合近似模型；⑤基于近似模型的优化,选择多目标粒子群优化算法,通过内循环寻优、外循环更新近似模型的迭代过程,寻找最优解。

CAE 模型的网格变形通过给定的表述形式实现模型节点的移动,给定的表述形式可以是矩阵表示的数学形式,也可以是由目标形状定义的几何形式。节点的移动包括平移、旋转和比例缩放等方式。在对立柱筋板厚度进行尺寸优化过程中,就可以采用节点的平移方式实现 CAE 模型的网格变形,节点的平移如图 15-19 所示。

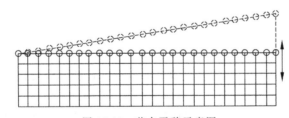

图 15-19 节点平移示意图

基于神经网络模型和网格变形技术的优化流程如下,流程图如图 15-20 所示。

步骤 1：由工况的载荷和约束,得到立柱的初始有限元模型,并对初始有限元模型进行求解。将得到的多工况下立柱导轨最大变形和立柱首阶固有频率作为参考,并确定优化模型约束条件的上下限值,建立立柱优化的数学模型。

步骤 2：对立柱初始有限元模型需要优化的筋板节点集进行节点平移,得到立柱修改有限元模型。用自行开发的 VB 软件对立柱初始有限元模型和修改有限元进行对比处理,生成立柱参数化有限元模型。

步骤 3：利用优化拉丁方采样方法在优化设计空间中选取样本点集,进行实验设计。

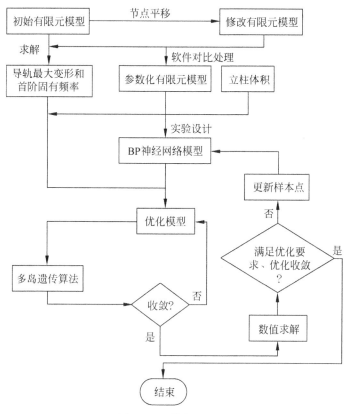

图 15-20　优化流程图

步骤 4：利用步骤 3 中得到的数据集建立 BP 神经网络模型，并验证神经网络模型的泛化能力。

步骤 5：利用多岛遗传算法对步骤 4 建立的 BP 神经网络模型进行优化。对优化得到的解进行数值求解，判断其是否满足优化要求和收敛条件。若满足，则优化完成；若不满足，则更新样本点集及 BP 神经网络模型，直到优化结果满足优化要求和收敛条件。

15.3.4　实例分析

所述案例是基于 Meshworks/Morpher 软件，在概念设计阶段针对一款正向开发车型进行了 NVH、CFD 性能预测及拓扑优化工作，整个项目的开展只需要 10 天左右的时间，即可替代一个轮次约 3 个月的设计开发及分析工作。在前期指导工程师开展设计工作，体现了应用基于网格变形技术的概念设计阶段 CAE 仿真分析的科学性及先进性。

根据与设计部门的交流，确定如下变形方案：①沿前后底板搭接处开始，轴距拉伸 70mm；②车顶加高 35mm；③宽度方向两边分别加宽 15mm；④铰链柱与风挡横梁连接处前移；⑤前舱、侧围、门洞、后部等处的造型投影变化如图 15-21 所示。

根据上述变形方案，建立各主要视图上控制整车变形的控制块（图 15-22），与整车模型链接，综合运用平移、映射等变形方式，以实现对整车模型进行以上五项结构变化。

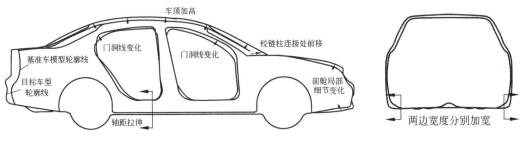

图 15-21 变形方案

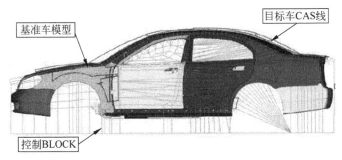

图 15-22 整车变形控制块

在铰链柱连接处前移过程中,发现前风挡下横梁与前减振器座干涉。通过与总布置、车身工程师共同讨论相关方案,确定了局部的修改方案,对风挡下横梁及相关零件进行重新设计(图 15-23)。最终得到基本满足设计要求的目标车型的 CAE 分析模型。

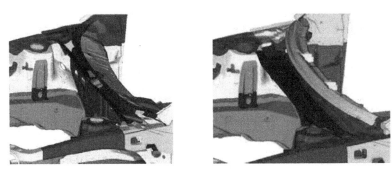

图 15-23 前风挡下横梁更改前后结构变化

基于网格变形及局部结构修改后的模型,对目标车型进行了有限元模态刚度分析及性能提升、外流场分析及传力路径分析。模态分析是模拟自由约束条件下车身的结构动态特性,其特性用力学系统运动微分方程的特征值及特征向量来表征即频率和振型。车身扭转刚度分析是模拟某车型的车身固定在台架上,在前减振器座支点处施加一对力偶 T 后,车身上沿车身纵向各截面处的角变形和扭转刚度值。弯曲刚度分析是模拟门槛与 H 点所在的 YOZ 平面相交处集中加载,计算沿车身纵向各截面处的垂直位移和弯曲刚度值。变形后的模态及刚度值都没有达到目标值要求,对变形后的车身进行了性能提升分析。由于基准车身的车身模态刚度都不满足目前新车型的目标值,说明之前的车身关键结构的典型截面参数都不很理想,经过加长、加宽、加高的变形后性能更差。因此,对于影响车身模态刚度的典型截面进行了参数化变形设计(图15-24),并且对局部结构进行加强设计。

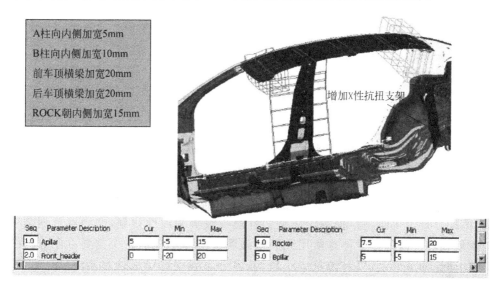

图15-24　典型截面参数化变形设计

经过第一轮性能提升后,模态刚度均有所提高,但还未达到目标值,在此基础上又进行一轮基于模态的车身钣金件灵敏度分析,对部分敏感件也进行适当增厚。第二轮性能提升方案的结果完全达到目标值要求,而且性能提升后的车身的轻量化系数远高于基准车型及其他未应用基于网格变形技术的同平台车型。

习　题

1. 汽车总体设计的主要任务是什么?
2. 何谓参数化造型技术?参数化造型系统的主要功能有哪些?
3. 建立参数化优化模型时,应考虑哪些因素?
4. 采用罚函数法求解约束优化问题的基本原理是什么?
5. 何谓内点惩罚函数法?何谓外点惩罚函数法?分别适用于什么问题?在构造惩罚函数时,内点惩罚函数法和外点惩罚函数法的惩罚因子该如何选取?
6. 为什么说共轭梯度法实质上是对最速下降法进行的一种改进?
7. 简述随机方向法的基本思想。
8. 简述下降迭代算法的基本步骤和收敛准则。
9. 什么是可靠度?系统的可靠性预测和可靠性分配有何不同?
10. 优化设计的数学模型由哪三部分组成?建立优化设计数学模型的基本步骤是什么?

第 16 章

单/多目标优化

16.1 概　　述

最优化问题是应用数学的一个分支,许多现实和理论问题都可以通过建模生成一般性数学框架。最优化问题根据数学模型的性质一般分为线性规划、非线性规划、整数规划、二次规划等。而优化设计是应用数学模型解决实际工程的一个重要方向,即在数学中最优化理论的基础上,以计算机为手段,从多种方案中选择最佳方案的设计方法。根据设计所追求的性能目标,建立目标函数,在满足给定的各种约束条件下,寻求最优的设计方案。

第二次世界大战期间,美国在军事上首先应用了优化技术。1967 年,美国的福克斯等发表了第一篇机构最优化论文。1970 年,贝特勒等用几何规划解决了液体动压轴承的优化设计问题后,优化设计在机械设计中得到应用和发展。随着数学理论和电子计算机技术的进一步发展,优化设计已逐步形成为一门独立的新兴工程学科,并在生产实践中得到了广泛的应用。通常设计方案可以用一组参数来表示,这些参数有些已经给定,有些没有给定,需要在设计中优选,称为设计变量。如何找到一组最合适的设计变量,在允许的范围内,能使所设计的产品结构最合理、性能最好、质量最高、成本最低(即技术经济指标最佳),有市场竞争能力,同时设计的时间又不要太长,这就是优化设计所要解决的问题。

最优化方法的主要研究对象是各种有组织系统的管理问题及其生产经营活动。目的在于针对所研究的系统,求得一个合理运用人力、物力和财力的最佳方案,发挥和提高系统的效能及效益,最终达到系统的最优目标。

1. 最优化问题解决流程

运用最优化方法解决最优化问题的一般方法步骤如下:
(1) 前期分析:分析问题,找出要解决的目标、约束条件,并且确立最优化的目标。
(2) 将实际中的问题抽象化,用数学的语言描述出来,定义变量并将变量间的关系转换为数学模型,列出目标函数和约束条件。
(3) 针对建立的模型,选择合适的求解方法或者数学软件。
(4) 编写程序,利用计算机求解。
(5) 对结果进行分析,讨论结果的合理性、正确性,算法的收敛性,模型的实用性和通用性,算法效率与误差等。

最优化模型的分类方法有很多,可以按照变量、约束条件、目标函数个数、目标函数和约束条件是否线性、是否依赖时间等分类。其中根据目标函数、约束条件的特点,将最优化模型包含的主要内容大致分为:线性规划、非线性规划、动态规划、整数规划、多目标规划、对策论等。

2. 求解方法

求解优化数学模型比较常用方法有:

1) 梯度下降法

梯度下降法是最早最简单,也是最为常用的最优化方法。梯度下降法实现简单,当目标函数是凸函数时,梯度下降法的解是全局解。一般情况下,其解不保证是全局最优解,梯度下降法的速度也未必是最快的。梯度下降法的优化思想是用当前位置负梯度方向作为搜索方向,因为该方向为当前位置的最快下降方向,所以也称为"最速下降法"。最速下降法越接近目标值,步长越小,前进越慢。

2) 牛顿法

牛顿法是一种在实数域和复数域上近似求解方程的方法。方法使用函数 $f(x)$ 的泰勒级数的前几项来寻找方程 $f(x)=0$ 的根。牛顿法最大的特点就在于它的收敛速度很快。

3) 拟牛顿法

拟牛顿法是求解非线性优化问题最有效的方法之一,其本质思想是改善牛顿法每次需要求解复杂的海森矩阵的逆矩阵的缺陷,它使用正定矩阵来近似海森矩阵的逆,从而简化了运算的复杂度。拟牛顿法和最速下降法一样只要求每一步迭代时知道目标函数的梯度。通过测量梯度的变化,构造一个目标函数的模型使之足以产生超线性收敛性。这类方法大大优于最速下降法,尤其对于困难的问题。另外,因为拟牛顿法不需要二阶导数的信息,所以有时比牛顿法更为有效。如今,优化软件中包含了大量的拟牛顿算法用来解决无约束、约束和大规模的优化问题。

4) 共轭梯度法

共轭梯度法是介于最速下降法与牛顿法之间的一个方法。它仅需利用一阶导数信息,但克服了最速下降法收敛慢的缺点,又避免了牛顿法需要存储和计算海森矩阵并求逆的缺点。共轭梯度法不仅是解决大型线性方程组最有用的方法之一,也是解大型非线性方程组最优化最有效的算法之一。在各种优化算法中,共轭梯度法是非常重要的一种。其优点是所需存储量小,具有步收敛性,稳定性高,而且不需要任何外部参数。

5) 启发式优化方法

启发式方法指人在解决问题时所采取的一种根据经验规则进行发现的方法。其特点是在解决问题时,利用过去的经验,选择已经行之有效的方法,而不是系统地、以确定的步骤去寻求答案。启发式优化方法种类繁多,包括经典的模拟退火方法、遗传算法、蚁群算法以及粒子群算法等。

6) 拉格朗日乘子法的基本思想

作为一种优化算法,拉格朗日乘子法主要用于解决约束优化问题,它的基本思想就是通过引入拉格朗日乘子来。将一个含有 n 个变量和 k 个约束条件的约束优化问题转化为含有

($n+k$)个变量的无约束优化问题,拉格朗日乘子法从数学意义入手,通过引入拉格朗日乘子建立极值条件,对 n 个变量分别求偏导对应了 n 个方程,然后加上 k 个约束条件(对应 k 个拉格朗日乘子)一起构成包含了($n+k$)变量的($n+k$)个方程的方程组问题,这样就能根据求方程组的方法对其进行求解。

16.2 单目标优化技术

单目标优化设计方法是以结构的某一性能目标为最优,以其他性能目标设定值和变量的变化范围作为约束条件。一般对于汽车结构轻量化设计,是以结构质量最小作为优化目标函数,以结构最大应力、最大变形、主要低阶模态频率、抗冲击性能和冲击加速度为约束条件,以零件板厚度和梁断面形状尺寸参数为设计变量。单目标优化设计是最简单常用的优化设计方法,其数学描述如下:

$$\begin{cases} \min f(x) \\ g_p(x) \leqslant 0 \quad (p=1,2,\cdots,l) \\ h_q(x) = 0 \quad (q=1,2,\cdots,m) \\ \boldsymbol{x} = [x_1, x_2, \cdots, x_n]^{\mathrm{T}} \\ x_{iu} \leqslant x_i \leqslant x_{id} \quad (i=1,2,\cdots,n) \end{cases} \quad (16\text{-}1)$$

式中:$f(x)$ 为优化设计目标函数;$g_p(x)$ 为不等式约束;$h_q(x)$ 为等式约束;$\boldsymbol{x}=[x_1,x_2,\cdots,x_n]^{\mathrm{T}}$ 为设计变量;x_{iu} 和 x_{id} 为第 i 个设计变量取值的上下限。

16.2.1 优化参数设置

1. 设计变量

在设计过程中进行选择并最终必须确定的各项独立参数。它的数目同样也是优化设计的维度,有 n 个变量就有 n 个维度。这 n 个维度会构成 n 个坐标轴,由参数的取值域构成一个空间,这个空间称为 n 维实空间,用 R^n 表示。在设计空间上空间点,称为设计点,用 x_i 表示,其中 $i=1,2,\cdots,n$。在运算的过程中,利用矩阵的方法进行问题的求解。

2. 目标函数

在设计中预期要达到的目标,是设计目标和设计变量之间的函数关系,控制着设计方案的优劣程度。当目标函数只有一个时,称为单目标优化;当存在多个目标函数优化设计问题时,称为多目标优化。在机械系统设计时,目标函数越多,设计的综合性越好,但问题求解越来越复杂。可以利用在实空间 R^n 中的曲线或是曲面表示在函数求解过程的最优解。当问题中存在 n 个设计变量时,则目标函数与 n 个设计变量间的关系呈 $n+1$ 维空间的超越曲面关系。对于具有相同目标函数的设计空间点所构成的平面曲线或曲面称为等值线或等值面。在极值处函数的等值线聚成一点,即目标函数的极值点 R^n,也是想要的最优解。

3. 约束条件

约束条件又分为两种形式:等式约束与不等式约束。其中不等式约束最为普遍。从性质上分类又可分为:边界约束和性能约束。边界约束的定义为:对设计变量取值上下界的约束。性能约束的条件为:由设计性能所确定的设计变量。

16.2.2 代理模型

在实际工程中目标函数和约束函数的表达式是比较难得到的,经常用构建代理模型作为目标和约束函数。代理模型方法或近似模型方法,即在基本不降低优化结果精度情况下采用高效数学模型或经验公式来替代实际分析模型。加快优化算法的寻优速度,推动了优化算法在工程领域中的应用,收到了良好的效果。近似模型用下式来描述输入变量和输出响应之间的关系:

$$y(x) = \tilde{y}(x) + \varepsilon \tag{16-2}$$

式中:$y(x)$ 为响应实际值,是未知函数;$\tilde{y}(x)$ 为响应近似值,是一个已知的多项式;ε 为近似值与实际值之间的随机误差,通常服从 $(0, \sigma^2)$ 的标准正态分布。

创建近似模型的过程包括:

(1) 样本数据采集。样本点可以来自试验设计、随机试验、物理试验、经验数据库等。
(2) 选择近似模型类型。
(3) 初始化近似模型。
(4) 验证近似模型。通过计算模型近似误差,可验证模型预测的效果。
(5) 如果近似模型可信度不够,则需要更新模型,提高其预测精度。常用的方法包括增加更多的样本数据、更改模型参数等。
(6) 如果近似模型具有足够可信度,则可以使用该近似模型替代仿真程序(图 16-1)。

1. 响应面法

响应面法(Response surface methodology)是采用多项式来拟合设计因素与响应值之间的函数关系,以解决多变量问题的一种统计方法。通过较少的试验在局部范围内比较精确地逼近函数关系,并用简单的代数表达式展现出来,计算简单,给设计优化带来极大的方便。该方法数学理论基础充分扎实,系统性、实用性强,适用范围广,逐步成为复杂工程系统设计的有力工具。根据模型的复杂程度,可选择一阶、二阶、三阶或多阶多项式构建响应面代理模型。阶次越高,越能准确描述响应的非线性特性,其中比较常用的二阶多项式响应面数学模型可表达为

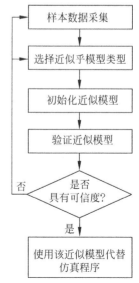

图 16-1 近似模型流

$$\hat{y}(x) = \beta_0 + \sum_{i=1}^{m}\beta_i x_i + \sum_{i=1}^{m}\beta_{ii}x_i^2 + \sum_{i=1}^{m-1}\sum_{i<j=2}^{m}\beta_{ij}x_i x_j \tag{16-3}$$

式中：x_i 为 m 维优化设计变量的第 i 阶分量；β_0、β_i、β_{ii} 和 β_{ij} 为多项式的待定系数。选取 n 个样本点，采用最小二乘法对多项式的待定系数进行确定，即

$$\min_{\beta}\sum_{i=1}^{n}(y_i - \hat{y}_i) \tag{16-4}$$

式中：β 是待定系数组成的向量；y_i 和 $\hat{y}_i$ 分别是第 i 个样本点的真实响应值和近似响应值。

2. 神经网络

人工神经网络是一种模仿动物神经网络行为特征，进行分布式并行信息处理的算法数学模型。20 世纪 80 年代，Hopfield 将神经网络成功地应用在组合优化问题。神经网络代理模型具有复杂非线性逼近能力强、学习收敛速度快、泛化能力好、容错功能强等诸多优点，因此得到了广泛应用。如今神经元网络已经被广泛应用到函数逼近、模式识别、图像处理与计算机视觉、信号处理、时间序列、医药控制、专家系统、动力系统、军事系统、金融系统、人工智能以及优化等方面。

不论何种类型的人工神经网络，它们共同的特点是：大规模并行处理，分布式存储，弹性拓扑，高度冗余和非线性运算，因而具有很高的运算速度、很强的联想能力、很强的适应性、很强的容错能力和自组织能力。这些特点和能力构成了人工神经网络模拟智能活动的技术基础，并在广阔的领域获得了重要的应用。例如，在通信领域，人工神经网络可以用于数据压缩、图像处理、向量编码、差错控制（纠错和检错编码）、自适应信号处理、自适应均衡、信号检测、模式识别、ATM 流量控制、路由选择、通信网优化和智能网管理等。

人工神经网络的研究已与模糊逻辑的研究相结合，并在此基础上与人工智能的研究相补充，成为新一代智能系统的主要方向。这是因为人工神经网络主要模拟人类右脑的智能行为，而人工智能主要模拟人类左脑的智能机理，人工神经网络与人工智能有机结合就能更好地模拟人类的各种智能活动。新一代智能系统将能更有力地帮助人类扩展智力与思维功能，成为人类认识和改造世界的工具。因此，它将继续成为当代科学研究重要的前沿。

神经网络结构是三层前向网络（图 16-2），接收输入信号的单元层称为输入层，输出信号的单元层称为输出层，不直接与输入/输出发生联系的单元层称为隐藏层。从输入层到隐含层的是一种固定不变的非线性变换，将输入向量直接映射到一个新的空间。隐层空间到输出层空间的映射是线性的，输出层在新的线性空间中实现线性加权组合，此处的权即为网络可调参数。

神经网络分为两种径向基 RBF（Radial Basis Functions）网络和椭圆基 EBF（Elliptical Basis Functions）网络。RBF 神经网络以待测点与样本点之间的欧几里得距离为自变量，即假设 $x_1,\cdots,x_N \in \Omega \subset R^N$ 代表一组输入向量，$g_i = g(\|x - x_j\|^c) \subset R(j = 1,2,\cdots,N)$ 是基函数。其中，$\|x - x_j\|$ 是欧几里得距离；$(x - x_j)^T(x - x_j)$，且 $0.2 \leqslant c \leqslant 3$。EBF 神经网络

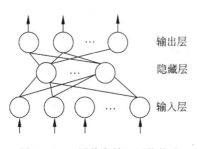

图 16-2 三层前向神经网络构成

以待测点与样本点之间的 Mahalanobis 距离：$(x-x_j)^T S^{-1}(x-x_j)$。

3. 克里金插值法

克里金(Kriging)方法又称空间局部插值法，是以变异函数理论和结构分析为基础，在有限区域内对区域化变量进行无偏最优估计的一种方法，是统计学的主要内容之一。

设 x_0 为未观测的需要估值的点，$x_1,x_2,\cdots,x_N$ 为其周围的观测点，观测值相应为 $y(x_1),y(x_2),\cdots,y(x_N)$。未测点的估值记为 $\hat{y}(x_0)$，它由相邻观测点的已知观测值加权取和求得。Kriging 插值法其实质是利用区域化变量的原始数据和变异函数的结构特点，对未知样点进行线性无偏、最优估计。Kriging 代理模型由全局近似模型和局部偏差两部分组成，其表达式为

$$y(x)=f(x)+z(x) \tag{16-5}$$

式中，$y(x)$ 为待拟合的响应函数；$f(x)$ 为多项式响应面近似模型，表示设计空间的全局近似模型；$z(x)$ 为局部偏差，可表示为期望为零、方差为 σ^2 的随机过程；x 为设计变量。$z(x)$ 的协方差矩阵表示其局部偏离的程度，其表达式为

$$\text{cov}[z(x_i),z(x_j)]=\sigma^2 \boldsymbol{R}[R(x_i,x_j)] \tag{16-6}$$

式中：$\boldsymbol{R}$ 为相关矩阵，是对角线上均为 1 的 $n \times n$ 阶对称矩阵；$R(x_i,x_j)$ 是 n 个采样点中任意两个样本点 x_i 和 x_j 的相关函数。$R(x_i,x_j)$ 可采用高斯相关函数表示为

$$R(x_i,x_j)=\exp(-\sum_{k=1}^{m}\theta_k|x_{ik}-x_{jk}|) \tag{16-7}$$

式中：m 为设计变量个数；θ_k 为用于拟合近似模型的未知相关系数；x_{ik} 和 x_{jk} 分别为样本点 x_i 和 x_j 的第 k 个元素。

相关函数确定之后，$y(x)$ 的近似响应 $\hat{y}$ 在未知点 x 的估计值可表示为

$$\hat{y}=\boldsymbol{f}^T(x)\hat{\boldsymbol{\beta}}+\boldsymbol{r}^T(x)\boldsymbol{R}^{-1}(\boldsymbol{y}-\boldsymbol{F}\hat{\boldsymbol{\beta}}) \tag{16-8}$$

式中：$\boldsymbol{f}^T(x)=[f_1(x),f_2(x),\cdots,f_m(x)]$ 为近似模型的回归基函数；$\hat{\boldsymbol{\beta}}=[\beta_1,\beta_2,\cdots,\beta_m]^T$ 为需要进行确定的回归系数矩阵；$\boldsymbol{r}(x)=[R(x,x_1),R(x,x_2),\cdots,R(x,x_n)]$ 为 n 个样本点与未知点 x 所组成的相关向量；$\boldsymbol{y}$ 为 n 个样本点的响应列向量；$\boldsymbol{F}$ 为 n 个样本点处全局近似模型组成的函数矩阵。

回归系数矩阵可通过下式计算：

$$\hat{\boldsymbol{\beta}}=(\boldsymbol{F}^T\boldsymbol{R}^{-1}\boldsymbol{F})^{-1}\boldsymbol{F}^T\boldsymbol{R}^{-1}\boldsymbol{y} \tag{16-9}$$

方估计值可由下式计算得到：

$$\hat{\sigma}^2=\frac{[(\boldsymbol{y}-\boldsymbol{F}\hat{\boldsymbol{\beta}})^T\boldsymbol{R}^{-1}(\boldsymbol{y}-\boldsymbol{F}\hat{\boldsymbol{\beta}})]}{n} \tag{16-10}$$

用于 Kriging 模型的参数 θ_k 的最大似然估计为

$$\max\varphi(\theta_k)=-\frac{n\ln(\hat{\sigma}^2)+\ln|R|}{2} \tag{16-11}$$

通过求解 k 维非线性无约束优化问题，就可以得到最优拟合的 Kriging 代理模型。

16.2.3 单目标优化案例

车辆的多片钢板弹簧多为中心受载的简支叠板弹簧。如图 16-3 所示,按一定宽度 b 将其截开重叠使用。在钢板弹簧垂直方向载荷的计算上,通常采用的是所谓等应力梁的计算公式,其工作应力的实用公式为

$$\sigma_i = \frac{3Plh_i}{2b(n_1h_1^3 + n_2h_2^3 + \cdots + n_mh_m^3)} \tag{16-12}$$

应力在最厚的板上最大为

$$\sigma_{\max} = \frac{3Plh_{\max}}{2b(n_1h_1^3 + n_2h_2^3 + \cdots + n_mh_m^3)} \tag{16-13}$$

式中:P 为载荷,几何尺寸宽度、厚度的跨距分别为 b,h_i 和 l;n_i 为板厚为 h_i 的钢板片数。严格地说,还应考虑钢板之间的摩擦对工作应力的影响,不过实用上采用这种近似设计方法还是允许的。在汽车、电车等车辆钢板弹簧的设计中,大多采用这种方法。

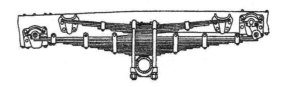

图 16-3 钢板弹簧

国产某型汽车钢板弹簧的跨距 l 为 1475mm,钢板弹簧的片数 n_1 为 2,n_2 为 6,n_3 为 4,载荷 P 为 16503.2N,试此多片不同厚度钢板弹簧设计出的最小宽度 b(不小于 80mm)和最小厚度 h_1,h_2,h_3。要求钢板弹簧最安全。要求钢板弹簧的应力最小,即求应力的表达式中的分母 $f_1(x)$ 最大,取设计变量为 $\boldsymbol{x} = [x_1 \quad x_2 \quad x_3 \quad x_4]^T = [b \quad h_1 \quad h_2 \quad h_3]^T$,则数学表达式为

$$\begin{cases} \min -f_1(x) = -[x_1(n_1x_2 + n_2x_3 + n_3x_4)] \\ \text{s.t.} \, x_2 - x_3 \geqslant 1.0 \\ x_3 - x_4 \geqslant 1.0 \\ x_1 - 80 \geqslant 0 \end{cases} \tag{16-14}$$

选用约束随机方向法进行优化设计,选取初值为 $b = 90\text{mm}$,$h_1 = 11\text{mm}$,$h_2 = 10\text{mm}$,$h_3 = 9\text{mm}$,对板簧进行优化设计,根据给出的数据,求得板簧设计出截面的最小尺寸为:$b = 80.0009\text{mm}$,$h_1 = 11.8283\text{mm}$,$h_2 = 10.8277\text{mm}$,$h_3 = 8.4690\text{mm}$。

16.3 多目标优化技术

工程实际上的优化设计问题往往是多目标的,通常需要多个性能目标都达到较优值,而不仅仅是单一目标的优化问题。自 20 世纪 70 年代以来,多目标优化问题在国际上引起了

广泛的关注,并迅速发展成为一门新兴的学科。

16.3.1 基本概念

对多个子目标同时进行最优化求解的问题称为多目标优化问题(Multi-objective Optimization Problem,MOP),又称多准则优化问题(Multi-criteria Optimization Problem)、多性能优化问题(Multi-performance Optimization Problem)或向量优化问题(Vector Optimization Problem)。多目标优化方法如表 16-1 所示。

表 16-1 多目标优化方法

算法简称	算 法 全 称
加权系数法	该算法为默认的多目标优化问题构造算法
MGE/MGP	基于梯度的快速 Pareto 探索算法(Multi-Gradient Pareto Explorer)
HMG/HMGP	基于遗传和梯度算法的全局 Pareto 探索算法(Hybrid Multi-Gradient Pareto Explorer)
NSGA-Ⅱ	第二代非劣排序遗传算法 NSGA-Ⅱ(Non-dominated Sorting Genetic Algorithm)
NCGA	邻域培植多目标遗传算法(Neighborhood Cultivation Genetic Algorithm)
AMGA	存档微遗传算法(Archive-Based Micro Genetic Algorithm)

实际优化问题大多数属于多目标优化问题,目标之间一般是互相冲突的,因此设计人员需要进行多目标的比较,并进行权衡和折中,常见的多目标优化问题表述如表 16-2 所示。

表 16-2 多目标优化问题

实际问题	目 标 要 求
发动机设计	油耗低、总重量轻,刚度高、寿命长
股票投资决策	最小化投资和风险,最大化投资回报
生产计划	在满足获得最大利润的前提下,满足加班时间最短,产品产量最大
飞行器设计	最大化燃油效率和有效载荷,最小化总重量
轿车天窗设计	最小化驾驶员处噪声,最大化通气量

多目标优化问题的数学表达式为

$$\begin{cases} \min f(x) = \{f_1(x), f_2(x), \cdots, f_k(x)\} \\ g_p(x) \leqslant 0 \quad (p = 1, 2, \cdots, l) \\ h_q(x) = 0 \quad (q = 1, 2, \cdots, m) \\ \boldsymbol{x} = [x_1, x_2, \cdots, x_n]^T \\ x_{iu} \leqslant x_i \leqslant x_{id} \quad (i = 1, 2, \cdots, n) \end{cases} \quad (16\text{-}15)$$

式中: $f_1(x), f_2(x), \cdots, f_k(x)$ 为优化设计目标函数; $g_p(x)$ 为不等式约束; $h_q(x)$ 为等式约束; $\boldsymbol{x} = [x_1, x_2, \cdots, x_n]^T$ 为设计变量; x_{iu} 和 x_{id} 为第 i 个设计变量取值的上下限。

16.3.2 向量的自然序和解的占优关系

对于 MOP 问题,目标函数是由多个子目标构成的向量。比较两个设计方案的优劣,就需要比较两个向量之间大小,这可以通过定义向量的自然序来实现。以 $\boldsymbol{a}=(a_1,a_2)$,$\boldsymbol{b}=(b_1,b_2)$ 两个二维向量为例,表 16-3 定义了它们之间的大小关系。图 16-4 表示了这两个二维向量之间的四种关系,其中图(d)中的情况无法用向量自然序进行定义,因此图(d)情况下无法比较大小。

表 16-3 向量自然序的定义(以二维向量为例)

名　称	定　义
向量相等	$\boldsymbol{a}=\boldsymbol{b}\stackrel{\text{def}}{\longleftrightarrow}a_i=b_i,\forall i=1,2$
小于等于	$\boldsymbol{a}\leqslant\boldsymbol{b}\stackrel{\text{def}}{\longleftrightarrow}a_i\leqslant b_i,\forall i=1,2\ \boldsymbol{a}\cap\boldsymbol{b}$
严格小于	$\boldsymbol{a}<\boldsymbol{b}\stackrel{\text{def}}{\longleftrightarrow}a_i=b_i,\forall i=1,2$

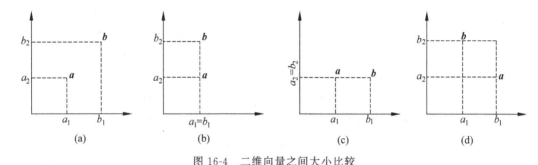

图 16-4　二维向量之间大小比较

(a) $\boldsymbol{a}<\boldsymbol{b}$;(b) $\boldsymbol{a}\leqslant\boldsymbol{b}$;(c) $\boldsymbol{a}\leqslant\boldsymbol{b}$;(d) $\boldsymbol{a}$ 和 $\boldsymbol{b}$ 之间无法比较大小

把向量的自然序的概念引入到多目标问题中,可以得到多目标问题解的两类关系:占优关系和不可比较关系。

支配关系:对于所有的目标函数,x' 都不比 x'' 差,即 $f_i(x'')\leqslant f_i(x')(i=1,2,\cdots,M)$,或至少存在一个目标函数使得 x' 比 x'' 好,即存在整数 j,使得 $f_j(x')<f_j(x'')$,解 x' 对解 x'' 占优,也可以说成解 x'' 被解 x' 占优。

非支配关系:至少对于某一个目标函数,x'' 比 x' 好,即存在整数 i,使 $f_i(x'')<f_i(x')$。或者至少对于某一个目标函数 x'' 比 x' 好,即存在整数 j,使得 $f_j(x')<f_j(x'')$。也可以说成解 x' 和解 x'' 无法比较。

非劣解集:在一个解集空间 P 中,非劣解集 P' 就是 P 中没有被其他解所占优的解构成的集合。

16.3.3　Pareto 最优解集和 Pareto 前沿

意大利经济学家 Pareto 最早研究了经济学领域内的多目标优化问题,提出了 Pareto 解集的概念。由于多目标优化问题中各个目标间是相互冲突的,优化解不可能是单一的解,而是一个解集,称为 Pareto 最优解集,而对应的目标函数空间的像称作 Pareto 前沿(表 16-4)。

表 16-4　Pareto 最优解集和 Pareto 前沿的定义

名　称	定　义
Pareto 最优解	若 $x \in X$（X 为多目标优化的可行域），不存在另一个可行点 $x' \in X$，使得 $x' \in X, f_m(x') \leqslant f_m(x'')$，$m=1,\cdots,N$ 成立，且其中至少有一个严格不等式成立，则称 x 是多目标优化的一个 Pareto 最优解（Pareto Optimal Solution）
Pareto 最优解集	所有 Pareto 最优解构成的集合称为 Pareto 最优解集（Pareto Optimal Solution Set）。在整个设计可行空间中搜索得到的非劣解集就是 Pareto 最优解集
Pareto 前沿	Pareto 最优解集在目标函数空间中的像称作 Pareto 前沿（Pareto Frontier）

根据可行域的情况，Pareto 最优解集也可能存在全局解和局部解的情况。全局最优解集是整个设计可行空间中搜索得到的非劣解集。

16.3.4　多目标优化求解

1. 归一化方法

加权法是多目标归一化（Scalar）算法的代表算法之一，把多个目标转化成单一目标，指定的权重系数容易理解，可以通过成熟的单目标优化方法求解。但是加权法的缺点则主要有两个：①当目标函数的数量增加时，权重系数 ω 在目标空间里的等值面的关系不再直观。图 16-5 表示的是在三个目标的情况下 Pareto 前沿的计算机制，同时变更 $\omega = (\omega_1, \omega_2, \omega_3)$ 这三个系数，不像两个目标时那么显而易见。②如果 Pareto 前沿形状中存在没有凸起的部分，则无法求到这部分 Pareto 最优解。

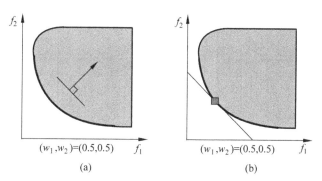

图 16-5　$p=2$ 时 ω 的几何意义和 Pareto 最优解

在不同的权值设定下，可以得到一组解来逼近 Pareto 最优解集。缺点是：

（1）权值通常并不是由决策者设定的，而是由优化者决定的，这在很大程度上受到了优化者主观的影响。

（2）对 Pareto 最优前沿的形状很敏感，不能处理 Pareto 前沿的凹部。

（3）为了获得 Pareto 最优解集必须运行多次优化过程，降低了求解问题的效率。

具有代表性的归一化方法包括：加权法，使用如下方式将多目标优化问题转化为单目标优化问题。

$$\begin{cases} \min \sum_{i=1}^{p} \omega_i f_i(x) \\ \text{st. } g_j(x) \leqslant 0 \quad (j=1,2,\cdots) \\ h_k(x) = 0 \quad (k=1,2,\cdots) \end{cases} \quad (16\text{-}16)$$

其中：ω_i 代表权重系数（Weight Factor），默认值为 1.0；不是由优化方法自动设定，而是由使用者主动指定。

用权重系数 ω_i 进行多目标归一化，就是在目标空间 (f_1, f_2, K, f_p) 里导入根据权重 $\boldsymbol{\omega} = (\omega_1, \omega_2, \omega_3)$ 决定的一个方向。在目标空间里导入对应的等值线，作为这个等值线和可行设计空间的切点，就可以得到一个 Pareto 解。图 16-5(a) 表示了两目标 $p=2$、权重系数 $\boldsymbol{\omega} = (\omega_1, \omega_2, \cdots, \omega_p)$ 的情况，而图 16-5(b) 对应的是 Pareto 最优解。

如果变化 $\boldsymbol{\omega}$ 等值线倾斜度（即变化权重 ω_i），就可以求出 Pareto 前沿上的全部解。因此，对一个权重组合 $\boldsymbol{\omega} = (\omega_1, \omega_2, \cdots, \omega_p)$，定有一个 Pareto 解；对 Pareto 前沿探索的过程，可以通过把权重矩阵设为多种组合，对它们逐一计算最优解得到（图 16-6）。

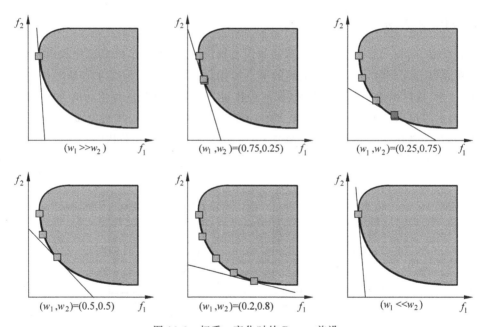

图 16-6　权重 $\boldsymbol{\omega}$ 变化时的 Pareto 前沿

2. 非归一化方法

非归一化（non-scalar）方法是采用 Pareto 机制直接处理多个目标的优化技术，它不需要将多个目标转化为单一目标，因此解决了归一化方法的缺点。非归一化方法能够使所求解集的前沿与 Pareto 前沿尽量接近，并尽量均匀覆盖 Pareto 前沿。

有 3 种多目标遗传算法：NCGA、NSGA-Ⅱ 和 AMGA，特点是：不单独求一个个的 Pareto 解，而是一次性得到 Pareto 前沿。作为 MOGA 的基础的遗传算法（GA），是启发式的方法，具有自组织、自适应、自学习和"复杂无关性"的特征，因此算法不用了解优化问题的全部特征就能完成问题的求解，易于操作、简单通用。

1) NSGA-Ⅱ算法

NSGA-Ⅱ,作为 1994 年发布的 NSGA(Non-Dominated Sorting Genetic Algorithm)的改良版,由 Ded 和 Agrawal 等在 2000 年提出。NSGA-Ⅱ优点在于探索性能良好。在非支配排序中,因为接近 Pareto 前沿的个体被选择,使 Pareto 前进能力增强。

导入了"拥挤距离"和"拥挤距离排序"的方法,在具有同样的 Pareto 顺序的层内,可以对个体进行排序,称为拥挤距离排序。拥挤距离排序中不会消除 frontier 的端头部分,所以 Pareto 前沿不会收束到一部分邻域里。

进化过程中,将当前父代群体进行交叉和变异得到子群体,将两个群体合并。在目标空间中按照 Pareto 最优关系将群体中个体两两按其目标函数向量进行比较,将群体中所有个体分成多个依次控制的前沿层。在属于不同的 Pareto 层的情况下,利用评价 Pareto 优越性来评价个体的优劣。属于同一个 Pareto 层的个体,具有更大的拥挤距离的个体更优秀。

在 NSGA-Ⅱ 中,作为交叉和突然变异的运算机制使用叫作 SBX(Simulated Binary Crossover)的方法。

根据 SBX 方法生成子个体:交叉运算

$$\begin{cases} x_i^{(1,t+1)} = \dfrac{1+\beta_{qi}}{2} x_i^{(1,t)} + \dfrac{1-\beta_{qi}}{2} x_i^{(2,t)} \\ x_i^{(2,t+1)} = \dfrac{1-\beta_{qi}}{2} x_i^{(1,t)} + \dfrac{1+\beta_{qi}}{2} x_i^{(2,t)} \end{cases} \quad (16-17)$$

根据 SBX 方法生成子个体:突然变异运算

$$\begin{cases} x_i^{(1,t+1)} = x_i^{(1,t)} + \delta_q (x_i^{UB} - x_i^{LB}) \\ \delta_q = \begin{cases} [2u + (1-2u)(1-\delta)^{\eta_m+1}]^{\frac{1}{\eta_m+1}} - 1 & (u \leqslant 0.5) \\ 1 - [2(1-u) + (2u-1)(1-\delta)^{\eta_m+1}]^{\frac{1}{\eta_m+1}} & (u \neq 0.5) \end{cases} \\ \delta = \min \dfrac{(x_i - x_i^{LB}, x_i^{UB} - x_i)}{x_i^{UB} - x_i^{LB}} \quad (u \in [0,1]) \end{cases} \quad (16-18)$$

2) NCGA 算法

NCGA 方法是由最早的 GA(Genetic Algorithm)算法发展而来,它视各目标同等重要,通过排序后分组进行交叉的方法实现"相邻繁殖"的机制,从而使接近于 Pareto 前沿的解进行交叉繁殖的概率增大,加速了计算收敛过程。NCGA 步骤如下:

第 1 步　初始化:令 $t=0$,设置第一代个体 P_0,种群数为 N,计算个体对应的适应值函数,计为 A;

第 2 步　令 $t=t+1$,$P_t = A_{t-1}$;

第 3 步　排序:个体 P_t 按向聚集的目标值的方向进行排序;

第 4 步　分组:个体 P_t 根据上述排序分为若干组,每组由两个个体组成;

第 5 步　交叉和变异:在每一组中执行交叉和变异操作,由两个父代个体产生两个子代个体,同时父代个体被删除;

第 6 步　重组:所有子代个体组成一组新的 P_t;

第 7 步　更新:将 A_{t-1} 与 P_t 组合,按环境选择(Envirment selection)机制,从 $2N$ 个个体中,选出其中的 N 个个体;

第8步 终止：如果满足终止条件，则终止优化程序，否则返回至第2步。

3) AMGA算法

AMGA算法在进化过程之外设立一个存档(Archive)，用于保存进化过程中的非支配个体及相应的多目标函数值，方法如下：

第1步 通过支配关系选择出当前代种群 $X(t)$ 中的非支配个体 X^*。

第2步 将 X^* 与档案 $A(t)$ 中的个体放在一起进行比较：若 X^* 被档案 $A(t)$ 中的个体所支配，则 X^* 不能进入档案 $A(t)$；若 X^* 与档案 $A(t)$ 中的个体无支配关系，则 X^* 进入档案 $A(t)$；若 X^* 支配档案 $A(t)$ 中的某些个体，则 X^* 进入档案，并剔除那些被支配的个体。档案 $A(t)$ 中的个体在进化过程中保持非支配地位。

第3步 当准则终止时，档案 $A(t)$ 中的解集即为所要求的Pareto最优解集的近似解集。

16.3.5 车身轻量化多目标优化设计举例

以某车型的有限元模型作为研究对象，利用LS-DYNA软件进行仿真求解，使整车以64km/h的速度撞击40%可变形避障。碰撞仿真与实车试验结果的车身变形如图16-7所示。

以正面40%偏置碰撞过程中整车吸能最大为原则，同时考虑到前端结构中各部件的质量大小，最终选取了车身前部15个部件的板料厚度作为设计变量，考虑到结构的对称性，将其进一步简化为8个设计变量，分别用 x_1—x_8 表示，如图16-8所示。

图16-7 碰撞仿真车身变形

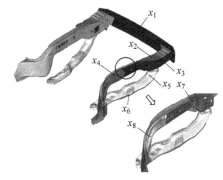

图16-8 设计变量示意图

优化设计以设计变量的总质量和整车吸能为优化目标，以B柱下方的峰值加速度和防火墙侵入量为约束，对该汽车的结构耐撞性优化设计。输出响应及初始设计见表16-5，其中 g 为重力加速度。优化数学表达式为

$$\begin{cases} \min f_1(\boldsymbol{x}) - f_2(\boldsymbol{x}) \\ \text{s.t.} \quad g_1(\boldsymbol{x}) \leqslant 33g \\ g_2(\boldsymbol{x}) \leqslant 350\text{mm} \\ \boldsymbol{x}_\text{L} \leqslant \boldsymbol{x} \leqslant \boldsymbol{x}_\text{U} \\ \boldsymbol{x} = [x_1, x_2, \cdots, x_8] \end{cases} \quad (16\text{-}19)$$

表 16-5　输出响应及初始设计

类别	响应		初始设计	优化目标
	响应量	函数		
目标响应	质量/kg	$f_1(x)$	45.51	最小化
	吸能/kJ	$f_2(x)$	236.08	最大化
约束响应	减速度/g	$g_1(x)$	33.87	$\leqslant 33$
	侵入量/mm	$g_2(x)$	350.6	$\leqslant 350$

采用最优拉丁超立方试验设计方法生成 50 个样本点，得到每个样本点的目标和约束响应值。由于质量与板厚之间是线性关系，选用一阶响应面构建近似模型。对于总吸能、加速度和侵入量 3 个非线性响应，分别构建了 RSM、Kriging、RBF 以及组合近似模型，并对其进行精度评估来比较不同模型对非线性响应的拟合效果。各近似模型的决定系数 R^2 和最大相对误差 $E_{\max}$ 值见表 16-6，其中 WAS 为组合近似模型。可以看出，组合近似模型中总吸能、加速度以及侵入量响应的 $E_{\max}$ 值均低于单一近似模型，R^2 值均高于单一近似模型，且满足近似模型精度 $R^2 \geqslant 0.9$ 的要求。因此，所建立的组合近似模型可以有效地应用于后续的优化设计中。

表 16-6　近似模型精度检验

响应量	参数	RSM	Kriging	RBF	WAS
总吸能	R^2	0.752	0.871	0.907	0.917
	$E_{\max}$	0.070	0.058	0.057	0.052
加速度	R^2	0.873	0.726	0.815	0.924
	$E_{\max}$	0.060	0.069	0.064	0.049
侵入量	R^2	0.781	0.824	0.895	0.907
	$E_{\max}$	0.065	0.064	0.059	0.059

选择使用非支配排序遗传算法 NSGA-Ⅱ对建立的组合近似模型进行多目标算法优化，获取确定性优化的 Pareto 前沿。NSGA-Ⅱ算法的参数设置情况见表 16-7。

表 16-7　NSGA-Ⅱ算法参数设置

参　数	设　定　值	参　数	设　定　值
种群大小	100	变异率	0.1
最大代数	100	交叉分配指数	2.0
交叉率	0.9	变异分配指数	20.0

经过求解可以得到优化的 Pareto 前沿如图 16-9 所示。降低优化部件的总质量和提高整车吸能这两个优化目标之间相互矛盾，即当质量增加时吸能也随之增加，反之亦然。也就是说，两个优化目标不能同时取得最优解，只能从 Pareto 前沿非劣解中选取一个折中解。

采用最小距离选解法选取优化解，得到的优化结果见表 16-8。从确定性优化结果可以看出，设计变量的总质量减少了 3.93kg，汽车碰撞总吸能增加了 1861J，同时峰值加速度和防火墙侵入量满足约束要求。优化前后的设计变量值如表 16-9 所示。

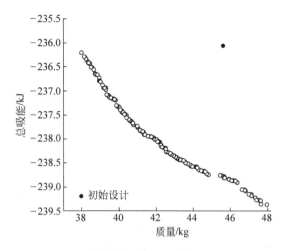

图 16-9 Pareto 前沿

表 16-8 优化结果

目标响应		约束响应	
质量/kg	吸能/J	a/g	侵入量/mm
41.58	237941	32.7161	349.551

表 16-9 设计变量取值

设计变量	初始设计值	优化后值
x_1	1.22	0.62
x_2	1.90	1.98
x_3	1.91	1.36
x_4	2.51	2.01
x_5	2.25	2.41
x_6	2.25	3.00
x_7	2.40	2.05
x_8	2.55	2.86

习　题

1. 根据目标函数和约束条件可以将最优化模型分为哪几类？
2. 求解最优化问题的流程是什么？
3. 常用的代理模型有哪些？
4. 试述创建代理模型的基本流程。
5. 常用的求解多目标优化问题的方法有哪些？
6. 试述神经网络代理模型的优势。
7. 试述 NCGA 算法的基本步骤。

8. 试用梯度下降法求解函数 $f(x)=x_1^2+2x_2^2-4x_1-2x_1x_2$ 的最小值。

9. 试用拉格朗日乘子法求解 $\begin{cases} \min f(X)=x_1^2+x_2^2-x_1x_2-10x_1-4x_2+60 \\ \text{s.t. } h(X)=x_1+x_2-8 \end{cases}$。

10. 如图 16-10 所示曲柄式少齿差行星传动机构,要求输入功率 $P=4\text{kW}$,输入转速 $n_1=2890\text{r/min}$,总传动比 $i_{14}=289$,每天工作 8h,工作平稳。由于装配空间的限制,要求此机构体积小、重量轻,试设计曲柄式少齿差行星传动机构。

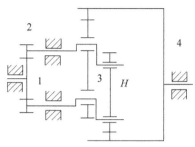

图 16-10 曲柄式少齿差行星传动机构
1、2—斜齿圆柱齿轮;3—行星齿轮;4—输出内齿轮;H—主动曲轴。

参 考 文 献

[1] 韩维建.汽车材料及轻量化趋势[M].北京:机械工业出版社,2017.
[2] 何莉萍.汽车轻量化车身新材料及其应用技术[M].长沙:湖南大学出版社,2016.
[3] 中国汽车工程学会,中国汽车轻量化技术创新战略联盟,中国第一汽车股份有限公司技术中心.中国汽车轻量化发展:战略与路径[M].北京:北京理工大学出版社,2015.
[4] 弗兰克·亨宁,埃尔韦拉·穆勒.轻量化部件和结构的评价[M].北京:北京理工大学出版社,2015.
[5] 崔胜民.现代汽车新技术解析[M].北京:化学工业出版社,2016.
[6] 李军.乘用车轻量化及微合金化钢板的应用[M].北京:北京理工大学出版社,2015.
[7] 王国强,宋庆阳.汽车与工程机械材料[M].武汉:华中科技大学出版社,2012.
[8] 符钢战,王宁,杨帆.汽车及其产业链世界[M].上海:同济大学出版社,2015.
[9] 高卫明.汽车材料[M].北京:北京航空航天大学出版社,2013.
[10] 马鸣图,王国栋,王登峰,等.汽车轻量化导论[M].北京:化学工业出版社,2020.
[11] 谢文才,刘强.汽车板材先进成形技术与应用[M].北京:北京理工大学出版社,2019.
[12] 田亚梅.汽车非金属材料轻量化应用指南[M].北京:机械工业出版社,2019.
[13] 王登峰.车身参数化与轻量化设计[M].北京:机械工业出版社,2019.
[14] 王登峰.中国汽车轻量化发展:战略与路径[M].北京:北京理工大学出版社,2015.
[15] 赖宇阳.Isight参数优化理论与实例详解[M].北京:北京航空航天大学出版社,2012.
[16] 李昆仑.轻量化设计:计算基础与构件结构[M].北京:机械工业出版社,2017.
[17] 梁醒培,王辉.基于有限元法的结构优化设计-原理与工程应用[M].北京:清华大学出版社,2010.
[18] 郑金华,邹娟.多目标进化优化[M].北京:科学出版社,2017.
[19] Ping Hu,Liang Ying,Bin He. Hot Stamping Advanced Manufacturing Technology of Lightweight Car Body[M]. Singapore:Springer,2017.
[20] 陈晓斌.基于现代设计方法和提高整车碰撞安全性的车身轻量化研究[D].长春:吉林大学,2011.
[21] 黄磊.以轻量化为目标的汽车车身优化设计[D].武汉:武汉理工大学,2013.
[22] 张婕姝.基于轻量化技术的汽车设计[D].沈阳:沈阳航空航天大学,2016.
[23] 秦欢.车身正向概念轻量化设计关键问题研究[D].长沙:湖南大学,2018.
[24] 单婷婷.车身参数化轻量化设计与评价方法研究[D].长春:吉林大学,2013.
[25] 连振宇.基于网格变形的客车改型多目标优化研究[D].长春:吉林大学,2015.
[26] 季枫.白车身参数化建模与多目标轻量化优化设计方法研究[D].长春:吉林大学,2014.
[27] 吕海泳,邵东强.轻量化材料及成形技术在汽车车身上的应用[J].现代制造技术与装备,2020(5):92-96.
[28] 李骏,王雷,张尧.新能源汽车结构轻量化关键工艺的研究[J].机械制造,2019,57(9):65-68.
[29] 陈一哲,赵越,王辉.汽车领域纤维复合材料构件轻量化设计与工艺研究进展[J].材料工程,2020,48(12):36-43.
[30] 张琪,叶鹏程,杨中玉,等.汽车轻量化连接技术的应用现状与发展趋势[J].有色金属加工,2019,48(1):1-9.
[31] 林建平,胡巧声,邬晔佳,等.激光拼焊板焊缝仿真处理方式研究[J].塑性工程学报,2009,16(6):113-118.
[32] 王三省,余海燕,陈梦.汽车B柱热成形技术的比较分析[J].塑性工程学报,2019,26(3):70-76.
[33] 杨兵,高永生,张文,等.基于变厚板(VRB)的汽车前纵梁内板开发[J].塑性工程学报,2014,21(2):76-80.
[34] 苑世剑,刘伟,徐永超.板材液压成形技术与装备新进展[J].机械工程学报,2015,51(8):20-28.

[35] 国宁,刘宽心,郑顺奇,等.排气管内高压成形建模关键技术及其工艺参数研究[J].兵器材料科学与工程,2019,42(3):77-82.

[36] 王春涛,白植雄,贾永闯,等.热冲压模具钢发展现状与趋势[J].模具制造,2017,17(9):93-97.

[37] 赵传军,李炜.纯电动汽车铝合金轻量化连接技术[J].汽车实用技术,2020(3):18-20.

[38] 孙宏图,申国哲,胡平,等.考虑碰撞安全性的汽车车身轻量化设计[J].机械科学与技术,2010,29(3):379-382.

[39] 郎勇.车身轻量化设计方法[J].汽车实用技术,2018(7):142-144.

[40] 胥志刚,林忠钦,来新民,等.面向车身结构轻量化设计的水平集拓扑优化[J].上海交通大学学报,2007,41(9):1393-1396.

[41] 范文杰,范子杰,苏瑞意.汽车车架结构多目标拓扑优化方法研究[J].中国机械工程,2008,19(12):1505-1508.

[42] 刘林华,辛勇,汪伟.基于折衷规划的车架结构多目标拓扑优化设计[J].机械科学与技术,2011,30(3):382-385.

[43] Zhao Q H, Chen X K, Wang L, et al. Simulation and experimental validation of powertrain mounting bracket design obtained from multi-objective topology optimization[J]. Advances in Mechanical Engineering,2015,7(6):1-13.

[44] Liu Z, Wang W M, Liu X P, et al. Scale-aware shape manipulation[J]. Journal of Zhejiang University-Science C (Computers & Electronics),2014,15(9):764-775.

[45] 方剑光,高云凯,王婧人,等.基于网格变形技术的白车身多目标形状优化[J].机械工程学报,2012,48(24):119-126.

[46] 姜平,鲍娣,夏梁,等.基于组合近似模型的汽车结构耐撞性优化设计[J].合肥工业大学学报(自然科学版),2020,43(4):443-449.

[47] 施颐,朱平,张宇,等.基于刚度与耐撞性要求的车身结构轻量化研究[J].汽车工程,2010,32(9):757-762.

[48] 王鹏.基于单目标优化的机械传动减速器设计研究[J].科技创新导报,2019,16(18):95-96.

[49] 路洪洲,王文军,王智文,等.基于轻量化的车身用钢及铝合金的竞争分析[C]//中国汽车工程学会年会论文集.中国汽车工程学会,2013.

[50] 熊斐,姜正连,李山青.宝钢变厚板(VRB)生产情况介绍[C]//中国金属学会.第十一届中国钢铁年会论文集——S03.中国金属学会,2017.

[51] 胡平,马宁,郭威,等.超高强度汽车结构件热冲压技术研究进展[C]//力学与工程应用学术研讨会论文集.中国力学学会促进工程应用与产业结合工作委员会、上海市力学学会,2010.

[52] 石磊,肖华,丁士鹏.超高强钢变截面零件的辊冲成形工艺[C]//第十五届全国塑性工程学会年会暨第七届全球华人塑性加工技术交流会学术会议论文集.中国机械工程学会塑性工程分会,2017.